Digitale Fotografie für Kids

Florian Schäffer

# Digitale Fotografie für Kids

**Bibliografische Information der Deutschen Bibliothek**
Die Deutsche Bibliothek verzeichnet diese Publikation in
der Deutschen Nationalbibliografie; detaillierte bibliografische
Daten sind im Internet über <http://dnb.d-nb.de> abrufbar.

Bei der Herstellung des Werkes haben wir uns zukunftsbewusst für
umweltverträgliche und wiederverwertbare Materialien entschieden.
Der Inhalt ist auf elementar chlorfreiem Papier gedruckt.

ISBN: 978-3-8266-8675-7
2. aktualisierte Auflage 2010

www.mitp.de
E-Mail: kundenbetreuung@hjr-verlag.de

Telefon: +49 6221 / 489 -555
Telefax: +49 6221 / 489 -410

© 2010 mitp, eine Marke der Verlagsgruppe Hüthig Jehle Rehm GmbH
Heidelberg, München, Landsberg, Frechen, Hamburg.

Dieses Werk, einschließlich aller seiner Teile, ist urheberrechtlich geschützt.
Jede Verwertung außerhalb der engen Grenzen des Urheberrechtsgesetzes ist
ohne Zustimmung des Verlages unzulässig und strafbar. Dies gilt insbesondere
für Vervielfältigungen, Übersetzungen, Mikroverfilmungen und die
Einspeicherung und Verarbeitung in elektronischen Systemen.

Die Wiedergabe von Gebrauchsnamen, Handelsnamen, Warenbezeichnungen usw.
in diesem Werk berechtigt auch ohne besondere Kennzeichnung nicht zu der Annahme,
dass solche Namen im Sinne der Warenzeichen- und Markenschutz-Gesetzgebung als
frei zu betrachten wären und daher von jedermann benutzt werden dürften.

Lektorat: Katja Völpel
Sprachkorrektorat: Petra Heubach-Erdmann
Covergestaltung: Christian Kalkert, www.kalkert.de
Satz: Johann-Christian Hanke
Druck: Beltz Druckpartner, Hemsbach

# Inhaltsverzeichnis

Bevor es losgeht   11

Einleitung   13
Wie arbeitest du mit diesem Buch?   13
Was brauchst du für dieses Buch?   14
Wie gut kennst du dich aus?   16

**1**   15 Tipps für schönere Fotos   19
Kleines ganz groß   20
Richtige Kamerahaltung   22
Farbrauschen vermeiden   23
Rangehen statt Zoomen   24
Licht und Schatten   25
Langweilige Landschaftsaufnahmen aufpeppen   27
Stimmungsvolle Gegenlichtaufnahmen   29
Die Blickrichtung einfangen   30
Nimm dir ein wenig mehr Zeit   34
Stimmt die Auflösung noch?   36
Hoch- statt Querformat wählen   36
Morgenstund' hat Gold im Mund   37
Sitz, Platz und Kusch! Tiere fotografieren   39
Der goldene Schnitt   40
Sei du selbst   45
Zusammenfassung   47
Ein paar Fragen ...   48
... und ein paar Aufgaben   48

**2**   Kaufberatung und Techniktipps   49
Wieso eigentlich Digital?   50
Digitales Kauderwelsch   52

# Inhaltsverzeichnis

Was muss meine Digicam können?   60
So funktionieren die meisten Kameras   65
Zusammenfassung   67
Ein paar Fragen ...   68
... und ein paar Aufgaben   68

## 3  Zuerst kommt die Motivwahl   69
Der Urlaubsbericht   70
Auf der Party   72
Freunde und Familie   75
Sportereignisse   83
Stillleben und Verkaufsfotos für eBay   86
Zusammenfassung   91
Ein paar Fragen ...   91
... und ein paar Aufgaben   92

## 4  Scharfe Sachen   93
Der Autofokus   94
Von Hand scharf stellen   97
Was es mit der Tiefenschärfe auf sich hat   101
Bewegte Objekte scharf abbilden   107
Verwackelte Bilder müssen nicht sein   110
Unschärfe mit Absicht zur Bildgestaltung einsetzen   113
Zusammenfassung   117
Ein paar Fragen ...   118
... und ein paar Aufgaben   118

## 5  Hell und dunkel   119
Die automatische Belichtungssteuerung   120
So wird Schwarzes schwarz und Weißes weiß   128
Im Blitzlichtgewitter   132
Auch bei Sonnenschein: Blitzen   139
Wenn die Nacht zum Tag wird   142

# Inhaltsverzeichnis

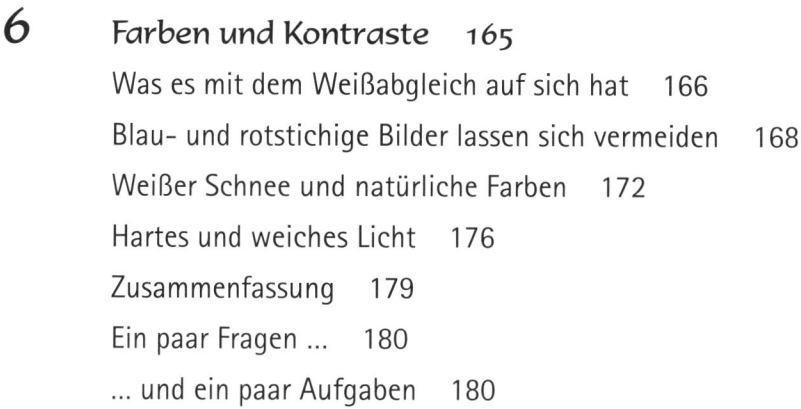

Probleme bei der Belichtung per HDR lösen 151
Zusammenfassung 163
Ein paar Fragen ... 163
... und ein paar Aufgaben 164

## 6 Farben und Kontraste 165
Was es mit dem Weißabgleich auf sich hat 166
Blau- und rotstichige Bilder lassen sich vermeiden 168
Weißer Schnee und natürliche Farben 172
Hartes und weiches Licht 176
Zusammenfassung 179
Ein paar Fragen ... 180
... und ein paar Aufgaben 180

## 7 Von weit bis nah: Das Objektiv 181
Der Profi spricht von Brennweite 182
Ganz viel drauf mit dem Weitwinkel 185
Weites Ranholen mit dem Teleobjektiv 187
Kleines wird ganz groß mit dem Makro 193
Schlechte Objektive sind leider die Regel 195
Zusammenfassung 197
Ein paar Fragen ... 198
... und ein paar Aufgaben 198

## 8 Nach der Fotosession geht's weiter 199
Welches Dateiformat ist richtig? 200
Von der Digicam auf den PC 207
Bilder direkt drucken als Partyspaß 213
Was EXIF-Daten alles verraten 215
Bilder archivieren 218
Hochformat-Bilder verlustfrei drehen 223
Zusammenfassung 225

# Inhaltsverzeichnis

Ein paar Fragen ... 225
... und ein paar Aufgaben 226

**9   Bilder weitergeben** 227
  Die Bildgröße anpassen 228
  Langweiliges wegschneiden 233
  Datenmonster will keiner 236
  Bilder per E-Mail verschicken 240
  Das Fotoalbum im Web 244
  Fotos ausdrucken 251
  Dein Lieblingsfoto auf dem T-Shirt 256
  Die Dia-Show auf dem Fernseher 258
  Echte Fotos mit Papierabzügen 272
  Spaßartikel und Geschenkideen 282
  Für die besten Fotos: Fotobuch und Kalender 283
  Zusammenfassung 286
  Ein paar Fragen ... 287
  ... und ein paar Aufgaben 287

**10   Bildprobleme am Computer lösen** 289
  Bildkorrekturen in Paint Shop Pro bearbeiten 290
  Rote Augen retuschieren 293
  Fotos nachträglich schärfen 295
  Helligkeitskorrekturen für zu dunkle Aufnahmen 300
  Farb- und Kontrastkorrekturen lohnen immer 303
  Farbige Sprenkel in einfarbigen Flächen 309
  Beseitigen von Farbsäumen im Bild 313
  Einstürzende Neubauten:  315
  Korrektur der perspektivischen Verzerrung 315
  Störende Abschattungen am Bildrand 321
  Zusammenfassung 327

## Inhaltsverzeichnis

Ein paar Fragen ... 327

... und ein paar Aufgaben 328

**11   Bilder manipulieren   329**

Freistellen einzelner Objekte   330

Per Fotomontage neue Tatsachen schaffen   337

Schwarz-Weiß-Fotografien aus Farbfotos erstellen   346

Alte Bilder wie aus Großmutters Zeiten   348

Fehler und störende Bildelemente wegzaubern   350

Kunsteffektfilter für den besonderen Anlass   354

Zusammenfassung   358

Ein paar Fragen ...   358

... und ein paar Aufgaben   358

### Lösungen   359

15 Tipps für schönere Fotos   359

Kaufberatung und Techniktipps   359

Zuerst kommt die Motivwahl   359

Scharfe Sachen   360

Hell und dunkel   360

Farben und Kontraste   360

Von weit bis nah: Das Objektiv   361

Nach der Fotosession geht's weiter   361

Bilder weitergeben   362

Bildprobleme am Computer lösen   362

Bilder manipulieren   362

### Stichwortverzeichnis   363

# Bevor es losgeht

Hast du Spaß daran, mit deiner digitalen Kamera auf die Pirsch zu gehen und aufregende Fotos zu machen? Du hast zwar schon viele Fotos gemacht, doch irgendwie fehlt denen bisher das gewisse Etwas und sie sind ein wenig langweilig oder die Qualität ist nicht so, wie du es gerne hättest? Dann bist du hier genau richtig, denn keine Sorge: Den meisten Fotografen geht es am Anfang so.

Zuerst macht es viel Spaß, doch nach einer Weile kommt die Ernüchterung und man sieht sich die Fotos an und ist nicht mehr zufrieden. Jetzt kannst du natürlich die Kamera in der Ecke verstauben lassen und irgendwas Neues machen. Oder du schnappst dir dieses Buch und probierst ein paar neue Tricks aus. Dann wirst du bestimmt bald feststellen, dass auch du ganz einfach tolle Fotos machen kannst. Wie du weißt, ist nämlich noch kein Meister vom Himmel gefallen und jeder Fotobegeisterte hat viele Hunderte und Tausende Fotos gemacht, um dann nur eine Hand voll Fotos zu bekommen, die ihm wirklich gefallen.

Früher, als Fotos noch mit einem so genannten Negativfilm oder Diafilm gemacht wurden und der Film im Labor entwickelt wurde, um dann Abzüge auf Papier oder als Diabild zu bekommen, war es viel aufwändiger, fotografieren zu lernen. Zum einen kostete jedes Bild Geld – egal, ob es was geworden ist oder anschließend im Müll landete – und außerdem hat es Tage gedauert, bis die Fotos fertig waren. Sind die Fotos dann nichts geworden, war das Motiv längst weg und man konnte keine neuen Fotos mehr machen. Auch hatte man meistens vergessen, mit welchen Kameraeinstellungen das Foto gemacht wurde.

Beim nächsten Mal machte man dann eventuell den gleichen Fehler wieder und hatte nichts dazulernen können. Mit einer Digicam ist das viel besser: Wenn du das Foto gemacht hast, kannst du gleich feststellen, ob es was geworden ist. Wenn nicht, dann machst du das Foto noch einmal – so lange, bis es geklappt hat. Außerdem wird bei den meisten Digitalkameras im Bild unsichtbar gespeichert, was du an der Kamera eingestellt hast, so dass du später zu Hause nachschauen und es dir merken kannst.

# Einleitung — Wie arbeitest du mit diesem Buch?

## Gute Fotos machen oder das Grafikprogramm beherrschen?

Wieso eigentlich der Aufwand? Ist doch egal, ob das Foto gut ist oder nicht. Nachher kann ich das Bild doch am Computer mit dem Grafikprogramm besser machen. Fast richtig. Grafikprogramme sind inzwischen so gut, dass sie viele Patzer, die beim Fotografieren entstehen, ausbügeln können. Bekannt sind dir bestimmt Funktionen wie die, um ein Bild schärfer oder heller zu machen.

Als wir dieses Buch geplant haben, hatten wir auch zuerst daran gedacht, dir solche Tricks zu zeigen. Dann haben wir uns aber gedacht, dass es viel mehr Spaß bereitet, wenn man gleich von Anfang an weiß, wie man ein schönes Foto macht, und nicht erst mühsam am Rechner seine Zeit damit vertrödelt, aus einem unbrauchbaren Foto ein nur schlechtes Foto zu machen. Denn eines solltest du wissen: Dein Grafikprogramm kann nicht zaubern.

Egal, wie gut es ist: Ein gut fotografiertes Foto ist immer besser als ein Foto, bei dem du im Nachhinein versuchst, etwas zu retten. Aber keine Sorge: Jedem passiert mal ein Unglück mit einem wichtigen Foto und dazu gibt es extra einen Bereich mit den besten Tipps und Tricks, wie du mit einem Grafikprogramm misslungene Bilder aufpeppst.

Außerdem soll es hier im Buch nicht nur darum gehen, die Bildqualität zu verbessern. Als angehender Hobby-Fotograf willst du bestimmt auch etwas darüber erfahren, wieso viele Fotos langweilig sind und wie du Fotos machst, von denen deine Freunde unbedingt auch einen Abzug als Poster für die Wand in ihrem Zimmer haben wollen.

Was hast du bisher mit deinen Fotos gemacht? Alle Bilder auf dem Computer gesammelt und schon längst vergessen? Das ist schade, denn die schönsten Bilder sind es wert, dass du sie allen zeigst. Dazu gibt es viele verschiedene Möglichkeiten: Wie wäre es statt der üblichen Papierabzüge mit einer Kakaotasse mit den Gesichtern deiner Eltern? Oder einer Bildergalerie im Internet, damit alle deine Freunde deine Meisterwerke bestaunen können?

# Einleitung

## Wie arbeitest du mit diesem Buch?

Ein Buch über Fotografie lebt natürlich von seinen zahlreichen Abbildungen und Beispielbildern. Im Text findest du viele Schwarz-Weiß-Fotos und Bilder, und von denen, bei denen es auf die Farbe ankommt, gibt es im farbigen Mittelteil einen zusätzlichen Abdruck. Daneben gibt es aber auch jede Menge Text, der dir zeigt, wie du selber schöne Fotos machst und was es rund um die Kamera zu wissen gibt.

Das Wichtigste wird aber sein, dass du alles immer selber ausprobierst. Also schnapp dir die Kamera, lad die Akkus und raus geht's. Dabei brauchst du nicht die Beispiele genau nachzumachen. Viele der gezeigten Fotos sind nicht erst für das Buch gemacht worden und es ist auch egal, ob du einen Baum oder ein paar Tiere fotografierst, wenn du etwas ausprobierst. Die Fotos, die du beim Ausprobieren machst, müssen nicht gleich perfekt sein. Hauptsache, du lässt dich nicht abbringen und hast Spaß am Ausprobieren.

Je mehr Fotos du machst, desto besser werden diese mit der Zeit.

### Arbeitsschritte

≫ Wenn du dieses Zeichen siehst, heißt das: Hier zeige ich dir schrittweise, wie du zum Ziel kommst. Wenn du die einzelnen Schritte nacheinander nachmachst, wirst du (hoffentlich) das gleiche Ergebnis bekommen, wie im Buch abgebildet. Sollte es dir nicht auf Anhieb gelingen, versuche es einfach, bis es geklappt hat.

### Aufgaben

Am Ende eines Kapitels wirst du jeweils ein paar Fragen und Aufgaben finden. Diese Übungen sind meistens einfach, wenn du das Kapitel durchgearbeitet hast. Manchmal sind sie aber auch etwas gemeiner. Die Aufgaben helfen dir, weitere Ideen zu finden, um noch mehr Fotos zu machen und deine Fähigkeiten zu verbessern. Die Fragen sind dazu da, um dich anzuregen, über das zuvor Gelesene nachzudenken, damit du es dir besser merken kannst.

# Einleitung

## Was brauchst du für dieses Buch?

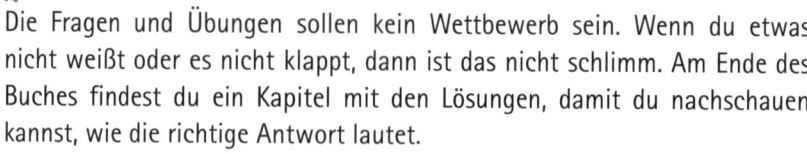

Die Fragen und Übungen sollen kein Wettbewerb sein. Wenn du etwas nicht weißt oder es nicht klappt, dann ist das nicht schlimm. Am Ende des Buches findest du ein Kapitel mit den Lösungen, damit du nachschauen kannst, wie die richtige Antwort lautet.

### Wichtige Stellen im Buch

Hin und wieder findest du ein dickes Ausrufezeichen am Rand der Seite. In dem grau unterlegten Text daneben steht dann etwas besonders Wichtiges, das dir hilft, typische Stolpersteine zu umgehen, oder etwas, was sich lohnt, zu behalten.

Wenn es um eine ausführliche Erläuterung geht, tritt Buffi in Erscheinung und schnuppert in seiner Kiste mit Tipps und Tricks. Oft kennt Buffi nämlich noch ein paar Sachen, die er dir genauer erklären will. Diese Texte sind vielleicht manchmal erst etwas schwerer zu verstehen, dafür erfährst du dann etwas, was nicht jeder kennt.

# Was brauchst du für dieses Buch?

## Natürlich brauchst du eine Digitalkamera

Klar, wenn du ein Buch über digitale Fotografie lesen willst, musst du gar keine Kamera haben. Das ist aber ganz schön langweilig. Viel mehr Spaß macht es, wenn du eine Kamera hast und alles gleich ausprobieren kannst, sobald du es gelesen hast. Nur wenn du selber was ausprobierst, wirst du feststellen, wie es wirklich funktioniert, und ganz nebenbei hast du dann gleich auch noch viele schöne Fotos für deine Bildersammlung gemacht.

Leider ist es so, dass eine Digicam nicht ganz billig ist. Vielleicht hast du deshalb auch keine eigene Kamera, sondern nur deine Eltern besitzen eine. Wenn du gut aufpasst und vorsichtig bist, werden sie dir ihre Kamera sicher gerne leihen. Da es hier im Buch darum geht, wirklich etwas über das Fotografieren zu lernen, darf deine Kamera aber nicht zu billig gewesen sein.

## Was brauchst du für dieses Buch?

Einfache Modelle können nämlich oft wirklich nur Fotos machen, ohne dass du selber etwas einstellen kannst. Das reicht zwar, um ein wenig zu knipsen, nicht aber, um etwas übers Fotografieren zu lernen.

Viele Tipps aus diesem Buch lassen sich auch anwenden, wenn du nur eine Kamera für Negativ- oder Kleinbildfilm hast – viele Leute sagen dazu *analoge Kamera*. Einige Beispiele aus dem Buch kannst du dann aber leider nicht ausprobieren.

> Vielen Dank an dieser Stelle auch an all die ungenannten Fotografen, die auf der Webseite *http://www.sxc.hu* ihre Arbeiten veröffentlichen und zur freien Verfügung bereitstellen. Zahlreiche der in diesem Buch abgebildeten Fotos stammen aus dieser Sammlung. Wenn du ein paar Anregungen für eigene Aufnahmen suchst, dann solltest du dir die Seite unbedingt anschauen.

Wenn du noch keine Kamera hast, deine Eltern dir aber eine kaufen wollen, dann lies vorher am besten das Kapitel über Kaufberatung, denn da erfährst du, worauf es wirklich ankommt und was Geldverschwendung ist. Es muss nämlich nicht gleich die teuerste Kamera sein. Für schöne Fotos reicht oft auch ein bezahlbares Modell.

> Ganz wichtig noch: Bei diesem Buch handelt es sich nicht um eine Gebrauchsanleitung für ein bestimmtes Kameramodell. Die meisten Kameras lassen sich ähnlich bedienen und ein eigenes Kapitel zeigt die gebräuchlichste Bedienung. Trotzdem kann es sein, dass deine Kamera eine bestimmte Funktion nicht besitzt, sie anders genannt oder benutzt wird oder ein anderes Ergebnis liefert. In dem Fall solltest du im Handbuch zu deiner Kamera nachschauen, ob du da Hilfe findest.

## Die CD zum Buch

Auf der CD findest du einige praktische Programme und Informationen, die dir das Leben leichter machen.

- ◆ Für die Abschnitte über Bildbearbeitung benötigst du ein Grafikprogramm. Da gibt es sehr viele und vielleicht hast du auch schon eins. Die Beispiele im Buch sind mit dem Programm Paint Shop Pro erstellt. Eine Demoversion befindet sich auf der CD, damit du die Aufgaben einfach nachmachen kannst. Starte das Installationsprogramm `setup.exe`, um Paint Shop auf deinem PC zu installieren.

Einleitung 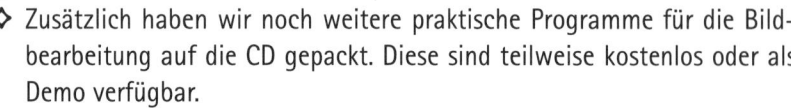 Wie gut kennst du dich aus?

- ⬥ Zusätzlich haben wir noch weitere praktische Programme für die Bildbearbeitung auf die CD gepackt. Diese sind teilweise kostenlos oder als Demo verfügbar.

- ⬥ Für die Erstellung von Bilder-CDs gibt es spezielle Programme. Wir haben uns für Photo Story 3 von Microsoft entschieden, da es kostenlos verfügbar ist. Leider durften wir Photo Story 3 nicht auf die CD nehmen. Auf Seite 264 erfährst du aber, wo du dir das Pogramm besorgen kannst.

- ⬥ Damit Photo Story läuft, wird der kostenlose Windows Media Player 10 vorausgesetzt, den du auch auf der CD findest.

- ⬥ Jedes Kapitel endet mit Aufgaben. Die Lösungen dazu gibt es auf der CD und im Anhang.

## Wie gut kennst du dich aus?

Du solltest dich schon etwas mit dem PC auskennen und wissen, wie man unter Windows die Maus benutzt, ein Programm startet und Dateien und Ordner verwaltet.

Wenn du Probleme bekommst, bitte doch deine Geschwister, Freunde oder Eltern um Hilfe. Im Buch *PCs für Kids* kannst du aber auch selber noch alles Wichtige nachlesen.

Zusätzlich gibt es auf der Webseite *http://www.blafusel.de* ein Diskussionsforum, in dem eine extra Rubrik für dieses Buch eingerichtet wurde. Dort kannst du mit anderen Lesern diskutieren und dich austauschen. Wenn du Hilfe brauchst, kannst du dort eine Frage stellen und hoffentlich findet sich dann jemand, der dir weiterhelfen kann.

Grundsätzlich benutzen wir hier im Buch für Dateioperationen den Windows-Explorer. Es ist notwendig, dass du dich schon ein wenig mit dessen Gebrauch auskennst. Damit du das Programm voll nutzen kannst, gibt es einige Einstellungen, die von den meisten Anwendern benutzt werden:

- ➢ Starte den Explorer und klicke auf eines der Laufwerkssymbole für eine Festplatte. Wenn die Ansicht noch nicht so aussieht, wie auf der Abbildung, ist dies nicht schlimm.

## Wie gut kennst du dich aus?

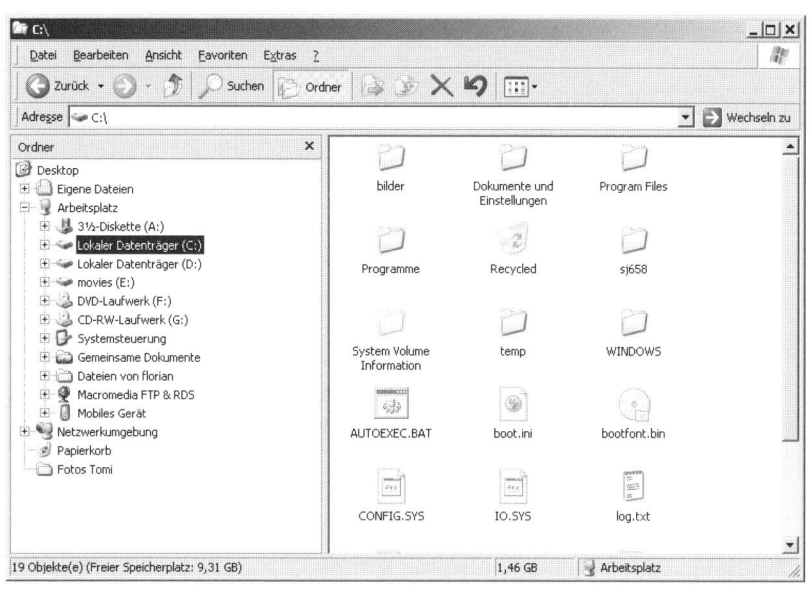

> Im Menü ANSICHT aktivierst du den Eintrag DETAILS.

Wenn du unter Windows Vista/7 noch kein Menü im Explorer siehst, musst du es zuerst einblenden, indem du bei ORGANISIEREN auf LAYOUT und dann auf MENÜLEISTE gehst.

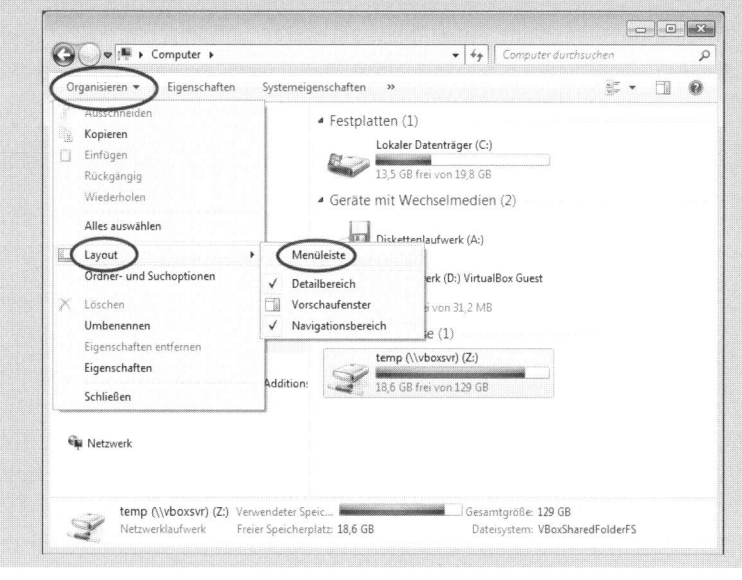

> Wähle das Menü EXTRAS und den Untereintrag ORDNEROPTIONEN.
> Wechsle auf die Registerkarte ANSICHT.

Einleitung  Wie gut kennst du dich aus?

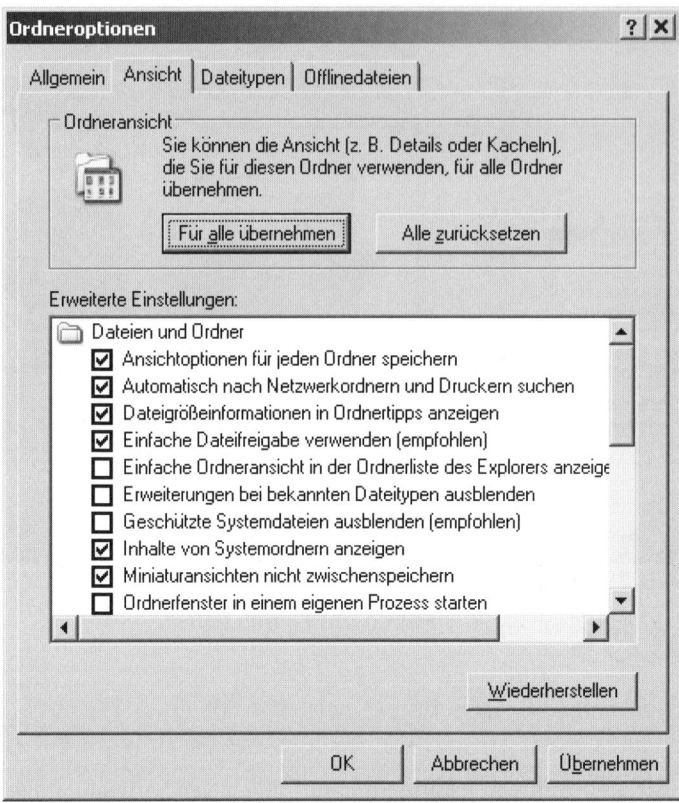

> Hier kannst du einige Funktionen aktivieren und abschalten. Bitte aktiviere die folgenden Einstellungen: ANSICHTOPTIONEN FÜR JEDEN ORDNER SPEICHERN und ALLE DATEIEN UND ORDNER ANZEIGEN.

> Die Funktion ERWEITERUNG BEI BEKANNTEN DATEITYPEN AUSBLENDEN schaltest du bitte aus.

> Anschließend klickst du auf die Schaltfläche FÜR ALLE ÜBERNEHMEN im oberen Bereich und dann auf OK.

Die Ansicht im rechten Fensterbereich hat sich nun geändert und du bekommst wesentlich mehr Informationen dargestellt.

# 1
# 15 Tipps für schönere Fotos

Bevor wir so richtig durchstarten und uns den vielen Seiten digitaler Fotografie widmen, erst einmal ein paar Tipps, mit denen du schnell zu mehr Freude am Fotografieren kommst und dir noch bessere Aufnahmen gelingen als vielleicht bisher. Einige Themen werden jetzt aber nur kurz angerissen, denn die ausführliche Beschreibung folgt dann noch an einer anderen Stelle später im Buch. So kannst du dich ganz auf die Umsetzung konzentrieren und wirst nicht mit unnötig vielen Informationen überflutet. Sind dir einige Techniken noch nicht geläufig, dann brauchst du dir keine Sorgen zu machen, denn im Verlaufe des Buches wirst du alles kennen lernen.

In diesem Kapitel lernst du

- ein Auge für interessante Fotos zu entwickeln
- wie du typische Fehler beim Fotografieren vermeidest
- langweilige Fotos spannender zu gestalten
- den Bildaufbau bewusst festzulegen
- zu welcher Tageszeit die besten Fotos entstehen
- wieso es besser ist, ein paar Schritte zu gehen

# Kapitel 1 — 15 Tipps für schönere Fotos

## Kleines ganz groß

Fotos können oft in verschiedene Kategorien einsortiert werden. Da gibt es Aufnahmen, die sich gut eignen, um eine Geschichte zu erzählen, wie es zum Beispiel im letzten Urlaub war und welche Sehenswürdigkeiten es gab. Diese Fotos machen sich gut im Fotoalbum oder beim Dia-Abend als Erinnerung an schöne Zeiten. Nur selten werden solche Fotos aber als Vergrößerung an der Wand zur Zimmerdekoration benutzt. Einzelne beeindruckende Landschaftsaufnahmen kann man sich vielleicht eine Zeit lang anschauen, dann hat man sich aber satt gesehen.

Möchtest du Fotos aufnehmen, die du gerne als großes Bild aufhängst, dann fotografiere doch besondere Details eines Objektes. Gehe mit der Kamera nah heran und halte die Struktur im Holz fest, zeige bemerkenswerte Formen und Farben oder konzentriere dich auf eine besondere Linienführung des Motivs. Derartige Großaufnahmen sind im Fotoalbum meistens langweilig zu betrachten, wirken aber als Vergrößerung richtig interessant. Ganz alltägliche Gegenstände gewinnen so an Bedeutung und wirken als Hingucker. Außerdem eignen sich diese Bilder auch immer wieder zur lockeren Gestaltung von Geschenk-Fotobüchern, Webseiten und Grußkarten.

# Kleines ganz groß

Nebenbei verschafft eine Detailaufnahme dem Betrachter einen viel besseren Einblick in eine Aufnahmesituation, als es manchmal eine Totale kann, bei der zwar viel auf dem Foto ist, aber gewissermaßen der Wald vor lauter Bäumen nicht zu sehen ist. Für eine Präsentation deiner Fotos kannst du zuerst ein Überblickfoto nutzen, um dem Zuschauer einen Überblick zu verschaffen – zum Beispiel vom bunten Markttreiben – und dann einzelne Objekte groß zeigen. Schließlich bist du beim Bummel über den Markt auch an interessante Objekte herangetreten und hast sie dir genauer angesehen.

Damit du später die Aufnahme noch korrigieren kannst, solltest du das Motiv nicht formatfüllend aufnehmen. Belasse einen ausreichenden Rand, damit du später am PC noch die Perspektive begradigen kannst usw. Mit dem BESCHNITTWERKZEUG kannst du dann immer noch das Motiv vom unerwünschten Drumherum befreien.

# Kapitel 1 — 15 Tipps für schönere Fotos

## Richtige Kamerahaltung

Die richtige Kamerahaltung ist für viele Aufnahmen besonders wichtig. Gute Fotos können nicht entstehen, wenn du die Kamera lässig mit zwei Fingern hältst.

◇ Wähle einen möglichst stabilen Stand mit leicht gespreizten Beinen und gerader Körperhaltung, wenn die Bildgestaltung dies zulässt.

◇ Bei wenig Umgebungslicht lehne dich an einem Laternenmast oder einer Wand an, damit du das Bild nicht verwackelst, wenn du keinen Blitz benutzt. Du kannst die Kamera auch auf eine Mauer stützen.

◇ Nimm die Arme fest an den Körper. Am ausgestreckten Arm kannst du die Kamera niemals ruhig genug halten, um den Bildausschnitt sorgfältig festzulegen und nicht zu verwackeln.

◇ Benutze beide Hände, um die Kamera zu halten. Verdecke aber nicht aus Versehen das Objektiv mit einem Finger.

◇ Bei heutigen Digicams ist der Sucher zwar oft nur noch Zierde, aber wenn es geht, betrachte dein Motiv besser durch den Sucher als über das LCD auf der Rückseite. Selbst bei wenig Licht kannst du immer noch das Motiv erkennen, was auf dem LCD oft nicht möglich ist. Außerdem ist die Gefahr, die Aufnahme zu verwackeln, geringer, wenn du die Kamera am Gesicht hältst.

Farbrauschen vermeiden

- ◊ Bei langen Belichtungszeiten von 1/30" (eine dreißigstel Sekunde) und länger ist ein Stativ zu empfehlen.
- ◊ Für Belichtungszeiten zwischen etwa 1/15" und 1/30" kannst du ohne Stativ die Verwackelungsgefahr verringern, wenn du vor dem Auslösen tief Luft holst und dann den Atem anhältst, während du den Auslöser drückst.
- ◊ Auf Selbstporträts sind die Gesichter immer unnatürlich verzerrt. Bitte lieber einen Passanten darum, die Aufnahme von dir anzufertigen. Achte aber darauf, dass man dir die Kamera nicht stiehlt.

# Farbrauschen vermeiden

Im Automatikmodus neigen die meisten Digitalkameras dazu, die Licht-Empfindlichkeit zu steigern. Eine hohe ISO-Einstellung macht sich aber später in der Aufnahme als farbiges Bildrauschen unangenehm bemerkbar.

Ab ISO 400 tritt das Farbrauschen meistens besonders deutlich hervor. ISO 100 und 200 ist die beste Wahl. Wenn möglich, stelle diese Empfindlichkeit manuell ein. Nachteil ist aber, dass jetzt die Belichtungszeit etwas zunimmt oder eine größere Blende nötig ist. Bei längeren Belichtungszeiten kannst du mit einem Stativ und ruhiger Kamerahaltung Verwacklern entgegenwirken.

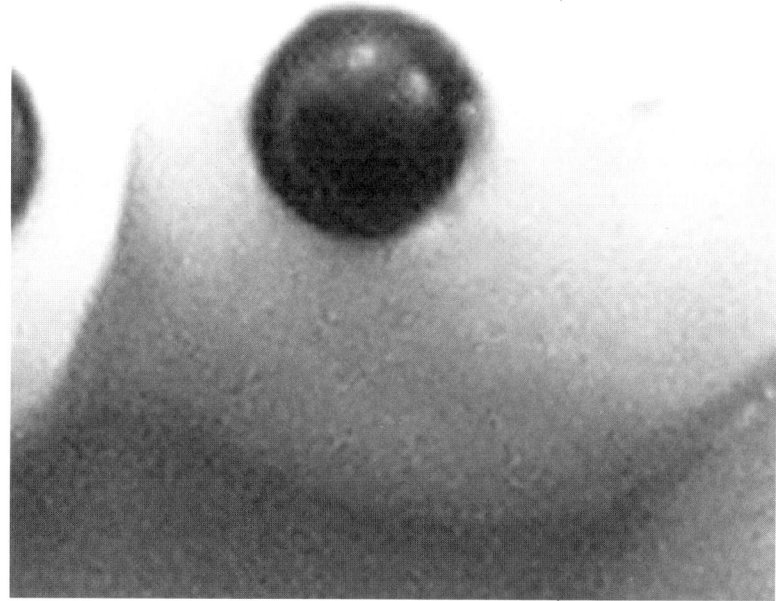

Farbiges Bildrauschen (siehe Farbseite C).

In kritischen Situationen, bei mäßigen Lichtverhältnissen und sich bewegenden Objekten kannst du die Filmempfindlichkeit immer noch auf ISO 400 hochstellen. Dann sollten Belichtungszeiten von 1/250" möglich sein. Ab dieser Belichtungszeit ist Bewegungsunschärfe selbst bei tobenden Kindern kein Thema mehr.

## Rangehen statt Zoomen

Gib dir einen Ruck und beweg deine Beine. Anstatt mit dem Zoom ein weiter entferntes Objekt nah heranzuholen, begib dich lieber zum Motiv und fotografiere mit der Nomalbrennweite von ca. 50 mm. Nur wenn du nicht näher herankommst, weil die Umgebung es nicht zulässt oder du ansonsten das Motiv verschreckst oder Ähnliches, ist der Zoom das richtige Mittel der Wahl.

Die Abbildungsqualität steigt dadurch und du kannst die Kamera ruhiger halten. Dadurch, dass sich nämlich bei den meisten Kameras bei großen Brennweiten im Telebereich die Optik weit aus der Kamera schraubt, verlagert sich der Schwerpunkt der Kamera ungünstig nach vorn.

Zusätzlich reduziert die lange Brennweite die Lichtempfindlichkeit des Objektivs meist um eine oder zwei Blendenstufen. Du brauchst für deine Aufnahme also mehr Licht und bekommst eine geringere Tiefenschärfe.

# Licht und Schatten

Und wenn du schon mal da bist, vielleicht entdeckst du aus der Nähe ja auch noch ein Detail, das dir vorher gar nicht aufgefallen ist. Schon hast du ein neues Fotomotiv gefunden.

Es gibt aber auch Fotomotive, bei denen sich eine lange Brennweite positiv auf die Bildgestaltung auswirkt: bei Straßenszenen. Die längere Brennweite führt dazu, dass die Objekte am Straßenrand optisch näher zusammenrücken und die Aufnahme dichter wirkt. Hier kannst du also ein wenig in die andere Richtung gehen und dich entfernen, um mit dem Tele noch alle Elemente einzufangen.

# Licht und Schatten

Für ein Foto brauchst du Licht. In stockfinsterer Nacht lassen sich einfach keine Fotos machen. Natürlich gibt es auch Aufnahmen, die bei Dunkelheit ihre Wirkung zeigen, doch für eine farbenfrohe Aufnahme ist immer auch genügend Licht notwendig.

Aber was ist mit dem romantischen Dinner bei Kerzenschein? Ein Foto, das aussieht, als wäre es bei voller Beleuchtung in einer Bahnhofshalle aufgenommen, ist sicherlich nicht das gewünschte Ergebnis.

# Kapitel 1 — 15 Tipps für schönere Fotos

*Für diese Aufnahme bei Kerzenlicht wurde eine Sekunde bei Blende 4 mit einer ISO-Empfindlichkeit 100 belichtet. Ein Stativ war unverzichtbar.*

Die meisten Digitalkameras neigen dazu, den eingebauten Blitz etwas vorschnell zu zünden und dadurch jede Stimmung zu ruinieren und alles platt zu leuchten. Wenn möglich, kannst du den Blitz abschalten und eine lange Belichtungszeit und große Blende vorwählen. Vorsichtiges Anheben der ISO-Empfindlichkeit kann ebenfalls hilfreich sein. Wenn du dich jetzt anlehnst oder die Kamera auf einer waagerechten Fläche abstützt, kannst du mit dem wenigen Umgebungslicht auskommen.

Reicht das Licht bei weitem nicht aus, dann aktiviere den Blitz und wähle bewusst eine Einstellung zur Unterbelichtung. Wenn du die Blende um eine oder zwei Stufen weiter öffnest, spendet der Blitz etwas Licht, ohne gleich alles in gleißendes Flutlicht zu tauchen.

Du kannst auch ein Stück weißes Transparentpapier oder ein Papiertaschentuch vor den Blitz halten. Dann wird das Blitzlicht stark abgeschwächt und hellt nur den Vordergrund ein wenig auf.

Auf jeden Fall musst du ein wenig experimentieren und möglichst mehrere Belichtungsreihen aufnehmen, damit du dann später am Computer zu Hause in Ruhe die beste Aufnahme aussuchen kannst. Denn eines sollte klar sein: Lass dich nicht von schwierigen Beleuchtungssituationen von deinem Foto abhalten. Streiflicht, das durch Bäume oder Ähnliches filtert, interessante Schattenspielereien und starke Kontraste wirken besonders reizvoll.

# Langweilige Landschaftsaufnahmen aufpeppen

Landschaften sind keine dankbaren Fotomotive. Was in natura noch eindrucksvoll und monumental wirkte, sieht nachher auf dem Foto langweilig und flach aus. Von der romantischen oder überwältigenden Stimmung ist nichts mehr übrig und der Betrachter kann sich einfach nicht vorstellen, wie gewaltig das Naturschauspiel war.

# Kapitel 1 — 15 Tipps für schönere Fotos

Ein ganz einfacher Trick für wirkungsvollere Landschaftsaufnahmen ist die Einbeziehung des Vordergrundes. Ein einfaches Objekt aus der näheren Umgebung des Fotografen am Bildrand fasst zum einen das Bild ein wenig ein und verleiht ihm zusätzlich etwas räumliche Tiefe.

Wenn der Vordergrund etwas unscharf oder zu dunkel ist, stört das den Bildeindruck überhaupt nicht. Du kannst aber auch versuchen, mit einem Aufhellblitz den vorderen Bereich etwas auszuleuchten, ohne das Objekt dabei zu hell erstrahlen zu lassen.

Die Mittagszeit ist für Landschaftsaufnahmen nicht besonders geeignet, da das stark von oben einfallende Licht die Landschaftsform flach erscheinen lässt. Streiflicht mit entsprechenden Schattenwürfen verleiht der Aufnahme zusätzliche Dynamik. Ebenso wirkt ein klarer Himmel oft langweilig, der von ein paar Wolken aufgelockert werden könnte, die außerdem auch noch Schatten in die Landschaft malen.

Bietet die Landschaft eigentlich gar nichts Sehenswertes und du möchtest sie nur deshalb fotografieren, um später zu zeigen, wie toll das Wetter und der Strand war, dann fokussiere doch auf ein interessantes Objekt im Vordergrund, das auch korrekt belichtet wird, und lasse die Landschaft etwas im Unschärfebereich liegen, indem du eine große Blende einstellst.

# Stimmungsvolle Gegenlichtaufnahmen

## Stimmungsvolle Gegenlichtaufnahmen

Aufnahmen mit Blickrichtung zur Sonne sind immer etwas heikel. Einerseits eignen sie sich hervorragend, um eine romantische Stimmung im Bild zu erzeugen und die Landschaftsform durch Schatten hervorzuheben oder die Transparenz von Objekten zu unterstreichen. Doch die tief stehende Sonne irritiert zum einen die Belichtungsmessung und führt auch noch zu optischen Fehlern auf dem Foto mit den typischen Blendenringen, die sich als kreis- oder vieleckförmige Lichtreflexionen von der Sonne quer durchs Bild ziehen.

# Kapitel 1 — 15 Tipps für schönere Fotos

Da die Kamera zur Unterbelichtung neigt, fertige am besten eine Belichtungsreihe an, in der du mit den Zeit-/Blendeneinstellungen experimentierst, damit du später die beste Aufnahme aussuchen kannst.

Möchtest du die Blendenringe vermeiden, dann bräuchtest du eigentlich eine Gegenlichtblende, die sich aber an kaum einer kompakten Digitalkamera befestigen lässt. Alternativ kannst du das Objektiv mit einer Hand abschatten, wobei du darauf achten musst, selbige nicht mit zu fotografieren. Du kannst aber auch ein Objekt in der Umgebung als Schattenspender benutzen und deinen Standpunkt verändern, bis das Objektiv im Schatten liegt.

Da Gegenlichtaufnahmen oft etwas flau und farblos wirken, kannst du später am Computer noch den Kontrast erhöhen und die Helligkeitsverteilung mit der Histogrammkorrektur optimieren.

## Die Blickrichtung einfangen

Obwohl ein Foto immer einen Moment einfriert und keine Bewegung zeigt, ist die theoretische Bewegungs- und Blickrichtung des Motivs für die Bildgestaltung entscheidend. Das Motiv sollte sich nie zum Bildrand hin bewegen oder diesen anschauen, sondern sich durch das Bild bewegen können.

Die folgende Aufnahme veranschaulicht dies: Das Kind befindet sich in der rechten Bildhälfte und schaut und winkt weiter nach rechts auf die Bildkante. Der Blick des Kindes richtet sich auf etwas außerhalb der Aufnahme, das dem Betrachter verborgen bleibt, so dass er sich ausgegrenzt fühlt. Die Aufnahme würde wesentlich besser wirken, wäre das Kind in der linken Bildhälfte, selbst wenn dann immer noch nicht zu sehen ist, wohin es schaut.

## Die Blickrichtung einfangen

Wenn möglich, sollte die Blickrichtung immer in das Bild hineingehen. Damit die Person nicht auf den Bildrand schaut, ist es vorteilhaft, wenn in Blickrichtung mehr Platz ist und die Person etwas mehr zum gegenüberliegenden Rand positioniert wird.

# Kapitel 1

## 15 Tipps für schönere Fotos

Ähnlich verhält es sich bei Objekten, die sich bewegen: In die vermeintliche Bewegungsrichtung sollte ausreichend Platz sein. Anderenfalls wirkt das Foto schnell so, als würde das Objekt im nächsten Moment gegen eine Wand brettern oder aus dem Bild herausfahren.

*Hier fährt das Boot gleich gegen die Bildkante.*

*Diese Bildgestaltung bietet genügend Platz in die Bewegungsrichtung.*

Diagonal verlaufende Muster in einem Bild lenken den Blick des Betrachters und können unterschiedliche Emotionen wecken. Ein Weg kann so beispielsweise auf den Betrachter zukommen oder von ihm wegführen. Linien, die

## Die Blickrichtung einfangen

von links oben nach rechts unten verlaufen, führen scheinbar zum Vordergrund hin, während Linien von links unten nach rechts oben wegführen. Jedes Grafikprogramm bietet dir die Möglichkeit, ein Bild vertikal zu spiegeln, um so nachträglich die gewünschte Wirkung der Diagonalen zu erzielen.

Für ein Foto mit einer Person, die einen Weg entlanggeht, bedeutet diese Erkenntnis, dass die Aufnahme stimmiger wirkt, wenn die Person sich dem Betrachter auf einem Pfad nähert, der von links oben nach rechts unten durchs Bild führt.

*Der Ball entfernt sich scheinbar.*

*In diesem Bild erwartet der Betrachter, dass der Ball auf ihn zukommt.*

# Kapitel 1

## 15 Tipps für schönere Fotos

Während Diagonalen und waagerechte Linien einem Bild Dynamik verleihen und den Blick durchs Bild beschleunigen, sorgen senkrechte Linien für Ruhe und laden zum Verweilen des Auges ein, so dass sich der Betrachter auf die Bildmitte konzentriert.

## Nimm dir ein wenig mehr Zeit

Fotografieren unterscheidet sich vom Knipsen vor allem durch die investierte Zeit. Nur selten gelingt eine brauchbare Aufnahme mal eben schnell husch husch im Vorbeigehen mit aus der Hüfte herausgezogener Kamera.

Wenn du dir für das Foto keine Zeit nehmen willst, dann ist es das Motiv vielleicht gar nicht wert, überhaupt eine Aufnahme zu machen. Selbst spontane Fotos und Schnappschüsse benötigen Ausdauer. Die Kamera muss richtig eingestellt werden, Licht und Bildwirkung sollten überlegt werden und eine ruhige Kamerahaltung ist unerlässlich.

Vor allem bei Schnappschüssen ist das Risiko hoch, dass man die Situation falsch festhält. Deshalb lohnt es sich, eine ganze Reihe von Aufnahmen zu

# Nimm dir ein wenig mehr Zeit

machen und den Vorteil auszunutzen, dass digitale Fotos kein Geld kosten. Letztendlich bleibt dann immer noch zu Hause die Ernüchterung, wenn von der ganzen Bilderserie lediglich eine einzige Aufnahme brauchbar ist. Aber du kannst dich freuen, denn genau diese eine Aufnahme hast du jetzt.

*Aufnahmen einer Situation und zum Schluss ist nur ein Foto wirklich gelungen.*

Bietet deine Kamera eine Serienbildfunktion, dann lohnt es sich, diese vor allem bei Fotos mit bewegten Motiven zu aktivieren. Solange du dann den Auslöser durchdrückst, wird ein Foto nach dem anderen aufgenommen. Drückst du den Auslöser etwas früher, als es eigentlich nötig wäre, kannst du sicher sein, dass auch eine Kamera mit hoher Auslöseverzögerung im richtigen Moment das Foto speichert.

Für die Suche nach einem besseren Standpunkt lohnt es sich ebenfalls, etwas Zeit zu investieren. Nicht immer ist der Ort, an dem du gerade stehst, auch der geeignete für ein Foto. Bewege dich ein wenig und probiere verschiedene Standorte und Perspektiven aus. Manchmal reicht es schon, sich als Fotograf einfach einen halben Meter über die anderen Menschen zu erheben und zum Beispiel auf einen stabilen Blumenkübel oder eine Parkbank zu steigen. Aber auch schmutzige Hosen darf der wahre Profi nicht scheuen, wenn das Motiv es notwendig macht, sich in die Hocke zu begeben oder sich hinzuknien.

# Kapitel 1

## 15 Tipps für schönere Fotos

## Stimmt die Auflösung noch?

Klingt zwar irrwitzig, ist aber dennoch wahr: Es gibt Digitalkameras, die ihren Besitzer unbemerkt zu schlechteren Fotos zwingen. Für Aufnahmen bei wenig Licht wird die Empfindlichkeit, gemessen in ISO, nach oben geschraubt. Das damit einhergehende deutliche Bildrauschen ließe sich ja noch verkraften. Allerdings gibt es auch Kameramodelle, die bei Dunkelheit die maximal zur Verfügung stehende Auflösung nicht mehr anbieten.

Ändert die Kameraautomatik dann die ISO-Einstellung hin zu einer sehr hohen, wird gleichzeitig die Bildauflösung verringert. Statt drei Megapixel hast du dann vielleicht nur noch Fotos, die aus einem Megapixel bestehen und gerade mal für die Darstellung im Internet ausreichen.

Dass deine Kamera vielleicht keine hohe Auflösung bei Dunkelheit aufnehmen kann, wirst du nicht ändern können. Allerdings solltest du darauf achten, dass du nach einer solchen Aufnahme nicht nur die ISO-Zahl automatisch oder manuell auf einen normalen Wert von 100 bis 200 einstellst, sondern auch die maximale Auflösung auswählst, damit die folgenden Fotos in besserer Qualität gespeichert werden.

## Hoch- statt Querformat wählen

Fast alle kompakten Kameras sind so gebaut, dass man unwillkürlich im Querformat fotografiert. Quer gehalten entspricht die Aufnahme auch eher unserem normalen Sichtfeld, denn der Mensch kann mehr Details in der Breite als in der Höhe wahrnehmen.

Für viele Motive ist aber das Hochformat wesentlich besser geeignet. Sobald ein Objekt höher als breit ist, halte deine Kamera doch einfach im Hochformat. Welche Seite du dabei nach oben nimmst, ist egal und hängt von der Gehäuseform ab und was handlicher ist. Die meisten rechtshändigen Fotografen werden wohl die rechte Hand nach oben nehmen.

Hat deine Kamera einen eingebauten Orientierungssensor, wird in der Bilddatei die Kamerahaltung mit abgespeichert und das Bild automatisch gedreht, wenn du es auf dem LCD oder am Computer in einem Bildbearbeitungsprogramm öffnest, das diese Informationen auswerten kann – zum Beispiel in Paint Shop Pro.

# Morgenstund' hat Gold im Mund

Auch Landschaftsaufnahmen, die traditionell eher ein Fall für das Querformat sind, da so der breite Horizont gut ins Bildformat passt, darf man durchaus im Hochformat festhalten, um so die Tiefe der Landschaft besser zu betonen.

# Morgenstund' hat Gold im Mund

Auch wenn es dir schwerfällt, schon vor dem Sonnenaufgang aus dem Bett zu kommen: Es lohnt sich. Landschaften werden vor allem im Sommer in der Mittagssonne zu stark von oben beschienen. Dadurch fehlen Schatten und selbst die hügeligste Gegend wirkt flach wie ein Brett. Lange Schatten am Morgen oder Abend hingegen heben die Unebenheiten deutlicher hervor.

Im Mittagslicht wird aber auch die Ultraviolett-Strahlung stärker und die Luft wird diesig. Für Spiegelreflexkameras und einige kleine Digicams gibt es Filter, die vor allem die UV-Strahlung sperren. Es schadet zwar nicht wirklich, doch auch der Nutzen wird von Profis immer wieder angezweifelt. Morgens und abends gibt es aber auf jeden Fall weniger Schwebeteilchen und störende Lichteffekte, die zusammengenommen deine Aufnahmen farblos erscheinen lassen.

# Kapitel 1

## 15 Tipps für schönere Fotos

Für die perfekte Aufnahme eines Motivs nehmen sich Profis manchmal Tage und Monate Zeit. Je nachdem wo die Sonne steht und die Schatten fallen, wirkt das Foto anders und erst nach wiederholtem Besuch der Szene stellt man fest, wann die beste Aufnahmezeit ist. Da kann es dann sogar wichtig sein, welche Jahreszeit herrscht. Der berühmte Indian Summer hat beispielsweise nichts mit Sommer zu tun, sondern erst im Herbst verfärben sich die Blätter der nordostamerikanischen Laubwälder zu einem farbenfrohen Spektakel.

Auch für Porträts eignet sich eine tief stehende Sonne wesentlich besser als das harte und grelle Mittagslicht. Durch die helle Sonne kneifen die meisten Menschen die Augen unschön zusammen und das von oben einfallende Sonnenlicht wirft dunkle Schatten unter Augen und Nase.

Am frühen Morgen oder späten Abend taucht das Sonnenlicht die Person in ein angenehm warmes, weiches Licht. Selbst wenn die Person direkt in die Sonne schaut, muss sie die Augen nicht zukneifen und der Gesichtsausdruck bleibt entspannt.

Mit goldfarbenen Reflektorfolien in einem dünnen Rahmen, die sich zum Tragen handlich zusammenfalten lassen und im Fotobedarf erhältlich sind, kann eine zweite Person dich bei der Aufnahme unterstützen. Im richtigen Winkel gehalten, reflektiert die Folie das Sonnenlicht und schattige Partien können natürlich wirkend aufgehellt werden.

# Sitz, Platz und Kusch! Tiere fotografieren

Haustiere im Bild festzuhalten ist gar keine so einfache Sache. Damit du von deinem besten Freund schöne Fotos machst, ein paar einfach umzusetzende Tipps:

◇ Fotografiere in der Natur und nicht im Haus. Auf einer Wiese wirkt ein Tier wesentlich natürlicher als in der Wohnung, die nicht zum normalen Lebensraum gehört. Außerdem stören im Inneren fast immer irgendwelche Einrichtungsgegenstände die Bildgestaltung.

◇ Begib dich auf Augenhöhe. Die meisten Tiere sind kleiner als du. Fotografierst du von schräg oben, werden die Proportionen gestaucht. Nur wenn du auf einer Höhe mit dem Tier bist, wozu du dich durchaus auch hinlegen kannst, wirkt die Körperform natürlich und der lange Schwanenhals ist wirklich elegant.

◇ Vermeide Blitzlicht. Das in den Augen reflektierte Licht führt zu leuchtenden Augen, die eher unheimlich als natürlich aussehen. Ohne Blitzlicht wird das Tier auch nicht vom grellen Licht erschreckt und du bekommst die Gelegenheit für eine weitere Aufnahme.

◇ Tiere mit menschlichen Accessoires wie Pullover, Brille usw. zu verkleiden ist Geschmackssache und wirkt oft kitschig. Denke an die Würde des Tieres und benutze es nicht als Barbie-Ersatz.

# Kapitel 1 — 15 Tipps für schönere Fotos

- Nähe ist das Wichtigste bei der Bildgestaltung. Ein paar Vögel als winzige Punkte am Himmel sind langweilig. Erst wenn du so nah an ein Tier herankommst, dass du es annähernd formatfüllend aufnehmen kannst, lohnt sich die Aufnahme. Ein gutes Teleobjektiv und viel Licht sind vorteilhaft, damit du eine kurze Belichtungszeit wählen kannst, um verwackelte Fotos zu vermeiden. Nur bei besonders hochwertigen Kameras kannst du später am PC noch eine Ausschnittvergrößerung zu klein abgebildeter Motive anfertigen.

- Das alte Problem in Zoos und Aquarien: Die schönsten Motive sind hinter Glas und auf dem Foto sieht man statt des farbenfrohen Nemo-Verschnitts nur das reflektierende Blitzlicht. Stell dich einfach nicht frontal, sondern etwas schräg im 45-Grad-Winkel zur Glasscheibe. Das Blitzlicht wird dann in die andere Richtung reflektiert.

## Der goldene Schnitt

Bei der Betrachtung von Fotos werden immer wieder die Bilder als besonders gelungen angesehen, bei denen sich der Fotograf be- oder unbewusst am goldenen Schnitt – der göttlichen Teilung – orientiert hat. Bereits seit

# Der goldene Schnitt

über 2000 Jahren ist das Teilungsverhältnis einer Strecke bekannt, das der Mensch als besonders ästhetisch und harmonisch empfindet. In der Architektur, dem Buchdruck, der Malerei und der Mathematik wird seitdem auf den goldenen Schnitt geachtet – lange bevor es die Fotografie gab.

Zwei Strecken stehen im Verhältnis des goldenen Schnittes, wenn sich die größere zur kleineren verhält wie die Summe aus beiden zur größeren. Oder anders ausgedrückt: wenn die längere Strecke (a) etwa um den Faktor 1,62 größer ist als die kürzere (b).

Für die Bildgestaltung kann die Bildfläche nach dem goldenen Schnitt aufgeteilt werden. Dazu wird die Fläche in Quadrate zerlegt, die sich durch zwei horizontale und zwei vertikale Linien ergeben. Für das klassische Fotoformat mit dem Seitenverhältnis 3:2 ergibt sich dann die abgebildete Aufteilung.

Damit die Aufteilung nicht zu kompliziert wird, vereinfacht man die Regel meistens etwas und benutzt als Annäherung einen Drittelabstand. Die horizontale und vertikale Richtung wird dazu in drei gleich große Teile geteilt, was sich leichter merken und anwenden lässt. Manche Digitalkamera kann ein solches Raster sogar auf dem LCD einblenden, was besonders hilfreich ist, da du dir ansonsten die Hilfslinien bei jeder Aufnahme immer selber hinzudenken musst.

So, und wozu nun das Ganze? Ganz einfach: Jetzt hast du ein Raster, in dem du dein Bild gestalten kannst. Ganz automatisch versuchen die meisten Fotografen nämlich am Anfang, das Hauptmotiv genau in die Bildmitte zu rücken. Nach dem Motto: So ist es schön drauf. Das wirkt aber langweilig und unausgewogen.

# Kapitel 1 — 15 Tipps für schönere Fotos

Das Foto wirkt kraftvoller und ausgeglichener, wenn du dein Motiv oder auffällige Linien ungefähr auf die Rasterlinien oder einen Schnittpunkt des goldenen Schnitts legst und auf jeden Fall etwas außerhalb der Mitte platzierst.

Natürlich kommt es nicht darauf an, sich pingelig ans Raster zu halten, und für einige Aufnahmen lässt es sich auch nicht vermeiden, die Regel außer Acht zu lassen. Wie du aber beim Foto vom Leuchtturm siehst, wurde der goldene Schnitt hier zweifach berücksichtigt: Sowohl der Turm mit dem Weg als auch Horizont orientieren sich ziemlich genau an den Hilfslinien und bilden einen Knotenpunkt fast auf dem Schnittpunkt des goldenen Schnitts.

# Der goldene Schnitt

In der Praxis bedeutet der goldene Schnitt, dass du zum Beispiel den Horizont nie durch die Bildmitte verlaufen lassen solltest, sondern ihn ins untere Drittel bringst. Das Hauptmotiv oder eine besonders auffällige längliche Form sollte sich nicht im Zentrum befinden, sondern etwas außerhalb links oder rechts nach unten oder oben versetzt.

Die Person im Schatten des Baumes wäre besser etwas tiefer und nach links versetzt aufgenommen worden, damit der Baumstamm auf der linken senkrechten Linie des goldenen Schnitts liegt, da er durch den schrägen Wuchs nach rechts mehr Platz benötigt. Damit der Horizont oder die Wasserlinie weiter nach unten kommt, ohne die Person auf die untere Bildkante zu setzen, hätte der Fotograf in die Hocke gehen können, um die Perspektive etwas zu verändern.

# Kapitel 1 — 15 Tipps für schönere Fotos

Bei diesem Foto befinden sich Horizont und Baum in etwa auf den Achsen des goldenen Schnitts. Zudem wirkt das Foto der eigentlich eher langweiligen Naturaufnahme durch den Baum im Vordergrund reizvoller.

# Sei du selbst

Kein Fotograf kann alle Situationen und Motive gleich gut ablichten. Es gibt Profis, die sich auf Landschaften beschränken, und andere, die ausschließlich Stillleben ins rechte Licht rücken. Natürlich ist man immer versucht, durch die Bank weg gelungene Fotos zu machen, du kannst dich aber auch ein wenig spezialisieren und trotzdem für alles offen sein.

Hochgeschwindigkeitsfotos bedürfen viel Übung, da extrem kurze Belichtungszeiten und viel Licht notwendig sind. Ohne technische Hilfsmittel wie Lichtschranken sind zahllose Aufnahmen notwendig, bis der richtige Moment im Bild eingefroren wurde.

Überlege dir doch einfach einmal, was dich an Fotos besonders fasziniert. Sind es zum Beispiel Landschaften, Detailaufnahmen, Tiere oder Pflanzen, Muster und Strukturen, Menschen oder Gebäude? Dann nimmst du dir einen Tag lang vor, durch deine Wohngegend zu ziehen und ganz genau nach deinem Thema Ausschau zu halten und wirklich alles zu fotografieren, was dir vor die Linse kommt. Löschen kannst du die Fotos später immer noch – oder aufheben, denn mit Sicherheit wirst du auch lohnenswerte Bilder finden, die du vorher nicht erwartet hättest.

# Kapitel 1

## 15 Tipps für schönere Fotos

Auf Webseiten wie *http://www.sxc.hu* findest du Hunderte von hervorragenden Aufnahmen. Kein Fotograf schafft es, all diese Aufnahmen alleine anzufertigen. Vor allem die auf solchen Webseiten häufig anzutreffenden typischen *Stock-Images* sind zum einen schwer zu erstellen und zum anderen auf Dauer langweilig, wenn sie anfangs auch noch so ästhetisch aussehen mögen.

Stock Images findest du in Bildkatalogen von Agenturen, die die Aufnahmen weiterverkaufen. Einige Kataloge bieten auch lizenzfreie Bilder an, die du unter bestimmten Bedingungen kostenlos benutzen kannst. Viele dieser Fotos zeigen stilisierte Objekte oder Personen in vermeintlich typischen Situationen. Diese Fotos sind oft nur dazu gemacht, um in irgendeiner mehr oder weniger belanglosen Zeitung leeren Platz zu füllen und Gefühle oder Situationen zu stilisieren. Vor allem Personenfotos sind dabei oft besonders ästhetisch klar bis hin zu nüchtern gehalten. Allerdings stört oft, dass die meisten Aufnahmen aus dem nordamerikanischen Raum stammen und daher für Europäer etwas unnatürlich wirken.

*Typische Stock-Images bei* http://www.sxc.hu.

Eine inspirierende Anlaufstelle können Fotoarchive und Zeitschriften aber trotzdem sein, denn bestimmt findest du dort Aufnahmen, die den deinen ähneln, und dann kannst du die Aufnahmen vergleichen, Unterschiede heraussuchen und dir überlegen, wie du dein Foto beim nächsten Mal noch besser gestaltest oder welchen Tipp du für den fremden Fotografen hättest.

Sprich auch mit deinen Freunden über deine Aufnahmen und hör dir ihr Lob und ihre Kritik an. Wenn du erfährst, was andere über deine Arbeit denken, kannst du vielleicht Neues lernen und bekommst weitere Ideen. Auch im Internet gibt es zahlreiche Diskussionsgruppen, in denen du deine Fotos zeigen und besprechen kannst. Aus den Kommentaren zu anderen Fotos lernst du vielleicht auch noch etwas für deine eigenen Bilder.

# Zusammenfassung

Diese Kurzeinführung hat dir schon einmal gezeigt, wie du deine Bilder gestalten kannst und welche typischen Fallstricke du besser umgehst.

Die wichtigsten Erkenntnisse sind:

- ◆ Fotografiere auch aus der Nähe und zeige Details, die bei einer entfernten Aufnahme nicht zur Geltung kämen.
- ◆ Belasse am Bildrand etwas Platz, damit du später das Foto noch zuschneiden kannst.
- ◆ Achte auf die richtige Kamerahaltung.
- ◆ Vermeide hohe ISO-Einstellungen, damit es nicht zum Farbrauschen kommt.
- ◆ Landschaftsaufnahmen mit einem Objekt am Rand im Vordergrund wirken spannender.
- ◆ Bei Gegenlichtaufnahmen vermeide die direkte Bestrahlung des Objektivs durch die Sonne.
- ◆ In Blick- und Bewegungsrichtung sollte etwas mehr Platz auf dem Foto sein.
- ◆ Wechsle zwischen Hoch- und Querformat ab.
- ◆ Mittagssonne ist für stimmungsvolle Bilder schädlich.
- ◆ Begib dich auf Augenhöhe zu einem fotografierten Tier.
- ◆ Denke an den goldenen Schnitt und platziere das Hauptmotiv nicht mittig, sondern etwas nach außen versetzt.

# Kapitel 1 — 15 Tipps für schönere Fotos

## Ein paar Fragen …

Frage 1: Was ist besser: den Zoom benutzen oder an das Fotomotiv herangehen?

Frage 2: Warum werden Straßenszenen gerne mit großer Brennweite aufgenommen?

Frage 3: Was kannst du als Vordergrundobjekt bei einer Landschaftsaufnahme ins Bild mit einbeziehen?

Frage 4: Wenn die fotografierte Person nach links schaut, sollte die Person dann eher links oder rechts im Bild stehen?

Frage 5: Würdest du den Eiffelturm im Hoch- oder im Querformat fotografieren?

Frage 6: In wie viele Segmente wird das Bild beim goldenen Schnitt unterteilt?

## … und ein paar Aufgaben

1. Fotografiere ein Auto aus verschiedenen Perspektiven und analysiere die verschiedenen Wirkungen der Bilder. Gehe dicht heran und benutze den Weitwinkel oder, wenn du weiter wegbleiben musst, ein Tele: Fotografiere von oben, zum Beispiel aus dem Haus, und von ganz unten, auf der Straße liegend (Vorsicht!).

2. Suche dir ein paar Alltagsgegenstände, wie Parkbank, Haustür, Heizungskörper, und nimm Detailfotos auf, um anschließend die Wirkung der Aufnahmen zu beurteilen.

3. Fotografiere ein Auto von der Seite einmal so, dass von der Front zur Bildkante etwa ein Drittel Platz bleibt, und einmal formatfüllend. Welche Aufnahme ist gefälliger?

4. Zünde ein paar Kerzen an und arrangiere sie um das Gesicht einer anderen Person, die du dann bei stark abgedunkeltem Raum mit und ohne Blitzlicht fotografierst.

# 2
# Kaufberatung und Techniktipps

Auch wenn dich in diesem Buch möglichst kein Fachchinesisch verwirren soll, ganz ohne Fachbegriffe geht es leider nicht. Weiterhin ist es hilfreich, wenn du ein wenig mehr über die Technik in deiner Digitalkamera erfährst. Solltest du noch keine Kamera besitzen und vielleicht bald eine kaufen wollen, dann gibt's hier auch noch ein paar Hinweise für dich und deine Eltern oder Verwandten.

In diesem Kapitel lernst du

◉ ein Auge für interessante Fotos zu entwickeln

◉ wo die Vorteile und Nachteile der neuen Technik liegen

◉ wichtige Begriffe rund um die Digitaltechnik

◉ worauf du achten solltest, wenn du eine Kamera kaufen willst

◉ wie die meisten Digitalkameras bedient werden

Kapitel 2 — Kaufberatung und Techniktipps

# Wieso eigentlich Digital?

»Digital Fotografieren ist viel besser als analog.« So einen Spruch hast du bestimmt auch schon gehört. Aber stimmt das eigentlich wirklich? Nein. So einfach darf man sich das nicht machen. Digitale Kameras sind zwar mächtig im Kommen und wer sich die Werbung anschaut, bekommt schnell den Eindruck, dass es gar nichts anderes mehr gibt und alles andere zum alten Eisen gehört. Auch wird immer wieder gesagt, dass digitale Fotos viel billiger sind als die alten Papierabzüge. Auch das bedarf einer kleinen Überprüfung.

Schauen wir aber zuerst einmal auf die Fotografie, wie sie vor ein paar Jahren noch weit verbreitet war: Fast jede Familie besaß eine Kamera, in die man einen Film einlegen musste. Im Wesentlichen gab es zwei Arten von Filmen:

◆ Kleinbild-Negativfilm für Papierabzüge – der mit Abstand gängigste Typ

◆ Kleinbild-Diafilm

Sobald alle Bilder auf einem Film belichtet waren, also der Film voll fotografiert war, gab man den Film in ein Labor, um ihn dort entwickeln zu lassen. Vom Negativfilm ließ man sich dann meist auch gleich noch Papierabzüge anfertigen. Den Diafilm zerschnitt man in einzelne Fotos, die in Diarahmen geklemmt wurden, um dann mit einem Diaprojektor angeschaut zu werden.

*Belichteter und entwickelter Kleinbild-Negativfilm.*

Neben den Kosten für Film und Entwicklung war es besonders lästig, dass man immer ein paar Tage warten musste, bis man sich die Fotos anschauen konnte. Wenn dann ein Foto mal nichts geworden ist, war es meist nicht mehr möglich, das Gleiche noch mal zu fotografieren, denn die Party oder der Urlaub war ja längst vorbei. Und da es nur Papierabzüge gab, konnte man die Bilder auch nicht ohne weiteres im Internet verschicken oder für die Webseite benutzen. Zuerst musste das Bild mit einem Scanner digitalisiert werden.

Die meisten Leute sprechen von *analoger Fotografie*, wenn die bisherige Technik mit Kleinbildfilm gemeint wird.

## Wieso eigentlich Digital?

Digitale Kameras benötigen keinen Film mehr. Stattdessen gibt es fast immer eine Speicherkarte, auf der die Aufnahmen gesichert werden, bis du sie auf deinen Computer kopierst. Sobald du ein Foto aufgenommen hast, kannst du es auch schon weiterverarbeiten. Entweder schaust du es dir auf dem Display der Kamera an oder du kopierst das Bild auf den PC und machst da weiter. Wenn dir das Bild nicht gefällt, dann löschst du es und machst einfach ein neues.

Dadurch sparst du natürlich eine Menge Geld, denn die Speicherkarte kannst du fast beliebig oft mit neuen Fotos füllen und wenn du von deinen digitalen Fotos einen Papierabzug machen willst, dann suchst du dir vorher die guten Bilder aus und machst keine Abzüge von den schlechten Bildern, die du dann doch nur wegwerfen würdest.

Wirklich sparen wirst du mit einer Digicam aber leider nicht. Die Anschaffung einer brauchbaren Kamera ist wesentlich teurer als eine gute analoge Kamera. Außerdem sind die Abzüge oder Ausdrucke der digitalen Fotos wesentlich teurer. Erst wenn du viele Jahre fleißig fotografierst oder selten Fotos ausdruckst, wirst du etwas sparen. Dann verspürst du aber bestimmt auch Lust, dir eine neue Kamera anzuschaffen, denn die Entwicklung bei den Digicams schreitet enorm schnell voran und andauernd gibt es bessere Modelle.

Mit dem Vorurteil, dass digitale Fotos besser sind, will ich auch gleich aufräumen. Erst wirklich gute und teure Digitalkameras sind in der Lage, technisch hervorragende Aufnahmen zu machen, die sich mit einem analogen Bild vergleichen lassen. Die normal teuren Kameras machen meist schlechtere Fotos, die dann durch die anschließende Weiterverarbeitung am Computer noch schlechter werden. Damit dir das nicht auch passiert, findest du hier im Buch immer wieder Tipps, wie du das vermeidest.

Aber nichtsdestotrotz: Digitale Fotografie macht viel Spaß und hat den Vorteil, dass du dabei viel mehr über Fotografie lernen kannst, als wenn du analoge Fotos machst. Sobald du nämlich ein Foto gemacht hast, kannst du es dir anschauen und dann aus deinen Fehlern lernen und gleich ein besseres Bild machen.

Kapitel 2 — Kaufberatung und Techniktipps

# Digitales Kauderwelsch

So ganz werden wir die analogen Kameras nicht los. Viele Begriffe aus der analogen Kamerawelt werden nämlich auch für die digitalen Ableger verwendet. Manche Wortbedeutungen stammen dabei von den professionellen großen Kameras und sind bei den kleineren Kompaktkameras nicht so bedeutend. Damit du aber in Zukunft immer weißt, was gemeint ist, ist es gut, wenn du dich ein wenig besser auskennst.

## Die Kameraform

Fangen wir gleich mal mit der Kamera an: Die wichtigsten Modellvarianten sind:

◇ Kompaktkameras, zu denen oft auch Sucherkamera gesagt wird, weil man beim Fotografieren durch ein kleines Fenster (den Sucher) schauen kann

◇ Spiegelreflexkameras, die oft mit der Abkürzung SLR bezeichnet werden (für den englischen Begriff *single lens reflex*: einäugige/einlinsige Spiegelreflexkamera)

*Spiegelreflexkamera; Quelle: Konica Minolta.*

Digitales Kauderwelsch

Kompaktkamera; Quelle: Canon.

Spiegelreflexkameras sind nicht nur wesentlich teurer als Kompaktkameras, sie haben auch mehr Einstellmöglichkeiten und machen technisch bessere Fotos. Allerdings sind sie auf Grund der Größe auch etwas unhandlicher. Da du vermutlich eine Kompaktkamera hast, geht es hier meistens um diese Modelle. Hin und wieder schauen wir uns aber auch eine Spiegelreflexkamera an, die übrigens so heißt, weil das Licht vorne durch das Objektiv auf einen Spiegel im Inneren trifft und von dort zum Sucher umgeleitet wird.

## Pixel und noch mehr Pixel

Je mehr Megapixel eine Kamera hat, desto besser soll sie sein. Zumindest behauptet das die Werbung und die lügt ja nicht – oder? Was hat es denn aber mit der Auflösung auf sich? Im Inneren der Kamera befindet sich ein CCD-Chip (charge coupled device, englisch für ladungsgekoppeltes Bauelement). Das ist ein lichtempfindliches Bauteil, auf das das einfallende Licht von deinem Fotomotiv trifft. Der Chip besteht aus vielen kleinen Sensoren, die neben- und untereinander angeordnet sind. Jeder Sensor misst nun für eine winzig kleine Stelle, wie hell das Licht bei ihm ist. Jeder dieser Bildpunkte wird auch als *Pixel* bezeichnet. Zusammen ergeben sie dann ein Graustufen-Bild, bei dem jedes Pixel zwischen Schwarz (kein Lichteinfall) und Weiß (ganz viel Licht) einen Grauton misst. Das fertige Bild besteht dann aus diesen vielen kleinen Punkten. Da die Punkte so klein sind, kannst du sie mit dem bloßen Auge gar nicht erkennen und siehst einfach nur das ganze Bild.

# Kapitel 2 — Kaufberatung und Techniktipps

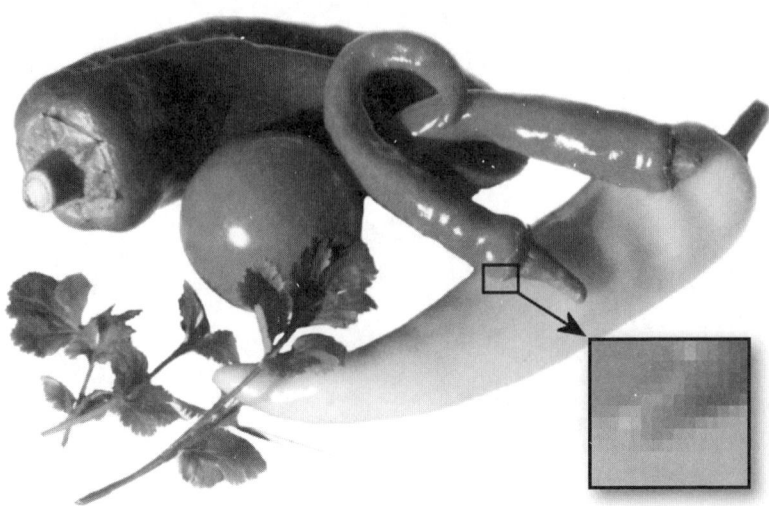

*Ein Foto setzt sich aus vielen kleinen Bildpunkten (Pixel) zusammen.*

Würdest du die einzelnen kleinen Bildpunkte zählen, so bekämst du die Auflösung des CCD-Chips und deines Bildes. Gibt es beispielsweise 800 Pixel nebeneinander und 600 Reihen davon übereinander, dann hättest du eine Auflösung von 480.000 Pixel (800 x 600=480.000).

Wie viele Pixel brauchst du denn jetzt für ein Bild? Eine gute Frage, auf die es keine einfache Antwort gibt. Mehr ist immer gut, aber wie viel mehr hängt davon ab, was du mit dem Bild machen willst. Stell dir vor, du hast ein kariertes Blatt Papier. Auf diesem kannst du nun die einzelnen Felder ausmalen. Jedes Feld ist wie ein Bildpunkt. Hast du ein grob kariertes Papier, dann sind die einzelnen Felder recht groß und du kannst im Bild keine Feinheiten malen.

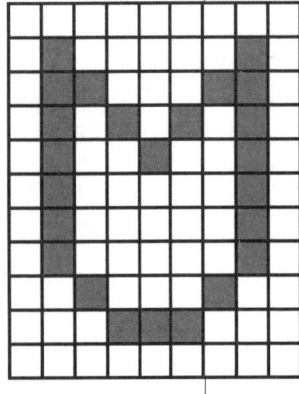

Nimmst du ein Blatt mit kleineren Kästchen, dann hast du auf der gleichen Fläche wie vorher mehr Pixel, um Details zu zeichnen. So ist das auch bei der digitalen Fotografie: Ein hoch auflösender Chip hat mehr Pixel und kann mehr Details speichern. Bei den Maiskolben kannst du den Unterschied erkennen: Wenn du viele Pixel zur Verfügung hast und dann eine Vergrößerung machst, zeigt der linke Ausschnitt des Maiskolbens, dass das Bild gut bleibt. Bei wenigen Pixeln entsteht der rechte Bildausschnitt, in dem du statt der Maiskörner nur noch die Bildpunkte sehen kannst. Profis sprechen von *grober Auflösung* und vom *Treppcheneffekt*, da die Bildpunkte ein Muster wie Treppenstufen bilden.

## Digitales Kauderwelsch

*Hohe Auflösung (viele Pixel pro Fläche) links und niedrige Auflösung (weniger Pixel in der gleich großen Fläche) rechts.*

Willst du dein Bild also vergrößern, zum Beispiel als Poster für die Wand oder um nur einen Ausschnitt vom ganzen Bild zu verwenden, dann brauchst du möglichst viele Pixel.

In der Regel sind drei bis fünf Millionen Pixel für den Alltag völlig ausreichend. Du hast dann drei bis fünf Megapixel. Natürlich kann es nichts schaden, mehr zu haben – allerdings wird die Kamera mit mehr Pixeln auch immer teurer und neben der Auflösung gibt es andere Dinge, die viel wichtiger sind und die du gleich kennen lernen wirst. Von mehr als sechs Megapixeln für eine Kompaktkamera wird aber von allen Experten abgeraten – auch wenn die Werbung etwas anderes behauptet und der Markt von Kameramodellen mit zu hoher Auflösung überschwemmt wird, so dass man fast den Eindruck gewinnen kann, es gäbe gar keine Kamera mehr mit einem gesunden Maß für die Pixelanzahl. Eine Kompaktkamera mit mehr als sechs Millionen Pixeln erzeugt bei genauer Betrachtung nämlich schlechtere Bilder als ein Modell mit weniger Bildpunkten. Dafür gibt es verschiedene Gründe. Zum einen sind die einzelnen Pixel so klein, dass pro Pixel die Lichtempfindlichkeit sinkt, was zu stärkerem Rauschen im Bild führt. Weiterhin sind auch die Objektive an den kleinen Kameras gar nicht gut genug, um der höheren Auflösung auch optisch gerecht zu werden, so dass eine mögliche bessere Detailwiedergabe verpufft. Nur wenn der Bildsensor und das Objektiv größer werden, wie es bei professionellen Spiegelreflexkameras der Fall ist, macht eine höhere Auflösung Sinn. Wenn du noch mehr über dieses Problem erfahren möchtest, kannst du mal die Webseite *http://6mpixel.org* besuchen.

# Kapitel 2 — Kaufberatung und Techniktipps

So ein graues Bild ist zwar schon ganz nett, aber irgendwie fehlt da ja noch die Farbe. Dazu greifen die Hersteller zu einem Trick: Vor jeden der kleinen Sensoren wird in einer so genannten Bayer-Matrix ein roter, grüner oder blauer farbiger Filter angebracht. Weil das menschliche Auge empfindlicher für Grüntöne ist, gibt es doppelt so viele grüne Filter wie blaue und rote.

*Bayer-Matrix (siehe Farbseite A).*

Ein Sensor mit rotem Filter misst jetzt nur noch die Helligkeit des roten Lichts, das auf diesen Bildpunkt trifft. Um einen farbigen Punkt für das Foto zu bekommen, werden die Helligkeitsinformationen von je einem benachbarten roten, grünen und blauen Pixel zusammengenommen. So entstehen bunte Bilder mit allen Farben, die du sonst auch sehen kannst.

Dumm bei der Sache ist nur, dass sich dabei die Auflösung verschlechtert. Der Chip hat immer noch beispielsweise 800x600 Pixel. Da aber immer drei Pixel (Rot, Grün, Blau) benötigt werden, um einen farbigen Bildpunkt auf dem Foto zu berechnen, verringert sich die Auflösung für das Foto auf ein Drittel. Das fertige Bild besteht also nur noch aus etwa 160.000 bunten Bildpunkten.

Preisfrage! Was glaubst du, wird der Kamerahersteller in seinem bunten Prospekt angeben: die Anzahl der einzelnen Bildpunkte auf dem Sensor oder die Anzahl der Pixel im fertigen Bild? Natürlich die Anzahl der einzelnen Sensorpunkte. Die Zahl ist schließlich dreimal größer und es klingt doch einfach besser, wenn man sagen kann, die Kamera hat drei Megapixel statt eigentlich ja nur einem Megapixel. Und wirklich falsch ist die Aussage ja auch nicht, zumal fast alle Hersteller so vorgehen und die Anzahl der Sensorpixel angeben.

# Digitales Kauderwelsch

Damit der Schwindel nicht ganz so auffällt, bedient sich jeder Kamerahersteller eines einfachen Tricks: Es werden nicht die berechneten Pixel gespeichert, sondern mehr. *Interpolation* wird das genannt. Dabei werden neben dem berechneten Pixel weitere Pixel mit der gleichen oder einer ähnlichen Farbe gespeichert. Fügt man zwei zusätzliche Pixel ein, so hat das Bild wieder genau so viele Pixel, wie der Chip aufnehmen kann. Das Foto wird dadurch aber nicht wirklich besser, denn die neuen Pixel sind ja einfach nur hinzugefügt worden.

Im Prinzip kann man so beliebig viele Pixel hinzufügen und irrsinnig hohe Auflösungen vorgaukeln. Und genau das machen einige Hersteller auch. Vor allem bei besonders billigen Digicams heißt es deshalb vorsichtig sein, wie die abgebildete Kamera zeigt, die in der Rubrik »7 Megapixel« angeboten wird, deren CCD-Sensor aber nur etwas über drei Megapixel leistet. Üblicherweise würde man dieses Modell als 3-Megapixel-Kamera bezeichnen.

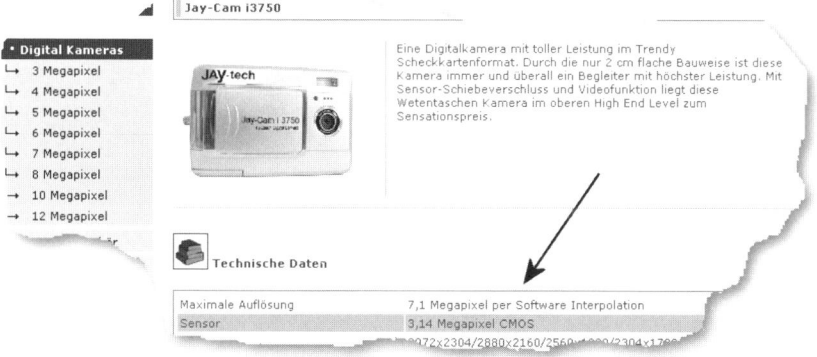

*Quelle:* www.jaytech.de.

Nur der Vollständigkeit halber sei noch erwähnt, dass es auch noch andere CCD-Chips gibt. So kann der Foveon X3 Vollfarben-Sensor wirklich genau so viele farbige Pixel speichern, wie er selbst besitzt. Derartige Sensoren sind aber noch sehr selten und werden vermutlich auch nicht so bald in Kompaktkameras eingesetzt werden.

## Display

Fast jede Digicam verfügt über ein Display, auf dem die aufgenommenen Fotos betrachtet und Einstellungen der Kamera vorgenommen werden können. Dabei handelt es sich stets um ein LCD (liquid crystal display, englisch für Flüssigkristallanzeige). Je größer das LCD ist, desto besser ist es natürlich, denn dann kannst du mehr Details deiner Fotos erkennen. Praktisch ist es auch, wenn du das Display klappen und drehen kannst. Willst du dich und deine Freunde nämlich selbst porträtieren, dann kannst du dich weiterhin im Display sehen und so den richtigen Bildausschnitt bestimmen.

Quelle: Canon.

Besonders wenn du die Helligkeit des LCDs einstellen kannst, ist Vorsicht geboten. Eventuell hast du die Helligkeit zu sehr aufgedreht und denkst, dass die Bilder alle gut ausgeleuchtet sind. Bevor du dann später alle zu dunklen Bilder löschen musst, stell die Helligkeit besser auf einen Mittelwert ein.

Bei LCDs ist es grundsätzlich schwer, schräg von der Seite darauf zu schauen. Der dargestellte Inhalt wird dann je nach Display schnell dunkel und die Farben verändern sich. Da auch bei optimalem Blickwinkel die Darstellung nie so gut wie am Computerbildschirm ist, kann das LCD nur zur Kontrolle verwendet werden – die tatsächliche Bildqualität kannst du erst zu Hause am PC bestimmen.

# Digitales Kauderwelsch

Das LCD ist ein wahrer Stromfresser. Willst du nicht andauernd neue Batterien kaufen oder den Akku nachladen, dann verzichte darauf, immer wieder alle Bilder auf dem Display zu betrachten.

## MMC, SD oder CF?

Wenn du dich fragst, was sich hinter den Abkürzungen verbirgt, dann bist du damit bestimmt nicht allein. Es handelt sich um eine kleine Auswahl an verschiedenen Speicherkartentypen. Im Grunde ist es völlig egal, welche Speicherkarte du verwendest. Auf jeden Fall brauchst du eine Karte mit möglichst viel Platz, damit du viele Fotos speichern kannst und nicht nach ein paar Aufnahmen schon die Bilder auf den Computer kopieren musst. Gut ist es, wenn deine Speicherkarte 128 MB oder mehr Platz bietet.

Angesichts des Preisverfalls für Speicherkarten in den letzten Jahren bekommst du meistens sogar ein GB und mehr schon für wenige Euro. Achte aber darauf, dass deine Kamera möglichst einen universellen Speicherkartentyp benutzt. Einige Kamerahersteller zwingen dich, ihre eigenen (und dann oft überteuerten) Spezialbauformen zu benutzen. Günstig sind Typen, die du auch in einem gängigen Kartenlesegerät (wie dem auf Seite 51 und 212 gezeigten) benutzen kannst. Dazu gehören vor allem die Typen (Mini und Micro) SD, MMC, CF (I und II) und xD.

Erst für Profifotografen wird wichtig, wie schnell die Daten auf dem Speicherchip gesichert werden können. Da du nicht andauernd hintereinander schnelle Fotoserien in wenigen Sekunden aufnehmen willst, brauchst du auf die Speichergeschwindigkeit nicht zu achten.

## PictBridge

Eine neue Technik stellt PictBridge dar. Damit kannst du deine Kamera direkt an einen entsprechend geeigneten Drucker anschließen und ohne PC die Bilder ausdrucken.

Das klingt zwar ganz praktisch, ist aber eigentlich nur ein Party-Gag, wenn du die Bilder gleich verteilen willst. Die meisten Aufnahmen willst du sicherlich erst einmal am Computerbildschirm in Ruhe betrachten, auswählen und überarbeiten. Fotos drucken macht sowieso keinen Spaß, da der Tintenverbrauch sehr hoch und das Bild damit sehr teuer ist.

# Was muss meine Digicam können?

Nicht alles, womit Digitalkameras heutzutage ausgestattet sind, ist wirklich sinnvoll. Andererseits gibt es durchaus einige Funktionen, bei denen es sich lohnt, Wert darauf zu legen, dass sie vorhanden sind. Vor allem für dich als Hobby-Fotografen, der mehr will als nur einfach mal ein Foto knipsen, gibt es praktische Ausstattungsmerkmale, die auch hier im Buch benutzt werden.

Steht der Kauf einer Kamera also an, dann kannst du dir hier ein paar Tipps holen. Wenn du schon eine Kamera haben solltest, die vielleicht einige der aufgeführten Funktionen nicht besitzt, ist das aber auch kein großes Problem. Vielleicht kannst du dann aber das eine oder andere Kapitel nicht in der Praxis selbst erproben.

Damit die folgende Aufstellung nicht zu unübersichtlich wird, verzichte ich in der Regel auf tiefer gehende Erläuterungen. Da die meisten Funktionen an anderer Stelle im Buch benutzt werden, findest du dort dann auch die passende Erklärung, was es mit der Funktion auf sich hat.

- ◇ **Auflösung:** Wie schon gezeigt, ist eine hohe Auflösung immer vorteilhaft. Allerdings sollte daraus kein Glaubenskrieg werden. Ob es nun vier oder sechs Megapixel sind, ist vollkommen belanglos. Zwischen drei und fünf Megapixel ist ausreichend. Aufgrund der Auflösung ergeben sich verschiedene Bildabmessungen, zum Beispiel 1.600x1.200. Diese Werte sind nicht so bedeutend, wenn die Pixelanzahl wie empfohlen beachtet wird. Achte lieber darauf, dass andere Funktionen vorhanden und hochwertig sind.

- ◇ **Aufnahmeverzögerung:** Ein oft unterschätztes Detail und zudem eins, wozu sich die meisten Hersteller ausschweigen. Hier hilft nur der Blick

# Was muss meine Digicam können?

in einen Test oder selber ausprobieren. Je kürzer, desto besser. Am besten, es ist gar keine Verzögerung feststellbar und das Foto wird in dem Moment gemacht, in dem du den Auslöser durchdrückst.

> Mit der Aufnahmeverzögerung oder auch Auslösegeschwindigkeit ist die Zeit gemeint, die zwischen dem Durchdrücken des Auslösers und der eigentlichen Aufnahme vergeht. Das kann bei manchen Modellen länger als eine Sekunde dauern. Schnelle Aufnahmen und Schnappschüsse sind dann unmöglich, denn das Motiv hat sich in der Zwischenzeit längst wegbewegt.

- ◆ **Einschaltzeit:** Dies ist die Zeit, die vergeht, bis die Kamera aufnahmebereit ist, nachdem du sie eingeschaltet hast. Auch hier sind kurze Zeiten praktisch für Schnappschüsse. Die Einschaltzeit ist aber nicht so bedeutend wie die Aufnahmeverzögerung.

- ◆ **Kratzerschutz:** Das Objektiv sollte unbedingt durch eine Klappe oder Ähnliches vor Staub und Kratzern geschützt sein, wenn die Kamera ausgeschaltet ist. Da auch das LCD leicht verkratzt, ist es von Vorteil, wenn du es durch Umdrehen ebenfalls schützen kannst, sobald du nicht fotografieren willst.

- ◆ **Leichte Bedienbarkeit:** Eigentlich selbstverständlich, aber nicht immer anzutreffen, ist eine einfache Handhabung. Nimm die Kamera in die Hand und probiere, ob du sie gut halten und bedienen kannst. Unendlich viele Funktionen und Spielereien nützen dir nichts, wenn die einfachsten Handgriffe misslingen.

- ◆ **Motivprogramme:** Einstellungen wie für Schnee, Laub, Panorama, Kerzenlicht und Sepia sind völlig überflüssig, wenn die anderen hier genannten Funktionen vorhanden sind. Viele Effekte kannst du besser nachträglich am Computer ausprobieren.

- ◆ **Blitzlicht:** Eine Kamera ohne wirst du vermutlich kaum noch finden. Die Leitzahl gibt darüber Auskunft, wie hell der Blitz ist: je größer, desto besser. Bei Kompaktkameras wird meistens nur die maximale Entfernung angegeben, bis zu der das Blitzlicht eine Szene ausleuchtet. Gut, wenn die Kamera einen zusätzlichen Anschluss für ein externes Blitzgerät besitzt. Manche Hersteller werben damit, dass sie eine Funktion zur Vermeidung roter Augen eingebaut haben. Das haben eigentlich alle Kameras und wirklich funktionieren wird es nur selten. Deshalb ist dies kein Kaufkriterium, zumal du später am PC die roten Augen auch korrigieren kannst.

# Kapitel 2 — Kaufberatung und Techniktipps

- **Stativgewinde:** An der Unterseite sollte sich ein Stativgewinde befinden. Wenn dieses genau in der Mitte des Objektivs liegt, ist es sehr gut, was leider nur selten der Fall ist. Mehr zum Gebrauch eines Stativs findest Du ab Seite 142.

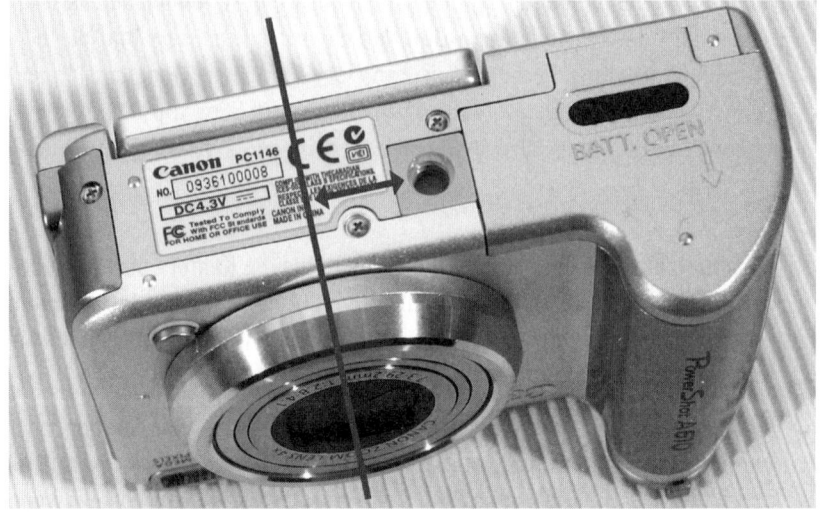

*Stativgewinde außerhalb der Objektivachse.*

Sei vorsichtig, wenn du das erste Mal ein neues Stativ benutzt. Die Länge des Gewindestiftes am Stativ kann zu lang sein oder das Stativgewinde der Kamera ist nicht tief genug. Wenn du dann die Kamera mit Gewalt festschraubst, zerstörst du eventuell deine Kamera, da sich der Stift in das Karneragehäuse durchdrückt.

- **Stromversorgung:** Ob die Kamera nun einen speziellen Akku oder Batterien benutzt, ist nicht ganz so wichtig. Systemakkus haben den Vorteil, dass sie meistens länger halten als Batterien. Dafür kann man Batterien überall kaufen, wenn man mal vergessen hat, den Akku aufzuladen. Gut, wenn man den Systemakku deshalb problemlos durch Batterien ersetzen kann. Einige Hersteller versehen ihre Systemakkus aber mit einer Art Kopierschutz (auch als Dongle bezeichnet) in Form eines kleinen Chips im Akkugehäuse. In einem solchen Fall kannst du nur originale Akkus vom Hersteller kaufen, die meistens relativ teuer sind. Für Kameramodelle, die ohne einen solchen Akku mit Chip auskommen, gibt es oft sehr günstige Ersatzakkus. Allerdings darf man auch nicht unerwähnt lassen, dass diese billigen Ersatzakkus oft eine wesentlich kürzere Lebenszeit haben als die Originalmodelle.

Was muss meine Digicam können?

- **ISO-Empfindlichkeit:** Je größer der Bereich, umso besser kannst du Bilder auch in sehr heller und dunkler Umgebung aufnehmen. Von 100 bis 400 sollte der Bereich auf jeden Fall reichen.
- **Brennweite:** Durch eine veränderbare Brennweite (beim Zoom) kannst du entfernte Objekte näher heranholen oder in engen Räumen fotografieren. Ein großer Bereich ist praktisch. 35 bis 140 mm entsprechend zum Kleinbildformat ist empfehlenswert. Praktisch ist es, wenn die Kamera über eine Makroeinstellung verfügt, um extrem nahe Objekte (etwa 30 Zentimeter) abzulichten.

Bei Digitalkameras ist die Brennweite (oft auch *optischer Zoom* genannt) ziemlich kompliziert. Die kleinen Werte, zum Beispiel 7 bis 29 mm, sind völlig bedeutungslos, da sie nicht zwischen zwei verschiedenen Modellen vergleichbar sind. Beim Kauf solltest du lediglich auf die Vergleichswerte zum Kleinbildformat (oft mit KB abgekürzt) achten, die immer zusätzlich angegeben sein sollten. Oft wird die Brennweite als optischer Zoom mit einem Faktor angegeben. Zum Beispiel: 4x optischer Zoom. Diese Angabe ist auch relativ bedeutungslos und bedeutet einfach nur, dass du den kleinen Wert der Brennweite (beispielsweise 35 mm) mit vier multiplizieren kannst, und dann den oberen Wert der Brennweite erhältst (z.B. 140 mm). Ein vierfacher optischer Zoom, dessen kleinste Brennweite erst bei 100 anfängt und dafür bis 400 reicht, ist nicht brauchbar.

- **Digitaler Zoom:** Völlige Augenwischerei und absolut unnötig. Hier wird gerne mit großen Werten angegeben. Ein digitaler Zoom kann noch so toll sein: Er taugt nichts. Das, was der digitale Zoom kann, kannst du auch später am Computer machen – nur viel besser.
- **Lichtempfindlichkeit:** Hier schwächeln die meisten Kameras. Typische Werte von 1:2,8–5,0 sind eigentlich recht schlecht. Je kleiner die beiden Zahlen nach der 1 sind, desto mehr Licht fällt auf den CCD-Chip und du kannst auch bei wenig Licht noch gute Fotos machen.
- **Farbrauschen:** Hierfür gibt es keinen Messwert. In Fachzeitschriften findet man trotzdem oft diese Angabe. Ein hohes Farbrauschen wirkt störend im Foto und macht sich durch farbige Schlieren und Punkte bemerkbar.
- **Programme:** Alle Digicams verfügen wenigstens über einen Automatikmodus, bei dem die Kamera sich um alle Einstellungen kümmert. Zusätzlich gibt es oft noch Porträt-, Landschafts- und Nachtprogramme, die praktisch aber nicht so wichtig sind. Damit du selber kreativ werden kannst, sollte die Kamera eine Zeit- und eine Blendenautomatik besit-

zen (wird auch Blenden- und Verschlusspriorität genannt), bei der du die Blende oder die Verschlusszeit manuell einstellen kannst.

- ◇ **Autofokus:** Scharfstellen kann jede Kamera ganz alleine. Manche Kameras sind dabei aber ganz schön langsam, was natürlich unpraktisch ist. Für Fototricks sollte sich der Autofokus auch ganz abstellen lassen.

- ◇ **Speicher:** Auf jeden Fall brauchst du die Möglichkeit, eigene Speicherkarten verwenden zu können. Kameras, die nur einen eingebauten festen Speicher haben, sind unpraktisch, da der Speicher viel zu schnell mit Bildern voll ist und du dann die Bilder erst auf den Computer kopieren musst, bevor du weitere Aufnahmen machen kannst.

- ◇ **Verschlusszeit:** Alle Kameras werden den üblichen Bereich von 1/60 Sekunde bis zu 1/750 abdecken. Noch kürzere Zeiten (also Werte, bei denen die zweite Zahl größer als 750 wird) sind praktisch aber nur selten vonnöten. Interessanter sind längere Belichtungszeiten von fünf Sekunden und noch mehr. Damit kannst du dann effektvolle Nachtaufnahmen realisieren. Ein Selbstauslöser sollte selbstverständlich auch einstellbar sein.

- ◇ **Weißabgleich:** Drei Einstellungen müssen unbedingt vorhanden sein: Kunstlicht, Tageslicht und manuelle Einstellung. Vor allem die manuelle Einstellung solltest du genau prüfen. Manchmal ist das nämlich nur die Möglichkeit, den automatischen Weißabgleich abzustellen und manuell (also von Hand) zwischen Kunst- und Tageslicht zu wählen. Das reicht nicht!

- ◇ **Video- und Tonaufzeichnung:** Du willst einen Fotoapparat und nicht eine Videokamera oder ein Diktiergerät kaufen. Wenn das Gerät zusätzlich solche Funktionen mit sich bringt, kannst du sie ja einmal ausprobieren. In diesem Buch werden wir nicht weiter darauf eingehen. Außerdem ist die Videoqualität oft nur bescheiden, so dass es ratsam ist, eine eigenständige Videokamera zu kaufen, wenn bewegte Bilder gewünscht werden.

- ◇ Sinnvolles Zubehör ist ein stabiles Dreibein-Stativ mit abnehmbarer Gewindeplatte und Drehkopf. Eine Fototasche ist ebenfalls ratsam, um die Kamera vor Kratzern und Feuchtigkeit zu schützen.

# So funktionieren die meisten Kameras

Natürlich funktioniert jede Kamera ein wenig anders und doch sind viele Funktionen immer wieder ähnlich. Vor allem Modelle vom gleichen Hersteller sind vielfach identisch zu bedienen, was den Vorteil hat, dass du dich schnell an eine neue Kamera oder eine vom Freund geliehene gewöhnen kannst.

Die folgenden Ausführungen können natürlich nicht die umfangreiche Bedienungsanleitung deiner speziellen Kamera ersetzen, doch sie sollen dir helfen, einen Überblick zu bekommen.

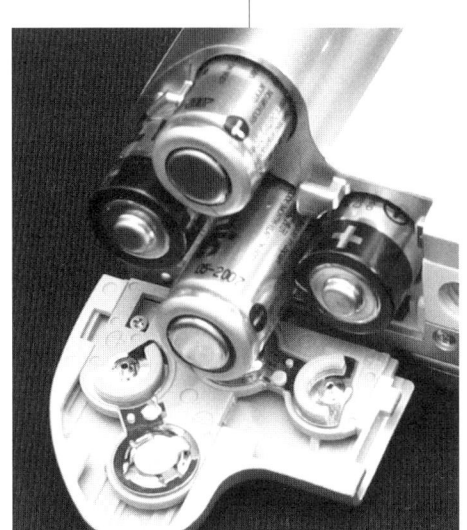

Bei einer fabrikneuen Kamera musst du erst ein paar Vorbereitungen treffen, bevor es losgehen kann:

- Lege die Batterien ein oder lade den Akku auf und lege ihn dann in das Akkufach ein.
- Schiebe die Speicherkarte in den dafür vorgesehenen Schacht ein. Achte darauf, dass die Karte beschreibbar ist und ein eventuell vorhandener Schreibschutzschieber an der Karte nicht auf LOCK oder Ähnliches steht.
- Wenn die Kamera einen aufklappbaren LC-Monitor besitzt, klappe ihn auf.
- Schalte die Kamera ein. Entweder gibt es dazu einen extra Knopf, der vermutlich mit ON/OFF gekennzeichnet ist, oder du stellst einen Dreh- oder Schiebeschalter auf den automatischen Aufnahmemodus, der oft mit einem grünen A oder einem Kamerasymbol markiert ist.

- Eventuell musst du beim ersten Mal Datum und Uhrzeit eingeben.
- Auch wenn die Speicherkarte schon formatiert ist, empfiehlt es sich, die Karte mit Hilfe der entsprechenden Kamerafunktion erneut zu formatieren.

Kapitel 2 — Kaufberatung und Techniktipps

Jetzt bist du bereit für die ersten Aufnahmen. Nimm dir genügend Zeit und lerne deine Kamera in Ruhe kennen, indem du die Bedienungsanleitung gründlich durchliest und alles ausprobierst. Für die ersten Aufnahmen wirst du nicht viel einstellen müssen:

- Schalte die Kamera ggf. ein und wähle das Automatikprogramm. Bei einigen Modellen musst du zusätzlich noch darauf achten, dass du wirklich im Aufnahme- und nicht im Wiedergabemodus bist, wofür es einen extra Schalter gibt.

- Richte sie auf dein Motiv und blicke entweder durch den Sucher oder kontrolliere den Ausschnitt auf dem LCD.

- In der Nähe des Auslösers sind wahrscheinlich zwei Tasten (oder eine Tastenwippe), mit der du den Zoom verstellen kannst und so einen größeren oder kleineren Bildausschnitt wählst.

- Sobald du den Auslöser vorsichtig leicht drückst, wird die Kamera scharf stellen und die Belichtungswerte ermitteln. Dies nennt man, den Auslöser halb durchzudrücken. Ein Piepton oder eine Folge von Tönen zeigt dir wahrscheinlich an, ob die Kamera das Bild fehlerfrei aufnehmen kann oder ob es Probleme gibt. Je nach Modell wird auf dem Display auch ein grüner oder roter Rahmen oder Punkt angezeigt.

- Im Automatikmodus wird der eingebaute Blitz automatisch ausgelöst, wenn es zu dunkel sein sollte.

- Du kannst jederzeit den Auslöser loslassen und ein anderes Motiv suchen.

- Drücke den Auslöser gefühlvoll ganz durch, wenn du ein Foto aufnehmen willst.

- Das Bild wird fotografiert und gespeichert. Es kann einige Sekunden dauern, bis das Speichern abgeschlossen ist. In dieser Zeit kannst du eventuell keine weitere Aufnahme machen.

> Während des Speichervorgangs darfst du auf gar keinen Fall die Speicherkarte entfernen, da du ansonsten alle deine aufgenommenen Fotos verlieren kannst. Die Kamera sollte immer abgeschaltet sein, wenn du die Speicherkarte wechselst.

## Zusammenfassung

- Auf dem LCD wird für ein paar Sekunden das aufgenommene Bild angezeigt. Wie lange es sichtbar bleibt, kannst du bestimmt in einem Konfigurationsmenü einstellen.

- Willst du keine weiteren Aufnahmen machen, schalte die Kamera wieder ab. Die meisten Digicams schalten sich aber auch nach einigen Minuten von alleine aus, um Strom zu sparen.

Nach der Aufnahme kannst du deine bisherigen Fotos auf dem Kameramonitor betrachten und misslungene Bilder löschen, um wieder Platz auf der Speicherkarte zu schaffen:

- Nach dem Einschalten der Kamera drücke die Taste zur Bildwiedergabe oder schalte in den Abspielmodus um. Bei den meisten Modellen kannst du jetzt keine neuen Bilder fotografieren, sondern musst erst wieder in den Aufnahmemodus wechseln.

- Das erste Bild wird automatisch angezeigt. Dies kann das zuletzt aufgenommene oder das erste auf der Speicherkarte sein.

- Mit den entsprechenden Tasten kannst du durch deine Aufnahmen blättern.

- Gefällt dir ein Bild nicht, lösche es, indem du die oft mit einem Mülleimer gekennzeichnete Taste drückst und den Vorgang noch einmal bestätigst.

- Bietet deine Kamera eine Lupenfunktion, kannst du das Bild ausschnittsweise vergrößern und so besser erkennen, ob es scharf ist.

- Zum Schluss schalte die Kamera aus und wechsle wieder in den Aufnahmemodus, wenn dies notwendig ist, damit du für die nächsten Fotos bereit bist.

# Zusammenfassung

Hier ging es jetzt ein wenig technisch zu. Zugegeben, das ist nicht immer spannend, doch nur wenn du die richtigen Begriffe kennst, kannst du mit anderen Fotografen über dein Hobby reden. Außerdem verstehst du jetzt hoffentlich ein paar Dinge mehr, so dass du dir selber ein Bild machen kannst, ob du das eine oder andere Feature benötigst.

So bist du nicht mehr auf die Behauptungen anderer angewiesen, sondern blickst hinter die Kulissen und lässt dir keinen Bären mehr aufbinden. Merken wir uns:

# Kapitel 2 — Kaufberatung und Techniktipps

- ◇ Digitalkameras werden anhand ihrer Gehäuseform unterschieden. In diesem Buch konzentrieren wir uns auf die kompakten Modelle.
- ◇ Auflösung ist gut, aber nur die halbe Miete. Viele Pixel bei einem ansonsten dürftig ausgestatten Modell bringt nichts.
- ◇ Du benötigst viel Speicher in Form von Speicherkarten.
- ◇ Die meisten Kameras sind ähnlich zu bedienen. Bist du alle Funktionen deiner Kamera kennst, habe immer das Handbuch dabei.

## Ein paar Fragen ...

Frage 1: Wie viele Pixel Auflösung sind für eine durchschnittliche Kompaktkamera sinnvoll?

Frage 2: Wenn du eine 3-Megapixel-Kamera hast, wie viele Pixel stehen dir dann rein rechnerisch in etwa pro Bild zur Verfügung?

Frage 3: Welchem realen Brennweitenbereich im Kleinbildformat entspricht die Brennweite 10–30 mm einer digitalen Kompaktkamera?

Frage 4: Ist ein 8-facher optischer Zoom eine gute Sache?

Frage 5: Wie stark sollte der digitale Zoom deiner Kamera sein?

## ... und ein paar Aufgaben

1. Lerne deine Kamera kennen. Lies die (ausführliche) Bedienungsanleitung gründlich durch.
2. Stelle den digitalen Zoom ab.
3. Wähle die höchste sinnvolle Auflösung für deine Fotos.
4. Wenn du ein Stativ besitzt, prüfe, ob es zur Kamera passt.
5. Bereite deine Kamera für die Aufnahmen vor. Lade den Akku oder prüfe die Batterie, formatiere oder lösche die Speicherkarte. Nimm die ersten Grundeinstellungen gemäß der Gebrauchsanleitung vor, wenn du die Kamera noch nie benutzt hast.

# 3
# Zuerst kommt die Motivwahl

Jede Fotografie beginnt mit der Überlegung, welches Motiv abgebildet werden soll. Anschließend geht es an die Frage, wie du die Szene passend festhältst, damit die Wirkung voll zur Geltung kommt. Vielleicht benötigst du dafür zusätzliche Hilfe oder ein kleines Mini-Fotostudio. Für verschiedene Aufnahmesituationen ist aber auch einfach nur die richtige Wahl der Kameraeinstellung ausreichend. Hilfreich ist es auch, wenn du während der Motivwahl und Aufnahme schon an später denkst und dir Gedanken machst, wie du das Foto weiterverwenden möchtest oder ob du noch weitere Bilder benötigst, um zum Beispiel einen Dia-Abend auszufüllen.

In diesem Kapitel lernst du typische Standardsituationen kennen und wie du sie fotografierst:

- Fotos für spannende Urlaubsberichte zu schießen
- die Partystimmung im Bild festzuhalten
- Freunde und Familienangehörige ins rechte Licht zu rücken
- als Sportfotograf am Ball zu bleiben
- Objekte für die Online-Auktion abzulichten

# Kapitel 3

## Zuerst kommt die Motivwahl

# Der Urlaubsbericht

Zwei Wochen Urlaub sind vorbei, du hast dich prächtig amüsiert und erholt und nun geht es zu Hause daran, die Fotos durchzusehen und für deine Bekannten die besten Aufnahmen auszusuchen, um ihnen zu zeigen, wie herrlich die Reise verlief. Doch beim Betrachten der Bilder fällt dir auf, dass du zwar viel fotografiert hast, aber dich gar nicht entscheiden kannst, was du vorzeigen willst.

Ganz klar: Wer nicht mit dabei war, interessiert sich für andere Aufnahmen als diejenigen, die das Erlebnis mit dir geteilt haben. Eine Aufnahme vom üppigen Buffet im Hotel ist kaum spannend, wenn man nicht selber davor stand und sich jeden Morgen satt essen konnte. Dann ist man als Betrachter gerne bereit, in Erinnerungen an das Frühstück zu schwelgen, und übersieht die vielleicht etwas langweilige Speiseraumatmosphäre. Außenstehende sehen aber nur das Foto als Ganzes und können deine Begeisterung gar nicht teilen.

## Der Urlaubsbericht

Schon während du die Fotos aufnimmst, kannst du dir überlegen, wie du das Bild einsetzen willst. Vielleicht kommt dir dann eine Idee, wie du mehr aus der Szene herausholen kannst. Um beim Buffet zu bleiben: um die üppige Auswahl zu dokumentieren, Wechsel von der Totalen, bei der das ganze Buffet zu sehen ist, in eine Nahaufnahme. Zeige besondere Details, zum Beispiel ein Kind, das mit großen Augen vor der Salatauswahl steht und sich gerade etwas auf den Teller schaufelt.

Nähe zum Motiv ist fast immer ein gutes Mittel, um dem Betrachter zu zeigen, was man selber gesehen hat. Mit einer Aufnahme der Gesamtsituation leitest du dann ein und anschließend zeigst du Teile der Szenerie in groß. Du kannst auch eine Geschichte in Bildern erzählen und zeigen, wie ihr die gekauften Lebensmittel anschließend beim Picknick verspeist oder Ähnliches. Das gilt für viele Gelegenheiten, wie Wochenmärkte, Ausgrabungsstätten, Straßenszenen und vieles mehr.

Zu jedem Urlaub gehören auch ungewöhnliche Landschaften, charakteristische Menschen und Kulturgegenstände, die man zu Hause nicht kennt oder nur selten sieht. Am besten, du schlüpfst in die Rolle eines Reporters und hältst nach dem Besonderen Ausschau. Wer einmal ein Hotel gesehen hat, kann sich in der Regel vorstellen, wie es bei eurem Urlaub aussah, und hat kaum Interesse an mehr als einem Foto zu diesem Thema.

Landschaftsaufnahmen auf Postkarten sehen meistens besonders gelungen aus. Kein Wunder, hatte der Fotograf vermutlich auch mehrere Wochen Zeit, diese eine Aufnahme immer wieder zu machen, bis das perfekte Ergebnis herauskam. Für deine eigenen Aufnahmen kannst du dir beim örtlichen Postkartenverkauf vielleicht ein paar Anregungen holen.

Die meisten Aufnahmen werden schon durch einfache Bildkompositionen ausdrucksvoller: Achte auf die Bildkanten und platziere am Rand und im Vordergrund ein Objekt, wie einen Baum oder eine Blume. Wirkungsvoll ist auch, wenn du dich oder andere Mitreisende nur am Rande ins Bild bringst. Durch den Körper kannst du dann hässliche Objekte verdecken oder eine Stimmung erzeugen, bei der ein Betrachter den Eindruck gewinnt, selber dabei zu sein.

# Kapitel 3 — Zuerst kommt die Motivwahl

## Auf der Party

Die Stimmung auf einer Feier, in der Disco oder beim Musikfestival im Bild festzuhalten ist immer wieder eine Herausforderung. Nur selten ist dabei genügend Licht für ein gutes Foto vorhanden, schließlich ist die schummerige Beleuchtung gerade ein Teil der gemütlichen Atmosphäre. Auch wenn in der Disco oder auf der Bühne die Lichter grell erscheinen, reicht die Beleuchtung noch lange nicht aus, denn nur für das menschliche Auge wirken die Lichtblitze so hell, da sich das Auge an die ansonsten dunkle Umgebung gewöhnt hat.

## Auf der Party

Die meisten Aufnahmen können deshalb immer nur ein Kompromiss sein und erfüllen nur selten hohe künstlerische und technische Ansprüche. Das macht auch gar nichts, du solltest nur von vorneherein daran denken. Genieß lieber die Stimmung, anstatt dich den ganzen Abend mit der Kamera zu beschäftigen.

Blitzlicht wirkt auf Partys immer störend. Zum einen leuchtet es den vorderen Bereich stark aus, was dann auf dem Bild immer aussieht, als hättet ihr in einer hell erleuchteten Halle gefeiert. Außerdem stört es auf Dauer die Stimmung der Partygäste.

Da bei dem wenigen Umgebungslicht die Pupillen weit geöffnet sind, führt Blitzlicht auch fast immer zu roten Augen. Wenn du auf den Blitz nicht verzichten kannst oder willst, aktiviere die Funktion zur Vermeidung roter Blitzlichtaugen. Erwarte aber keine Wunder, denn es wird trotzdem immer wieder zu verunstalteten Aufnahmen kommen, die du dann am Computer nachbearbeiten musst.

Um ohne Blitzlicht zu fotografieren, wähle eine hohe ISO-Empfindlichkeit von etwa ISO 800. Dabei kommt es zwar zu verstärktem Bildrauschen, doch das ist das kleinere Übel. Wenn du einen ruhigen Stand findest, kannst du es mit einer Belichtungszeit von 1/60 Sekunde oder noch etwas länger probieren. Sich hektisch bewegende Personen werden dann etwas unscharf, dafür schaffst du es, die Lichteffekte abzulichten.

# Kapitel 3 — Zuerst kommt die Motivwahl

Bei größeren Veranstaltungen mit vielen Leuten, versuche einen erhöhten Standort zu finden, damit du über die Köpfe hinweg fotografieren kannst. Du kannst auch die Kamera am ausgestreckten Arm nach oben aus der Menge heraus halten und ohne Sichtkontrolle den Auslöser drücken. Wenn deine Kamera ein schwenkbares LCD hat, bist du dabei natürlich klar im Vorteil.

Anders sieht es aus, wenn du eine kleine Gruppe von Leuten fotografierst, die vielleicht gemütlich auf dem Boden sitzt: Begib dich auf deren Augenhöhe und fotografiere nicht von schräg oben. Würdest du im Stehen fotografieren, verzerrt sich die Perspektive und die Personen wirken unnatürlich gestaucht und bekommen einen scheinbar verkürzten Oberkörper.

# Freunde und Familie

Porträtfotografie gehört zu den schwierigsten Aufgaben, denen du dich stellen kannst. Die Schwierigkeit liegt dabei weniger bei der Motivfindung als bei der Bildgestaltung und dem Einfühlungsvermögen. Für eine gute Fotografie benötigst du kein Supermodel, sondern Geduld. Den meisten Menschen ist es unangenehm, vor der Kamera zu posieren, so dass sie schnell verkrampfen, ungeduldig werden oder sich sogar ganz weigern. Jetzt bist du gefragt, denn es ist deine Aufgabe, die Situation zu entspannen und für eine angenehme Stimmung zu sorgen.

Beginne mit der Beleuchtung: Direktes Sonnenlicht ins Gesicht ist unangenehm. Die Person kneift die Augen zusammen und wirkt angestrengt. Seitliches Licht wirkt nicht nur angenehmer, sondern zeichnet auch schöne Kontraste im Gesicht. Mittagssonne steil von oben wirft aber unschöne Schatten unter Nase und Augen, weshalb eine tief stehende Sonne günstiger ist. Vermeide harte Schatten im Gesicht und gehe lieber in den Schatten, wo weiches Licht herrscht. Angenehme Lichtbedingungen findest du an bedeckten, aber trotzdem hellen Tagen.

Damit Personen nicht langweilig wirken, zeige sie in ihrer natürlichen Umgebung oder bei einer typischen Handlung. Bei Aufnahmen zu Hause vermeide es, Einrichtungsgegenstände mit auf dem Foto zu zeigen, es sei denn, du möchtest bewusst die häusliche Umgebung mit ablichten. Ein kunstvoll mit Falten drapiertes Bettlaken an der Wand oder auf dem Fußboden ist ein viel schönerer Hintergrund, als Tapete oder Teppich.

Auch bei Porträts darf durchaus eine erhobene Hand mit im Bild sein, die vielleicht eine Kaffeetasse oder einen Apfel hält. Das sorgt für Spannung, regt die Fantasie an und du erzählst mit dem Bild auch gleich eine kleine Geschichte.

# Kapitel 3 — Zuerst kommt die Motivwahl

Mit weißen Styroporplatten oder Reflektorfolien kann eine Hilfsperson zusätzlich für weiches Licht von der Seite sorgen und schattige Bereiche weiter aufhellen, natürlich kannst du auch deinen Blitz zur Aufhellung benutzen. Damit er ausgelöst wird, musst du den Automatikmodus verlassen und ihn so einstellen, dass er immer aktiviert wird.

Da der Hintergrund bei den meisten Porträtfotos nur diffus wiedergegeben werden soll, benötigst du eine möglichst große Blende, die zwischen 2,8 und 4 liegen sollte. Ist dein Zoomobjektiv im Telebereich nicht lichtstark genug, kann es sein, dass dir auch nur eine Blende von 5,6 oder noch kleiner zur Verfügung steht. Verzichte dann lieber auf diesen Telebereich und probiere aus, welche maximale Brennweite bei Blende 4 noch möglich ist, um dies einzustellen. Wenn möglich, dann aktiviere die Zeitautomatik, bei der du die Blende vorgeben kannst und die Kamera automatisch die passende Verschlusszeit auswählt. Lediglich für Kinderaufnahmen, bei denen die kleinen Knirpse nicht stillhalten, erhöhst du die Blendenzahl auf 8, 11 oder 16, damit die größere Tiefenschärfe eine scharfe Abbildung ermöglicht, auch wenn der Autofokus etwas hinterherhinkt.

Schwarz-Weiß-Aufnahmen und harte Kontraste unterstreichen die Unebenheiten im Gesicht besonders. Fotos von älteren Menschen wirken dadurch besonders reizvoll. Auch für Babys kann es sich lohnen, ein Foto nachträglich am PC in Grautöne zu wandeln, denn die stark rosa gefärbte und fleckige Haut wirkt dadurch gleichmäßiger.

Vermeide es, die Person direkt vor einer Wand hinzustellen. Erst recht wenn du den Blitz benutzt, denn dann fällt ein tief schwarzer Schlagschatten auf die Wand, der da nicht hingehört. Den Blitz solltest du auch nicht als einzige Lichtquelle einsetzen, denn durch das direkt einfallende Licht wird das Gesicht platt geleuchtet, es fehlt an Kontrasten und die Haut glänzt an vielen Stellen, die du vorher gar nicht gesehen hast.

Make-up ist durchaus auch für männliche Modelle empfehlenswert. Mit etwas Hilfe von einem Erwachsenen kannst du ein wenig Gesichtspuder auftragen und so speckiges Glänzen vermeiden und kleine Hautunreinheiten abdecken. Je nach Gesicht kannst du auch noch dezent zu Lippenstift und Eyeliner greifen. Dies gilt natürlich nur, wenn es dir nicht gerade auf die charakteristischen Gesichtszüge und markanten Fältchen ankommt.

# Freunde und Familie

*Schlagschatten und flach geblitzte Gesichtszüge.*

Porträts werden stets mit einem leichten Tele mit Brennweiten zwischen etwa 90 und 150 mm aufgenommen. Dafür gibt es zwei Gründe: Zum einen wirken die Gesichtsproportionen im Telebereich gefälliger, da ein Weitwinkel das Gesicht in die Breite verzerrt. Andererseits fühlt sich die zu fotografierende Person dann nicht von dir bedrängt, wenn du etwas Abstand wahrst. Das Modell kann sich freier bewegen und hat nicht das Gefühl, unter die Lupe genommen zu werden.

# Kapitel 3

## Zuerst kommt die Motivwahl

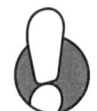

> Bittet dich deine Freundin um Fotos für einen Modellwettbewerb oder Kontaktanzeigen? Sei bitte vorsichtig und erkundige dich, ob sie ihre Eltern um Erlaubnis gefragt hat, die Fotos weiterzugeben. Es gibt viele unseriöse Anbieter, die wer weiß was mit den Bildern machen. Auf keinen Fall solltest du Fotos in sexuell anzüglichen Posen mit wenig Bekleidung aufnehmen. Du darfst auch keine Fotos von Personen im Internet oder irgendwo anders zeigen, wenn du die abgebildete Person nicht vorher um Erlaubnis gebeten hast.

Besitzt deine Kamera eine Serienbildfunktion, dann aktiviere sie und schieße immer gleich eine Serie mehrerer Fotos. Beim ersten Auslösegeräusch der Kamera entspannen sich die Leute immer und sind dann auf dem zweiten und dritten Foto viel natürlicher, da sie gar nicht damit rechnen, dass du mehrere Bilder hintereinander aufnimmst.

*Closeup.*

## Freunde und Familie

Wie schon früher gezeigt, kommt auch bei Personenaufnahmen der Bildgestaltung eine wichtige Rolle zu. Mittig wirkt meistens langweilig. Das Motiv ein wenig nach links oder rechts zu versetzen bringt mehr Spannung ins Bild. Lediglich bei Closeups, also Bildern, die mehr oder weniger formatfüllend nur das Gesicht zeigen, langweilt eine mittige Anordnung nicht. Es ist auch gar nicht notwendig, starr in die Kamera zu schauen. Der Blick darf durchaus zur Seite gehen, nur solltest du in Blickrichtung mehr Platz lassen, damit der Betrachter später dem Blick durchs Bild folgen kann.

*Etwas nach rechts und oben versetzt, damit in die Blickrichtung nach links unten Platz ist.*

Schwierig wird es, wenn du gleichzeitig eine große und eine kleine Person – zum Beispiel Erwachsener mit Kind – fotografieren möchtest. Stehen beide nebeneinander, kannst du machen, was du willst: Das Foto wirkt immer langweilig, da du Körperteile mit dem Bildrand abschneidest, die Personen verzerrt werden oder viel zu viel Hintergrund mit aufs Bild kommt. Probier doch mal aus, wie es wirkt, wenn sich der Erwachsene neben oder hinter das Kind hockt. Oder das Kind wird hochgehoben und kuschelt mit dem Großen und vermittelt so auch noch gleich Geborgenheit.

# Kapitel 3

## Zuerst kommt die Motivwahl

Für emotionale Aufnahmen, die Gefühle und Stimmungen zum Ausdruck bringen, bemühe dich, Teil der Situation zu werden, damit du nicht als Fremder störend auffällst und dadurch keine Chance für eine natürlich wirkende Aufnahme bekommst. Begib dich auf die gleiche Höhe wie die anderen Personen und spiele beispielsweise mit oder verhalte dich ruhig und unauffällig.

## Freunde und Familie

Obwohl ein Fotoapparat keine Filmkamera ist, kannst du mit einer Fotoserie wunderbar eine kleine Geschichte erzählen. Vor allem, wenn deine Kamera eine Serienbildfunktion bietet, kannst du bequem eine Reihe von Fotos aufnehmen. Damit die Bilder in schneller Folge aufgenommen werden, schalte am besten den Blitz ganz aus. So lange du den Auslöser gedrückt hältst, nimmt die Kamera nacheinander Fotos auf – je nach Modell etwa eins pro Sekunde. Zu Hause kannst du dann aus den vielen Aufnahmen diejenigen aussuchen, welche die Situation in wenigen Bildern beschreiben.

Kapitel 3 — Zuerst kommt die Motivwahl

Mit der Perspektive kannst du die Wirkung der gezeigten Person zusätzlich noch verändern. Eine Aufnahme aus der Vogelperspektive von oben staucht die Proportionen und die Person wirkt gedrungen. Der Kopf wird im Verhältnis größer als die Füße abgebildet, wodurch er stärker betont wird und die ganze Person etwas verniedlicht erscheint. Der Betrachter fühlt sich dem abgebildeten Objekt oder der Person gegenüber im Vorteil, da er hinabblickt.

Aus der Froschperspektive wirkt die Person in die Länge gestreckt, wozu vor allem die optisch längeren Beine beitragen. Die abgebildete Person wirkt, als würde sie auf den

Betrachter niederblicken, was ihr einen erhabenen Ausdruck verleiht.

Ungewöhnliche Blickwinkel haben auf den Betrachter oft eine Wirkung wie ungewöhnliche Beleuchtungen: Sie verunsichern ihn, aber sie fesseln auch seine Aufmerksamkeit.

# Sportereignisse

Sportfotografie ist eine Wissenschaft für sich, da jede Sportart andere Bedingungen bietet. Hilfreich ist es auf jeden Fall, wenn du dich mit der entsprechenden Sportart auskennst und den typischen Spielverlauf in etwa vorhersagen kannst. Nur dann findest du zum Beispiel den richtigen Standort und Blickwinkel. Es hilft dir nichts, wenn du beim Handball zwar dicht an der Mittellinie stehst, die Action aber vor dem gegnerischen Tor an der Torraumlinie stattfindet. Damit du im richtigen Moment den Auslöser drückst, ist es gut, wenn du schon erahnen kannst, wann ein Spieler eine fotogene Handlung begehen wird. Auch hier sind Kenntnisse der Sportart vorteilhaft, damit du beispielsweise Links- und Rechtshänder und deren unterschiedliche Bewegungsmuster kennst.

Welche Einstellungen du an deiner Kamera vornehmen kannst, wird von jedem Fotografen ein wenig anders beantwortet. Zum einen hängt das mit den verschiedenen Modellen zusammen, die alle ein wenig anders arbeiten, und zum anderen liegt es auch an den verschiedenen Sportarten und dem, was du im Bild festhalten willst. Deshalb solltest du möglichst viel ausprobieren und dich nicht einfach nur blind auf ein eventuell vorhandenes Sportmotivprogramm verlassen.

# Kapitel 3 — Zuerst kommt die Motivwahl

- ◇ Schau dir zur Vorbereitung professionelle Fotos der Sportart an und studiere, von wo die Aufnahmen entstanden und welche Situationen festgehalten wurden. So hast du eine kleine Orientierungshilfe für deine eigenen Bilder.

- ◇ Bei Hallensportarten solltest du auf jeden Fall einen manuellen Weißabgleich durchführen (mehr dazu später im Kapitel 6. Die Hallenbeleuchtung kann sehr unterschiedlich ausfallen und bei guten Hallen durchaus tageslichtähnlichen Charakter aufweisen, wohingegen kleine Sporthallen meist nur einfaches Neonlicht benutzen.

- ◇ Gehe so dicht wie möglich ans Geschehen heran. Hast du nur Karten für die billigen Plätze, 200 Meter vom Spielfeld entfernt, dann wirst du nur ein paar langweilige Übersichtsaufnahmen hinbekommen.

- ◇ Wenn du dich nicht gerade auf den Schachsport festgelegt hast, dann sind die meisten Sportereignisse vor allem durch schnelle Bewegungsabläufe gekennzeichnet. Um ein bewegtes Objekt scharf abzubilden, wird eine kurze Belichtungszeit benötigt. Verschlusszeiten von etwa 1/400" und kürzer sind meistens die richtige Wahl.

## Sportereignisse

- Da für solche kurzen Belichtungszeiten nur selten genügend Licht vorhanden ist, wirst du mit der Filmempfindlichkeit auf ca. ISO 400 hochgehen müssen. Noch empfindlichere Einstellungen führen eventuell zu unschönem Farbrauschen.

- Du kannst auch mit der Mitziehtechnik arbeiten und bei einer Standardbelichtungszeit von etwa 1/90" die Kamera mit dem Motiv mitziehen. Dadurch entstehen mit etwas Übung interessante Verwischeffekte, während das Motiv relativ scharf abgebildet wird. Mit diesem Trick hebst du die Bewegungsgeschwindigkeit besonders deutlich hervor.

- Erfolgt die Bewegung, die du fotografieren möchtest, nur in einer Ebene (zum Beispiel von links nach rechts bei einem Autorennen), dann kannst du eine große Blende vorwählen. So wird das Motiv scharf abgebildet, während störendes Beiwerk vom Hintergrund unscharf und verschwommen ist.

- Bewegt sich das Motiv auf dich zu, hat der Autofokus viel zu tun. Es kann sein, dass er dann nicht im entscheidenden Moment scharf gestellt hat. Deshalb empfiehlt es sich, von Hand auf einen bestimmten Punkt scharf zu stellen und auszulösen, wenn der Spieler diesen Punkt passiert. Mit einer kleinen Blende sorgst du dafür, dass genügend Tiefenschärfe vorhanden ist und dein Motiv auch dann noch scharf abge-

# Kapitel 3 — Zuerst kommt die Motivwahl

bildet wird, wenn es sich ein wenig vor oder hinter deinem Fokuspunkt befindet.

◇ Der Blitzlichteinsatz bei Hallenaufnahmen empfiehlt sich nicht, da du damit die Spieler irritierst. Außerdem reicht die Blitzleistung bei Kompaktkameras nicht aus, entfernte Objekte auszuleuchten. Schalte deshalb den Blitz permanent aus.

◇ Nutze die Serienbildfunktion, wenn eine vorhanden ist, und halte jede Situation mit etwa drei schnell hintereinander aufgenommenen Bildern fest. Später kannst du dann das beste Bild in Ruhe aussuchen und hast keinen Moment verpasst.

## Stillleben und Verkaufsfotos für eBay

Mit einer Digitalkamera ist es gar kein Problem, ein kleines Heimfotostudio aufzubauen, was früher nur professionellen oder ambitionierten Fotografen vorbehalten war, da eine aufwändige Ausstattung benötigt wurde. Bereits

# Stillleben und Verkaufsfotos für eBay

mit etwa 20 Euro für zusätzliche Anschaffungen kannst du auf dem Küchentisch schöne Fotos von kleineren und mittelgroßen Objekten aufnehmen.

Vor allem für Online-Auktionen sind gelungene Fotos echtes Geld wert. Schaust du dich mal bei eBay und Co. um, wirst du immer wieder schlampige Fotos finden, die lieblos mit der Handykamera aufgenommen oder nicht einmal ein wenig hübsch arrangiert oder ins rechte Licht gerückt wurden. Schade, denn als Käufer hat man nur die Beschreibung und das Foto und wenn das Bild dann nichts erkennen lässt, kaufe ich lieber den Artikel bei jemand anderem, denn ein Bild sagt bekanntermaßen mehr als tausend Worte.

Für ein einfaches Tisch-Studio benötigst du:

◆ Zwei bis drei Lampen. Gut geeignet sind helle Klemmlampen mit jeweils etwa 80 bis 150 Watt.

◆ Einen neutralen Hintergrund. Am besten eignet sich schwarzer, nicht glänzender Stoff wie Samt. Großer Fotokarton funktioniert auch, schluckt aber eventuell nicht genügend Licht, so dass später ein wenig Nacharbeit mit der Bildbearbeitung nötig wird. Weißen Hintergrund kannst du mit Fotokarton oder einer dünnen Milchglas-Plexischeibe realisieren.

◆ Einen Aufheller. Hierfür eignet sich eine weiße Styroporplatte aus dem Baumarkt sehr gut.

◆ Wenn du ein Stativ besitzt, ist das sehr gut, denn dann kannst du dich in Ruhe der Bildgestaltung widmen und musst nicht immer wieder die Kamera zur Hand nehmen.

Natürlich kannst du beliebig aufrüsten. Wenn du Gefallen an der Studiofotografie findest, kannst du dich beispielsweise bei eBay umschauen, was es alles an Zubehör gibt. Letztendlich wirst du dir dann auch eine Studioblitzanlage wünschen. Lampen – und vor allem die immer wieder angebotenen Baulampen, von denen du die Finger lassen solltest – haben nämlich den großen Nachteil, sehr heiß zu werden.

> Stillleben von verderblichen Objekten, wie Blumen, sind nur mit einer Blitzlichtanlage umsetzbar, da die Beleuchtung mit herkömmlichen Lampen so viel Wärme produziert, dass die Blumen schnell verdorren. Lebensmittelfotografie gehört zur hohen Schule der Studiofotografie. Hobbyaufnahmen sehen immer ekelig und fade aus. Profis greifen tief in die Trickkiste, nutzen unter anderem Haarspray für Glanztröpfchen und höhlen das Obst sogar aus, um es von innen zu beleuchten.

Kapitel 3 — Zuerst kommt die Motivwahl

Mit dem Fotokarton oder falten- und staubfreien Stoff bedeckst du den Tisch und führst ihn an der Rückseite nach oben, damit eine Hohlkehle entsteht. Mit Klebestreifen oder Stecknadeln kannst du die obere Seite dann an der Wand befestigen.

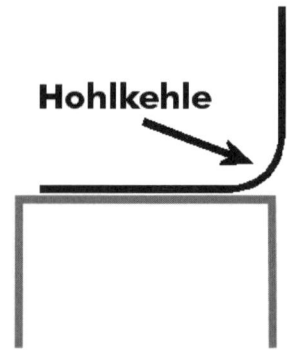

Die zwei Lampen befestigst du links und rechts am Tisch, damit sie von schräg oben auf das in der Mitte stehende Objekt strahlen. Direkte Beleuchtung führt zu hartem Licht mit tiefen Schatten. Schöner wirkt meistens weiches, indirektes Licht. Dazu kannst du die Lampen umdrehen und sie entweder gegen einen Reflektor leuchten lassen, der dann das Licht aufs Objekt lenkt, oder sie gegen eine weiße Zimmerdecke richten. Bei indirekter Beleuchtung geht aber immer viel Lichtenergie verloren, so dass du hellere oder mehrere Lampen benötigst. Wirkungsvoll ist auch eine direkte Beleuchtung von einer Seite und weiches Licht von gegenüber. Probier einfach mal mehrere Beleuchtungsvarianten mit den dir zur Verfügung stehenden Lampen aus.

Kommen wir zum Weißabgleich, der Dir im Kapitel über Farben und Kontraste noch genauer erklärt wird. Da die Farbtemperatur der Kunstlicht-Lampen warm und rötlich ist, benötigst du für eine farbgetreue Aufnahme zuerst einmal einen Weißabgleich. Dort wo sich dein Fotomotiv befindet, legst du ein weißes Blatt hin und benutzt diese Fläche für den Weißabgleich. Damit wechselndes Tageslicht nicht den ermittelten Weißabgleich beeinflusst, solltest du die Vorhänge oder entsprechendes schließen. Es muss nicht wirklich dunkel sein, nur sollte nicht bei einer Aufnahme die Sonne hereinscheinen und bei der nächsten ist es bedeckt.

Um Erfahrung mit der Sachfotografie zu sammeln, lohnt es sich, mit einfachen Objekten zu üben. Einfache Grundformen wie Würfel, Quader und Kreis trainieren den Blick für die richtige Perspektive.

## Stillleben und Verkaufsfotos für eBay

Für die meisten Objekte ist eine Aufsicht von schräg oben ideal, so dass du drei Seiten des Objekts gleichzeitig zeigen kannst. Kreisförmige und quadratische Objekte sollte möglichst symmetrisch gezeigt werden, weil ansonsten aus dem Kreis ein Oval wird und die Würfelform nicht erkennbar ist.

Da eine starke Weitwinkeleinstellung das Objekt in die Länge ziehen kann und ein Tele dazu neigt, den Gegenstand zu stauchen, empfiehlt sich eine mittlere Brennweite von etwa 50 mm für eine naturgetreue Abbildung. Stellst du ein längliches Objekt eher parallel zur Kamera, benötigst du zwar einen breiten Bildausschnitt, dafür aber weniger Tiefenschärfe, als wenn das Objekt weiter in die Tiefe ragt und die Linien nach hinter stark verkürzt werden.

*Durch die seitliche Aufnahme kommt es kaum zu Verzerrungen und das ganze Objekt wird scharf abgebildet. (oben)*

*So wirkt das Objekt verkürzt: Es ist dem Betrachter nicht mehr ohne weiteres möglich zu sagen, wie lang die Eisenbahn tatsächlich ist. Zudem ist aufgrund der geringen Tiefenschärfe nicht mehr alles scharf. (links)*

# Kapitel 3 — Zuerst kommt die Motivwahl

Auch wenn die Draufsicht von schräg oben dem Betrachter einen guten Überblick verschafft, wirkt sie nicht besonders natürlich. Möchtest du beispielsweise eine Puppenstube fotografieren, dann wirkt eine flache Perspektive gefälliger, da die einzelnen Objekte dichter beieinander stehend wirken und nicht so vereinzelt wie in der Aufsicht. Zudem entspricht die Aufnahme, bei der sich die Kamera mehr in der natürlichen Augenhöhe befindet, mehr unseren normalen Sehgewohnheiten.

*Schräg von oben bietet einen guten Überblick, lässt aber keine lebendige Atmosphäre aufkommen.*

*Flach fotografiert wirkt die Szene spannender.*

*Zusammenfassung*

In jedem Fall lohnt sich noch eine anschließende Bildbearbeitung im Grafikprogramm. Zu den Mindestanforderungen gehört bei einem Verkaufsfoto, dass es richtig herum orientiert ist. Hast du im Hochformat fotografiert, solltest du das Bild noch entsprechend drehen. Kleinere Staubkörnchen und Fussel können ebenso leicht mit dem KLONPINSEL retuschiert werden.

# Zusammenfassung

Fotomotive gibt es viele. Schwieriger ist es da schon, eine gelungene Aufnahme zu machen. Für verschiedene Standardsituationen hast du nun ein paar Tipps kennen gelernt. Viel wichtiger als eine endlose Auflistung von Ratschlägen ist aber die Praxis: Fotografiere, was das Zeug hält. Anschließend solltest du die Bilder aber auch in Ruhe studieren und selbstkritisch nachdenken, was gelungen ist und was weniger und wie es dazu kam. Nur wenn du deine Werke betrachtest, kannst du dich weiterentwickeln.

- Denke dir eine Geschichte aus, die du fotografisch festhalten willst.
- Blitzlicht ist mit Vorsicht einzusetzen, denn es zerstört oft die vorherrschende Lichtstimmung.
- Porträts nicht vor einer Wand mit Blitzlicht fotografieren.
- Bei Personen immer an die Blickrichtung denken und das Motiv etwas außerhalb der Mitte festhalten.
- Sportereignisse erfordern viel Übung. Gehe möglichst nahe heran und experimentiere mit den Einstellmöglichkeiten. Kurze Belichtungszeiten sind fast immer erforderlich.
- Bei Studioaufnahmen ist wie bei Indoor-Sportaufnahmen ein Weißabgleich notwendig.

# Ein paar Fragen ...

Frage 1: Zu welcher Tageszeit wirken Landschaftsaufnahmen schöner?

Frage 2: Welche ISO-Einstellung eignet sich für eine Party bei wenig Licht?

Frage 3: Benutzt du für Porträts die Tele- oder die Weitwinkeleinstellung?

Frage 4: Darfst du Fotos von Personen einfach so im Internet oder einer Zeitschrift zeigen?

Frage 5: Welches Zubehör benötigst du für ein kleines Fotostudio?

Kapitel 3

Zuerst kommt die Motivwahl

# ... und ein paar Aufgaben

1. Fotografiere ein paar Porträts von Kindern, Erwachsenen und Senioren.
2. Experimentiere mit der Tiefenschärfe bei der Porträtfotografie. Wie wirkt die Aufnahme besser: wenn der Hintergrund scharf oder unscharf ist?
3. Probiere die Wirkung aus, die du erreichst, wenn du die farbigen Porträts in Schwarz-Weiß-Aufnahmen wandelst.
4. Sichte die Bilder deines letzten Urlaubs und überleg dir, bei welcher Gelegenheit du noch weitere (Detail-)Aufnahmen hättest machen können.
5. Besuche eine Sportveranstaltung deiner Lieblingssportart und versuche, die spannendsten Momente im Bild festzuhalten.

# 4
# Scharfe Sachen

Kaum etwas wird als störender empfunden als ein unscharfes Foto. Zumindest, wenn die Unschärfe nicht absichtlich als Mittel der Bildgestaltung genutzt wurde.

In diesem Kapitel lernst du

◎ die Grenzen des Autofokus kennen

◎ wieso es manchmal schick ist, wenn nicht alles scharf ist

◎ wie du selbst festlegst, welcher Bildinhalt scharf abgebildet wird

◎ die Kamera auszutricksen, um auch in schwierigen Momenten scharf zu stellen

◎ was die Belichtungszeit mit einem scharfen Foto zu tun hat

Kapitel Scharfe Sachen

4

# Der Autofokus

Zu den wirklich praktischen Entwicklungen in der Fotografie gehört der Autofokus (von Profis einfach nur *AF* genannt). Bevor es diese Funktion gab, musste der Fotograf für jedes Foto an seinem Objektiv drehen und einstellen, wie weit das Hauptmotiv auf seinem Foto entfernt ist, damit es scharf abgebildet wird.

Doch was ist eigentlich gemeint, wenn von einem scharfen Foto gesprochen wird? Klar wird dir vermutlich schon sein, dass es dabei nicht um Bilder von feurigen Chilischoten geht. Wenn du eine Brille trägst, dann wird dir bestens bekannt sein, was Unschärfe ist. Sobald du die Brille abnimmst, wirst du einen Teil deiner Umwelt nicht mehr ganz so deutlich erkennen. Die Brille bündelt (man spricht von *fokussieren*) das einfallende Licht in deinem Auge an einem bestimmten Punkt: der Netzhaut. Wenn das Bild den normalen Sehgewohnheiten eines gesunden Auges entspricht und Linien und Bildinhalte klare Grenzen haben, empfindest du das Bild als scharf.

Beim Fotoapparat ist es ähnlich: Das Objektiv besteht aus mehreren hintereinander liegenden Linsen, die das einfallende Licht auf dem CCD-Chip bündeln. Je nachdem, ob das Motiv nah oder entfernt ist, muss der Abstand zwischen den Linsen verändert werden, damit das Motiv scharf abgebildet wird. Kompaktkameras besitzen allerdings nicht die Möglichkeit, durch

# Der Autofokus

Verdrehen von Hand die Schärfe einzustellen, sondern ermöglichen dies durch Drücken der Bedientasten.

Der Autofokus versucht nun, die optimale Einstellung für die Linsen zu ermitteln, damit das Motiv scharf abgebildet wird. Bei einem aktiven Autofokus wird die Entfernung mit unsichtbarem Infrarotlicht oder Ultraschall gemessen und dann scharf gestellt. Das hat den Vorteil, dass der Autofokus auch bei Dunkelheit gut arbeitet.

*Blick ins Innere einer Digicam, Quelle: Canon.*

In Digitalkameras üblich ist der passive Autofokus. Dieser misst das auf dem CCD-Chip einfallende Licht und bestimmt anhand physikalischer Verfahren, wann das Objektiv richtig eingestellt ist. Dazu ist immer ein wenig Licht notwendig, weshalb die meisten Kameras bei Dunkelheit Probleme bekommen und die Szene mit einem kleinen Lämpchen (dem roten oder weißen AF-Hilfslicht) kurz aufhellen. Da die Entfernung zum Objekt nicht bekannt ist, werden die Linsen so lange bewegt, bis der optimale Schärfegrad erreicht wurde. Das führt dazu, dass der Autofokus relativ langsam arbeitet und manchmal mehrere Anläufe benötigt – man spricht dann davon, dass der Autofokus durch den ganzen Schärfebereich fährt. Dieses Phänomen tritt bei Kompaktkameras nicht so deutlich hervor wie bei Spiegelreflexkameras, da bei Kompaktkameras die Abstände der Linsen wesentlich geringer sind und so weniger bewegt werden müssen.

# Kapitel 4 — Scharfe Sachen

*Hier versagte der Autofokus und stellte auf den Zaun im Vordergrund scharf.*

Neben der rein mechanischen Geschwindigkeit gibt es noch ein weiteres Problem: Woher weiß der Autofokus, welchen Bildinhalt du gerne scharf gestellt haben willst? Eigentlich weiß er es nicht und der Computerchip, der den Autofokus steuert, kann nur raten. Damit die Kamera das Ratespiel nicht jedes Mal verliert, haben die meisten Kameras einen oder mehrerer AF-Punkte. Je nach Kameramodell kannst du dann auswählen, ob die Automatik zum Beispiel immer den mittleren Bereich benutzen soll oder einen anderen. Manche Kameras haben auch eine fast intelligente Steuerung und wählen einen oder mehrere Messbereiche automatisch aus und zeigen dies auf dem LCD durch einen Rahmen an.

*AF-Messfelder.*

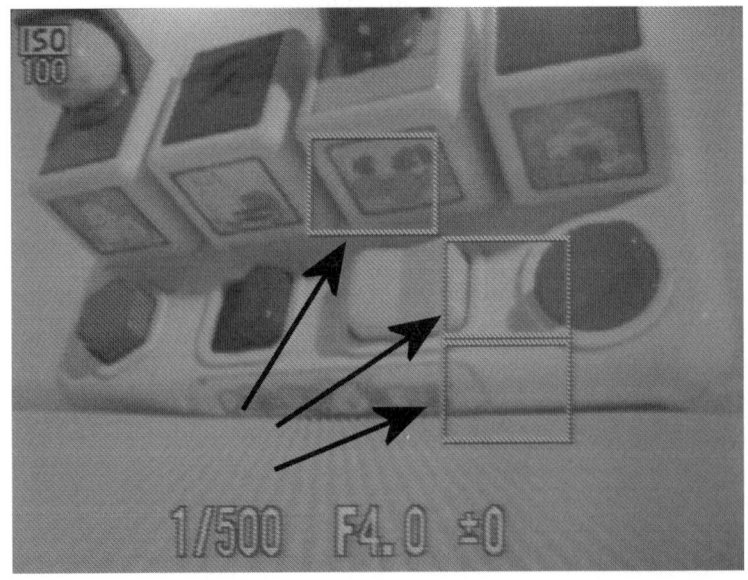

## Von Hand scharf stellen

Bei den meisten Kameras kannst du den Autofokus aktivieren, indem du den Auslöseknopf leicht drückst, ohne ganz durchzudrücken. Sobald du den Auslöser halb drückst, wird scharf gestellt und du kannst das Ergebnis auf dem LCD betrachten. Einmal abgesehen von einigen schwiergen Situationen ist der Autofokus sehr praktisch. Wie du auch Situationen meisterst, bei denen die Automatik versagt, zeigen die nächsten Seiten.

*Wird die Schärfe richtig eingestellt, fällt der nun unscharfe Zaun kaum noch auf.*

# Von Hand scharf stellen

Wie du gesehen hast, kann es sein, dass der Autofokus gar nicht das macht, was du willst, sondern genau die falsche Stelle scharf stellt. Gut, wenn du dann weißt, wie du die Automatik austricksen kannst. Für besondere Effekte, wie du sie gleich noch kennen lernen wirst, kann es sogar sein, dass du auf den Autofokus verzichten und lieber selber von Hand scharf stellen willst.

Für Fotografen gibt es zwei verschiedene Techniken, die Schärfe selber zu bestimmen. Zuerst einmal die Technik, die du wohl bei jeder Kamera anwenden kannst. Hierbei bleibt der Autofokus sogar aktiviert und stellt für dich scharf, damit du dich nicht zu sehr auf die Fokussierung konzentrieren musst.

# Kapitel 4 — Scharfe Sachen

Die so genannte *Schärfenspeicherung* kommt vor allem dann zum Einsatz, wenn sich ein scharf abzubildendes Objekt außerhalb der Bildmitte befindet. Die meisten Kameras stellen nämlich auf den mittleren Bereich scharf und das ist in dem Fall nicht, was du willst.

*Statt der Figur wurde der Baum scharf gestellt.*

- Wählt deine Kamera automatisch einen beliebigen Punkt aus, auf den sie scharf stellt, dann wirst du die Schärfenspeicherung eventuell nicht benötigen. Du kannst an deiner Kamera dann aber bestimmt auch einstellen, dass eine mittenbetonte Messung und Scharfstellung vorgenommen werden soll. Wähle diese Einstellung, um die folgenden Schritte auszuprobieren.

- Wähle den Bildausschnitt so, wie er dir gefällt. Drückst du nun den Auslöser halb durch, wird scharf gestellt. Meistens wird dir auch noch mit einem Rahmen oder so angezeigt, welcher Bereich fokussiert wurde. Bei der Beispielszene siehst du, wie der Baum fälschlicherweise ausgewählt wurde.

## Von Hand scharf stellen

- Lass den Auslöser wieder los und richte die Kamera auf das Objekt, das scharf werden soll – also zum Beispiel auf die Figur.

Einige Digicams werben damit, dass sie eine Gesichtserkennungsfunktion besitzen. Diese kann dann im Bildausschnitt Gesichter erkennen und stellt automatisch auf diese scharf. Da du aber nun die Schärfenspeicherung kennenlernst, benötigst du die Gesichtserkennung gar nicht. Zumal du mit der Schärfenspeicherung viel mehr Gestaltungsmöglichkeiten hast, denn du legst selber fest, welcher Bildteil scharf sein soll.

- Drücke den Auslöser erneut halb durch, so dass die Figur nun scharf wird.

- Jetzt musst du den Auslöser weiterhin halb durchgedrückt halten und wieder zurückschwenken, bis du den gewünschten Bildausschnitt siehst. So lange du den Auslöser drückst, bleibt die Scharfeinstellung gespeichert.

- Ohne losgelassen zu haben, drückst du nun den Auslöser ganz durch, um die Aufnahme zu machen.

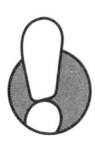

Hast du beim ersten Mal doch losgelassen, versuche es einfach noch einmal. Wenn du den Auslöser nicht ganz durchdrückst, wird auch kein Foto gemacht und du kannst immer wieder auf die Figur schwenken, sie mit halb gedrücktem Auslöser scharf stellen und dann bei leicht gedrücktem Auslöser zurückschwenken und auslösen.

# Kapitel 4 — Scharfe Sachen

Die Schärfenspeicherung nimmt dir immerhin die Arbeit ab, selber zu fokussieren, also zu entscheiden, wann das Objektiv richtig eingestellt ist. Schaltest du den Autofokus aber ganz ab, ist es an dir, so lange am Objektiv zu drehen, bis der gewünschte Bereich scharf gestellt ist.

Das Objektiv deiner Kompaktkamera bietet aber gar keine Möglichkeit mehr, durch Verdrehen die Schärfe einzustellen. Dennoch kannst du bei vielen Digitalkameras immer noch auf den Autofokus verzichten. Statt am Objektiv zu drehen, verstellst du die Entfernungseinstellung dann mit zwei Drucktasten.

Manuell fokussieren ist zwar nur selten nötig, doch wenn du in eine Situation kommst, in der dein Autofokus versagt, dann ist es hilfreich, wenn du die Funktion vorher ausprobiert hast. Vor allem bei wenig Licht und extrem nahen Objekten (im Makromodus) kann es sein, dass der Autofokus seinem Namen nicht gerecht wird und du ihm auf die Sprünge helfen musst.

- Meistens lässt sich der Autofokus in den Motiv- oder Automatikprogrammen nicht abstellen. Wähle dann ein Kameraprogramm, bei dem dies möglich ist.

- Schalte den Autofokus ab. In der Regel gibt es dazu eine Taste, die mit *MF* für manueller Fokus beschriftet ist.

- Je nach Kameramodell kann es sein, dass der mittlere Bildbereich nun wie durch ein Vergrößerungsglas gezeigt wird, um die Fokussierung zu erleichtern. Eventuell wird auch eine Entfernungsskala eingeblendet. Diese dient aber nur zur groben Orientierung und du solltest dich nicht auf die Angaben verlassen.

## Was es mit der Tiefenschärfe auf sich hat

- Verändere mit den entsprechenden Tasten nun so lange die Entfernungseinstellung, bis das Bild an der richtigen Stelle so scharf ist, wie du es dir vorstellst.
- Sobald alles eingestellt ist, kannst du den Auslöser durchdrücken.

# Was es mit der Tiefenschärfe auf sich hat

Auf den Fotos mit dem Flugzeug auf Seite 96 kannst du gut erkennen, dass auf einem Bild nicht alles gleichzeitig scharf sein kann, wenn die einzelnen Objekte hintereinander liegen und weiter voneinander entfernt sind. Nimmt man es ganz genau, dann können nur die Objekte, die sich alle gleich weit weg vom Objektiv befinden, scharf abgebildet werden.

An anderer Stelle im Buch wird dir gezeigt, wie die Blende im Objektiv arbeitet und welche Aufgabe sie übernimmt. Hier deshalb nur noch mal kurz die Zusammenfassung: Je weiter die Blende geschlossen ist, desto weniger Licht fällt durch das Objektiv auf den CCD-Chip. Etwas verwirrend dabei ist, dass eine geschlossene Blende als kleine Blende bezeichnet wird, aber mit einer großen Blendenzahl angegeben wird. Die Blende wird übrigens immer als Blendenzahl ohne Einheit oder als Bruch angegeben (z.B. Blendenzahl 3,5 oder Blende f/3,5). Blende f/2,8 ist also weit offen, viel Licht fällt ein und Blende f/22 ist fast ganz geschlossen, es fällt nur noch wenig Licht auf den Chip.

Aufgrund der physikalischen Zusammenhänge, mit denen ich dich hier nicht weiter belästigen will, kommt es nun zu einem merkwürdigen Effekt: Bei einer kleinen Blende (also bei großen Blendezahlen) fällt zwar nur sehr wenig Licht auf den CCD-Chip, dafür werden aber sowohl nahe als auch entfernte Objekte scharf abgebildet. Bei großen Blenden konzentriert sich die Schärfe immer mehr auf nur eine Ebene, so dass nur noch der tatsächlich fokussierte Bereich scharf fotografiert wird und der davor und dahinter liegende Bereich unscharf bleibt.

Im Automatik-Sorglos-Modus deiner Kamera, bei dem du nichts einstellen musst, aber auch nicht kannst, wählt die Kamera eine Blende (und eine Verschlusszeit) passend zur aktuellen Ausleuchtung der aufzunehmenden Szene.

# Kapitel 4 — Scharfe Sachen

Die meisten Kameras wählen Werte aus dem Mittelfeld aus, so dass in der Regel möglichst viel scharf wird. Ist dein Motiv besonders hell (im Sommer am Strand oder so), dann wird vermutlich alles von vorne bis hinten scharf sein. Bei weniger Licht ist dann nur noch ein kleiner Bereich klar zu erkennen.

Die beiden Fotos einer Buchseite verdeutlichen dir den Unterschied: Bei dem Foto mit großer Tiefenschärfe sind die Buchstaben vorne und hinten gut zu erkennen, wobei es trotzdem einen Bereich (in dem Fall in der Mitte) gibt, der fokussiert wurde und deshalb besonders scharf ist. Bei geringer Tiefenschärfe ist nur ein eng begrenzter Bereich wirklich scharf.

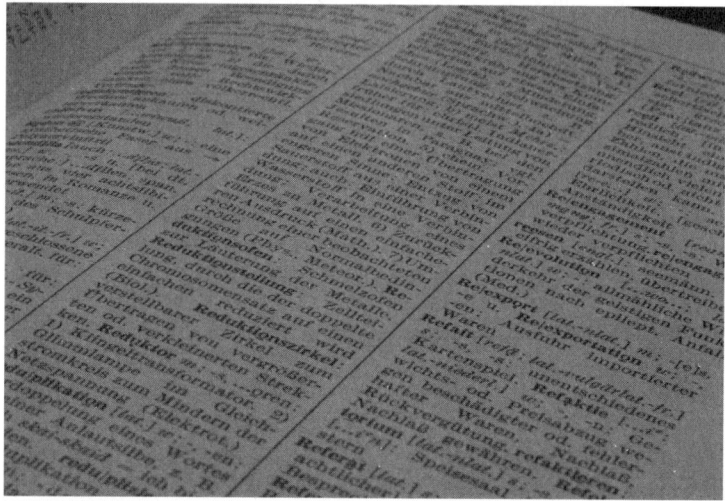

*Große Tiefenschärfe.*

*Geringe Tiefenschärfe.*

# Was es mit der Tiefenschärfe auf sich hat

> Übrigens: Pingelige Leute bestehen darauf, dass man *Schärfentiefe* statt Tiefenschärfe sagen muss. Egal, wie du es nennst, es ist immer das Gleiche gemeint und da der Begriff Tiefenschärfe viel verbreiteter ist, bleibe ich auch dabei.

Gut, jetzt weißt du, was es mit der Tiefenschärfe auf sich hat. Bleibt nur noch zu klären, wozu das Ganze denn zu gebrauchen ist. Natürlich zur Bildgestaltung. Es ist nämlich manchmal ganz schön langweilig, wenn alles auf dem Foto von vorne bis hinten scharf ist. Ein Foto wirkt für den Betrachter oft spannender, wenn Teile des Bildes unscharf und leicht verschwommen sind. Wählst du mit Absicht einen Bereich, der scharf eingestellt ist, während der Rest unscharf bleibt, dann wird der klar zu erkennende Bereich betont und fällt besonders auf. So sorgst du auch dafür, dass der Betrachter nicht von irgendwelchen unwichtigen Bildelementen abgelenkt wird, die mit dem eigentlichen Motiv nichts zu tun haben.

Gerne wird die Tiefenschärfe in der Porträtfotografie genutzt. Das Gesicht einer Person soll natürlich gut zu erkennen sein, während der Hintergrund uninteressant ist. Aber es muss ja nicht immer dein Freund sein, den du fotografierst. Auch bei Tieren und anderen Motiven wird durch gezielte Fokussierung das Bild interessanter. Wäre auch der Hintergrund auf dem Beispielbild scharf, würde die Ziege vermutlich kaum zu erkennen sein und das Bild wäre langweiliger.

# Kapitel 4 — Scharfe Sachen

Damit der Hintergrund auch wirklich verschwommen wird, darf er nicht zu dicht hinter dem Gesicht sein. Sobald aber ein größerer Abstand zwischen Kopf und Hintergrund liegt, wird der Effekt der Tiefenschärfe deutlich. Wenn du dabei darauf achtest, dass der Vordergrund, also zum Beispiel das Gesicht, als Hauptmotiv nicht weit von deiner Kamera entfernt ist, sondern nur etwa drei Meter, dann wird der Hintergrund besonders wirkungsvoll unscharf.

Interessant ist es, dass du die Tiefenschärfe bei Porträts auch genau anders herum ausnutzen kannst. Auf dem folgenden Foto siehst du ein typisches Urlaubsbild: Ein großes Gebäude sollte auf das Bild und möglichst auch noch ein Freund. Das Foto ist zwar scharf, doch von dem Freund ist eigentlich nicht viel zu erkennen.

Um der Szene mehr Pep zu geben, kannst du nun die Tiefenschärfe deiner Kamera ausnutzen: Stelle deinen Freund viel näher an die Kamera und sorge für möglichst viel Tiefenschärfe. Fokussiert wird dann eine Stelle zwi-

## Was es mit der Tiefenschärfe auf sich hat

schen deinem Freund und dem hinter ihm liegenden Objekt. Durch die große Tiefenschärfe wird alles scharf und dein Freund ist gut zu erkennen.

Jetzt kommt noch eine Besonderheit hinzu: Wenn du eine bestimmte Stelle fokussierst, dann wird ein gewisser Bereich davor und dahinter scharf abgebildet. Die Verteilung dieses Bereiches ist aber nicht immer zu beiden Teilen gleich. Stellst du auf ein nahes Objekt scharf, dann ist der scharfe Bereich davor und dahinter in etwa gleich tief. Bei einem weiter entfernten fokussierten Punkt wächst der dahinter liegende scharfe Bereich immer mehr an und der Bereich davor wird früher unschärfer. Für das Foto von deinem Freund vor dem Haus ist es zwar deshalb richtig, zwischen den beiden zu fokussieren, aber eher etwas näher zu deinem Freund hin.

Wie schon erwähnt, hängt die Tiefenschärfe mit der Blende zusammen. Um bei einer Aufnahme zwischen viel und wenig Tiefenschärfe zu wählen, musst du deshalb die Blende verstellen.

# Kapitel 4 — Scharfe Sachen

Da die Blende regelt, wie viel Licht durch das Objektiv auf den CCD-Chip trifft, kannst du nicht bei jeder Beleuchtung beliebige Blendenwerte einstellen. Willst du die Blende weit schließen, so dass nur noch wenig Licht hindurchkommt, muss viel Umgebungslicht vorhanden sein. Ist die aufzunehmende Szene im Dunkeln, kannst du dann die Blende eventuell nicht weit genug schließen und gleichzeitig noch eine gut belichtete Aufnahme bekommen.

> Wähle bei deiner Kamera die *Zeitautomatik*. Bei diesem Programm kannst du die Blende einstellen und die Automatik wählt dann die dazu passende Belichtungszeit. Je nach Hersteller kann dieser Modus auch Verschlusspriorität oder anders heißen.

> Willst du eine möglichst offene Blende wählen (kleine Blendenzahl), um eine ganz geringe Tiefenschärfe zu bekommen, dann verzichte darauf, stark zu zoomen. Bei großen Brennweiten lässt sich die Blende immer weniger öffnen. Außerdem ist dein Fotomotiv dann ja auch weit entfernt und wie schon angesprochen verlagert sich der Tiefenschärfebereich immer weiter nach hinten.

Jetzt wird es mal ein wenig verzwickt und ich muss mich zu den Ausführungen im zweiten Schritt einmischen. Zuerst einmal Folgendes: Wenn du eine kleine Brennweite wählst, also dein Objektiv auf die Weitwinkeleinstellung bringst, dann entsteht ganz automatisch eine größere Tiefenschärfe als bei der Teleeinstellung mit großer Brennweite (gezoomt). So weit stimmt das auch mit der Blende: Im Telebereich stehen die kleinsten Blendenwerte nicht mehr zur Verfügung. Auf dem Objektiv wird das durch Angaben wie 1:2,8–5,2 gekennzeichnet. Im Weitwinkelbereich kannst du Blende 2,8 wählen, während bei maximaler Teleeinstellung nur noch Blende 5,2 verfügbar ist. Willst du eine geringe Tiefenschärfe, dann müsstest du jetzt einen Mittelwert zwischen großer Blende (kleine Zahl) und großer Brennweite (Tele) wählen. Meistens wird die Brennweite aber genutzt, um den Bildausschnitt festzulegen, und es wird weniger darauf geachtet, wie sich die Brennweiteneinstellung auf die Tiefenschärfe auswirkt. Hinzu kommt noch ein kleines Problemchen: Kompaktdigitalkameras arbeiten immer mit einem extremen Weitwinkel, aus dem erst durch die Brennweitenverlängerung ein Normalobjektiv wird. Deshalb ist bei solchen Digitalkameras die Tiefenschärfe besonders ausgeprägt und es fällt schwer, eine geringe Tiefenschärfe zu erzielen. Hier hilft es nur, wenn du viel herumprobierst und für den Anfang eine mittlere Brennweiteneinstellung auswählst.

Bewegte Objekte scharf abbilden

> Bei kritischen Lichtverhältnissen kannst du die ISO-Empfindlichkeit verstellen. Ist es relativ dunkel und du willst dennoch einen weiten Bereich scharf abbilden, dann stelle eine höhere Empfindlichkeit ein.

> Wähle mit den entsprechenden Tasten an deiner Kamera die Blende passend zur angestrebten Tiefenschärfe. Die Kamera wird dich darauf hinweisen, wenn du eine Blende wählst, zu der die Automatik keine passende Belichtungszeit einstellen kann. Dies solltest du vermeiden, da dann das Bild unter- oder überbelichtet wird. Hier noch mal zum schnellen Nachschauen:

| Blendenzahl | Blendenöffnung | Auswirkung |
| --- | --- | --- |
| klein (z. B. 2,8) | weit offen | viel Licht fällt ein, geringe Tiefenschärfe |
| groß (z. B. 11) | fast geschlossen | wenig Lichteinfall, große Tiefenschärfe |

> Stelle den gewünschten Bereich scharf. Dazu kannst du, wie im vorherigen Abschnitt beschrieben, von Hand fokussieren oder mit der AF-Speicherung arbeiten.

> Jetzt kannst du den Auslöser drücken.

# Bewegte Objekte scharf abbilden

Selbst bei Profikameras versagt der Autofokus meistens, wenn sich das Fotomotiv schnell bewegt oder nur für einen kurzen Moment im Bild auftaucht. Stell dir einfach mal folgende Aufnahmesituation vor: Du stehst am Straßenrand und wartest schon ewig auf die Rennradprofis, die gleich vorbeiflitzen werden. Verlässt du dich auf den Autofokus, dann wirst du vermutlich nur wenig brauchbare Aufnahmen bekommen. Das liegt daran, dass der Autofokus erst in dem Moment scharf stellt, wenn du den Auslöser halb durchdrückst. Da sich die Radfahrer aber schnell bewegen, hat sich die Entfernung zu dir längst verändert, bis du ganz auslöst und das Bild ist unscharf. Was auch sein kann, ist, dass die Kamera zuerst versucht scharf zu stellen und den Auslöser so lange sperrt – dann hast du gar kein Foto.

# Kapitel 4

## Scharfe Sachen

Ebenso problematisch wird es, wenn du darauf wartest, dass sich dein Motiv von einer Seite zur anderen durch den Bildausschnitt bewegt. Fokussierst du schon etwas früher, bevor das Objekt im Bild ist, dann kannst du zwar schnell auslösen, sobald das Objekt im Bild erscheint, doch vermutlich hast du auf den Hintergrund scharf gestellt. Richtig verzwickt wird es, wenn du gegen den Himmel fotografieren willst und keinerlei Orientierungsmöglichkeit für die richtige Schärfe hast.

# Bewegte Objekte scharf abbilden

Aber kein Grund, solch spannende Aufnahmen nun einfach sausen zu lassen. Mit dem richtigen Trick kommst du auch in solchen Situationen zu scharfen Aufnahmen. Je nachdem, welche Funktionen deine Kamera unterstützt, kannst du auf verschiedenen Wegen zum Ziel kommen.

- Benutze die bereits ab Seite 97 beschriebene Funktion der Schärfenspeicherung. Fokussiere dazu einen Punkt auf der Straße, an dem das Objekt vorbeikommen wird und an dem du es scharf fotografieren willst. Mit dieser Funktion wirst du aber nur eine Aufnahme machen können, da nach dem Auslösen automatisch vor der nächsten Aufnahme neu fokussiert wird.

- Im gleichen Abschnitt ist beschrieben, wie du manuell fokussieren kannst. Dies ist immer dann angesagt, wenn du keinen Punkt hast, auf den du den Autofokus richten kannst, um vorher scharf zu stellen. Vorteilhaft ist, dass der Autofokus dich jetzt nicht mehr ausbremst und du mehrere Bilder nacheinander aufnehmen kannst. Halte aber immer den fokussierten Punkt im Bildausschnitt.

- Wenn deine Kamera eine *Schärfennachführung* hat, dann kannst du diese Funktion, die manchmal auch Servo AF genannt wird, aktivieren. Die Kamera versucht dann die ganze Zeit über, während du den Auslöser halb durchgedrückt hältst, das Bild scharf zu stellen und die Schärfe anzupassen, auch wenn sich das Objekt bewegt. Außerdem kannst du jederzeit den Auslöser drücken, auch wenn dann das Bild eventuell nicht hundertprozentig scharf ist.

Neben der Schärfenspeicherung gibt es aber oft auch noch die AF-Speicherung. Hört sich ähnlich an, ist aber doch ein klein wenig anders. Bei der Schärfenspeicherung merkt sich deine Kamera die Einstellung immer nur für ein Bild und nur so lange, wie du den Auslöser halb durchdrückst. Auf Dauer wirst du einen Krampf im Finger bekommen. Mit der AF-Speicherung stellst du einmal die Schärfe mit dem Autofokus ein und speicherst dann die Einstellung dauerhaft ab. Alle Bilder, die du jetzt aufnimmst, werden mit der gleichen Schärfeeinstellung gemacht. Dadurch verplemperst du keine Zeit beim Warten auf den Autofokus zwischen den einzelnen Aufnahmen und außerdem ist das Bild immer scharf. Du musst nur darauf achten, dass sich die Entfernung zwischen dir und dem Motiv nicht wesentlich ändert.

- Fokussiere das Objekt oder eine alternative Stelle in der entsprechenden Entfernung.

- Aktiviere die AF-Speicherung deiner Kamera.

# Kapitel 4 — Scharfe Sachen

> Fotografiere, so viel wie du willst, mit der sich nun nicht mehr verändernden Einstellung.

> Schalte die AF-Speicherung wieder aus, wenn du den Autofokus wieder für jede einzelne Aufnahme aktivieren willst.

## Verwackelte Bilder müssen nicht sein

Schau dir mal das folgende Foto ganz genau an. Fällt dir etwas auf?

Na klar, das Bild ist unscharf. Da hat der Fotograf oder der Autofokus wohl gepennt und nicht richtig fokussiert. Auf den ersten Blick sieht es tatsächlich danach aus. Wenn du aber genauer hinschaust, dann fällt dir vielleicht etwas Besonderes auf. Vergleiche das Bild doch einmal mit dem Flugzeug auf Seite 96. Das Flugzeug ist in alle Richtungen gleich unscharf. Bei den zwei Sportlern entsteht aber der Eindruck, als wären sie doppelt abgebildet. Die Unschärfe ist in eine Richtung ausgeprägter als in die andere. In dem Ausschnitt vom Schuh ist die unscharf wirkende, schräg verlaufende Richtung (diagonal von links oben nach rechts unten) gut zu erkennen. Das deutet darauf hin, dass es sich hierbei gar nicht um ein Fokussierungsproblem handelt, sondern eine andere Ursache für das schlechte Foto verantwortlich ist. Das Bild ist verwackelt.

## Verwackelte Bilder müssen nicht sein

Schuld an dem verwackelten Bild ist eigentlich der Fotograf. Während er das Bild aufnahm, hat er ganz leicht gezittert. Na gut, sagt du nun vielleicht, dann muss er halt die Hände still halten. Leichter gesagt als getan, denn so ruhig kann kaum ein Mensch eine Kamera halten. Während der Belichtungszeit fällt das Licht auf den CCD-Chip. Wenn du nun während dieser Belichtungszeit die Kamera bewegst, dann trifft das Licht nicht immer an genau die gleiche Stelle auf dem CCD-Sensor und es kommt zu dem verwackelten Bild.

Ein Bild kann auch verwackeln, wenn du die Kamera ruhig hältst, sich aber das Motiv bewegt. Das hat genau den gleichen Effekt. Wie du noch sehen wirst, kannst du durch beabsichtigtes Verwackeln sogar interessante Bildeffekte erzielen.

Je kürzer die Belichtungszeit ist, desto weniger Gefahr läufst du, das Bild zu verwackeln, weil du gezittert hast. Auch wenn sich dein Fotomotiv schnell bewegt, dann verhindert eine kurze Belichtung die Bewegungsunschärfe. Die Kamera wählt im Automatikmodus eine Zeit, die vor allem abhängig von den derzeit herrschenden Lichtverhältnissen ist. Bei heller Umgebung wird eine kurze Zeit gewählt. Die Kamera weiß aber nicht, was du gerade aufnehmen willst oder wie stark du zitterst. Für rasante Actionszenen beim Sport empfiehlt sich eine kürzere Belichtungszeit als bei Landschaftsaufnahmen. Bist du eben erst einen Berg hochgeklettert und noch ganz aus der Puste, dann wirst du viel mehr zittern, als wenn du entspannt bist.

Anstatt also darauf zu hoffen, dass die automatische Belichtungszeitsteuerung die passende Zeit benutzt, kannst du auch selber wählen, wie schnell die Belichtung sein soll.

Die folgende Tabelle hilft, dir einen Überblick zu verschaffen, welche Belichtungszeit für Standardsituationen geeignet ist.

| Belichtungszeit | Wirkung | Situation |
| --- | --- | --- |
| 1/60 s | Verwackelungsgefahr | Kürzeste Zeit, die mit etwas Übung noch zu halten ist. Wird meistens bei Blitzlichtfotos benutzt. |
| 1/125 s | relativ verwackelungssicher | Standardzeiteinstellung für fast alle Lebenslagen |
| 1/750 s | fast kein Risiko mehr | Bei sich schnell bewegenden Motiven gut geeignet. |

# Kapitel 4 — Scharfe Sachen

- Wähle an deiner Kamera die Funktion *Blendenautomatik* oder Verschlusspriorität.
- Korrigiere mit den entsprechenden Tasten die eingeblendete Belichtungszeit.
- Drücke den Auslöser halb durch.
- Die Kamera wählt die richtige Blende, passend zur von dir gewählten Zeit. Hast du eine Belichtungszeit eingestellt, zu der es keine passende Blendenstufe gibt, weil zu viel oder zu wenig Licht vorhanden ist, dann wird meistens eine Warnung angezeigt oder die Zahlen für Blende oder Zeit werden rot.
- Nimm das gewünschte Bild auf, indem du den Auslöser betätigst.

Hast du keine Möglichkeit, Einfluss auf die Belichtungszeit zu nehmen, weil deine Kamera dies nicht unterstützt oder die Lichtverhältnisse zu ungünstig sind, dann probiere doch einmal die folgenden Tipps aus, um die Kamera ruhig zu halten, wenn die Belichtungszeit so lang ist, dass du Gefahr läufst, das Bild zu verwackeln:

- ◆ Lehne dich an eine Wand oder einen Baum, um stabil zu stehen
- ◆ Hole vor dem Auslösen tief Luft und halte den Atem an, während du auf den Auslöser drückst
- ◆ Benutze den Sucher und nicht das LCD, um den Bildausschnitt zu betrachten
- ◆ Lege die Kamera auf einer festen Unterlage ab oder benutze ein Stativ

Das Beispiel zeigt eine Aufnahme im Inneren einer Kirche. Um die Stimmung des Lichts nicht durch einen Blitz zu zerstören, war eine relativ lange Belichtungszeit nötig. Damit das Bild nicht verwackelt, hat der Fotograf die Kamera auf der Kirchenbank vor ihm abgestützt. Dadurch wurde das Bild etwas schräg aufgenommen, was sich aber später am Computer korrigieren lässt.

Unschärfe mit Absicht zur Bildgestaltung einsetzen

Die meisten Digicams kennen noch eine andere Art, wie du auf die Belichtungszeit einwirken kannst. Mit den Motivprogrammen kannst du wählen, welche Situation du fotografieren willst. Mit dem Sportprogramm nimmst du am direktesten Einfluss auf die Belichtungszeit. Da sich bei den meisten Sportarten das Motiv schnell bewegt, wird die Kamera in diesem Programm immer die kürzestmögliche Belichtungszeit benutzen. So bist du vor verwackelten Bilden bei Actionaufnahmen relativ gut geschützt – vorausgesetzt es ist ausreichend hell.

# Unschärfe mit Absicht zur Bildgestaltung einsetzen

Jetzt haben wir so viel über scharfe Fotos gesprochen, dass es Zeit wird, auch über absichtlich unscharfe Bilder zu reden. Nicht immer ist ein unscharfes Foto auch gleich ein schlechtes Ergebnis. Unschärfe kann neben

# Kapitel 4 — Scharfe Sachen

der Tiefenschärfe auch noch zur Bildgestaltung eingesetzt werden. Im Grunde geht es dabei darum, die Aufnahme gekonnt zu verwackeln.

Die Mitziehtechnik ist hervorragend geeignet, um die Dynamik einer Situation im Bild festzuhalten. Ein Objekt, das sich schnell bewegt, kannst du mit einer kurzen Belichtungszeit gestochen scharf einfangen. Objekt und Hintergrund sind dann klar zu erkennen und das Foto ist technisch vielleicht einwandfrei. Gerade deswegen wird das Bild aber vielleicht etwas langweilig und statisch wirken, denn der Betrachter kann nicht mehr erkennen, wie schnell sich das Objekt bewegt hat. Auf dem Foto der Seifenkiste kannst du das Tempo und die Bewegung regelrecht fühlen: Der tief gebückte Fahrer schießt mit seinem Flitzer an den Zuschauer regelrecht vorbei. Für das Gefühl von Bewegung und Geschwindigkeit sorgen vor allem die unscharfen Zuschauer am oberen Bildrand und der verwischte Asphalt der Straße, während die Seifenkiste als Hauptmotiv relativ scharf abgebildet ist.

Um diese Wirkung zu erzielen, wird das Objekt während der Belichtungsphase mit der Kamera verfolgt. Die Schwierigkeit dabei ist, dass sich bewegende Objekt an der möglichst genau gleichen Stelle im Bildausschnitt zu halten, während die Kamera mitgezogen wird. Bist du schneller oder langsamer oder ruckelst du, wird das ganze Bild unscharf und verwackelt. Nach einiger Übung wird es dir aber gelingen, ein Gefühl für die Bewegung zu bekommen und auch beim Drücken des Auslösers nicht zu verreißen.

# Unschärfe mit Absicht zur Bildgestaltung einsetzen

> Für nicht wiederkehrende Schnappschüsse ist das Risiko, ein verwackeltes Bild aufzunehmen, bei der Mitziehtechnik zu groß, so dass du bei einmaligen Momenten besser auf den Effekt verzichtest und eine kurze Belichtungszeit wählst, um ein scharfes Bild zu gewährleisten. Am besten eignen sich Motive, die sich öfter wiederholen, so dass du üben und dich auf die Geschwindigkeit einstellen kannst. Willst du einen Rennwagen, der seine Runden dreht, oder ein Kind auf einer Schaukel fotografieren, dann verfolge die Bewegung mehrmals mit der Kamera, um den Rhythmus zu erkennen.

- Schalte den Autofokus ab und fokussiere von Hand oder nutze die dauerhafte AF-Speicherung, da der Autofokus sonst eventuell den Auslöser blockiert, während du die Kamera bewegst.
- Aktiviere die Blendenautomatik oder das Programm mit Verschlusspriorität.
- Wähle eine lange Belichtungszeit wie 1/30 s. Die genaue Zeit musst du durch Probeaufnahmen ermitteln. Bei kurzen Zeiten von 1/125 s wird der Effekt kaum sichtbar. Bei längeren Zeiten als 1/15 s wird es kaum möglich sein, nicht doch zu verwackeln. Je langsamer sich das Objekt bewegt, umso länger musst du belichten.
- Da während der längeren Aufnahmephase das LCD schwarz bleibt oder nur ein Standbild zeigt, solltest du den Bildausschnitt durch den Sucher betrachten. Stelle dich so hin, dass du den Oberkörper drehen kannst, und visiere das herannahende Objekt an.
- Bewege die Kamera mit dem Objekt mit und löse an dem Punkt aus, auf den du zuvor fokussiert hast.
- Führe die Kamera ruhig weiterhin in der Bewegung mit und halte das Objekt an der gleichen Stelle im Sucher, bis die Aufnahme abgeschlossen ist.

Wasserfälle sind ein weiteres Beispiel für typische Fotos, bei denen gerne mit Unschärfe gearbeitet wird. Bei kurzen Belichtungszeiten wird das fallende Wasser regelrecht eingefroren und es entsteht ein etwas unnatürlicher Eindruck, da die Aufnahme nicht die üblichen Sehgewohnheiten wiedergibt. So scharf bekommt man die einzelnen Tropfen nur selten zu sehen. Die Aufnahme wirkt oft etwas künstlich und erinnert an Wasser in Modelleisenbahnlandschaften.

# Kapitel 4 — Scharfe Sachen

Längere Belichtungszeiten lassen das Wasser immer stärker verwischen, bis es fast aussieht wie Milch. Wie stark der Bewegungseffekt sein soll, hängt vom Motiv und dem eigenen Geschmack ab. So lange das Wasser noch in Form von Linien erkennbar ist, wirkt das Bild dynamisch und kraftvoll. Längere Belichtungen lassen das Motiv oft romantischer und sinnlicher wirken.

# Zusammenfassung

*Wasserfall mit langer Belichtungszeit fotografiert (siehe Farbseite A).*

- Wähle an deiner Kamera die Blendenautomatik oder Verschlusspriorität aus.

- Fokussiere das Objekt und wähle eine lange Belichtungszeit von etwa 1/60 s und länger. Den genauen Wert solltest du durch Ausprobieren mit mehreren Probeaufnahmen ermitteln.

- Während der Aufnahme nicht wackeln. Stütze die Kamera dazu an einem festen Gegenstand ab oder benutze ein Stativ.

# Zusammenfassung

Nicht jedes Foto muss perfekt scharf sein, doch für die meisten Aufnahmen ist es erwünscht. Deine Kamera benötigt manchmal ein wenig Hilfe von dir, um die richtige Fokussierung zu finden. Der Autofokus kann ganz abgeschaltet werden oder mit Hilfe der AF-Messfelder auf einen anderen Bildbereich statt die Mitte scharf gestellt werden. Mit der Schärfenspeicherung kannst du ein Objekt fokussieren, das sich außerhalb der Bildmitte befindet. Um die Bewegung eines Objekts wiederzugeben, gibt es die Mitziehtechnik. Als Tiefenschärfe wird der Bereich bezeichnet, in dem ein Objekt scharf abgebildet wird, obwohl es nicht fokussiert wurde. Eine erhöhte Verwackelungsgefahr besteht bei langen Belichtungszeiten.

# Kapitel 4 — Scharfe Sachen

## Ein paar Fragen ...

Frage 1:  Wieso leuchtet im Dunkeln manchmal eine kleine Lampe an deiner Kamera, wenn du den Auslöser drückst?

Frage 2:  Wie funktioniert die Schärfenspeicherung?

Frage 3:  Bei welcher Blende ist die Tiefenschärfe am geringsten?

Frage 4:  Ab welcher Belichtungszeit ist die Gefahr zu verwackeln relativ groß?

Frage 5:  Was ist die Schärfennachführung oder Servo-AF-Funktion?

Frage 6:  Welche Belichtungszeit ist für die Mitziehtechnik in etwa einzustellen?

## ... und ein paar Aufgaben

1. Schalte den Autofokus ab und übe das manuelle Scharfstellen vor allem bei Objekten, die nur ein bis drei Meter entfernt sind.

2. Fotografiere ein Objekt in etwa zwei Meter Entfernung mit sichtbarem Hintergrund, der etwa acht Meter und mehr entfernt ist. Wie sieht die Aufnahme aus, wenn du einmal eine Blende von etwa 3,5 und einmal von etwa 11 einstellst?

3. Probiere die Schärfenspeicherung aus: Fokussiere auf ein Objekt in der Bildmitte und bring es dann an den Bildrand, ohne dass es auf dem Foto unscharf wird.

4. Probier die Mitziehtechnik bei vorbeifahrenden Autos oder Radfahrern aus. Schalte aber den Blitz ab, damit die Fahrer nicht erschrecken.

# 5
# Hell und dunkel

In diesem Kapitel geht es nun darum, wie du deine Bilder richtig belichtest. Das bedeutet, wie du dafür sorgst, dass die richtige Menge Licht auf den CCD-Sensor trifft, um Fotos zu bekommen, die weder zu hell noch zu dunkel sind.

In diesem Kapitel lernst du daher

- was die Kamera in Sachen Belichtung für dich machen kann
- wieso weiße Flächen oft nur hellgrau wirken und Schwarz nie richtig satt wirkt
- die Grenzen des integrierten Blitzlichtes kennen
- warum auch bei strahlendem Sonnenschein der Blitz nützlich ist
- Langzeitbelichtungen für künstlerische Effekte einzusetzen

# Kapitel 5 — Hell und dunkel

## Die automatische Belichtungssteuerung

Während du ein Foto aufnimmst, fällt für einen kurzen Moment das Licht durch das Objektiv auf den CCD-Chip. Damit auf dem Foto überhaupt etwas zu erkennen ist, muss eine bestimmte Menge Licht einfallen. Bei hellem Sonnenschein reicht es aus, wenn das Licht nur einen extrem kurzen Zeitpunkt auf den Chip trifft. Bei wenig Licht muss der Zeitraum länger sein, damit die gleiche Menge Licht einfällt.

> Stell dir vor, du möchtest eine Badewanne mit Wasser füllen. Lässt du den Wasserhahn nur kurz geöffnet, fließt nur wenig Wasser in die Wanne. Um die Wanne zu füllen, muss der Hahn lange geöffnet bleiben.

Als in der Kamera statt eines CCD-Sensors noch analoges Filmmaterial verwendet wurde, nannte sich der Zeitraum, in dem das Licht einfällt, *Belichtungszeit*. Auch wenn in einer Digitalkamera nichts mehr belichtet wird, ist der Begriff geblieben. Die Belichtungszeit steuert also, wie lange Licht einfällt.

*Unterbelichtetes Foto: Die Schatten versinken in Schwarz und selbst das helle Schilf ist dunkel.*

Da du nicht immer nur Fotos im hellen Sonnenlicht aufnimmst, musst du die Belichtungszeit den Lichtverhältnissen anpassen und zwischen langen und kurzen Zeiten wählen. Die Zeit wird dabei in der Regel als Bruchteil

## Die automatische Belichtungssteuerung

von einer Sekunde angegeben. Ein gängiger Wert ist zum Beispiel 1/125 s (gesprochen als »hundertfünfundzwanzigstel«), was bedeutet, dass theoretisch 125-mal in der Sekunde eine Aufnahme gemacht werden könnte. Es gibt aber auch noch kürzere und längere Zeiten. Anstatt des Buchstaben s wird auch oft ein oben stehendes Anführungszeichen benutzt, um die Zeit anzugeben: Beispielsweise 1/90".

Wäre das schon alles, könnte hier fast schon Schluss sein. Doch in der Fotografie soll es ja nicht langweilig werden und deshalb gibt es da auch noch die Blende. Diese ist im Objektiv eingebaut und sie besteht aus mehreren Scheibchen, die sich so übereinander verschieben, dass in der Mitte eine nahezu kreisförmige Öffnung entsteht. Wie du dir leicht vorstellen kannst, dringt bei fast geschlossener Blende weniger Licht hindurch als bei einer geöffneten. Mit der Blende ist übrigens nicht das Teil gemeint, das sich eventuell beim Abschalten deiner Kamera zum Schutz des Objektivs vor Schmutz schließt.

Um bei dem Badewannenvergleich zu bleiben: Die Blende gibt an, wie weit du den Wasserhahn aufdrehst. Eine kleine Blende entspricht also einem nur tröpfelnden Hahn, während bei geöffneter Blende das Wasser nur so in die Wanne schießt. Abhängig von der Blende wird eine entsprechende Zeit benötigt, um die Wanne zu füllen.

Überbelichtete Aufnahme, bei der helle Bereiche (Horizont, Wasser, Schilf) völlig überstrahlt sind und keinen Kontrast mehr aufweisen.

# Kapitel 5 — Hell und dunkel

Die Blende wird als dimensionslose Blendenzahl angegeben. Dimensionslos bedeutet, dass keine Maßeinheit nach dem Zahlenwert folgt. Auf die Einzelheiten, was die Zahl genau bedeutet, wollen wir hier nicht weiter eingehen. Wichtig ist nur, dass die Zahl umgekehrt proportional zur Öffnung der Blende ist. Nicht klar, was damit gemeint ist? So geht es den meisten, denn die Blendenzahl ist etwas verwirrend: Eine große Zahl bedeutet, dass die Blende stark geschlossen ist, also wenig Licht hindurchkommt. Eine kleine Zahl steht für eine weit geöffnete Blende, die viel Licht durchlässt. Die Zahlen reichen dabei meistens von 1,2 bis 22, was auch oft als f/1,2 bis f/22 geschrieben wird. Allerdings beherrscht nicht jedes Objektiv alle Blendeneinstellungen.

*Richtig belichtet: Die Schatten sind nicht zu dunkel und helle Bereiche sind kontrastreich. Die Horizontlinie ist zwar ein wenig zu hell, doch der Vordergrund ist wichtiger.*

Nun, warum reicht es nicht, einfach nur die Zeit oder die Blende zu benutzen und wieso sind beide Einstellungen wichtig? Stell dir vor, du hättest ein Objektiv mit fest eingestellter Blende. In gewissen Grenzen reicht es dann, die Belichtungszeit zu verändern. Allerdings wird es auch Situationen geben, in denen du dann eine sehr lange Belichtungszeit benötigen wirst, da es ziemlich dunkel ist. Dabei läufst du dann Gefahr, das Bild zu verwackeln. Könntest du jetzt die Blende weiter öffnen, wäre es dir möglich, die Aufnahme mit einer kürzeren Zeit zu machen, da dann immer noch genügend Licht einfällt. Andererseits ist es gelegentlich auch wünschenswert, eine bestimmte Belichtungszeit vorzugeben, da die Aufnahmesituation dies erfordert (zum Beispiel bei schnellen Sportaufnahmen). Dann benötigst du eine anpassbare Blende, um das Foto korrekt zu belichten.

# Die automatische Belichtungssteuerung

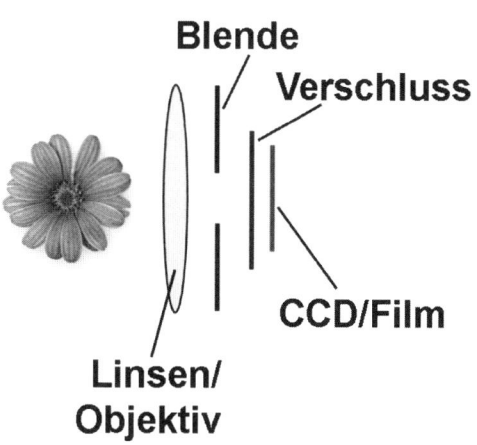

*Vereinfachter Aufbau einer Kamera.*

Zu Zeiten der Analogfotografie musste sich der Fotograf noch für jede Aufnahme Gedanken um die passenden Einstellungen machen. Dabei war er natürlich nicht perfekt, sondern bedurfte viel Übung und Erfahrung. In der Regel hat man sich dabei an ein paar Standardwerten orientiert. Die Belichtungsautomatik deiner Kamera wählt heutzutage aus einem Bereich möglicher Kombinationen zwischen Belichtungszeit und Blendeneinstellung die mehr oder weniger passende zur aktuellen Aufnahmesituation heraus. Wobei gemessen wird, wie viel Licht momentan auf den CCD-Chip einfällt. So entstehen fast immer halbwegs richtig belichtete Fotos.

Digitalkameras der mittleren und gehobenen Klasse bieten meistens einige Motivprogramme oder Aufnahmemodi wie Porträt, Landschaft und Sport. Wählst du ein solches Programm aus, unterstützt du die Kameraautomatik bei der Wahl der zur Aufnahmesituation passenden Belichtungswerte und verhinderst so grobe Fehlbelichtungen.

Die folgende Tabelle zeigt dir, welche Blenden- und Zeiteinstellungen in Abhängigkeit vom Motivprogramm dann bevorzugt eingestellt werden.

| Motivprogramm | Blende | Belichtungszeit | Auswirkung |
| --- | --- | --- | --- |
| Porträt | groß | kurz | Wenig Tiefenschärfe, das Motiv wird vor einem unscharfen Hintergrund scharf abgebildet. |
| Sport | groß bis mittel | sehr kurz | Die sehr kurze Belichtungszeit verhindert verwackelte Aufnahmen. |
| Landschaft | mittel | mittel | Vorder- und Hintergrund sind scharf. |
| Nahaufnahme/Makro | klein | lang | Möglichst viel Tiefenschärfe |

# Kapitel 5 — Hell und dunkel

Bei den bisherigen Ausführungen wurde noch ein wichtiger Faktor der Belichtungssteuerung außer Acht gelassen: Die Filmempfindlichkeit.

Die was? Wir reden hier doch von Digitalkameras, da gibt es doch gar keinen Film mehr. Leider nicht ganz richtig. Es gibt zwar keinen Film mehr, aber immer noch die Filmempfindlichkeit. Um genau zu sein, gibt es diese auch gar nicht bei Digicams und man müsste vom digitalen Signalverstärkungsfaktor oder Ähnlichem reden. Dann wüsste aber kein Mensch, was gemeint ist, und deshalb bleibt es bei Filmempfindlichkeit. Analoges Filmmaterial war unterschiedlich lichtempfindlich. Bei gleichem Lichteinfall wird der Film dadurch in kürzerer oder längerer Zeit richtig belichtet. Die Empfindlichkeit wird üblicherweise mit einer Zahl angegeben. Dabei gibt es drei verschiedene Angabemöglichkeiten: nach DIN, ASA oder ISO, wobei ISO einfach nur die Angaben von DIN und ASA in einer Angabe zusammenfasst.

Als Standardfilm galt lange Zeit ein Film mit der Lichtempfindlichkeit von 21 DIN bzw. 100 ASA. In ISO-Schreibweise: ISO 100/21°. Diese Empfindlichkeit war für alle Standardsituationen ausreichend und man konnte Fotos bei wenig und viel Licht aufnehmen. In den letzten Jahren wurden dann lieber etwas empfindlichere Filme mit ISO 200/24° benutzt, da dabei dann nicht mehr so viele Amateuraufnahmen misslangen und auch bei noch weniger Licht brauchbare Bilder möglich waren. Für extrem lichtschwache Situationen gibt es auch noch empfindlichere Filme bis hin zu handelsüblichen ISO 1000/31°. Besonders lichtempfindliche Filme sind aber nicht nur vorteilhaft. Zum einen werden Aufnahmen bei viel Licht (beispielsweise Sonnenschein am Strand) nur noch bei extrem kurzen Belichtungszeiten und kleinen Blenden möglich, was nicht immer erwünscht ist. Zum anderen steigt die so genannte Körnung des Films stark an. Die lichtempfindlichen Kristalle auf dem Film müssen nämlich immer größer werden und dadurch sinkt das Auflösungsvermögen. Auf dem Papierabzug macht sich das durch unschöne Punktmuster bemerkbar, die das Foto grobkörnig wirken lassen.

Da deine Digitalkamera keinen Film nutzt, sondern einen CCD-Sensor, gibt es eigentlich keine Filmempfindlichkeit mehr. Der CCD-Sensor liefert je nach Lichtmenge eine entsprechende Spannung für jedes Pixel. Bei wenig Licht ist die Spannung kleiner als bei viel Licht. Somit könnte die Kamera aber nur Aufnahmen in einem bestimmten Beleuchtungsspielraum aufnehmen. Ist extrem viel mehr oder weniger Licht vorhanden, wäre keine Aufnahme möglich. Das ist dem Benutzer schwer vermittelbar und auch von Profis nicht gerade erwünscht.

## Die automatische Belichtungssteuerung

Also wird dem CCD-Chip ein elektrischer Verstärker nachgeschaltet, der die Spannung der Pixel verstärken oder abschwächen kann. Der Verstärker ermöglicht dann etwas Ähnliches, wie es früher der Fotograf durch Wahl der Filmempfindlichkeit machte: Wenn bei wenig Umgebungslicht eine hohe Empfindlichkeit nötig ist, werden die Signale einfach verstärkt.

*Schwierige Lichtverhältnisse wie bei diesem Foto fordern dich als Fotografen: Wie weit du dich hier auf die automatische Belichtung verlassen kannst und ggf. manuell über- oder unterbelichten musst, probierst du am besten mit einer Belichtungsreihe aus.*

Damit Fotografen der alten Schule sich nicht völlig neu einarbeiten müssen, wird hierfür auch die bereits bekannte Filmempfindlichkeitsangabe benutzt. Die meisten Digicams wählen automatisch für jede Aufnahme einen Wert zwischen etwa 50 und 400 ASA. So bleibt im Automatikprogramm gewährleistet, dass eine bewährte Blenden-/Zeitkombination verwendet werden kann.

> Die Filmempfindlichkeit wird bei allen Kameras als ISO-Einstellung bezeichnet. Da aber immer nur der ASA- und nie der DIN-Wert genannt wird, handelt es sich eigentlich um eine ASA-Einstellung. Nichtsdestotrotz bleiben wir auch hier im Buch bei der verbreiteten Bezeichnung ISO-Einstellung. Wenn nichts anderes angegeben ist, dann beziehen sich die Belichtungsangaben für alle Aufnahmen auf ISO 100.

So weit so gut. Doch bedauerlicherweise ist die Wahl der Filmempfindlichkeit auch bei Digicams nicht ganz problemfrei. Welch ein Wunder. Bei steigender elektrischer Signalverstärkung steigt nämlich auch das *Bildrauschen* stark an. Schon wieder so ein Spezialthema. Spätestens hier ist dann auch der Punkt erreicht, an dem die meisten Hobbyfotografen die Segel streichen und sich nicht weiter für das Thema interessieren. Denen ist dann leider nicht zu helfen und man kann sich den Mund fusselig reden, sie werden doch nicht sehen, dass ihre Fotos alle fehlerhaft sind.

Für dich, der sich für das Fotografierhandwerk interessiert, hier die Erklärung, was es mit dem Bild- oder Farbrauschen auf sich hat: Bildrauschen tritt am deutlichsten in dunklen Flächen auf. Anstatt einer gleichmäßigen dunklen Fläche bekommt man dann ein bunt gesprenkeltes Schottenmuster. Aber auch bei hellen Flächen und Verläufen fällt Bildrauschen unangenehm durch seine körnig-fleckigen Störungen (Artefakte) auf, wie auf den beiden Ausschnittvergrößerungen der Augen einer Spielzeugfigur zu sehen ist. Das ganze Foto wirkt krisselig, unscharf und lässt sich natürlich aufgrund der schlechten Qualität auch nur schlecht vergrößern oder weiterverarbeiten.

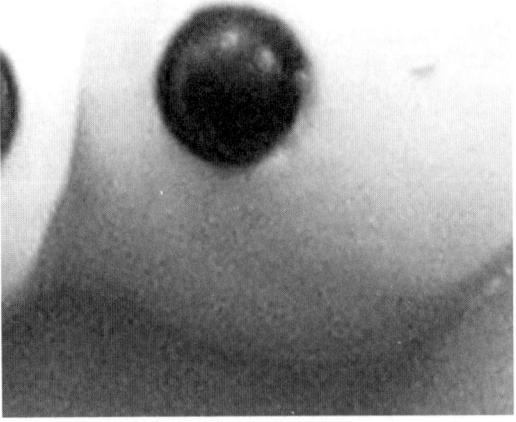

*Starkes Bildrauschen bei ISO 400 (siehe Farbseite C).*

# Die automatische Belichtungssteuerung

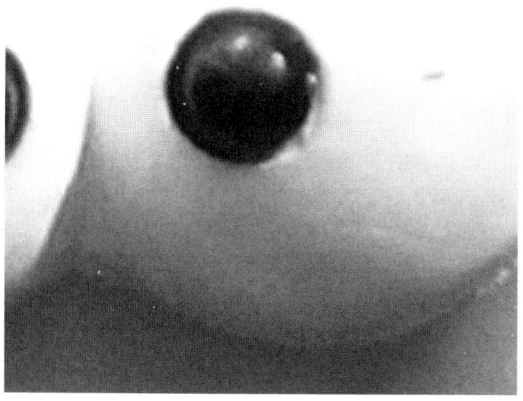

*Kaum sichtbares Bildrauschen bei ISO 50.*

Natürlich gibt es auch Spezialprogramme oder Filter im Grafikprogramm, die diese Farbmuster entfernen können, doch besser ist es, erst gar keine aufzunehmen. Dieses Farbrauschen ist stark vom Kameramodell abhängig und mal mehr und mal weniger ausgeprägt. Bei niedrigen ISO-Werten sind die Farbfehler weniger auffällig, weshalb eine hohe Filmempfindlichkeitseinstellung möglichst zu vermeiden ist. Und wenn wir schon dabei sind: CCD-Chips sind empfindlich gegen hohe Temperaturen, denn diese verstärken das Bildrauschen noch einmal zusätzlich.

Unterstützt deine Kamera die Auswahl einer ISO-Einstellung, dann kannst du die Qualität deiner Fotos verbessern, wenn du einen niedrigen Wert fest vorgibst. Dadurch verhinderst du, dass bei widrigen Lichtverhältnissen automatisch eine hohe Empfindlichkeit gewählt wird und die Fotos stark verrauscht sind. Allerdings musst du daran denken, dass du dann auch nicht mehr bei extrem wenig Licht fotografieren kannst, was du aber sowieso vermeiden solltest. Im Bedarfsfall kannst du ja auch jederzeit wieder in den Automatikmodus zurückwechseln.

- Lies in deiner Gebrauchsanleitung nach, wie du die ISO-Einstellung verändern kannst.

- Wähle einen möglichst niedrigen Wert. ISO 100 ist in der Regel eine gute Wahl.

> Je nach Kameramodell kann es sein, dass auch niedrigere Werte einstellbar sind. Probiere dann vorher aus, bei welcher Einstellung dein Modell brauchbare Resultate liefert.

## So wird Schwarzes schwarz und Weißes weiß

Im Großen und Ganzen ist die automatische Belichtungssteuerung eine verlässliche Funktion und ein Großteil deiner Aufnahmen wird dir mit ihr gut gelingen. Dennoch gibt es Aufnahmebedingungen, unter denen deine Mithilfe und Erfahrung benötigt wird. Dann kannst du durch einen manuellen Eingriff die Belichtung der Aufnahme etwas nach unten oder oben korrigieren.

Die automatische Belichtungsmessung stößt nämlich bei extremen Lichtbedingungen an ihre Grenzen. Ein Foto mit vielen weißen Bereichen (zum Beispiel eine Braut im Kleid) wird etwas unterbelichtet und dann wirkt das weiße Kleid hellgrau. Großflächige schwarze Bereiche in einem Foto werden hingegen überbelichtet und sind dann leicht blaustichig oder dunkelgrau und nicht satt schwarz.

# So wird Schwarzes schwarz und Weißes weiß

> Vereinfachend kann man sagen, dass für die Belichtungsmessung alle Fotos aus einer grauen Fläche bestehen. Eine mehr oder weniger intelligente Steuerung sucht sich aus dem Bildausschnitt einen Bereich heraus und berechnet für diesen die notwendigen Belichtungswerte.

Fotografierst du nun eine weiße Fläche, dann geht die Belichtungssteuerung wieder von dem durchschnittlichen Grauwert aus und reagiert darauf mit Belichtungswerten, die das Foto zu wenig belichten und aus der weißen Fläche etwas schmuddelig Graues werden lassen. Steht dein Hauptmotiv vor einer besonders hellen oder dunklen Fläche, neigt die Steuerung ebenfalls zu falschen Belichtungen. Gegen diese Fehlbelichtung ist jede Automatik selbst bei Profikameras machtlos und du als Fotograf wirst gefordert.

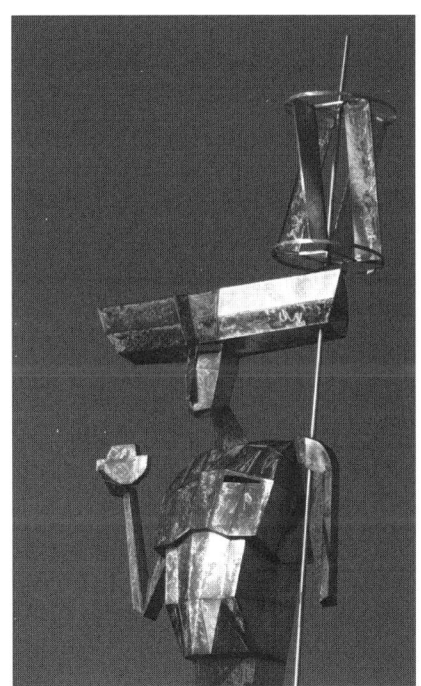

*Unterbelichtetes Bild im Automatikmodus.*

# Kapitel 5

## Hell und dunkel

*Manuelle Belichtungskorrektur: Überbelichtung um eine halbe Blendenstufe noch nicht ausreichend.*

*Erst die Korrektur um eine ganze Blendenstufe führte zur richtigen Belichtung.*

Brauchbare Kameras bieten immer die Möglichkeit, der Automatik gewissermaßen einen kleinen Schubs zu geben und eine Belichtungskorrektur vorzugeben. Im Vergleich zu den von der Automatik gewählten Belichtungswerten sorgst du dadurch für eine gezielte Über- oder Unterbelichtung, die dann aber für ein korrekt belichtetes Foto notwendig ist.

# So wird Schwarzes schwarz und Weißes weiß

| Motiv | notwendige Belichtungskorrektur |
|---|---|
| viele helle oder weiße Flächen | Überbelichtung |
| schwarze Flächen oder Nachtaufnahme | Unterbelichtung |

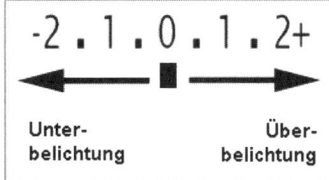

In welchen Grenzen die Belichtungskorrektur arbeitet, kannst du entweder im Handbuch zur Kamera nachlesen oder noch besser, du fertigst ein paar Probeaufnahmen an. In der Regel gibt es die neutrale Mittelstellung (bei der die automatische Belichtungssteuerung nicht korrigiert wird) und etwa jeweils vier Stufen zur Über- und Unterbelichtung. Meistens handelt es sich dabei um Teile von Blendenstufen. Eine ganze Blendenstufe bedeutet, dass die nächste verfügbare Blende in der Reihe benutzt wird. Statt Blende 4 wird dann zum Beispiel bei Unterbelichtung f/5,6 benutzt.

» Da die Belichtungskorrektur in den Vollautomatikprogrammen oft nicht verfügbar ist, musst du ein Motivprogramm wählen, bei dem du manuell eingreifen kannst.

» Fokussiere das gewünschte Motiv und drücke den Auslöser halb durch, um eine Belichtungsmessung auszulösen.

» Nachdem du den Auslöser losgelassen hast, kannst du während der nächsten Sekunden die Belichtungskorrektur vornehmen. Dazu dürfte es zwei Tasten geben, mit denen du die Stärke der Über- oder Unterbelichtung einstellen kannst.

» Drücke anschließend den Auslöser ganz durch, um das Bild mit den eingestellten Werten aufzunehmen.

Bist du dir bei einem Motiv nicht sicher, wie du es richtig belichtest, dann denke daran, dass du dich der Vorteile digitaler Fotografie bedienen kannst: Erstelle eine Belichtungsreihe. Das sind drei oder mehr Aufnahmen, bei denen du einmal das Bild automatisch belichten lässt und je eins über- und unterbelichtest. Du kannst natürlich auch noch mehr Fotos mit stärkeren Belichtungskorrekturen für eine Belichtungsreihe erstellen. Zu Hause kannst du dann in aller Ruhe das beste Bild auswählen. Einige Kameramodelle bieten hierfür auch einen Automatikmodus, der dann nach dem einmaligen Drücken des Auslösers die drei Aufnahmen nacheinander aufnimmt.

Kapitel **Hell und dunkel**

# 5 Im Blitzlichtgewitter

Auch wenn Digitalkameras immer wieder damit beworben werden, sie können auch noch bei Kerzenlicht fotografieren, so ist das schlichtweg Quatsch. Wie zuvor gezeigt kann es zwar sein, dass die Kamera irgendetwas bei so wenig Licht noch aufnimmt, doch dazu wird dann die Lichtempfindlichkeit dermaßen hoch geschraubt, dass das entstehende Foto nichts taugt. Gute Aufnahmen bei wenig Licht sind nur mit langen Belichtungszeiten möglich und dann brauchst du ein Stativ, um nicht zu verwackeln. Für ein gelungenes Foto wird immer noch relativ viel Licht benötigt und wenn dieses fehlt, dann hilft oft nur ein Blitzlichtgerät weiter.

Gut, dass eigentlich jede Kamera gleich eines eingebaut hat. So kannst du auch noch in dunklen Umgebungen fotografieren. Nun, so weit dürfte dir die Funktion des Blitzes sicher schon bekannt sein. Auch dass du in der Regel einstellen kannst, ob er automatisch benutzt werden soll, wenn die Lichtverhältnisse dies erfordern, ob er bei jeder Aufnahme blitzen soll oder niemals.

| Blitz-modus | Funktion | Blitzeinstellungen |
| --- | --- | --- |
| ⚡A | Automatischer Blitz | Der Blitz wird ausgelöst, wenn die Lichtbedingungen dies erfordern. |
| ⊘ | Aus | Der Blitz wird nie ausgelöst. |
| ⚡ | Aufhellblitz | Der Blitz wird unabhängig von den Lichtbedingungen für jede Aufnahme verwendet. |

Der Blitz ist neben dem LCD der größte Energiefresser. Willst du die Lebensdauer deiner Batterien verlängern, solltest du auf unnötige Blitzlichtaufnahmen verzichten.

Ein großes Problem bei Kompaktkameras ist der Umstand, dass der Blitz nur relativ schwach ist. Die meisten integrierten Blitzlichter reichen nur wenige Meter weit. Zu nah darf das Fotomotiv aber auch nicht sein, da es dann hoffnungslos überstrahlt und überbelichtet wird. Besonders faszinierend ist der Besuch einer Veranstaltung in großen Hallen oder Stadien: Sobald etwas Spannendes zu sehen ist, erleuchtet ein wahres Blitzlichtgewitter die Ränge und sorgt für Stimmung. Außer dass die Batterien der Fotoapparate entladen werden, bringt das aber rein gar nichts. Ganz im Gegenteil sogar: Die Aufnahmen sind vermutlich hoffnungslos unterbelichtet oder verwackelt.

## Im Blitzlichtgewitter

Das liegt daran, dass die Kameraautomatik bei einer Blitzlichtaufnahme nur wenig Spielraum für die Belichtungszeit hat. Meistens wird mit 1/60" oder 1/90" belichtet. Bei solchen Zeiten dürfen sich der Fotograf und das Motiv nicht besonders heftig bewegen, sonst wird die Aufnahme unscharf. Wenn das Blitzlicht sowieso nicht zur Ausleuchtung einer Szene ausreicht, schalte den Blitz lieber dauerhaft aus und versuche mit einer großen Blende und längerer Belichtungszeit bei ruhiger Handhabung zu arbeiten.

> Nur kurz zur Info: Die Leistung eines Blitzgerätes wird mit der *Leitzahl* bezeichnet. Je höher diese ist, desto weiter reicht das Blitzlicht und es können entfernte Objekte noch ausreichend ausgeleuchtet werden. Die Helligkeit des Blitzlichts nimmt mit dem Quadrat des Blitzabstands ab, entsprechend liefert also ein Blitzgerät mit doppelter Leitzahl die vierfache Lichtmenge. Als Synchronisationszeit wird die Belichtungszeit bezeichnet, bei der ein Blitz das Foto gleichmäßig streifenfrei ausleuchtet. Dies ist aber nur bei Spiegelreflexkameras und nicht bei Kompaktkameras von Bedeutung, weshalb ich hier auch nicht weiter auf dieses Phänomen eingehe. Kompaktkameras können oft mit längeren Belichtungszeiten von 1/125" oder 1/250" blitzen.

Das bekannteste Problem bei Blitzlichtaufnahmen sind vermutlich die roten Augen auf Personenfotos oder die unnatürlich großen und leuchtenden Augen bei Tieren. Bevor wir diese zu verhindern versuchen, sollten wir klären, wie sie überhaupt entstehen – dann löst sich nämlich schon ein Teil des Problems in Luft auf.

Schaue doch mal einem deiner Freunde oder Familienangehörigen bei hellem und bei sehr dunklem Umgebungslicht in die Augen. Wie dir sicher auffallen wird, ändert sich die Größe der Pupillen. Dies ist notwendig, damit auch im Dunklen möglichst viel Licht in das Auge eintreten kann und du noch etwas siehst. Fotografierst du nun mit Blitzlicht eine Person, die sich im Dunklen befindet, sind die Pupillen weit geöffnet und ein großer Teil des Blitzlichtes wird im Auge von der Netzhaut reflektiert – es kommt zum gefürchteten Rote-Augen-Effekt.

Vor allem bei Kompaktkameras werden so viele Aufnahmen verunstaltet. Fotografen mit Kameras, die ein weit ausklappbares oder sogar extra aufsteckbares Blitzlicht verwenden, kennen das Problem hingegen fast gar nicht. Das liegt daran, dass der Effekt immer stärker wird, je näher sich das Blitzlicht an der optischen Achse (also an der Mitte) des Objektivs befindet.

# Kapitel 5 — Hell und dunkel

Da du sehr wahrscheinlich keine andere Möglichkeit haben wirst, als den eingebauten Mini-Blitz deiner Kamera zu benutzen, helfen nur drei Techniken gegen rote Augen:

- ◇ Schaffe vor dem Blitzen eine hellere Umgebung, damit die Pupillen der Augen sich etwas mehr schließen.

- ◇ Nimm die roten Augen auf dem Foto erst einmal hin und bearbeite dann das Foto später mit einem Grafikprogramm, wie es dir weiter hinten im Buch auch noch gezeigt wird.

- ◇ Nutze die Vorblitzfunktion deiner Kamera. Wenn du diese Funktion aktivierst, wird vor der eigentlichen Blitzlichtaufnahme ein kurzer Vorblitz ausgelöst. Dadurch schließen sich die Pupillen der fotografierten Personen schnell und rote Augen werden vermieden oder wenigstens reduziert. Die Kamera kann dies auch durch mehrere kurze Blitze oder eine hell aufleuchtende Lampe erreichen.

*Gängiges Symbol für die Vorblitzfunktion.*

Die Vorblitzfunktion ist äußerst beliebt, hat aber auch einige Nachteile, die nicht verschwiegen werden sollen:

- ◇ **Vorblitzen hilft nicht immer.** Trotzdem kann es zu roten Augen kommen. Vor allem, wenn die Person direkt in die Kamera blickt.

- ◇ **Spontane Schnappschüsse sind unmöglich.** Durch den Vorblitz wird die aufzunehmende Person aufgeschreckt oder gewarnt und verändert ihren Gesichtsausdruck oder die Haltung. Eventuell blickt sie jetzt erst recht in die Kamera, was sie vorher nicht getan hat, und so kommt es doch zu roten Augen.

- ◇ **Die Auslöseverzögerung steigt an und die interessante Situation ist längst vorbei.** Nach dem Drücken des Auslösers vergeht mehr Zeit bis zur eigentlichen Aufnahme, da erst der Vorblitz und dann der Blitz für das Foto ausgelöst wird. In dieser Zeit ist die Gefahr für Verwackler recht groß, du solltest also die Kamera möglichst ruhig halten.

- ◇ **Offene Pupillen wirken attraktiver und sympathischer.** Durch den Vorblitz schließen sich die Pupillen und die Person wirkt weniger freundlich.

Der Blitz taugt aber nicht nur zur einfachen Aufhellung dunkler Umgebungen. Auch für die kreative Bildgestaltung lässt er sich nutzen, wenn die Kamera mitmacht. Die gleich folgende Abbildung zeigt ein vorwärts fahrendes Auto. Da das Tageslicht zu schwach für eine korrekte Belichtung war, verwendete der Fotograf eine längere Belichtungszeit. Diese hätte aber

# Im Blitzlichtgewitter

immer noch nicht ausgereicht. Deshalb wurde zusätzlich noch der Blitz ausgelöst. Da das Blitzlicht aber nur sehr kurz aufleuchtet, wird die Szene nicht über die gesamte Belichtungszeit hinweg ausgeleuchtet, sondern nur für einen kurzen Moment. Die lange Belichtungszeit sorgt für den Verwisch-Effekt, der die Bewegungsrichtung im Bild festhält. Der Blitz friert einen Teil der Bewegung ein und sorgt so dafür, dass das Motiv gut zu erkennen ist.

*Synchronisation 1. Verschluss.*

Im Foto sind noch drei weitere Leuchtspuren sichtbar, die mit Pfeilen gekennzeichnet sind. Dabei handelt es sich um ungewollte Spiegelungen der Straßenbeleuchtung in den Scheiben des Fahrzeugs.

Irritierend bei dem Foto sind die verwischenden Bewegungslinien, die scheinbar vom Auto wegführen und damit entgegen der eigentlich angenommenen (und tatsächlichen) Bewegungsrichtung weisen, was unserer Wahrnehmungsgewohnheit widerspricht. Das Auto fährt scheinbar rückwärts. Die nun folgende Abbildung zeigt genau die gleiche Situation, bei der aber diesmal der Bewegungseffekt stimmig erscheint und die Linien scheinbar hinter dem Objekt hergezogen werden, so wie es auch beispielsweise in einem Comic gezeichnet wird.

*Synchronisation 2. Verschluss.*

# Kapitel 5 — Hell und dunkel

Wie erwähnt: Beide Fotos zeigen die gleiche Bewegung, allerdings mit einer veränderten Blitzeinstellung. Der unterschiedliche Effekt entsteht durch die lange Belichtungszeit und den Zeitpunkt, wann der Blitz ausgelöst wird. Die Belichtungszeit ist relativ lang (je nach Situation etwa eine Sekunde bis hin zu 1/30 s). Während dieser Zeit bleibt der Verschluss der Kamera geöffnet. Beim ersten Foto wurde der Blitz so eingestellt, dass er automatisch auslöste, sobald sich der Verschluss geöffnet hat.

Das Motiv wird eingefroren und anschließend bewegt es sich im Dunklen weiter, wodurch die Bewegungsunschärfe und die Leuchtspur ausgelöst werden. Das zweite Foto entsteht, wenn der Blitz erst ganz kurz vor dem Schließen des Verschlusses auslöst. In diesem Moment wird das Objekt abgebildet, während es sich zuvor im Dunklen bewegt und für den Bewegungseffekt gesorgt hat.

> Was ein Verschluss ist, fragst du dich gerade? Gar nicht so einfach, denn bei Digitalkameras ist er eigentlich etwas überflüssig geworden, ist aber dennoch vorhanden. In der Abbildung auf Seite 123 ist der Verschluss eingezeichnet, damit du dir besser vorstellen kannst, wo er sich befindet. Bei Analogkameras schützt der Verschluss den lichtempfindlichen Film. Solange kein Foto gemacht wird, ist der Verschluss geschlossen. Das Licht kann zwar durch das Objektiv in die Kamera eindringen, wird aber vom Verschluss davon abgehalten, den Film zu belichten.
>
> Erst durch Drücken des Auslösers öffnet sich der Verschluss für die eingestellte Belichtungszeit und lässt das Licht auf den Film durch. Bei Digitalkameras gibt es statt des Films ja den CCD-Chip, auf den aber die ganze Zeit Licht fallen muss, damit du auf dem LCD das Bild sehen kannst. Nur bei hochwertigen Spiegelreflexkameras wird der CCD-Chip noch tatsächlich durch einen Verschluss geschützt und man kann das Motiv nicht über den Monitor, sondern nur durch den Sucher betrachten.
>
> Bei Kompaktkameras wird kurz vor der eigentlichen Aufnahme (nachdem du den Auslöser gedrückt hast) der Verschluss geschlossen und dann für die Belichtungszeit wieder geöffnet und geschlossen. Wenn die Aufnahme im Kasten ist, öffnet sich der (Zentral-)Verschluss wieder dauerhaft. Bei Kompaktkameras befindet sich der Verschluss wie auch die Blende im Objektiv und kann sogar bei einzelnen Modellen die Funktion der Blende übernehmen, da er genauso aus sich kreisförmig schließenden Lamellen aufgebaut ist.

# Im Blitzlichtgewitter

> Bei Spiegelreflexkameras besteht der (Schlitz-)Verschluss aus zwei senkrecht angeordneten Lamellen aus Gummi oder Metall, die einen quer zum Bild laufenden Schlitz freigeben. Zusätzlich gibt es noch einen so genannten Vorhang direkt vor dem Film. Der erste Vorhang lässt das Licht auf den Film durch und der zweite Vorhang verdeckt den Film wieder. Diese zwei Jalousien werden auch Verschlussvorhänge genannt, weshalb man bei (kompakten) Digitalkameras gelegentlich von Vorhang und nicht von Verschluss spricht.

Wird der Blitz ausgelöst, sobald sich der Verschluss öffnet, spricht man davon, dass der Blitz auf den ersten Verschluss oder Vorhang synchronisiert ist. Dementsprechend ist der Blitz auf den zweiten Verschluss synchronisiert, wenn das Blitzlicht vor dem Schließen des Verschlusses aufleuchtet.

Wenn nun aber wie gezeigt das Foto, auf dem auf den zweiten Verschluss synchronisiert wurde, viel besser aussieht und die Bewegungsrichtung unterstreicht, warum blitzt man dann nicht immer mit dieser Einstellung? Dafür gibt es mehrere Gründe.

- ◇ Fotografierst du eine Person, dann möchtest du meistens die Mimik, also den Gesichtsausdruck, festhalten, den die Person am Anfang der Aufnahme zeigte. Dies erreichst du, indem du am Anfang den Blitz auslöst und auf den ersten Vorhang synchronisierst. Löst der Blitz erst am Ende der Aufnahme aus, zeigt die Person nicht mehr den spontanen Gesichtsausdruck, sondern starrt eventuell in die Kamera oder reagiert unerwünscht auf die Aufnahmesituation.

- ◇ Durch Ändern der Synchronisation kannst du auch das dargestellte Motiv manipulieren. Betrachte einmal beide Fotos mit den Wunderkerzen. In welche Richtung wurde die Kerze wohl jeweils während der Aufnahme gedreht? Ohne die Information über die Blitzsynchronisation denkt jeder Betrachter, in der ersten Abbildung auf der nächsten Seite wurde die Wunderkerze vom Betrachter aus gesehen entgegen dem Uhrzeigersinn gedreht und bei der zweiten mit dem Uhrzeigersinn. Tatsächlich wurde aber beide Male entgegen dem Uhrzeigersinn gedreht. In diesem Fall gibt das Foto mit Synchronisation auf den zweiten Verschluss die Situation realistischer wieder.

# Kapitel 5 — Hell und dunkel

*Synchronisation 2. Vorhang, Blende: f/3,5, Zeit: 1/8".*

*Synchronisation 1. Vorhang.*

> Es gibt zwei Situationen, in denen der Einsatz des Blitzlichtes nicht ratsam ist: unter Wasser und bei Schneefall. Nur wenn das Wasser absolut klar ist, kannst du beim Tauchen blitzen. Ansonsten wird wie beim Schneefall ein Großteil des Blitzlichtes von den Schwebeteilchen oder Schneeflocken reflektiert und blendet die Kamera, so dass du nur weiße Leuchtpunkte fotografierst.

# Auch bei Sonnenschein: Blitzen

Es ist hell, die Sonne scheint und trotzdem soll es sinnvoll sein, den Blitz zu verwenden? Durchaus, denn das Blitzlicht kannst du auch gut als Aufhellblitz vor allem bei Gegenlichtaufnahmen benutzen. Steht die Sonne mehr oder weniger hinter einer Person oder einem Objekt, dann wirft das Sonnenlicht einen tiefen Schlagschatten auf die zu fotografierende Vorderseite, so dass beispielsweise die Gesichtspartie so abgedunkelt wird, dass kaum etwas zu erkennen ist, wenn gleichzeitig der Rest des Bildes korrekt belichtet wird.

*Das Gesicht ist zu dunkel, da es im Schatten liegt.*

Ein Lösungsweg könnte darin bestehen, dass du nun die Belichtungsmessung auf das Gesicht beschränkst, indem du es bei halb durchgedrücktem Auslöser in der Bildmitte platzierst. Dann wird aber der Bildhintergrund dermaßen stark überbelichtet, dass er kaum noch zu erkennen sein wird und auch die Konturen der Person – vor allem die feine Struktur der Haare – überstrahlt werden.

# Kapitel 5 — Hell und dunkel

*Hier ist der Hintergrund stark überbelichtet.*

Die aufzunehmende Person so zu stellen, dass die Sonne ihr ins Gesicht scheint, ist leider auch nicht die beste Lösung. Die meisten Menschen kneifen dann die Augen zusammen und wirken angespannt.

Abhilfe schafft das Blitzlichtgerät durch einen Aufhellblitz auf die im Vordergrund stehende Person. Da sich der Hintergrund weiter entfernt befindet, wird er vom Blitzlicht nicht beeinflusst. Die näher beim Fotografen stehende Person bekommt aber etwas mehr Licht ins Gesicht und die dunklen Schatten verschwinden. Angenehm dabei ist, dass Blitzlicht farblich dem Sonnenlicht sehr ähnlich ist, es also nicht zu ungewünschten Farbverfälschungen kommt.

> Der Einsatz des Blitzes als Aufhellblitz kann bei fast allen Gegenlichtsituationen erfolgen. Der Hintergrund sollte aber ausreichend weit entfernt sein, um nicht mehr vom Blitzlicht erhellt zu werden. Füllt der Hintergrund den größten Teil des Bildausschnitts, kann es zu Fehlbelichtungen kommen. Ein heller Hintergrund, zum Beispiel Himmel, wird dann zu dunkel abgebildet. Eventuell solltest du also manuell etwas überbelichten.

## Auch bei Sonnenschein: Blitzen

> Stelle die Blitzfunktion deiner Kamera so ein, dass der Blitz bei jedem Foto ausgelöst wird.

> Bietet deine Kamera die Möglichkeit, die Blitzleistung einzustellen, dann reduziere die Leistungsabgabe ein wenig. Dadurch wird eine etwas geringere Lichtmenge abgegeben und das Hauptmotiv bekommt ausgewogene Kontraste. Ansonsten würde das Porträt schattenlos und flach wirken.

> Alternativ kannst du auch die Entfernung zwischen Kamera und Motiv verändern. Je näher sich dein Hauptmotiv an der Kamera befindet, desto mehr Licht bekommt es ab. Mit steigender Entfernung nimmt der Einfluss des Blitzlichts ab, reduziert aber die Schlagschatten und der natürliche Kontrast bleibt erhalten.

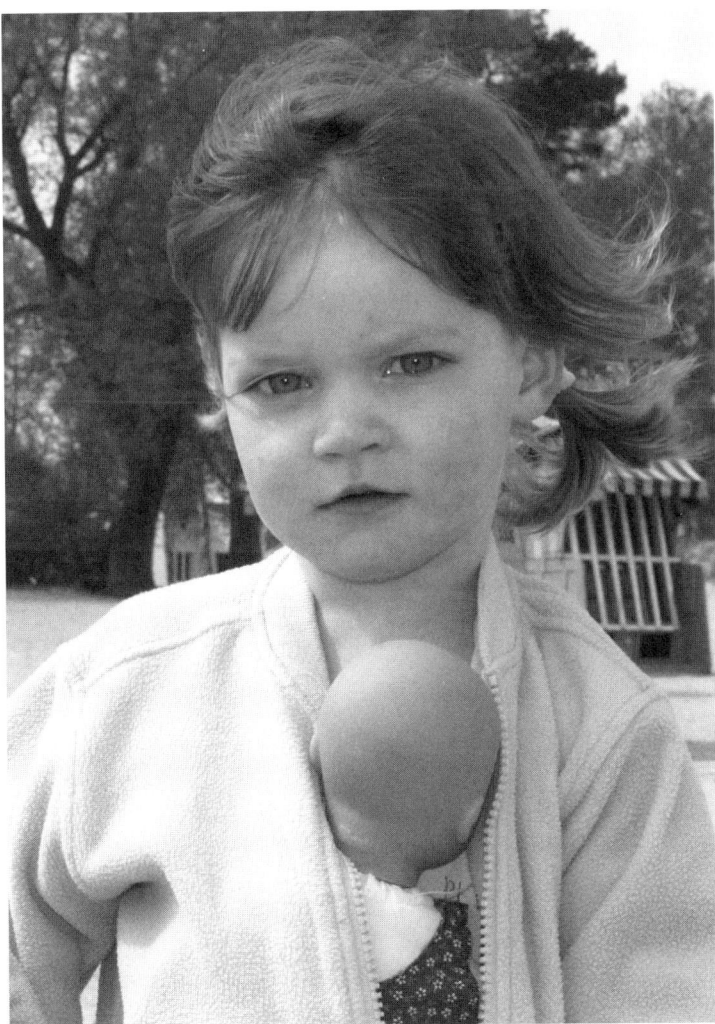

*Durch Einsatz eines Aufhellblitzes ist auch das im Schatten liegende Gesicht richtig belichtet worden.*

# Kapitel 5 — Hell und dunkel

## Wenn die Nacht zum Tag wird

Während es durchaus ratsam sein kann, auch bei hellem Sonnenlicht den Blitz zu verwenden, kann es genauso effektvoll sein, ihn durchaus einmal im Dunklen nicht zu verwenden. Nächtliche Szenen, in denen noch eine Spur von Licht durch Mondlicht, Scheinwerfer oder Ähnliches vorkommt, bekommen durch eine Langzeitbelichtung ihren besonderen Reiz.

Die extrem lange Belichtungszeit sorgt nicht nur für eine ausreichende Beleuchtung mit der etwas anderen Stimmung als bei Tageslichtaufnahmen, sondern auch für die typischen Lichtspuren sich bewegender Lampen von beispielsweise Autos oder Jahrmarktfahrgeschäften.

> Bei allen Langzeitbelichtungen solltest du vorher die niedrigste ISO-Lichtempfindlichkeit einstellen, da sich das Bildrauschen ansonsten durch die lange Belichtungszeit weiter verstärkt.

Wichtiges Zubehör für sämtliche Nachtaufnahmen ist ein Stativ oder eine Möglichkeit, die Kamera absolut verwackelungssicher aufzustützen. Nur Aufnahmen bei etwas restlichem Tageslicht, bei denen die Sonnenuntergangsstimmung durch direktes Fotografieren der Sonne eingefangen wird, können mit etwas Übung bei etwa 1/30" noch aus dem sicheren Stand fotografiert werden.

*Sonnenuntergang (siehe Farbseite A).*

## Wenn die Nacht zum Tag wird

Bei derartigen Aufnahmen kommt es nicht auf ein richtig belichtetes Objekt im Vordergrund an, sondern um das Einfangen der Abendstimmung, bei der Personen oder Gegenstände im Vordergrund durch das Gegenlicht bewusst als dunkle Schatten abgebildet werden. Da die Belichtungsmessung durch die helle Sonnenscheibe bzw. die dunklen Vordergrundobjekte gestört wird, neigt die Automatik bei solchen Aufnahmen zu Über- oder Unterbelichtungen (je nachdem, welcher Bildinhalt zur Belichtungsmessung herangezogen wird), denen du durch die bereits gezeigte manuelle Korrektur entgegenwirken kannst.

Ist die Sonne bereits untergegangen und du möchtest den rot verfärbten Himmel festhalten, kannst du dich in etwa wieder auf die Belichtungsautomatik verlassen. Wie für die Beispielaufnahme wird jetzt aber eine lange Belichtungszeit von beispielsweise einer halben Sekunde bei Blendenstufe 13 notwendig. Ohne Stativ verwackelt die Aufnahme mit Sicherheit.

*Sonnenuntergang (siehe Farbseite B).*

> Hast du lauter verwackelte Bilder, obwohl du ein Stativ verwendet hast? Das kann durchaus vorkommen und liegt daran, dass durch Drücken und Loslassen des Auslösers die Kamera selbst auf einem Stativ zittert. Profis lösen das mit einem Drahtauslöser an ihrer Spiegelreflexkamera. Genauso gut ist der Selbstauslöser: Stelle deine Kamera auf die Selbstauslöserfunktion, nimm alle weiteren Einstellungen zur Belichtung usw. vor, drücke dann den Auslöser und lass die Kamera los. Nach einigen Sekunden wird das Bild verwacklungsfrei aufgenommen. Einziger Nachteil dieser Methode ist, dass du etwas zeitverzögert fotografierst, also keine schnellen Schnappschüsse machen kannst, was aber bei Langzeitbelichtungen nicht stören wird.

Für die bereits erwähnten Straßenszenen mit Lichtstreifen werden meist noch längere Belichtungszeiten notwendig. Hauptsächlich hängt die Zeit von der Geschwindigkeit der Fahrzeuge ab und wie lang gezogen du die

# Kapitel 5 — Hell und dunkel

Lichtspuren abbilden willst. In der Regel sollte deine Kamera eine geeignete Belichtungseinstellung automatisch wählen, da es bei der Aufnahme keine Messprobleme gibt. Als groben Richtwert kannst du Blende 8 und vier Sekunden einstellen, wenn du manuell Werte vorgeben möchtest.

*Straßenszene (siehe Farbseite B).*

Eine besondere Faszination üben stets nächtliche Aufnahmen von großen Mondscheiben aus. Nur mit der richtigen Vorbereitung werden solche Fotos aber auch wirklich zu beeindruckenden Werken, denn einfach in der kommenden Nacht mal losknipsen bringt nichts.

Zuerst einmal brauchst du natürlich einen freien Blick auf den Himmel. Du kannst natürlich auch bei Bewölkung fotografieren und die neblige Abendstimmung einfangen, doch für Detailaufnahmen muss es klar sein. Gut, wenn du auf dem Land wohnst, wo wenig Umgebungslicht durch Straßen- und Hausbeleuchtung stört. Am besten, du fährst mit deinen Eltern bei Dunkelheit ein wenig aufs Land hinaus, wenn du nicht gerade in der Einöde lebst.

Ein Stativ ist hilfreich, aber nicht unerlässlich, denn du benötigst für Aufnahmen der Mondscheibe keine langen Belichtungszeiten. Die lange Brennweite führt aber zu einer schwer kontrollierbaren Kamerahaltung und deshalb kann ein guter Stand oder ein Stativ hilfreich sein. Praktisch ist auch eine Taschenlampe, damit du im Dunkeln deine Kamera bedienen kannst.

# Wenn die Nacht zum Tag wird

Fotografierst du mit einer Spiegelreflexkamera? Dann schau doch mal in der Bedienungsanleitung nach, ob du unter dem Stichwort „Spiegelvorauslösung" oder „Spiegelverriegelung" einen Eintrag findest.

Aufnahmen mit Stativ können nämlich auch dann noch verwackeln, wenn du schon den Trick mit dem Selbstauslöser nutzt. Das liegt an dem kleinen Spiegel im Inneren der Kamera. Beim Auslösen wird nämlich zuerst der Spiegel ganz schnell hochgeklappt, bevor das Licht auf den Film bzw. Sensor fällt und so das Bild aufgenommen wird. Diese schnelle Bewegung kann zu kleinen Erschütterungen der Kamera und damit zu unscharfen Fotos führen. Aktivierst du die Spiegelvorauslösung, dann wird der Spiegel einen Moment vor der eigentlichen Aufnahme hochgeklappt, so dass die Kamera wieder zur Ruhe gekommen ist, bevor das Bild abgelichtet wird. Diese Einstellung macht aber nur Sinn bei Stativaufnahmen. Sobald du die Kamera wieder in der Hand hältst, kannst du die Vorauslösung abstellen.

Fotografiere niemals ungeschützt direkt in eine Sonnenfinsternis! Du kannst dir deine Augen auf Lebenszeit zerstören. Sobald die Sonne wieder aus dem Mondschatten hervorkommt, werden die Lichtstrahlen durch die Optik verstärkt und können deine Augen verbrennen und dauerhaft schädigen. Profis schützen sich durch entsprechende Filter davor. Du darfst auf keinen Fall durch den Sucher deiner Kamera blicken, sondern das Bild nur auf dem LCD kontrollieren. Benutzt du eine Spiegelreflexkamera, bei der du das Bild nicht auf dem LCD betrachten kannst, schütze dich mit einer speziellen Sonnenbrille für Sonnenverfinsterungen.

Für Aufnahmen des Mondes lohnt sich ein Blick in einen Mondkalender (zum Beispiel auf der Webseite *www.aiub.unibe.ch/zm_mondphasen.html*). Mit ihm kannst du feststellen, wann Vollmond (oder eine andere gewünschte Form) herrscht, und vor allem, wann der Mond besonders erdnah ist. Erdnähe wird im Mondphasenkalender als Perigäum bezeichnet. Zu diesem Zeitpunkt wirkt die Mondscheibe größer, als wenn sie weiter entfernt ist (Apogäum). Die Färbung des Mondes ist abhängig von seiner Position über dem Horizont. Ein tief stehender Mond ist rötlich im Gegensatz zur blaugrauen Erscheinung am Zenit.

# Kapitel 5 — Hell und dunkel

Um die Mondscheibe formatfüllend abzubilden, benötigst du ein extrem starkes Teleobjektiv mit 300 und mehr Millimetern. Eine Vollmondscheibe füllt dann nur in etwa 1/54 der gesamten Bildfläche aus. Deine Kompaktkamera wird aber lediglich etwas bis zu schätzungsweise 150 mm beherrschen. Ein Foto wirkt ziemlich langweilig, wenn fast alles schwarz ist und nur ein kleiner heller Punkt zu erkennen ist.

*Selbst mit einem 300-mm-Objektiv füllt die Mondscheibe nur einen Bruchteil des Bildes.*

Deshalb wirst du später am Computer vermutlich eine Ausschnittsvergrößerung vornehmen wollen. Diese lohnt sich aber nur, wenn deine Kamera eine ausreichende Auflösung von fünf und mehr Megapixel aufweist. Sehr effektvoll sind auch Fotomontagen, bei denen du die Mondscheibe wesentlich größer in ein anderes Bild einbaust, als sie tatsächlich in der Natur zu sehen wäre.

## Wenn die Nacht zum Tag wird

Fotomontage (siehe Farbseite C).

Möchtest du den Mond fotografieren, auch wenn deine Kamera nicht gut geeignet ist, kannst du mit der Bildgestaltung experimentieren. Anstatt nur die Mondscheibe zu fotografieren, suche dir ein Vordergrundobjekt aus, das du bei maximal möglicher Brennweite mit ablichtest. Ein Baum oder eine einzelne Blume vor der hellen Mondscheibe wirkt genau so spannend wie zum Beispiel die Kirchturmspitze mit dem Wetterhahn.

Durch die extrem lange Belichtungszeit von 15 Sekunden bei Blende 5,6 verwischen die vorbeiziehenden Wolken, die den Mond in natura sehr stark verdunkelten. Fokussiert wurde auf die Äste im Vordergrund.

# Kapitel 5 — Hell und dunkel

> Es kann sogar besonders reizvoll sein, wenn du dein Vordergrundobjekt mit dem Kamerablitz aufhellst. Besonders wirkungsvoll kommt der Effekt bei blattlosen Baumästen zur Geltung. Probier es einfach aus und aktiviere den Blitz während der Belichtung.

- Befestige deine Kamera auf dem Stativ und wähle einen stabilen Untergrund.
- Wähle eine niedrige ISO-Einstellung, um Bildrauschen zu vermeiden.
- Zoome so weit wie möglich an den Mond heran, ohne aber den eventuell vorhandenen digitalen Zoom zu benutzen.
- Die automatische Belichtungsmessung neigt bei solchen Aufnahmen zu starker Überbelichtung. Drücke den Auslöser einmal halb durch und korrigiere den ermittelten Wert weit nach unten. Der aufgenommene Mond lässt sich auf dem in die Kamera eingebauten LCD nur schlecht kontrollieren, da er sehr klein ist. In der Regel sollte er aber nicht zu hell aufgenommen werden, da dann im Bild alles hellgrau ist.
- Sollte der Korrekturbereich nicht ausreichen, stelle die Belichtungswerte von Hand ein. Für eine helle Vollmondscheibe ist es in etwa 1/125", f/8. Fertige sicherheitshalber eine Belichtungsreihe mit verschiedenen Verschlusszeiten an.
- Aktiviere ggf. den integrierten Blitz, um ein Objekt im Vordergrund anzustrahlen.

> Später bei der Bildbearbeitung solltest du den Rand um den Mond nicht zu eng abschneiden. Vor allem bei Aufnahmen, die nur einen Teil des Mondes zeigen, sollte auf der dunklen Seite mindestens die Fläche frei bleiben, die der volle Mond eingenommen hätte. Ansonsten sieht das Bild unsymmetrisch und abgeschnitten aus.

# Wenn die Nacht zum Tag wird

*Zu eng beschnittenes Foto: Der Mond sieht unnatürlich aus.*

Feuerwerk im Bild festzuhalten gehört bestimmt zu den beliebtesten Versuchen der Nachtfotografie aller Hobbyfotografen. Die Schwärze der Nacht bildet dabei einen reizvollen Kontrast zu den farbenfrohen Feuerwerksexplosionen. Besonders reizvoll sind Aufnahmen, bei denen sich das Feuerwerk am Himmel auf einer Wasserfläche spiegelt. Schade nur, dass sich die Gelegenheit nur zu Silvester und selten im Rest des Jahres ergibt. Um das einmalige Ereignis einzufangen, gehst du am besten so vor:

- Wähle mit der auf einem Stativ befestigten Kamera einen Standort mit freiem Blick auf den Himmel. Natürlich kannst du auch ein schwach beleuchtetes Objekt wie ein Denkmal oder ein Bauwerk am Bildrand platzieren.
- Schalte den Blitz aus und wähle eine niedrige ISO-Empfindlichkeit.
- Der Autofokus sollte ebenfalls abgeschaltet werden und die Schärfeeinstellung auf *Unendlich* eingestellt sein.
- Um möglichst viel Himmelfläche abzulichten, benutze die Weitwinkeleinstellung des Objektivs.
- Wähle den manuellen Modus, bei dem du sowohl die Zeit als auch die Blende selber einstellen kannst.

Kannst du nicht beide Werte vorgeben, wähle eine kleine Blende und benutze die vorgeschlagene Zeit des Automatikprogramms. Wahrscheinlich werden die Bilder besser, wenn du die Belichtung etwas nach unten korrigierst.

# Kapitel 5 — Hell und dunkel

- Benutze die größtmögliche Blende, zum Beispiel f/2,8, damit du nur die Leuchtspuren, nicht aber die qualmenden Raketen fotografierst.

- Probiere verschiedene Zeiten aus, die erfahrungsgemäß zwischen 1/3 Sekunde und 6 Sekunden liegen, je nachdem, wie lange die einzelnen Raketen verglühen.

Bietet deine Kamera die Zeiteinstellung *B* oder extrem lange Belichtungszeiten von mehreren Minuten, dann kannst du einen weiteren Trick ausprobieren:

> Im Bulb-Modus bleibt der Verschluss so lange geöffnet, wie der Auslöser niedergedrückt bleibt. Damit sind sehr lange Verschlusszeiten möglich. Die Bezeichnung *Bulb* (Englisch: Glühbirne) stammt noch aus frühen Zeiten der Fotografie, als es noch keine Blitzsynchronisation gab und der Blitz (damals auf Glühbirnen-Basis) bei geöffnetem Verschluss gezündet werden musste.

- Richte die Kamera ein und wähle als Bildausschnitt ausschließlich einen stockfinsteren Himmel aus.

- Drücke den Auslöser und warte, bis eine Rakete im Bildbereich aufleuchtet.

- Verdecke das Objektiv mit einem dunklen Karton oder Ähnlichem, ohne den Auslöser loszulassen. Durch die Abdeckung verhinderst du, dass ungewolltes Streulicht mit aufgenommen wird.

- Sobald der nächste Feuerwerkskörper sichtbar ist, nimm die Abdeckung schnell weg.

# Probleme bei der Belichtung per HDR lösen

» Wenn du den Vorgang mehrmals wiederholst, bekommst du eine Überlagerung der einzelnen Explosionen, wodurch das Bild nicht so leer wirkt wie bei nur einer Explosion.

# Probleme bei der Belichtung per HDR lösen

HDR-Fotos (oder High Dynamic Range Image; sinngemäß etwa: Bilder mit hohem Dynamikumfang) sind ein neuer Trend bei der Digitalfotografie, mit dem auch du deine Bekannten beeindrucken kannst.

Bisher hast du in diesem Kapitel schon kennen gelernt, dass es gar nicht so einfach ist, ein Bild richtig zu belichten. Du kannst dich zwar meistens auf die automatische Belichtungssteuerung verlassen und notfalls auch manuell eingreifen, aber damit lassen sich noch immer nicht alle Lichtsituationen meistern. Kniffelig wird es immer dann, wenn im Bildausschnitt sowohl sehr helle als auch sehr dunkle Bereiche gleichzeitig vorkommen.

Bisher musstest du dich für die richtige Belichtung eines Bereichs entscheiden. Im folgenden Bild kannst du das Problem erkennen: Es ist nicht möglich, gleichzeitig die hellen farbigen Scheiben und die dunklen Bereiche im vorderen Bereich der Bänke richtig zu belichten.

*Unmöglich: helle Fenster und dunklen Vordergrund gleichzeitig richtig zu belichten.*

# Kapitel 5 — Hell und dunkel

Auch der Buchdruck ist nicht, oder nur bei sehr teuren Druckverfahren, in der Lage, ein HDR-Bild richtig wiederzugeben. Deshalb sehen die Fotos hier und im Farbteil etwas anders aus, als wenn du sie auf dem Monitor betrachtest. Aus diesem Grund sind alle Fotos auch auf der CD, die diesem Buch beiliegt. Am besten, du schaust dir deshalb die Bilder von der CD an, während du den Text weiterliest.

Schuld an diesem Problem ist der relativ kleine Kontrastumfang bei Digitalkameras. Die Kamera kann Details nur entweder in einem sehr hellen oder in einem sehr dunklen Bereich auflösen – nicht beides gleichzeitig. Dein Auge hingegen ist in der Lage, einen viel größeren Kontrastumfang wahrzunehmen und in der Kirche vor Ort die farbigen Scheiben zu erkennen, ohne dass du vorne über die Bänke stolperst.

Auch in der Nacht oder am Abend wird dies deutlich. Im Farbteil findest du auf Seite G die HDR-Nachtaufnahme einer Tankstelle. Auch wenn das Motiv nicht gerade spannend ist, es eignet sich gut, um die Vorteile von HDR zu zeigen, und du wirst zudem vermutlich denken, dass eine Nachtszene genau so auch in der Wirklichkeit aussieht. Eine solche wirklichkeitsgetreue Aufnahme, wie sie dein Auge wahrnehmen würde, gelingt aber nur mit der HDR-Technik. Ein normales Foto würde hingegen den tatsächlichen Eindrücken bei weitem nicht gerecht werden, wie das nachstehende Bild zeigt.

*Überbelichtet abgebildete Tankstelle bei Nacht.*

Die Straße im Vordergrund und die Umgebung ist zwar so abgebildet, wie du sie vor Ort wahrgenommen hast, dafür sind aber die hellen Bereiche unterhalb des Daches völlig überstrahlt und auch die Preisanzeige ist nicht

## Probleme bei der Belichtung per HDR lösen

lesbar. Hättest du dich entschieden, den beleuchteten Bereich um die Zapfsäulen herum korrekt zu belichten, wäre die ganze Umgebung im Dunklen geblieben und die Werbung für die Waschstraße im linken Bereich ist immer noch nicht zu erkennen.

*Unterbelichtete Umgebung bei halbwegs korrekter Belichtung des überdachten Bereichs.*

Fasziniert dich das Thema und du willst noch mehr HDR-Fotos sehen? Dann nutze einfach die Bildersuche der Internetsuchmaschinen. Zum Beispiel liefert *http://images.google.de/images?q=hdr* viele sehenswerte Ergebnisse.

Natürlich kannst du dich damit zufriedengeben, den Bereich korrekt zu belichten, den du am wichtigsten findest. Wenn du in Eile bist und kein Stativ dabeihast, bleibt dir auch kaum etwas anderes übrig. Wenn du aber ein wenig Zeit mitbringst und dir an dem Motiv viel liegt, dann kannst du mit einem HDR-Foto die problematischen Lichtverhältnisse in den Griff bekommen und sogar noch ganz interessante künstlerische Effekte erzielen, die dein Bild besonders impressionistisch oder sogar hyperreal wirken lassen.

Impressionistische Bilder zeichnen sich durch eine Betonung von Farben und Licht aus. Hyperrealistisch ist eine Aufnahme, wenn die Farben sehr stark betont werden und das Bild somit bunter als in natura ist und auch eigentlich feine Kontraste stark betont werden.

# Kapitel 5 — Hell und dunkel

HDR-Fotos sind Fotos, die einen so sehr erweiterten Kontrastumfang aufweisen, dass sowohl im sehr hellen wie auch im sehr dunklen Bereich feinste Farbnuancen gleichzeitig abgebildet werden und der helle Bereich nicht überstrahlt und der dunkle Bereich nicht flächig schwarz ist (man spricht auch von »abgesoffen«). HDR eignet sich also besonders gut für Szenen, die bei einer normalen Aufnahme mit dem oben gezeigten Belichtungsproblem zu kämpfen haben (zu hell und zu dunkel gleichzeitig). Szenen, die gleichmäßig ausgeleuchtet sind und mit der automatischen Belichtung oder einem manuellen Eingriff korrekt belichtet werden können, sind für Versuche mit der HDR-Fotografie weniger spannend.

> Auch wenn es hier nicht um den ganzen technischen Kleinkram von HDR gehen soll, kann auf ein Mindestmaß an Hintergrundwissen nicht verzichtet werden. Wenn man es nämlich mal wieder ganz genau nimmt, dann werden wir gar keine HDR-Fotos machen und bei den gezeigten Bildern handelt es sich auch gar nicht um HDR-Bilder. Fangen wir mit der Aufnahme an: Es gibt zwar einige Kameras, die in der Lage sind, tatsächlich ein HDR-Foto, also ein Foto mit extrem großem Kontrastumfang, aufzunehmen, diese sind aber unbezahlbar teuer. Die wenigen Modelle, die gerade noch bezahlbar wären, tricksen eigentlich schon rum und sind keine echten HDR-Kameras. Aber für uns ist das egal, denn deine Digicam ist mit Sicherheit nicht in der Lage, direkt eine HDR-Aufnahme zu machen. Das ist auch gar nicht nötig, denn gleich wirst du sehen, wie du dir behelfen kannst. Das nächste Problem ist dann, dass du einen speziellen Monitor benötigst, um ein HDR-Bild überhaupt richtig betrachten zu können. Auch dieser ist irrwitzig teuer und daher musst du dir auch für die spätere Bildbetrachtung behelfen. Auf einem normalen Monitor sieht ein HDR-Bild ganz komisch bunt aus (später wirst du selber noch sehen, wie das HDR-Bild aussieht). Der Trick, um ein ansehnliches Bild zu bekommen, nennt sich Tone Mapping. Dabei wird das HDR-Bild von einer Software mit einem komplizierten Rechenverfahren so umgerechnet, dass es auf einem normalen Monitor oder beim Ausdruck etc. halbwegs so aussieht wie das echte HDR-Bild. Die hier gezeigten angeblichen HDR-Bilder sind also gar keine, sondern mit Tone Mapping nachbearbeitete HDR-Fotos.

Um also zu einem Bild zu gelangen, das wie ein HDR-Bild aussieht, sind einige Schritte notwendig. Erst einmal im Groben:

- Du benötigst mehrere unterschiedlich belichtete Aufnahmen ein und derselben Szene.

## Probleme bei der Belichtung per HDR lösen

> Die Aufnahmen werden in einem Programm bearbeitet und zu einem echten HDR-Bild konvertiert.

> Da du mit dem HDR-Bild nichts wirklich anfangen kannst, wird per Tone Mapping aus dem erzeugten HDR-Bild ein neues Bild zum Betrachten, Ausdrucken und Weitergeben berechnet.

Zuerst benötigst du also mehrere Aufnahmen von dem Objekt, das du zeigen willst. Das wirft schon einige Probleme auf. Damit die Software nachher deine ganzen Aufnahmen zusammensetzen kann, darf sich der Bildausschnitt nicht verändern. Du benötigst also auf jeden Fall ein Stativ. Des Weiteren darf sich eigentlich auch im Bild nichts verändern. Bewegt sich etwas im Bild, kommt es später zu Geistererscheinungen und ähnlichen Störungen, denn zwischen den einzelnen Aufnahmen gibt es nun Unterschiede, die von der Software nicht ohne Weiteres entfernt werden können. Wenn du das HDR-Bild von der Tankstelle einmal genauer unter die Lupe nimmst, wirst du solche Effekte finden: Rechts neben der Preisanzeige ist ein durchsichtiges rotes Auto und entlang der Straße siehst du Lichtspuren von den Scheinwerfern und Rücklichtern vorbeifahrender Autos.

Die Aufnahmen, die du brauchst, werden als Belichtungsreihe in verschiedenen Stufen der bewussten Unter- und Überbelichtung erstellt. Im Gegensatz zu der bisher kennen gelernten Belichtungsreihe, bei der du vielleicht die Automatikfunktion deiner Kamera genutzt hast und etwa eine Blendenstufe unter- und überbelichtet hast, werden jetzt mehr Fotos mit wesentlich stärkeren Abweichungen vom Mittelwert erstellt. Das Foto, das am stärksten überbelichtet wurde, sollte dann in den hellen Bereichen völlig unbrauchbar sein. Es kommt nur auf die dunklen Bereiche an, die dann aber genau so richtig belichtet sein sollten, dass du in diesen dunklen Bereichen alle Details erkennen kannst. Ähnlich verhält es sich mit dem am stärksten unterbelichteten Bild: In ihm sollten nun die hellsten Bereiche (z. B. Lampen oder sonnendurchflutete Fenster) korrekt belichtet, also optimal zu erkennen sein. Zwischen diesen beiden Extremen werden noch weitere Aufnahmen gemacht, um mehr Abstufungen für die Zwischentöne zu erhalten. In der Praxis wirst du je nach Motiv ein wenig experimentieren müssen. Mache lieber ein paar mehr Abstufungen (auch in die Extreme hinein) und nutze später nur eine Auswahl deiner Bilder. Als ganz brauchbar hat sich gezeigt, fünf Aufnahmen zu machen: zwei abgestufte über- und unterbelichtete und eine mittlere, so wie die Automatik belichtet hätte.

Auf der CD findest du im Ordner KIRCHE eine Belichtungsreihe mit Aufnahmen in einer Klosterkirche. Diese kannst du für die Ausführungen hier zum Üben benutzen.

# Kapitel 5 — Hell und dunkel

*Belichtungsreihe der Kirche. Oben links stark unterbelichtet (die Fenster sind aber korrekt belichtet), in der Mitte normal belichtet, unten rechts extrem überbelichtet (wobei aber die dunklen Bereiche vorne richtig belichtet sind).*

Um die Belichtungsreihe zu erstellen, benötigst du eine Kamera, bei der du sowohl die Belichtungszeit als auch die Blende manuell vorgeben kannst. Bei vielen Modellen wird dies mit der Programmeinstellung »M« erreicht.

- Benutze ein Stativ für die Kamera.

- Wähle die manuelle Belichtungsfunktion und aktiviere ggf. die Spiegelvorauslösung sowie den Selbstauslöser, um Verwackler zu vermeiden. Schalte den eingebauten Blitz aus.

- Wähle eine Blende, bei der dein Bild mit der von dir gewünschten Schärfentiefe abgelichtet wird. Für wenig Schärfentiefe wähle beispielsweise Blende 2,8 und für viel Schärfentiefe 11. Der Blendenwert darf sich nicht verändern, da ansonsten die Bilder unterschiedlich fokussiert sind.

- Aus dem gleichen Grund sollte sich auch nicht der fokussierte Punkt ändern. Achte also darauf, dass bei allen Aufnahmen der Autofokus

# Probleme bei der Belichtung per HDR lösen

entweder denselben Punkt anvisiert, oder stelle einmal scharf und speichere dann die Schärfeneinstellung ab.

≫ Verstelle die Einstellung der Belichtungszeit so, dass deine Kamera anzeigt, dass das Bild nun korrekt belichtet wird. Bei einigen Modellen wird dies durch einen kleinen Kreis im Sucher signalisiert. Wenn du eine Anzeige der Blendenstufen hast wie im nebenstehenden Bild, dann verstelle den Belichtungszeitwert, bis der Balken bei der Null steht.

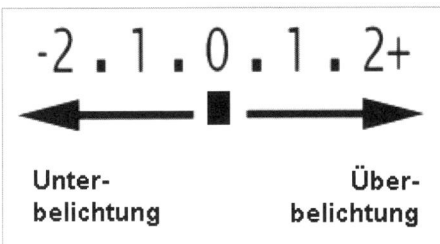

≫ Fotografiere dein Bild mit diesen Einstellungen und merke dir die benutzte Zeit.

≫ Verändere nun die Belichtungszeit um etwa zwei Werte hin zu einer längeren Belichtung, um die Aufnahme zu überbelichten. Hast du vorher beispielsweise mit 1/60" belichtet, dann benutze jetzt 1/30". Bei Nachtaufnahmen kann es sein, dass du auch noch längere Belichtungszeiten bis in den Sekundenbereich hin benötigst.

≫ Nimm das nächste Foto auf.

≫ Verändere noch einmal die Belichtungszeit um zwei Werte hin zu einer noch längeren Aufnahme (aus beispielsweise 1/30" wird nun 1/15") und schieße das Foto.

≫ Kontrolliere das Bild auf dem Display. Wenn jetzt noch immer nicht alle Details in den dunklen Bereichen deines Bildes gut belichtet sind, mache weitere Aufnahmen mit noch längeren Belichtungszeiten. Zu Hause kannst du unnötige Bilder immer noch aussortieren.

≫ Stelle jetzt die Zeit so ein, dass sie um ca. zwei Stufen kürzer ist als die bei der ersten (normal belichteten) Aufnahme. Aus der ursprünglich benutzten Zeit von 1/60" wird nun beispielsweise 1/125". Nimm das Bild auf.

≫ Du benötigst mindestens noch ein stärker unterbelichtetes Bild: Wähle wieder die übernächste Zeiteinstellung (z.B. 1/250") und fotografiere dein Objekt.

# Kapitel 5 — Hell und dunkel

> Kontrolliere wieder auf dem Kameradisplay deine Aufnahme: Sind die hellen Bereiche jetzt korrekt belichtet? Wenn nicht, erstelle weitere Bilder mit noch kürzeren Belichtungszeiten.

Nachdem du deine Aufnahmen im Kasten hast, geht's am Computer zu Hause weiter. Nun werden mit einer Software die Aufnahmen zu einem HDR-Bild zusammengesetzt. Es gibt verschiedene Programme hierfür, die teilweise frei verfügbar sind und teilweise Geld kosten. Die Software Qtpfsgui (*http://qtpfsgui.sourceforge.net/*) ist beispielsweise kostenlos. Allerdings bedarf sie ein wenig mehr Einarbeitung und liefert erst nach einigen Versuchen gute Ergebnisse. Vom Programm Photomatix Pro gibt es eine Demoversion (*http://www.hdrsoft.com/de*), die alle Funktionen der kostenpflichtigen Version bietet, dafür aber ein Wasserzeichen in den fertigen Bildern einblendet. Da das Programm wesentlich einfacher zu bedienen ist, wird es hier verwendet, denn für die ersten Experimente stört das Wasserzeichen nicht.

> Starte Photomatix Pro und klicke im Fenster WORKFLOW SHORTCUTS auf die Schaltfläche HDR ERZEUGEN.

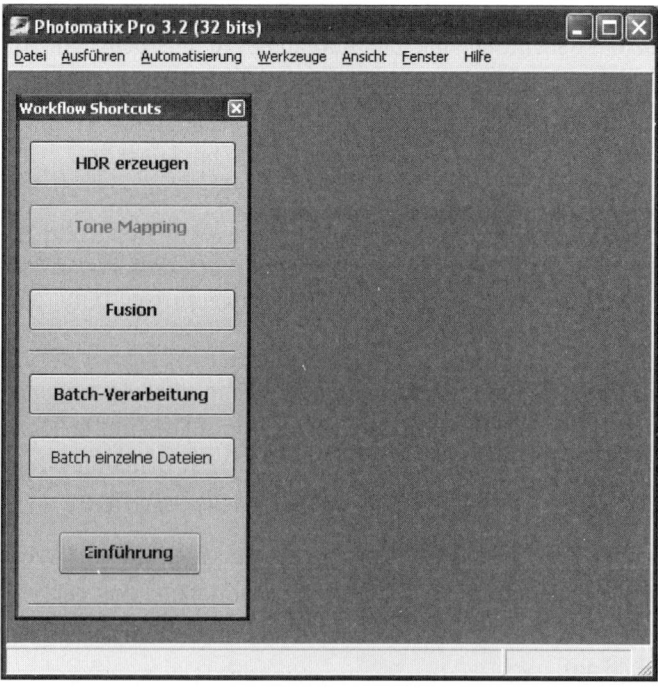

> Im sich öffnenden Dialogfenster klickst du auf DURCHSUCHEN, um das Dateidialogfenster zu öffnen.

Probleme bei der Belichtung per HDR lösen

➤ Wähle dann alle Bilder aus, die du zu einer Szenerie fotografiert hast. Die Reihenfolge der Bildauswahl ist beliebig. Bei gedrückter Taste [Strg] kannst du nacheinander alle Bilder markieren. Hast du alle Bilder ausgewählt, klicke auf ÖFFNEN.

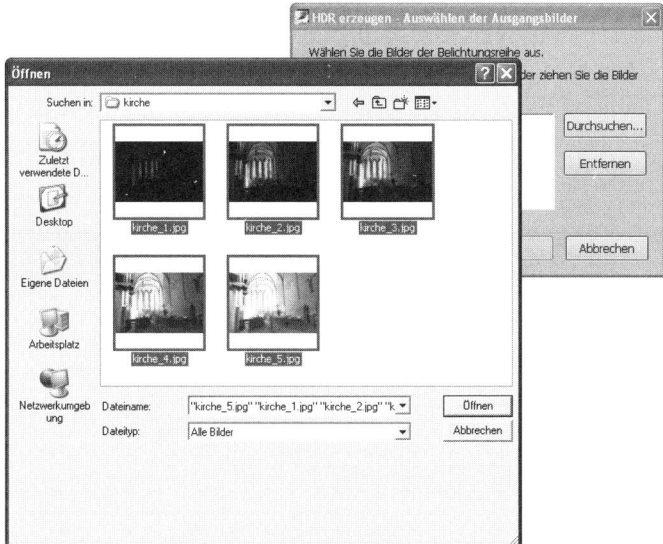

➤ Zurück im Dialogfenster AUSWÄHLEN DER AUSGANGSBILDER werden die ausgewählten Bilder aufgelistet. Sollten noch Bilder fehlen, kannst du erneut auf DURCHSUCHEN klicken und weitere Fotos öffnen. Wenn du fertig bist, klicke auf OK.

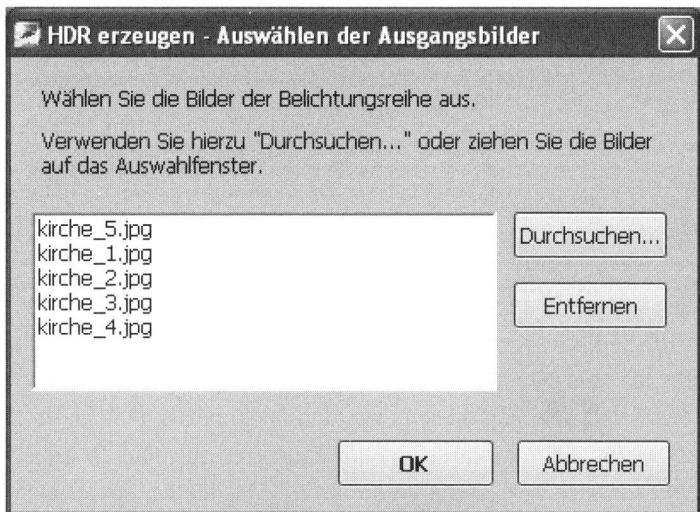

➤ In der nächsten Dialogbox kannst du nun einstellen, inwieweit das Programm versuchen soll, Abweichungen zwischen den einzelnen Aufnahmen zu eliminieren. Bei Fotos mit hoher Auflösung kann es

# Kapitel 5 — Hell und dunkel

teilweise mehrere Minuten dauern, bis diese Operation abgeschlossen ist – also nicht ungeduldig werden. AUSGANGSBILDER AUSRICHTEN MIT ist immer eine gute Wahl, da selbst bei Stativaufnahmen kleine Positionierungsunterschiede zwischen den Bildern entstehen. Die MERKMALBASIERTE METHODE ist besser, benötigt aber auch mehr Rechenzeit. Wenn sich in einigen Fotos z. B. Menschen oder Autos bewegt haben, dann kannst du versuchen, diese Geisterbilder zu unterdrücken, indem du die passende Funktion aktivierst. Am besten einfach mal ausprobieren, wie das Resultat nachher mit und ohne diese Option aussieht. Nachdem du auf OK geklickt hast, beginnt die Konvertierung.

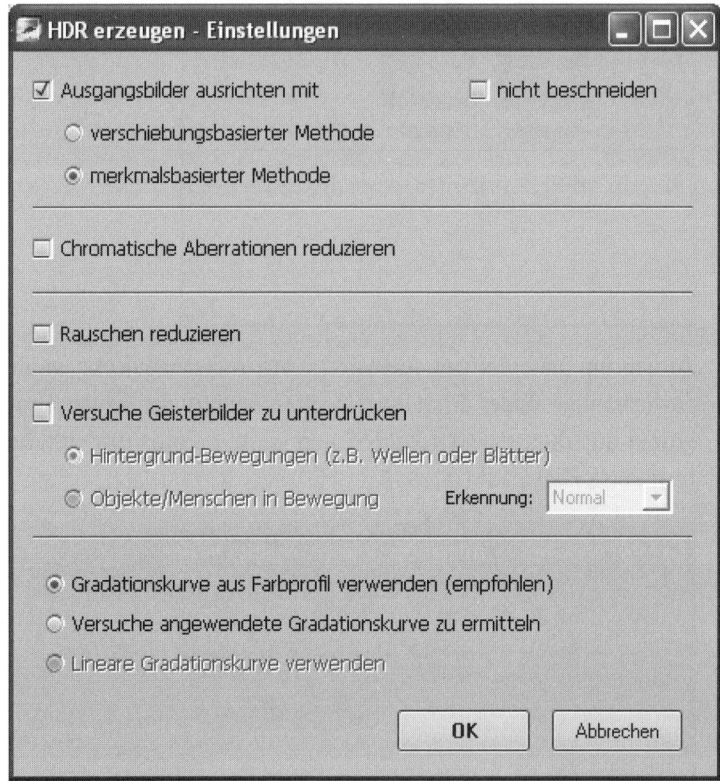

➢ Sobald alle Bilder bearbeitet sind, erzeugt das Programm das echte HDR-Bild. Dies sieht immer schlimmer aus als die ursprünglichen Fotos (da dein Monitor keine HDR-Bilder darstellen kann) und hat noch nichts mit dem von dir angestrebten Endergebnis gemein. Im Grunde ist es für dich uninteressant. Du kannst es aber mit DATEI|SPEICHERN UNTER abspeichern, wenn du die Schritte bis hierher später nicht noch mal durchführen möchtest. Um weiterzumachen, klicke im linken Bereich auf TONE MAPPING.

## Probleme bei der Belichtung per HDR lösen

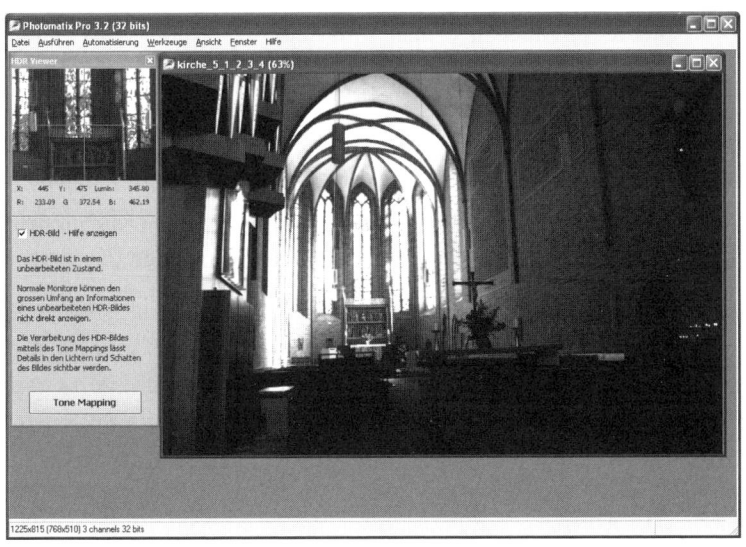

» Jetzt wird das HDR-Bild per Tone Mapping so konvertiert, dass es auch auf einem normalen Monitor gut aussieht und die Vorzüge von HDR wirksam werden. Das Ergebnis soll ein Bild sein, das natürlich wirkt und sowohl in den hellen Bereichen (die Fenster bei der Kirche) als auch in den dunklen Regionen (vorne im Beispielfoto) richtig belichtet ist, also auch in den kritischen Bereichen alle Details zu erkennen sind. Du kannst nun stundenlang mit den Reglern und den verschiedenen Einstellungen im linken Bereich experimentieren. Je nach Ausgangsbild sind kleine Änderungen an den Standardvorgaben sinnvoll, damit das Vorschaubild rechts der Realität möglichst nahekommt.

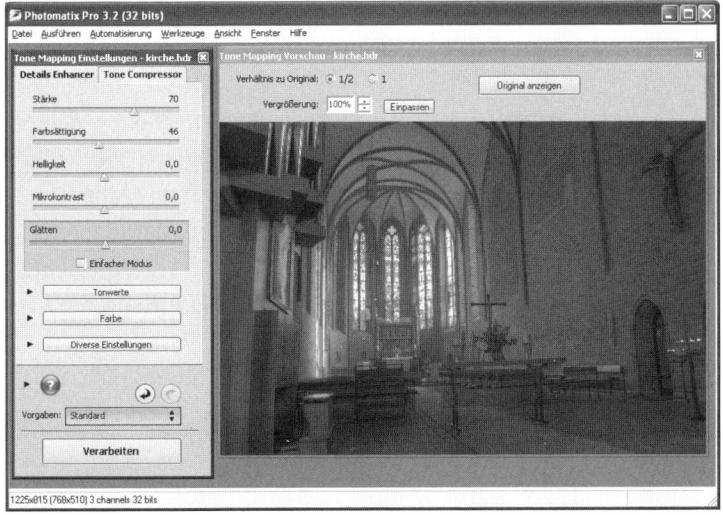

# Kapitel 5 — Hell und dunkel

> Beachte vor allem die beiden Karteireiter bei den Einstellungen im linken Fenster. Wenn du auf DETAIL ENHANCER gehst, wird der lokale Kontrast erhöht. Dadurch werden die Schatten aufgehellt und es kann zu einem malerischen Effekt kommen. Der TONE COMPRESSOR erzeugt ein Ergebnis, das mehr an eine normale Fotografie erinnert, bei der die Bereiche im Schatten auch dunkel bleiben. Welches Ergebnis dir besser gefällt, hängt vom Motiv und deinem eigenen Geschmack ab.

> Hast du dich an den Reglern ausgetobt, klicke auf VERARBEITEN, um aus der Vorschau ein fertiges Bild zu machen. Dies kann wieder einen Moment dauern. Anschließend ist das Foto fertig und du kannst es mit DATEI|SPEICHERN UNTER im üblichen JPEG-Format abspeichern.

*Die fertig bearbeitete Reihe der Innenaufnahmen führt zu einem Ergebnis, bei dem auch die schwierig zu belichtenden Bereiche gut aussehen. Siehe auch Farbteil Seite G.*

Wenn du Spaß an der Erzeugung verschiedener Versionen deines HDR-Bildes hast, kannst du das zwischendurch gespeicherte HDR-Bild immer wieder öffnen und mit anderen Einstellungen beim Tone Mapping auch Bilder erzeugen, die nicht mehr ganz so realistisch sind, dafür aber besonders reizvoll wirken, weil beispielsweise die Farben viel zu kräftig leuchten. Tone Mapping bietet hier viele Möglichkeiten, ein Bild künstlerisch zu verfremden, wie das Foto einer Steganlage im Farbteil auf Seite G zeigt: So kräftig leuchtende Farben und Kontraste sind eigentlich unnatürlich, aber trotzdem interessant und das Bild wirkt hyperrealistisch: Es wirkt echter, als die Szene in Wirklichkeit war.

# Zusammenfassung

Wie du gesehen hast, spielt die richtige Belichtung auch im digitalen Zeitalter eine wichtige Rolle. Die Automatik versagt öfter und ein manuelles Eingreifen empfiehlt sich fast immer, und obwohl es merkwürdig klingt, sollte beispielsweise ein Foto mit viel dunkler Fläche eher etwas unterbelichtet werden, als die Automatik empfiehlt. Etwas kompliziert war vermutlich der Zusammenhang von Blende und Zeit. Beide Werte müssen aufeinander abgestimmt sein. Außerdem ist es nun wirklich merkwürdig, dass eine Blende, die fast ganz geöffnet ist, als große Blende bezeichnet wird und gleichzeitig durch eine kleine Zahl wie f/2,8 gekennzeichnet ist. Bei einer solchen Einstellung kommt also viel Licht auf den Film bzw. die CCD-Fläche. Dann kam auch noch die Sache mit der Filmempfindlichkeit und wieso es bei hohen ISO-Werten zu hässlichen Sprenkelmustern in Fotos kommt.

Hast du auch schon vorher gewusst, dass der Blitz nicht nur bei Dunkelheit sinnvoll ist? Kein schlechter Trick, auch bei Sonnenschein mit dem Blitzlicht zu arbeiten und so den Vordergrund aufzuhellen. Bei Langzeitbelichtungen für die hübschen Lichteffekte bringt der Blitz aber nur manchmal etwas und durch die Einstellung des Auslösezeitpunktes kannst du die Bildaussage sogar manipulieren, so dass der Betrachter etwas anderes sieht, als tatsächlich existierte.

# Ein paar Fragen ...

Frage 1: Wenn wenig Licht vorherrscht und die Belichtungszeit mit zum Beispiel 1/125" vorgegeben sei: Öffnest du dann die Blende oder schließt du sie eher, um das Bild richtig zu belichten?

Frage 2: Steht die Blendenzahl 11 für eine große oder kleine Blende?

Frage 3: Die Blende ist fast ganz geöffnet: Fällt dann viel oder wenig Licht auf den Film bzw. CCD-Chip und welche Blendezahl könnte dann in etwa eingestellt sein?

Frage 4: Mit welchem Trick kannst du Verwackler bei Langzeitaufnahmen mit Stativ verhindern?

Frage 5: Kann es zum Rote-Augen-Effekt kommen, auch wenn deine Kamera eine Funktion dagegen anbietet und du sie eingeschaltet hast?

# Kapitel 5 — Hell und dunkel

## ... und ein paar Aufgaben

1. Fertige eine ISO-Testreihe an. Fotografiere mehrmals eine möglichst dunkle Fläche (z. B. Hauswand oder Baumgruppe) und verändere bei jeder Aufnahme die ISO-Einstellung um den nächsten Wert vom kleinsten angefangen. Betrachte anschließend am Computer die Bilder und ermittle, ab welcher Einstellung deine Kamera zu starkem Bildrauschen neigt.

2. Fertige eine Belichtungstestreihe an. Fotografiere wieder mehrmals das gleiche beliebige Objekt. Beginne im Automatikmodus und korrigiere dann mit der Belichtungskorrektur schrittweise nach unten und anschließend schrittweise nach oben. Betrachte die Bilder am Computer und entscheide dich, welche Aufnahme am besten belichtet wurde. Das ist vom Motiv abhängig, weshalb du die Testreihe für verschiedene helle und dunkle Motive ausprobieren solltest.

3. Und noch eine Testreihe, diesmal mit dem Blitz. Aktiviere den Blitz für jede Aufnahme und fotografiere ein Objekt oder eine Person aus unterschiedlicher Entfernung bei wenig Umgebungslicht zum Beispiel am Abend. Fotografiere in Abständen von etwa einem Meter im Bereich von einem bis zu zehn Metern. Welche Aufnahme ist total überstrahlt, welche angenehm ausgeleuchtet und welche ist zu dunkel?

4. Kann deine Kamera die Blitzsynchronisation vom ersten auf den zweiten Verschluss umstellen? Dann stelle die Aufnahmen mit den Wunderkerzen nach. Anstatt einer Wunderkerze kannst du auch ein brennendes Feuerzeug benutzen. Du solltest aber deine Eltern um Mithilfe bitten, um einen Brand zu vermeiden. Drehe beide Male die Lichtquelle in die gleiche Richtung, um die Wirkung der Synchronisation zu sehen.

# 6
# Farben und Kontraste

Digitalkameras können nur in Farbe fotografieren und Schwarz-Weiß-Bilder sind nur durch nachträgliche Bildbearbeitung herstellbar. Wurden Schwarz-Weiß-Filme früher gerne wegen ihrer Kontrastvielfalt gewählt, kommt bei Digitalkameras der farbgetreuen Wiedergabe eine bedeutende Rolle zu.

In diesem Kapitel wirst du erfahren

◉ wieso Fotos rot- und blaustichig werden können

◉ was du gegen Farbstiche unternehmen kannst

◉ wie sich die Tageszeit auf die Lichtstimmung deiner Fotos auswirkt

# Kapitel 6 — Farben und Kontraste

## Was es mit dem Weißabgleich auf sich hat

Wieder einmal wird ein kleiner Ausflug in die Analogtechnik notwendig, um zu verstehen, was es mit einer Funktion auf sich hat, die eigentlich nur bei Analogkameras existiert. Aber beginnen wir mit einem Beispiel aus dem Alltag: Hast du schon mal einen Pullover oder ein anderes Kleidungsstück gekauft, bei dem du dir eine besonders schicke Farbe ausgesucht hast? Im Geschäft sah die Farbe noch genau richtig aus. Als du dich dann aber auf der Straße betrachtet hast, stimmte die Farbe überhaupt nicht mehr und sah unmöglich aus.

Das kommt daher, dass die Räume im Geschäft mit Kunstlicht beleuchtet waren und draußen das Licht von der Sonne kommt. Als Kunstlicht wird jedes Licht bezeichnet, das nicht von der Sonne, dem natürlichen Licht, stammt. Die meisten Lampen wie Halogen, Neon oder Glühbirnen strahlen ein Licht ab, das nicht dem Sonnenlicht entspricht. Glühbirnen leuchten etwas gelbrötlicher, was als warmes Licht bezeichnet wird (so wie ein Sonnenuntergang). Neonlampen sind in der Regel etwas bläulich, wozu auch kalt gesagt wird. Das Sonnenlicht hingegen hat ein ausgewogenes Lichtspektrum. Das bedeutet, wir nehmen es als Weiß wahr, da alle Farben zu gleichen Anteilen vorhanden sind.

Noch ist es nicht weiter von Bedeutung, aber bei der Bildbearbeitung wird es wieder auftauchen: Die Farbe des Lichts, die so genannte Farbtemperatur, wird in Kelvin (K) gemessen. Eine Glühlampe hat z.B. etwa 2800 K, eine Leuchtstoffröhre 4000 K und das farbneutrale Sonnenlicht am Vor- oder Nachmittag weist 5500 K auf. Niedrige Kelvinwerte stehen für rötliche, warme Farben, hohe Werte deuten auf blaue, kalte Farben hin. Wie die unterschiedlichen Farbtemperaturen der Lichtquellen entstehen, zeigt die (vereinfachte) Grafik: Im Tageslicht sind die drei Grundfarben Blau, Grün und Rot fast gleich hell vorhanden – das Licht wirkt in der Gesamtmischung Weiß. Im Physikunterricht hast du vielleicht schon einmal einen Versuch gesehen, bei dem Sonnenlicht durch ein Prisma geleitet wird. Dabei teilt sich das Licht in seine verschiedenen Farbspektren auf und du kannst erkennen, dass das weiße Licht aus vielen verschiedenen Farben zusammengesetzt ist. Bei Kunstlicht ist nun das enthaltene blaue Licht weniger intensiv (hell) als das grüne Licht und dieses wiederum weniger hell als der rote Lichtanteil.

# Was es mit dem Weißabgleich auf sich hat

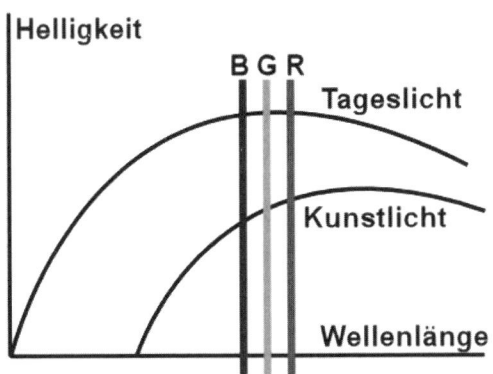

*Verteilung der Farben im Licht.*

In Geschäften wird mit der Beleuchtung versucht, eine Stimmung zu erzeugen, die dich zum Einkaufen anregen soll. Beim Fleischer wird zum Beispiel oft rötliches Licht benutzt, da so das Fleisch appetitlich und frisch aussieht. In der Modeboutique soll es gemütlich sein, wozu gelbe Farben zum Einsatz kommen. Im Technikmarkt herrscht grelles, leicht blaustichiges Licht.

Unser Auge und Gehirn sind in der Lage, den Betrug unbewusst zu erkennen und in Grenzen auszugleichen. So lange das Kunstlicht nicht zu stark farbig ist, kannst du bei jeder Beleuchtung ein weißes Blatt betrachten und wirst immer auch ein weißes Blatt sehen und nicht ein rosa- oder blaufarbenes. Dein Bewusstsein erinnert sich daran, dass das Blatt weiß sein soll, und deshalb siehst du es auch als weiße Fläche. Sobald du aber eine farbige Oberfläche (zum Beispiel ein Kleidungsstück) betrachtest, kennt dein Gehirn nicht die tatsächliche Farbe. Du wirst getäuscht und erkennst erst bei Sonnenlicht, wie die Farbe tatsächlich aussieht.

Wie wirken sich die verschiedenen Lichter nun auf die Fotografie aus? Indem du streng genommen nur bei Vor- oder Nachmittagssonne fotografieren darfst. Für diese Zwecke gibt es bei analogem Filmmaterial die Tageslichtfilme, die du in jedem Geschäft findest. Diese Filme sind so aufgebaut, dass sie bei Tageslicht die Farben des Motivs unverfälscht wiedergeben. Da schon ein bedeckter Himmel eine andere Farbtemperatur (ca. 6500 K) aufweist, werden die Farben dann etwas verfälscht, was aber kaum auffällt. Anders sieht es bei Innenaufnahmen mit Kunstlicht aus: Mit einem Tageslichtfilm werden die Farben stark verfälscht aufgenommen und das Bild wirkt rotstichig. Um dies zu verhindern, wird ein, nur im Fachgeschäft erhältlicher, Kunstlichtfilm notwendig, bei dessen Einsatz dann die Innenaufnahme farbecht fotografiert werden kann.

# Kapitel 6 — Farben und Kontraste

*Rotstichige Fotografie bei Kunstlicht (siehe Farbseite D).*

Dumm nur, dass wir bei der digitalen Fotografie keinen Film haben, den wir wechseln können, denn auch mit unserer modernen, angeblich so problemlosen Technik unterliegen wir den gleichen physikalischen Bedingungen. Deshalb gibt es bei Digitalkameras den Weißabgleich. Ein korrekt eingestellter Weißabgleich gleicht die unterschiedlich hellen Farben im Licht aus, damit eine weiße Fläche auch wirklich weiß abgebildet wird.

Auf den CCD-Sensor trifft nach wie vor das nicht weiße Kunstlicht. Ohne Weißabgleich würden die Farben dann auch genau so abgespeichert und du hättest nachher ein farbverfälschtes Bild vor dir. Die Weißabgleichfunktion erkennt nun aber (mehr oder weniger automatisch), dass du bei Kunstlicht fotografierst. Deshalb werden in dem bereits aufgenommenen Foto die Farben ein wenig korrigiert. Die Helligkeit der roten Bereiche wird etwas verringert und die blauen Farben etwas aufgehellt. Erst dann wird das neu berechnete Foto gespeichert.

## Blau- und rotstichige Bilder lassen sich vermeiden

Ohne Weißabgleich werden deine Fotos immer einen Farbstich aufweisen. Wenn du bisher schon Fotos aufgenommen hast und gar nichts vom Weißabgleich wusstest, die meisten deiner Bilder aber dennoch brauchbar sind, dann verdankst du diesen Umstand dem automatischen Weißabgleich, den jede Digicam besitzt.

# Blau- und rotstichige Bilder lassen sich vermeiden

Nicht einmal die Profis vom Fernsehen haben das mit dem Weißabgleich richtig raus. Wenn du TV siehst, dann achte einmal bei Reportagen auf die Bilder. Vor allem wenn der Kameramann direkt von einer Innen- zu einer Außenaufnahme wechselt, wirst du immer wieder feststellen, dass das Bild blaustichig ist. In dem Fall hat die Automatik versagt oder war sogar ausgeschaltet.

Der automatische Weißabgleich misst die Farbtemperatur des Lichts und folgert daraus, ob du gerade bei Tages- oder Kunstlicht fotografierst. Dementsprechend werden die Farben im Bild korrigiert. Dazu ermittelt die Kamera die hellste Stelle im Bild und geht davon aus, dass diese weiß sein soll. Ist das der Fall, wird der Weißabgleich richtig eingestellt. Ein heller Bereich muss aber nicht immer weiß sein, sondern könnte auch hellgelb oder rosa sein. In einem solchen Fall werden die Farben falsch verändert. Hochwertigen Kameras gelingt der Abgleich in der Regel ganz gut und doch liegen auch sie gelegentlich daneben und korrigieren die Farben zu stark oder zu wenig.

*Der automatische Weißabgleich versagte: Statt eines weißen Hintergrundes ist dieser beim benutzten Kunstlicht fast schon orange (siehe Farbseite D).*

Den automatischen Weißabgleich kannst du für viele Standardsituationen vor allem bei Außenaufnahmen durchaus verwenden und du erkennst ihn meistens an der Abkürzung *AWB* auf dem Display.

# Kapitel 6 — Farben und Kontraste

Der eingebaute Blitz deiner Kamera strahlt übrigens ein Licht aus, das dem Tageslicht sehr ähnlich ist. Wenn du bei Kunstlicht fotografierst, aber annähernd natürliche Farben auf deinem Bild wünschst und das Blitzlicht nicht stört, kannst du den Blitz vom Automatikmodus in den Dauerbetrieb umstellen – auch wenn eigentlich bereits genügend Umgebungslicht für eine gute Aufnahme vorhanden ist. Dadurch korrigierst du das vorherrschende Kunstlicht etwas in Richtung Sonnenlicht. Allerdings leidet dabei die Bildgestaltung, denn nahe Motive wirken flach und langweilig, weshalb der Blitz nur als Notlösung eingesetzt werden sollte, wenn kein manueller Weißabgleich möglich ist.

*Mit Blitz wird der orange Hintergrund immerhin schon etwas besser und ist nun nur noch gelbrosa (siehe Farbseite E).*

Bessere Ergebnisse wirst du aber immer erst durch einen manuellen Eingriff zuwege bringen. Immer dann, wenn die Automatik versagt, kannst du bei den meisten Kameras vorgeben, welche Lichtbedingungen gerade vorherrschen. Dies wird als halbautomatischer Weißabgleich bezeichnet, da die Kamera immer noch vordefinierte Farbkorrekturen verwendet, du aber von Hand auswählst, welches Licht gerade herrscht.

> Wähle über das Kameramenü die passende Weißabgleichseinstellung aus. Je nach Modell wird es verschiedene Möglichkeiten und Symbole dafür geben, wie die nachfolgende Tabelle zeigt.

## Blau- und rotstichige Bilder lassen sich vermeiden

| Symbol | Aufnahmesituation |
|---|---|
| AWB | Die Einstellungen werden automatisch von der Kamera vorgenommen. |
| ☀ | Für Außenaufnahmen am hellen Tag |
| ☁ | Für Aufnahmen bei Wolken, im Schatten oder in der Dämmerung |
| 💡 | Für Aufnahmen bei Kunstlicht (z.B. Glühlampen) |
| 🔆 | Für Aufnahmen bei Kunstlicht (Leuchtstofflampen) |
| ◨ | Manueller Weißabgleich mit gespeichertem Messwert – siehe nächstes Kapitel |

» Die getroffene Einstellung bleibt für alle folgenden Aufnahmen erhalten, so dass du beliebig viele Bilder fotografieren kannst.

*Durch die Auswahl der Weißabgleichseinstellung für Kunstlicht werden die Farben (weißer Hintergrund) naturgetreu dargestellt (siehe Farbseite E).*

» Es empfiehlt sich, die Einstellung nach der Fotosession wieder auf den automatischen Weißabgleich zurückzustellen. Ansonsten übersiehst du die manuelle Änderung bei den nächsten Aufnahmen eventuell und nimmst eine Reihe Fotos mit völlig falschen Farben auf, wenn die Lichtverhältnisse sich geändert haben.

# Kapitel 6

## Farben und Kontraste

## Weißer Schnee und natürliche Farben

Es gibt Lichtsituationen, da hilft auch der halbautomatische Weißabgleich mit seinen Standardvorgaben nicht weiter. Der Kamerahersteller kann unmöglich jede Lichtsituation einprogrammieren. Außerdem weichen die Farbtemperaturen verschiedener Kunstlichtlampen immer etwas voneinander ab. Schon zwischen einer Glühlampe mit 40 Watt und einer mit 200 Watt gibt es Unterschiede.

Wesentlich schwieriger sind aber Unterwasseraufnahmen und Fotografien bei Schnee. Schnee wird beispielsweise meist stark blaustichig. Bei strahlendem Sonnenschein stört dies nicht und unterstreicht sogar eher die Kühle der Jahreszeit. Bei Personenaufnahmen im Schatten wirkt das Gesicht dann aber stets blass, blaugrau und unattraktiv, dem du mit einem richtig angewendeten Weißabgleich entgegenwirken kannst.

*Blauer Schnee beim automatischen Weißabgleich (siehe Farbseite F).*

# Weißer Schnee und natürliche Farben

Wasser, ob in flüssiger Form beim Tauchen oder als Schnee, hat die Eigenschaft, blaustichig zu wirken – aus ähnlichen Gründen ist der Himmel blau, was uns an dieser Stelle aber nicht weiter interessieren soll. Mit steigender Tauchtiefe werden immer weniger Farben außer Blau sichtbar, bis die Tiefseewelt nur noch schwarz ist. Den Weißabgleich stellt dies auf eine harte Probe, die kaum lösbar ist, denn die anderen Farben sind tatsächlich nicht vorhanden. Deshalb fotografieren Unterwasserfotografen immer mit Blitzlicht oder Scheinwerfern, um so natürliches Licht und prächtige Farben auch in größerer Tiefe aufnehmen zu können. Vermutlich wirst du dich aber nur auf Schnorcheltiefe oder ein paar Meter tief begeben, so dass du noch mit dem Weißabgleich deine Bilder aufpeppen kannst.

So gut wie keine Kamera ist von Hause aus wasserdicht. Es gibt einige spritzwassergeschützte Modelle, die sich gut für den Strand oder Pool eignen, da ihnen ein paar Wassertropen nichts ausmachen. Um die Kamera aber mit ins Wasser nehmen zu können, brauchst du ein (sündhaft teures) Unterwassergehäuse, in das deine Kamera hineinpassen muss. Möchtest du nur zum Spaß ein paar Unterwasseraufnahmen machen, dann empfiehlt es sich, die teure Digicam zur Seite zu legen und eine einfache analoge Wegwerfkamera zu kaufen. Diese oft spöttisch als Film mit Linse bezeichneten Pappschachteln gibt es auch als wasserdichte Modelle für einige Meter Tauchtiefe für wenig Geld. Die Fotos sind zugegebenermaßen meist nicht berauschend, doch für den einmaligen Versuch ausreichend. Anschließend kannst du den Film entwickeln lassen und die Bilder einscannen oder gleich beim Labor eine CD mit den digitalisierten Bildern mitbestellen.

*Qualitativ minderwertige Unterwasseraufnahme mit einer Einwegkamera als Notlösung, wenn die normale Kamera nicht wasserdicht ist.*

Erst durch den manuellen Weißabgleich kannst du bei wirklich jeder Lichtsituation mit deiner Digicam eine farbtreue Aufnahme machen. Dazu benötigst du eine weiße oder gleichmäßig hellgraue Fläche. Am besten eignet sich ein weißes, leeres Blatt Papier oder eine gleichmäßige Schneefläche.

Kapitel 6 | Farben und Kontraste

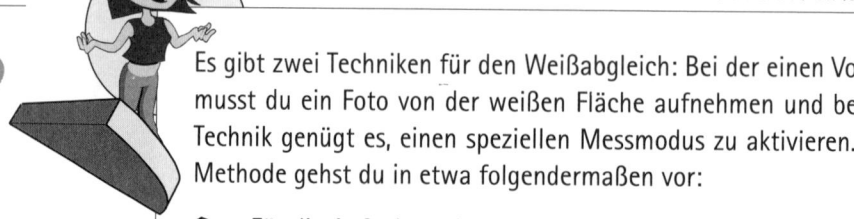

Es gibt zwei Techniken für den Weißabgleich: Bei der einen Vorgehensweise musst du ein Foto von der weißen Fläche aufnehmen und bei der zweiten Technik genügt es, einen speziellen Messmodus zu aktivieren. Für die erste Methode gehst du in etwa folgendermaßen vor:

- Für die Aufnahme des Referenzbildes ist es egal, in welchem Weißabgleichsmodus sich die Kamera befindet. Das Bild wird entsprechend farbstichig aufgenommen.

- Fertige ein ganz normales Foto von der weißen Fläche bei den Lichtbedingungen, für die du den Weißabgleich festlegen willst. Das ganze Bild sollte mit der Fläche ausgefüllt sein. Da der Autofokus keine Orientierungsmöglichkeit hat, kann es sein, dass der Auslöser nicht freigegeben wird. Fokussiere in dem Fall von Hand oder wähle ein Programm, bei dem ohne erfolgte Scharfstellung ausgelöst werden kann (beispielsweise AF Servo).

- Im Konfigurationsmenü wechselst du nun zur manuellen Weißabgleichsfunktion und wählst das zuvor aufgenommene Foto aus. Die Kamera errechnet die notwendigen Korrekturen, damit aus dem farbstichigen Bild theoretisch eine weiße Fläche wird. Das aufgenommene Bild wird aber nicht verändert.

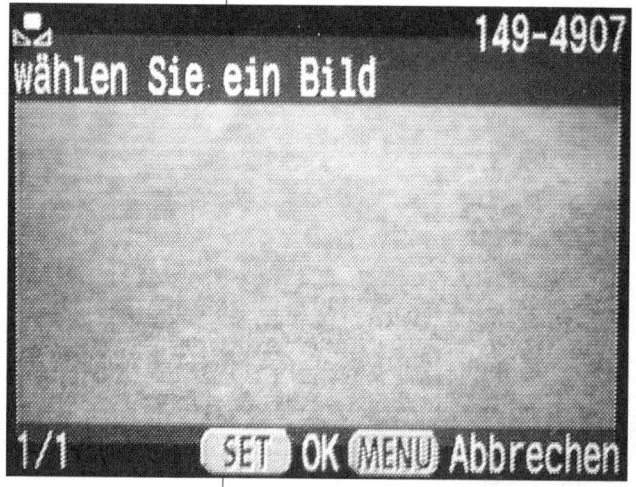

*Stelle die Kamera auf manuellen Weißabgleich um.*

- Alle Aufnahmen werden ab jetzt mit den ermittelten Korrekturwerten aufgenommen. Der neue Weißabgleich bleibt auch nach dem Abschalten der Kamera gültig.

- Damit spätere Aufnahmen bei anderen Lichtverhältnissen nicht misslingen, stelle die Kamera möglichst wieder auf den automatischen Weißabgleich, sobald alle Fotos im Kasten sind.

# Weißer Schnee und natürliche Farben

Das Referenzbild wird nicht weiter benötigt. Du kannst es jederzeit nach Schritt 2 löschen. Du kannst es aber auch auf der Speicherkarte behalten und später wiederverwenden, wenn du bei gleichen Lichtverhältnissen weitere Fotos aufnehmen willst. Dann kannst du gleich mit Schritt 2 einsteigen. Du kannst auch mehrere Referenzaufnahmen weißer Flächen auf der Speicherkarte ablegen und dann die jeweils passende Aufnahme im zweiten Schritt auswählen. Dadurch ersparst du dir das wiederholte Hantieren mit einem weißen Blatt Papier oder Ähnlichem.

Dank manuellem Weißabgleich wirken die Sonnenstrahlen auch im Schatten warm und verleihen dem Gesicht eine angenehme Farbe, während der Schnee auch wirklich weiß ist (siehe Farbseite F).

Andere Kameramodelle bieten dir eine etwas andere Konfigurationsmöglichkeit, bei der keine extra Aufnahme notwendig ist:

≫ Wähle über das Kameramenü den manuellen Weißabgleich aus.

Kapitel 6 — Farben und Kontraste

- Richte die Kamera auf die weiße Fläche und drücke die in deiner Bedienungsanleitung angegebene Taste, um die Korrekturberechnung auszulösen.

- Die Kamera hat die Farbtemperatur des Lichtes ermittelt und gespeichert. Alle folgenden Aufnahmen, die du wie gewöhnlich anfertigst, werden mit dem ermittelten Weißabgleichswert gespeichert.

- Wie immer ist es ratsam. zum automatischen Weißabgleich zurückzuwechseln, sobald alle Aufnahmen fertig sind.

- Der ermittelte Weißabgleichswert bleibt dauerhaft gespeichert. Nach dem erneuten Einschalten der Kamera oder einem Wechsel von einem (halb-)automatischen Weißabgleichsmodus zum manuellen gilt die vorher gespeicherte Korrektur, bis du mit Schritt 2 eine neue Messung durchführst.

## Hartes und weiches Licht

Eine Beleuchtung kann nicht nur eine bestimmte Farbtemperatur aufweisen, sie kann eine Landschaft oder ein Objekt auch in weiches oder hartes Licht tauchen. Von hartem Licht spricht man, wenn die Beleuchtung besonders grell ist und ein Objekt direkt angestrahlt wird. Weiches Licht ist etwas diffus und meistens indirekt; die Lichtquelle beleuchtet also nicht das Objekt, sondern eine andere Fläche, von der dann das Licht auf das Objekt reflektiert wird.

Weiches Licht entsteht aber auch bei Nebel oder während des Sonnenuntergangs. In beiden Situationen wird das Sonnenlicht durch feinste Partikel in der Luft (Wassertröpfchen bei Nebel oder Schwebeteilchen in der Luft beim Sonnenuntergang) gestreut. Die bei Nebel oder Dunst auftretende Lichtstimmung eignet sich gut, um romantische, geheimnisvolle Fotos aufzunehmen. Die Konturen der Landschaft verschwinden ein wenig und wirken zusammen mit langen Schatten mystisch und strahlen Ruhe aus. Verstärken lässt sich der Eindruck noch, wenn du gegen die Sonne fotografierst, so dass die Hauptelemente des Bildes in leichtem Gegenlicht stehen.

Die Belichtungssteuerung wird durch die Lichtverhältnisse meistens ein wenig irritiert. Deshalb ist es ratsam, mehrere Bilder mit verschiedenen Aufnahmezeiten bei gleicher Blendenstufe aufzunehmen.

Abendliches Sonnenlicht ist der Klassiker für die Porträt- und Landschaftsfotografie. Sehr frühes Morgenlicht wäre eigentlich genau so geeignet, doch erfahrungsgemäß wollen die meisten Fotografen lieber ein wenig län-

## Hartes und weiches Licht

ger im Bett bleiben. Die tief stehende Sonne taucht die Umgebung in ein angenehm weiches und warmes Licht, ohne grell zu wirken. Dadurch kommen die Konturen der Landschaft gut zur Geltung, die in der Mittagssonne platt geleuchtet werden, was dann zu langweiligen Aufnahmen führt, bei denen dem Betrachter kein Eindruck der Tiefe vermittelt werden kann. Außerdem können die fotografierten Personen entspannt in die Sonne blicken, ohne die Augen zuzukneifen. Die etwas rötliche Lichttemperatur verleiht der Haut zusätzlich noch etwas Bräune und einen natürlich wirkenden Teint.

*Frühnebel mit F/16 und 1/500 s aufgenommen.*

Hartes Licht ist in der Regel eher unerwünscht, da es dazu führt, dass ein Objekt einseitig beleuchtet wird. Die der Lichtquelle zugewandte Seite ist dann besonders hell, während die abgewandte Seite im Schatten liegt und kaum zu erkennen ist. Die Belichtungsmessung wird dann auf eine harte Probe gestellt: Entweder ist die helle Seite richtig belichtet und der Rest ist finster oder der Schatten ist richtig belichtet, während die beleuchtete Seite stark überstrahlt wird.

Im (improvisierten) Fotostudio zu Hause kannst du gut ausprobieren, wie sich verschiedene Beleuchtungen auswirken. Vor allem für Fotos von kleineren Objekten, die du im Auktionshaus verkaufen willst, eignet sich der bereits vorgestellte Aufbau mit hellen Lampen.

# Kapitel 6 — Farben und Kontraste

Die folgende Fotoreihe zeigt dir das Ergebnis verschiedener Ausleuchtungsarten.

*Hartes direktes Licht aus einer Lichtquelle von rechts wirft dunkle Schlagschatten und führt zu Reflexionen auf dem Licht zugewandten Flächen (siehe Farbseite H).*

*Vor die Lampe aus der vorherigen Aufnahme wurde weißes Butterbrotpapier gehalten. Dadurch wirkt das Licht weicher, die Schatten sind nicht mehr so tief, aber helle Flächen bleiben etwas überbelichtet (siehe Farbseite H).*

# Zusammenfassung

*Eine Lampe von links und eine von rechts beleuchten die Szene indirekt: Sie strahlen gegen die weiße Zimmerdecke. Es gibt nur noch weiche Schatten, die dennoch einen räumlichen Eindruck vermitteln. Eine fast perfekte Belichtung mit angenehmem Kontrast entsteht (siehe Farbseite I).*

*Aufnahme mit zusätzlichem Blitzlicht von vorne. Alle feinen Konturen verschwinden, die Aufnahme wirkt flach. Der Blitz ist außerdem für die geringe Entfernung zu hell und führt zur Überstrahlung. Die Farben wirken unnatürlich, da ein korrekter Weißabgleich durch das Kunstlicht und den gleichzeitigen Blitz schwer fällt (siehe Farbseite I).*

# Zusammenfassung

Die wohl wichtigste Erkenntnis in diesem Kapitel ist der Weißabgleich. Nur mit korrekter Einstellung geben die Fotos die natürlichen Farben wieder. Wie so oft ist die Automatik dabei gelegentlich überfordert und es ist dann deine Aufgabe, den Weißabgleich manuell durchzuführen und bei jedem Lichtwechsel an einen erneuten Abgleich zu denken.

Licht kann dein Foto unterschiedlich ausleuchten und für die meisten Aufnahmen sind harte Schatten nicht besonders erwünscht. Morgens und abends ist das natürliche Sonnenlicht am schönsten und eignet sich gut für Landschafts- und Personenfotos. Im heimischen Fotostudio kannst du durch unterschiedliche Beleuchtungen die Lichtwirkung genau kontrollieren, wobei indirektes Licht oft vorteilhaft ist.

# Kapitel 6 — Farben und Kontraste

## Ein paar Fragen ...

Frage 1: Wenn deine Außenaufnahmen blaustichig sind, wie war dann der Weißabgleich falsch eingestellt?

Frage 2: Wenn du Fotos mit manuellem Weißabgleich aufgenommen hast und die Kamera für eine Weile nicht mehr benutzen willst, auf welche Einstellung solltest du dann den Weißabgleich stellen?

Frage 3: Für romantische und mystische Aufnahmen fotografierst du mit der Sonne im Rücken oder gegen die Sonne?

Frage 4: Kannst du mit deiner Kamera Unterwasseraufnahmen machen?

## ... und ein paar Aufgaben

1. Fotografiere im Inneren bei Kunstlicht jeweils einmal mit dem automatischen Weißabgleich und mit den Einstellungen *Kunstlicht* und *Tageslicht*. Mache ebenso drei Aufnahmen draußen bei Sonnenschein und betrachte dann die Aufnahmen am Computer, um die Wirkung der Einstellungen zu erkennen.

2. Lerne den manuellen Weißabgleich deiner Kamera kennen und probiere aus, wie du damit Aufnahmen machen kannst, was du in der Bedienungsanleitung nachlesen kannst.

3. Teste den Unterschied zwischen manuellem, automatischem und halbautomatischem Weißabgleich. Nimm dazu jeweils dasselbe Motiv auf, bei dem du einmal den Weißabgleich von Hand vornimmst, dann die zur Beleuchtung passende Vorgabe einstellst und anschließend noch ein Foto mit automatischem Abgleich schießt. Welcher Weißabgleich gibt die Farben am natürlichsten wieder?

# 7
# Von weit bis nah: Das Objektiv

Bei Spiegelreflexkameras ist es üblich, verschiedene Objektive einfach auszutauschen. Nicht selten kostet ein Objektiv mehr als die eigentliche Kamera. Bei Kompaktkameras ist es so gut wie nie möglich, das Objektiv zu wechseln. Das ist auch nicht weiter dramatisch, doch deshalb sollte beim Kamerakauf dem vorhandenen Objektiv viel Aufmerksamkeit geschenkt werden. Wenn das Objektiv nämlich schlecht ist, hilft auch eine hohe Auflösung der Kamera nicht viel weiter. Äußerlich lässt sich ein Objektiv nicht beurteilen. Hier hilft es nur, einen Test in einer Fachzeitschrift zu lesen und der Meinung der Experten zu vertrauen.

In diesem Kapitel lernst du

- welche Bedeutung die Zahlen an deinem Objektiv haben
- was es mit der Brennweitenverlängerung auf sich hat
- wie schlechte Objektive ein Bild verunstalten
- wie die Brennweite die Perspektive beeinflusst
- Detailaufnahmen von kleinen Gegenständen zu machen

Kapitel  Von weit bis nah: Das Objektiv

# 7 Der Profi spricht von Brennweite

Dass du mit deiner Kamera zoomen kannst, hast du sicherlich auch schon ohne dieses Buch herausgefunden. Technisch verbirgt sich dahinter die Verschiebung von Linsengruppen im Objektiv. Dies bewirkt eine Veränderung der Brennweite, die angibt, wie weit entfernt sich die Linsengruppe von der Ebene des CCD-Sensors befindet. Durch das Zoomen veränderst du einfach nur den Bildausschnitt, ohne die Perspektive zu verändern. Vereinfacht ausgedrückt, holst du damit entfernte Objekte näher heran.

Aus der Kleinbildfotografie kennt man sowohl Objektive mit fester Brennweite als auch Zoom mit variabler Brennweite, wie sie auch bei der Digitalfotografie gängig sind. Je kleiner die Brennweite, desto größer ist das Blickfeld oder der Blickwinkel und du bekommst sozusagen mehr aufs Bild drauf.

Objektive mit Brennweiten um die 50 mm bezeichnet man als Normalobjektiv. Diese Brennweite entspricht den menschlichen Blickfeld und den Sehgewohnheiten. Die abgebildeten Objekte haben die gleiche Größe, wie wir sie auch mit dem bloßen Auge sehen würden, und der Bildausschnitt auf dem Foto entspricht in etwa dem, was wir auch sehen, wenn wir geradeaus blicken. Ein fehlerfreies Normalobjektiv führt zu keinen sichtbaren Verzerrungen.

In der Analog- und Digitalfotografie gelten für Objektive die gleichen Spielregeln. Einziger Unterschied ist die Bedeutung der Brennweite. Die Millimeterangaben, die in diesem Kapitel benutzt werden, beziehen sich nämlich eigentlich auf die Kleinbildfotografie. Bei einer Digicam sind die Werte um ein Vielfaches kleiner. Dies liegt an der Brennweitenverlängerung, die wir uns ein wenig näher anschauen sollten.

Wie schon öfter, bleiben wir erst einmal in der analogen Fotowelt und schauen uns die Abmessungen eines Kleinbild-Negatives an, siehe nebenstehende Abbildung.

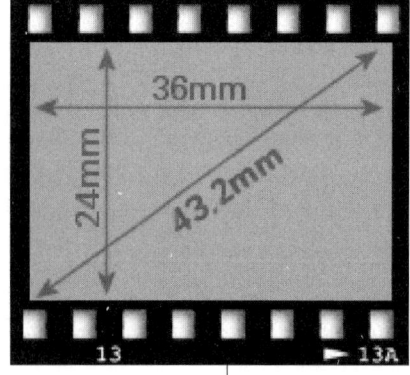

Die Diagonale des im Foto sichtbaren Bereiches beträgt etwa 43 mm. Dadurch ergibt sich eine ebenso große Brennweite für ein Normalobjektiv, bei dem es zu keinen perspektivischen Verzerrungen kommt, wie sie zum Beispiel bei einem Weitwinkel (siehe Seite 185) auftreten. In der Praxis werden allerdings Objektive mit 50 mm Brennweite als Normalobjektiv angeboten. Das liegt unter anderem darin begründet, dass sich diese besser konstruieren lassen und der runde Wert bei Berechnungen für Auszugsvergrößerungen usw. einfacher zu handhaben ist.

## Der Profi spricht von Brennweite

Jetzt zur Digicam: Hier gibt es wie immer keinen Film, sondern den CCD-Sensor. Um also die Brennweite für ein Normalobjektiv zu bestimmen, müsstest du als Erstes wissen, wie groß der Chip in deiner Kamera ist. Keine leichte Aufgabe, denn es gibt im Gegensatz zum Kleinbildfilm keine einheitlichen Abmessungen und die Hersteller schweigen sich oft aus und verraten die Abmessungen nicht. Auf jeden Fall sind die Sensoren wesentlich kleiner als ein Kleinbildfilm. Typische Abmessungen für die Diagonale sind 1/2,7", 1/1,8" und 2/3". Das Anführungszeichen steht hierbei für die Längeneinheit Zoll bzw. Inch.

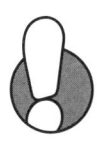

Die Diagonale bei CCD-Chips wird in Inch angegeben. Eigentlich ja kein Problem, denn 1" entspricht 25,4 mm. Theoretisch! Denn so einfach will es uns keiner machen. Aus historischen Gründen (es geht dabei um die nutzbare Fläche einer uralten Videoröhre aus den Anfängen der Fernsehtechnik) musst du deshalb bei CCD-Sensoren ein Zoll mit 16,4 mm umrechnen. Ist doch ganz logisch – oder? Um hier jetzt nicht zu weit abzuschweifen, sei ausnahmsweise einmal zur näheren Erklärung auf eine Webseite verwiesen, auf der du das noch etwas vertiefen kannst, wenn es dich interessiert: *http://de.wikipedia.org/wiki/Vidicon*.

Für einige der typischen Sensorabmessungen ergeben sich daraus die folgenden Werte:

| Sensorgröße | Diagonale | Faktor | Typische Auflösung |
|---|---|---|---|
| 1/2,7" | 6,6 mm | 6,5 | ca. 3–5 Megapixel |
| 1/1,8" | 8,9 mm | 4,8 | ca. 4–8 Megapixel |
| 2/3" | 11 mm | 3,9 | ca. 8 Megapixel |

Ein Faktor von 6,5 bedeutet, dass der Sensor 6,5-mal kleiner ist als ein so genannter Vollformatsensor mit den Kleinbild-typischen 43 mm. Bildlich sieht das Größenverhältnis dann zum Beispiel so aus, wie in der folgenden Abbildung.

*Größenverhältnis Kleinbild/CCD.*

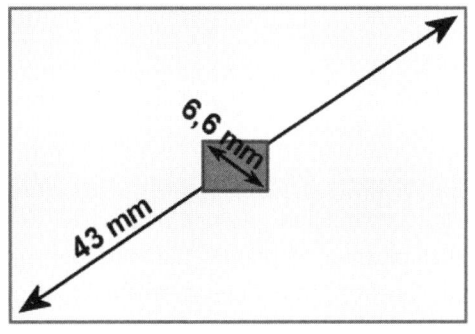

# Kapitel 7 — Von weit bis nah: Das Objektiv

Bei einem Brennweitenverlängerungsfaktor von 6,5 bildet die Digitalkamera also einen wesentlich engeren Bildausschnitt als die Kleinbildkamera mit Normalobjektiv ab. Dies entspricht einem extremen Teleobjektiv. Während das Normalobjektiv den ganzen Bildausschnitt einfängt, kann die Digitalkamera nur einen kleinen Bildbereich festhalten. Werden beide Aufnahmen gleich groß ausgedruckt oder als Papierbild abgezogen, zeigt das Bild der Digicam einen 6,5-mal vergrößerten Ausschnitt der Kleinbildkamera.

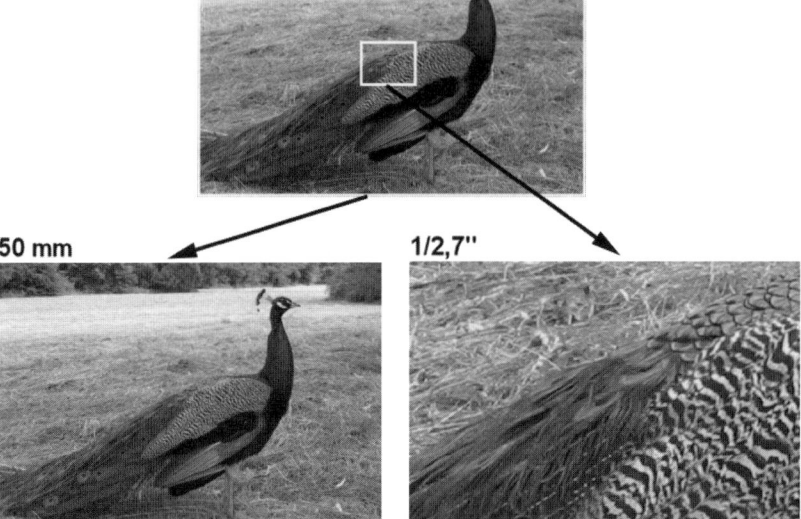

*Bildausschnitt eines 50-mm-Objektivs bei Kleinbildformat und 1/2,7" CCD.*

Mit einem solchen Objektiv an der Digicam könntest du wohl kaum ein vernünftiges Foto aufnehmen. Du müsstest für jedes Bild viel zu weit zurücktreten, um einen passablen Bildausschnitt zu bekommen. Um dem entgegenzuwirken, benötigt eine Digitalkamera mit einem 1/2,7"-Bildsensor als Normalobjektiv eine Brennweite von 6,6 mm. Dann wird genau der gleiche Bildausschnitt fotografiert wie beim Kleinbildformat mit einem 50-mm-Objektiv.

Da bei Digitalkameras die Brennweite für ein Normalobjektiv abhängig von der Größe des CCD-Chips ist, sind die Brennweitenangaben nicht direkt vergleichbar, so lange nicht auch die Größe des CCDs bekannt ist. Aus diesem Grund rechnen alle Kamerahersteller zusätzlich die Brennweiten der einzelnen Modelle in Vergleichswerte zum Kleinbildformat um. Nur dieser umgerechnete Wert kann dann zwischen verschiedenen Modellen direkt verglichen werden, weshalb sich in allen Texten hier im Buch die Brennweitenangaben auch immer auf das Kleinbildformat beziehen. Für ein gebräuchliches Zoom lautet dann die Angabe beispielsweise 35–140 mm.

## Ganz viel drauf mit dem Weitwinkel

Brennweitenverlängerung ist der gängige Begriff für die hier beschriebene Veränderung des Bildausschnitts. Es gibt aber immer wieder Zeitgenossen, die alles ganz genau nehmen und die dann sagen, dass die Brennweite ja gar nicht verändert wird, denn niemand schraubt ein anderes Objektiv an die Kamera. Die tatsächliche Brennweite bleibt bei Kleinbild- und Digitalkamera gleich, nur der Eindruck verändert sich. Demzufolge muss es ganz genau Beschnitt des Blickfelds oder Verkleinerung des Bildwinkels heißen. Das mag durchaus stimmen und dennoch bleibe ich bei dem bisherigen Begriff, mit dem die meisten Anwender auch etwas anfangen können.

Einen weiteren Pferdefuß gibt es aber immer noch: das Seitenverhältnis. Wäre ja auch zu schön, wenn es einfach wäre. Analoge Kleinbildkameras benutzen in Anlehnung an Papierformate ein Seitenverhältnis von 3:2. Die lange Seite ist also um das 1,5fache länger als die kurze. Die Bildsensoren bei Digitalkameras hingegen arbeiten aber meistens im Format 4:3, das sich aus den Abmessungen von Fernsehern und Computerbildschirmen ergibt. Meistens bieten nur hochwertige digitale Spiegelreflexkameras Sensoren im Format 3:2. Vorerst wollen wir es dabei belassen, wenn es um Papierabzüge von Digitalbildern geht, werden wir uns dem Problem aber noch etwas widmen müssen.

*Beim Aufnahmeformat 4:3 (gepunktete Fläche) ist das Bild etwas weniger breit.*

## Ganz viel drauf mit dem Weitwinkel

Objektive mit kleiner Brennweite (oder ein entsprechend eingestellter Zoom) werden Weitwinkelobjektive genannt. In der Analogfotografie gehören dazu Brennweiten von etwa 28–45 mm.

# Kapitel 7 — Von weit bis nah: Das Objektiv

Weitwinkelobjektive verschaffen dir als Fotografen die Möglichkeit, einen großen Ausschnitt der Umgebung wiederzugeben. In engen Räumen ist es so möglich, noch einen breiten Ausschnitt festzuhalten, wenn du aus irgendeinem Grund beispielsweise nicht weiter zurücktreten kannst. Durch den großen Blickwinkel verkleinert sich das fotografierte Motiv aber scheinbar. Außerdem kann es zu perspektivischen Verzerrungen kommen, wenn sich das Motiv sehr nah am Objektiv befindet, wie das Foto des Kindes von oben zeigt: Der Kopf ist groß, während die Füße ungewöhnlich klein wirken.

*Die perspektivische Verzerrung kann durchaus auch einmal für ungewöhnliche Aufnahmen genutzt werden.*

Weitwinkelobjektive bieten die größtmögliche Tiefenschärfe, können also gleichzeitig nahe und entferne Objekte scharf abbilden. Diese Eigenschaft nimmt mit steigender Brennweite immer mehr ab.

Extreme Weitwinkel mit einstelligen Brennweiten werden gerne auch als Fischaugenobjektive (oder englisch fish-eyes) bezeichnet, da sie den Bildausschnitt sehr stark rund verzerren – ganz so, wie man sich den Blickwin-

## Weites Ranholen mit dem Teleobjektiv

kel eines Fisches vorstellt. Jedes Weitwinkelobjektiv verzerrt ein Motiv ein wenig, wenn auch nicht so deutlich. Bei Motiven mit vielen parallel verlaufenden Linienmustern sollte deshalb möglichst nicht die Weitwinkeleinstellung genutzt werden, da der Betrachter sich sonst an den Linien orientiert und das Bild fehlerhaft wirkt.

*Verzerrung eigentlich paralleler Linien beim Weitwinkelobjektiv.*

# Weites Ranholen mit dem Teleobjektiv

Ab einer Brennweite von über 60 mm spricht der Fotograf vom Teleobjektiv. Für kompakte Digitalkameras sind meistens Werte bis zu 150 mm üblich. Bei Wechselobjektiven für Spiegelreflexkameras reicht der Bereich aber bis zu gängigen 300 mm und für extreme Situationen auch noch weit darüber.

# Kapitel 7 — Von weit bis nah: Das Objektiv

Teleobjektive zeichnen sich durch einen sehr kleinen Aufnahmewinkel aus, wodurch entfernte Gegenstände nah herangeholt und groß abgebildet werden. Anstatt einer Verzerrung wie beim Weitwinkel kommt es beim Tele zu einer Verdichtung der Bildelemente. Unterschiedlich entfernte Elemente liegen scheinbar dicht hintereinander.

*30 mm.*

*55 mm.*

*120 mm.*

## Weites Ranholen mit dem Teleobjektiv

220 mm.

480 mm.

Bei diesigem Wetter oder staubiger Luft werden die Schwebeteilchen zwischen dir und dem fotografierten Objekt nicht weggezaubert, wodurch sich die Bildqualität verringert und das Foto flau wirkt, weshalb du nur bei klarer Sicht starke Telebereiche benutzen solltest.

Bei größeren Brennweiten macht der enge Bildausschnitt dem Fotografen oft zu schaffen. Um die große Brennweite zu ermöglichen, wird das Objektiv (auch bei Kompaktkameras) sehr lang und verschiebt so den Schwerpunkt der Kamera nach vorne. Dadurch fällt es besonders schwer, die Kamera ruhig zu halten und den gewünschten Bildausschnitt einzustellen. Zudem steigt die Verwackelungsgefahr, der man nur mit kurzen Belichtungszeiten (1/500 Sekunde und kürzer) oder einem Stativ begegnen kann.

Gegen kurze Belichtungszeiten spricht aber die abnehmende Lichtstärke beim Teleobjektiv. Mit größer werdender Brennweite lässt das Objektiv immer weniger Licht durch und verschluckt einen größer werdenden Anteil. Das macht sich durch die kleinstmögliche Blendenstufe bemerkbar. Bei einem Weitwinkel ist das oft eine Blende wie f/2 und bei einem mittleren Tele nur noch f/5,6. Auf vielen Objektiven steht deshalb die Angabe 1:2-5,6.

# Kapitel 7 — Von weit bis nah: Das Objektiv

Für die Porträtfotografie wird sehr gerne ein leichtes Teleobjektiv mit 75 bis 135 mm eingesetzt. Zum einen ermöglichen sie dir einen bequemen Abstand zum Motiv und zum anderen werden in diesem Brennweitenbereich Verzerrungen im Gesicht gemindert. Zusätzlicher Nebeneffekt ist die abnehmende Tiefenschärfe, die es dir ermöglicht, den Hintergrund unscharf abzubilden und so den Schwerpunkt des Bildes auf das Gesicht zu legen.

Kommen wir noch kurz zum digitalen Zoom. Egal, wie wohlklingend Angaben wie 10facher Zoom erscheinen mögen: Die Angabe ist einfach aus der Luft gegriffen und besagt nichts über die tatsächliche Qualität deines Objektivs. Ein digitaler Zoom arbeitet ganz einfach: Nachdem du mit deinem optischen Zoom die Brennweite maximal vergrößert hast, verändert sich diese nicht weiter. Stattdessen fertigt der Bildprozessor in der Kamera beim Weiterheranzoomen immer stärkere Ausschnittsvergrößerungen des Bildes an. Es wird immer wieder der mittlere Bildbereich genommen und auf die ganze Bildfläche vergrößert.

Dabei kann der CCD-Sensor aber nicht mehr Details aus dem verwendeten Bildausschnitt gewinnen, sondern es werden rechnerisch Pixel hinzugefügt. Genau das Gleiche kannst du auch später am Computer bei der Bildbearbeitung machen. Im Grunde kannst du bis in alle Ewigkeit in ein Bild hineinzoomen und so auch einen 50fachen und noch größeren digitalen Zoom benutzen. Dabei wirst du dann aber feststellen, dass mitnichten mehr Details sichtbar werden, sondern das Motiv nur matschig und verschwommen größer wird. Der digitale Zoom kann auch nicht zaubern und liefert sogar oft weniger gute Ergebnisse als deine Bildbearbeitung, da diese ein besseres mathematisches Verfahren für die Vergrößerung anwenden kann und mehr Zeit und Rechenleistung zur Verfügung steht.

*Aufnahme mit 35-mm-Objektiv.*

# Weites Ranholen mit dem Teleobjektiv

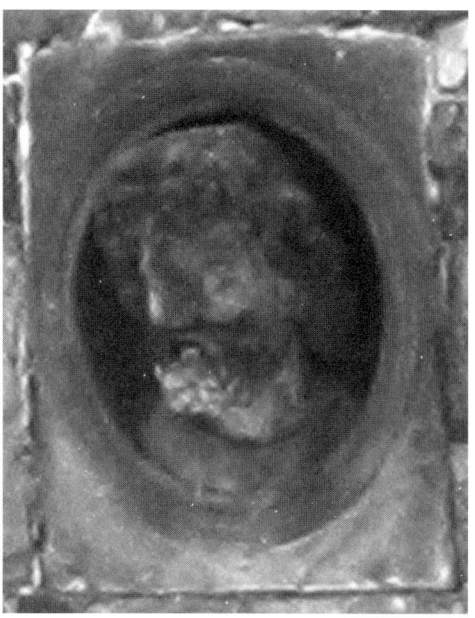

*Schlechte Qualität mit digitalem Zoom vom selben Standort aus wie beim 35-mm-Objektiv.*

*Sehr gute Bildqualität, ohne den Standort zu verändern: Optischer Zoom mit 480 mm Brennweite.*

Viele Kamerahersteller haben inzwischen eingesehen, dass sie die Käufer nicht mehr mit dubiosen Werten täuschen können, und verzichten auf einen digitalen Zoom oder bieten wenigstens die Möglichkeit, diesen abzustellen. Vielleicht kann deine Kamera das auch: Sieh in der Betriebsanleitung nach und schalte den digitalen Zoom wenn möglich dauerhaft aus. So

# Kapitel 7 — Von weit bis nah: Das Objektiv

verhinderst du, dass du aus Versehen den Bereich des optischen Zooms verlässt und die Qualität deiner Aufnahmen herabsetzt.

Keine Angst vor dem Motiv! Der Telebereich ist keine Allround-Lösung für alle Aufnahmen von entfernten Objekten. Die gezeigten Nachteile sollten deutlich machen, dass ein Tele nur dann sinnvoll ist, wenn du an das sich weit weg befindende Motiv nicht näher herankommst oder die optischen Eigenschaften des Tele für Porträtaufnahmen usw. gezielt einsetzen willst. Es ist immer besser, sich dem Motiv so weit wie möglich (und zur Bildgestaltung passend) zu nähern. Bis auf einige Ausnahmen wird dich dein Motiv schon nicht beißen und deine Bilder werden bei geringerem Abstand immer brillanter. Verzichte lieber auf ein wenig Bequemlichkeit und nimm einen kleinen Fußmarsch in Kauf.

Das eine Bild zeigt einen typischen Versuch, Tiere in der Natur zu fotografieren: Ohne extremes Teleobjektiv hast du keine Chance, die fliegenden Flamingos so einzufangen, dass man sie auch noch erkennen kann. Warte lieber auf eine Gelegenheit, bis sich die Tiere dir genähert haben, oder versuche, dich vorsichtig anzupirschen.

*Typisches Suchbild: Wo fliegen sie denn?*

# Kleines wird ganz groß mit dem Makro

*Mit etwas Geduld kannst du dich deinem Motiv nähern.*

# Kleines wird ganz groß mit dem Makro

Möchtest du für eine Nahaufnahme richtig nah an ein Objekt herangehen, wirst du feststellen, dass du mit einem normalen Objektiv ab einem bestimmten Punkt nicht mehr scharf stellen kannst. Die meisten Objektive können nur ab etwa einem halben Meter scharf stellen. Um ein kleines Detail wie eine Blüte oder einen Käfer abzubilden, müsstest du aber noch dichter heran, da sonst ein Großteil des Bildformates ungenutzt bleibt und keine Feinheiten zu erkennen sind.

# Kapitel 7 — Von weit bis nah: Das Objektiv

Für genau diese Gelegenheiten gibt es Makroobjektive, die extrem kleine Abstände von wenigen Zentimetern ermöglichen und dadurch eine große Abbildung des Motivs ergeben. Wenn deine Digitalkamera über eine entsprechende Einstellmöglichkeit verfügt, kannst du einfach ohne Objektivwechsel in den Makromodus wechseln. Ein gängiges Symbol für die Einstellungsmöglichkeit der Nahfunktion ist das Tulpen-Icon.

Für eine gute Makroaufnahme brauchst du vor allem zwei Dinge: viel Licht und ein ruhiges Händchen. Da du sehr nah an das Motiv herangehen willst, darf das Licht nicht von hinter dir scheinen, sondern muss seitlich einfallen, ansonsten würdest du einen Schatten auf das Motiv werfen. Problematisch sind beispielsweise Blumen mit hohem Blütenkelch. Es wird schwer, gleichzeitig sowohl den tief liegenden Mittelteil als auch die Blätter richtig zu belichten. Viel Licht benötigst du außerdem, weil ein Objektiv in Makrostellung sehr viel Licht schluckt und sich die kleinstmögliche Blendenzahl deutlich vergrößert. Zudem verringert sich bei Makroaufnahmen die Tiefenschärfe drastisch auf wenige Millimeter oder Zentimeter. Nur bei viel Licht kannst du eine so kleine Blende wählen, dass sich die Tiefenschärfe ausdehnt. Ansonsten hast du bei Detailaufnahmen immer das Entscheidungsproblem, welchen Teil des Bildes du fokussieren möchtest. Und da kommt dann auch das ruhige Händchen ins Spiel: Schon geringste Schwankungen mit der Kamera oder des Motivs (zum Beispiel bei Wind) verlagern den fokussierten Bereich. Für die besten Ergebnisse empfiehlt sich deshalb immer der Einsatz eines Stativs.

*Eine Überbelichtung der in der Sonne liegenden Blütenblätter wurde in Kauf genommen, um die Mitte richtig zu belichten. Die niedrige Tiefenschärfe verhindert, dass Pollen und Blätter gleichzeitig scharf abgebildet werden.*

Schlechte Objektive sind leider die Regel

Mit ein wenig Übung wirst du die Handhabung deiner Kamera aber schnell auch bei Nahaufnahmen heraushaben und kannst dich dann an wunderbar großen und detaillierten Aufnahmen von Objekten erfreuen, die ohne Makro nie so zur Geltung kommen würden.

*Makroaufnahme einer Briefmarke: Sogar die einzelnen Rasterpunkte der Druckerfarbe sind deutlich zu erkennen.*

# Schlechte Objektive sind leider die Regel

Eigentlich gehört das Objektiv zu den wichtigsten Bauteilen einer (Digital-) Kamera. Die Güte des Objektivs oder der Linsengruppe bei festen Zoomobjektiven an einer Kompaktkamera ist hauptverantwortlich für eine gute Fotografie. Beim CCD-Sensor und der restlichen Elektronik kann ein Hersteller einer halbwegs passablen Kamera kaum etwas falsch machen, zumal es vor allem bei den CCD-Chips nur wenige Hersteller gibt und in vielen Kameramodellen die gleichen Sensoren verbaut werden. An der Optik kann aber eine Menge herumgepfuscht werden und das ist etwas, was du oft erst nach dem Kauf feststellen oder in einem guten Produkttest nachlesen kannst.

Generell neigt jedes Objektiv im Weitwinkelbereich dazu, die Ränder des Bildausschnitts abzuschatten. Diese so genannte *Vignettierung* macht sich besonders deutlich bei Landschaftsaufnahmen mit vielen gleich hellen Flächen wie Himmel oder Meer bemerkbar. Auf Fotos mit vielen unterschiedlich strukturierten Elementen vor allem in den Ecken fällt die Verdunkelung weniger stark auf.

# Kapitel 7 — Von weit bis nah: Das Objektiv

Neigt deine Kamera zu solchen Bildern? Dann kannst du leider fast nichts dagegen unternehmen, denn ein Wechsel zu einem besseren Objektiv ist nur bei Spiegelreflexkameras möglich. Eine kleine Chance hast du aber, wenn du bei deinen Aufnahmen mehr auf die gewählte Blende achtest. Bei weit geöffneter Blende (kleine Blendenzahl) ist der unerwünschte Effekt ausgeprägter als bei geschlossener Blende. Wenn die Lichtverhältnisse also die Wahl der Blende zulassen, stelle eine möglichst kleine Blende ein.

- Bietet deine Kamera einen Modus, der bei vielen Modellen mit einem P gekennzeichnet ist, dann schalte in dieses Programm um.

- Sobald du den Auslöser halb durchdrückst, ermittelt die Kamera eine Blenden-Zeit-Kombination für die aktuellen Lichtverhältnisse.

- Je nach Kameramodell kannst du nun mit dem Drehrad oder zwei Tasten andere Kombinationen von Verschlusszeit und passender Blende auswählen. Die Kamera schlägt nur solche Werte vor, bei denen die Aufnahme immer gleich belichtet wird ohne über- oder unterzubelichten.

- Wähle eine Einstellung mit möglichst großer Blendenzahl bei einer Verschlusszeit, die du noch ohne zu verwackeln halten kannst (zum Beispiel 1/60").

Fast ebenso häufig wie die Vignettenbildung ist eine Tonnen- oder *Kissenverzerrung*. Auf den meisten Fotos wird sie dir zuerst gar nicht auffallen. Fotografierst du aber ein Motiv mit parallel verlaufenden Linien oder eine geometrisch quadratische Form, wird die Verzerrung schnell vor allem an den Bildrändern sichtbar. Bei der Betrachtung orientiert sich das Auge an

## Zusammenfassung

der geraden Bildkante und die verzerrten Linien verlaufen dann nicht parallel zu der Kante, sondern sind gebogen und das Objekt wirkt kugelförmig. Zum Glück kannst du mit deiner Bildbearbeitung den Bildfehler ganz gut korrigieren.

Am Bildrand ist die Verzerrung stets stärker als weiter in der Bildmitte. Die Weitwinkeleinstellung verstärkt die Verzerrung der Linsen zusätzlich noch etwas. Wenn dein Objektiv zu starken Verzerrungen neigt, hilft folgender Trick: Fotografiere das Motiv mit einem größeren Abstand und positioniere den Gegenstand in der Bildmitte. Später kannst du dann den unerwünschten Rand wegschneiden.

Du kannst auch durch die Bildgestaltung die Wirkung der Verzerrung reduzieren. Wenn du das Motiv schräg, anstatt frontal direkt von vorne fotografierst, bleibt die Verzerrung zwar bestehen, fällt aber bei weitem weniger auf. Durch die schräge Perspektive laufen die Linien aus dem Bild heraus und sammeln sich in einem entfernten Punkt. Unser Wahrnehmungssinn ist diese Ansicht gewohnt und achtet dann weniger auf die Verzerrung am Rand.

# Zusammenfassung

Das Objektiv ist der Dreh- und Angelpunkt für eine gelungene Aufnahme. Mit der Brennweite wird angegeben, ob du ein Weitwinkel- (kleine Brennweite) oder ein Teleobjektiv (große Brennweite) besitzt. Als Normalobjektiv wird ein Objektiv mit der Brennweite von etwa 50 mm bezeichnet. Dies entspricht dem normalen Sehfeld eines Menschen. Die Brennweitenzahl ist

# Kapitel 7

## Von weit bis nah: Das Objektiv

abhängig von der Größe des CCD-Chips, weshalb sie immer auf das Kleinbildformat umgerechnet wird. Die meisten Digitalkameras besitzen einen Zoom, der von Weitwinkel bis Telebereich alles abdeckt. Einfache Objektive neigen zu kleinen Fehlern wie Abschattungen am Bildrand und Verzerrungen, die sich aber durch geschickte Bildgestaltung kaschieren lassen.

## Ein paar Fragen ...

Frage 1: Welche Möglichkeit hast du, statt den digitalen Zoom zu benutzen?

Frage 2: Was bezeichnet man als Brennweitenverlängerung?

Frage 3: Welches Seitenverhältnis hat das Aufnahmeformat der meisten digitalen Kompaktkameras?

Frage 4: Wie wirkt sich die Teleinstellung deines Zooms auf die Blende aus?

Frage 5: Ist die Makroeinstellung für Aufnahmen entfernter Objekte geeignet?

Frage 6: Was versteht der Profi unter dem Begriff Vignettierung?

Frage 7: Was bedeutet die Angabe 1:3,5–5,6?

Frage 8: Wird ein Weitwinkel- oder ein Teleobjektiv als Objektiv mit kurzer Brennweite bezeichnet?

## ... und ein paar Aufgaben

1. Teste die Wirkung deines Zooms: Fotografiere ein etwa 300 Meter entferntes Objekt im Weitwinkel-, Normal- und Telebereich.
2. Schalte den digitalen Zoom deiner Kamera wenn möglich dauerhaft aus.
3. Fotografiere eine gleichmäßig helle Fläche wie den Himmel oder eine Wand mit dem Weitwinkel und überprüfe im Grafikprogramm, wie ausgeprägt dein Objektiv zur Vignettenbildung neigt.
4. Fotografiere ein waagerechtes und ein senkrechtes Muster aus Linien, um die Verzerrung des Objektivs zu überprüfen. Eine Backsteinmauer eignet sich gut dazu.

# 8
# Nach der Fotosession geht's weiter

Nach dem Drücken des Auslösers und der Aufnahme des Fotos ist die Arbeit – oder das Vergnügen, ganz wie du willst – noch lange nicht vorbei. Für manche beginnt jetzt erst der interessante Teil des Foto-Hobbys. Die Bilder werden auf den PC kopiert, müssen gesichtet und aussortiert werden, wandern ins Archiv oder werden ausgedruckt und an Freunde verschickt.

In diesem Kapitel lernst du

- wie die Einstellungen an deiner Digicam die Bildqualität beeinflussen
- auf welchem Weg die Aufnahmen auf deinen Computer gelangen
- ob es sich lohnt, Bilder direkt von der Kamera aus zu drucken
- die Geheimnisse einer Bilddatei zu lüften
- wie du deine Bilder ein Leben lang aufhebst
- deine Bilder zu sortieren
- Hochformatbilder zu drehen, damit sie nicht mehr auf der Seite liegen

Kapitel  Nach der Fotosession geht's weiter

# 8 Welches Dateiformat ist richtig?

Da du bestimmt schon ein wenig mit einem Grafikprogramm oder Bildern von Freunden experimentiert hast, wird dir bekannt sein, dass es im Computerbereich verschiedene Dateiformate für Bilder gibt. Das Dateiformat legt die Art und Weise fest, in der die Bildinformationen auf einem Datenträger gespeichert werden. Anhand des Dateisuffixes, also der meistens drei oder vier Buchstaben langen Dateiendung hinter dem Punkt eines Dateinamens, kann man den Bildtyp erkennen.

Angesichts der Tatsache, dass es mindestens zehn verschiedene bekannte Formate und eine Unzahl von weiteren, weniger bekannten Dateiformaten gibt, stellt sich dir vielleicht die Frage, wieso es so viele Varianten gibt und warum nicht ein Format ausreicht.

Um die Unterschiede besser zu verstehen, werfen wir einen kurzen Blick auf den Aufbau einer Grafikdatei. Nur wenn du weißt, wie die einzelnen Formate funktionieren, kannst du später für jede Anwendung bei der weiteren Verarbeitung deiner Fotos das richtige Format auswählen.

*Bildaufbau (siehe Farbseite J).*

# Welches Dateiformat ist richtig?

> Jedes Bild besteht bekanntermaßen aus vielen einzelnen farbigen Pixeln. Diese sind so klein, dass wir sie normalerweise nicht sehen. Im Bild mit den Sonnenblumen habe ich einmal einen kleinen Ausschnitt stark vergrößert und die einzelnen Pixel dargestellt.
>
> Da sich jede beliebige Farbe aus den drei Grundfarben Rot, Grün und Blau (wird oft als *RGB* abgekürzt) zusammenmixen lässt, müssen für jedes Pixel drei Farbinformationen gespeichert werden. Wie das genau funktioniert, lassen wir einmal unbeachtet. Auf jeden Fall werden dazu drei Zahlen benötigt. Für ein Pixel braucht man also drei Zahlen, für die Pixel aus der Vergrößerung werden schon 72 Zahlen gespeichert. Bei einem Bild mit 2.048 x 1.536 Pixeln sind das unglaubliche neun Millionen Zahlen (genau gesagt sind es 9.437.184).
>
> Weißt du, was ein Byte ist? Das ist die Maßeinheit für gespeicherte Daten (hier findest du eine kurze Einführung: *http://www.blinde-kuh.de/internet/bit.htm*) und jede der Zahlen für die Farben nimmt ein Byte Platz in Anspruch. Dein Bild mit 2.048 x 1.536 Pixeln belegt also in etwa 9 Megabyte auf deiner Festplatte. Das ist enorm viel! Zum Vergleich: Das ist in etwa so viel, wie drei Musikdateien im MP3-Format belegen.

Im Wesentlichen kann man die verschiedenen Formate in drei Gruppen aufteilen:

◇ nicht komprimierend

◇ verlustfrei komprimierend

◇ verlustbehaftet komprimierend

Zu den nicht komprimierenden Bildformaten gehört als bekanntester Vertreter das Bitmap-Format mit der Dateiendung *.bmp*. Beim Bitmap-Format wird jeder Bildpunkt genau so gespeichert, wie im Tipp-Kasten beschrieben. Die Bilddaten werden nicht verändert und belegen sehr viel Speicherplatz, weshalb sich Bitmap nur in seltenen Ausnahmefällen eignet.

Durch raffinierte mathematische Verfahren können die vielen Zahlen aber stark reduziert werden. Stell dir mal vor, in deinem Bild gibt es eine größere Fläche, die nur aus einer Farbe besteht – zum Beispiel ein Teil der Sonnenblume oder des Himmels. Um die Fläche zu beschreiben, müsste jetzt für jedes Pixel nacheinander die Farbinformation gespeichert werden. Beispielsweise »Gelb, Gelb, Gelb, Gelb, Gelb, Gelb, Gelb, Gelb, Gelb, Gelb, Gelb, Gelb, Gelb, Gelb, Gelb, Gelb, Gelb, Gelb, Gelb, Gelb« usw. Wesentlich kürzer geht es aber auch: »20 x Gelb«. Natürlich werden wie immer Zahlen statt der Farbnamen gespeichert, die sind jetzt nur zur Erklärung. Solche und andere Tricks dienen der Komprimierung. Die zuvor sehr große Datenmenge wird verkleinert, um Speicherplatz zu sparen.

Es ist aber jederzeit möglich, aus der reduzierten Datenmenge »20 x Gelb« wieder genau das ursprüngliche Bild zu berechnen: »Gelb, Gelb, Gelb, Gelb, Gelb, Gelb, Gelb, Gelb, Gelb, Gelb, Gelb, Gelb, Gelb, Gelb, Gelb, Gelb, Gelb, Gelb«. Da das eigentliche Bild durch die Komprimierung also nicht verändert wurde, spricht der Profi von einer verlustfreien Komprimierung. Typische Dateiformate für diese Speicherung sind TIFF, teilweise JPEG2000 (wird in etwa wie »schäjpäck« ausgesprochen) und das etwas unbekannte PNG (wird als »ping« gesprochen).

Bei TIFF musst du aber aufpassen: es gibt ein TIFF-Format, das komprimiert, und eines, das wie Bitmap nicht komprimiert. An der Dateiendung sind sie nicht zu erkennen. Außerdem bereitet das komprimierte TIFF-Format immer wieder mal Probleme, weshalb es nicht empfehlenswert ist.

Um die enorme Datenmenge eines Bildes richtig einzudampfen, also möglichst kleine Dateien zu bekommen, die wenig Platz beanspruchen, gibt es noch die verlustbehaftete Komprimierung. Hierbei wird das Ausgangsbild verändert und entspricht anschließend nicht mehr dem Original.

Im Ausschnitt auf dem Sonnenblumenbild ist ein Bereich von 2 x 2 Pixeln durch eine punktierte Linie gekennzeichnet. Um diesen Bereich zu speichern, müsste man eigentlich die Zahlen für eine Angabe wie »Gelb, Dunkelgelb, anderes Gelb, dunkleres Gelb« speichern. Wenn du aber nicht so kritisch hinschaust und das Bild von etwas weiter entfernt betrachtest, könnte man auch »4 x Gelb« sagen. Wie du siehst, werden die kleinen Farbunterschiede jetzt nicht mehr beachtet und es wird ein mittlerer Farbton benutzt. Dadurch hat sich das Bild ein klein wenig verändert, denn anstatt vier ähnlichen, aber trotzdem verschiedenen Farben gibt es jetzt nur noch viermal die gleiche Farbe, die allen vier Ausgangsfarben etwas ähnlich ist.

So in etwa arbeiten verlustbehaftete Dateiformate: Nebeneinander liegende Pixel mit ähnlicher Farbe werden vereinheitlicht. Das Ursprungsbild mit seinen vielen Farbunterschieden ist dann nicht mehr vorhanden und lässt sich auch nie wieder herstellen. Eigentlich also nicht gerade das, was man will, denn das Bild wird ja im Grunde dann durch die Speicherung schlechter. Dafür werden die Bilddateien aber enorm viel kleiner und in der Regel siehst du gar nicht, dass das Bild etwas schlechter wurde.

# Welches Dateiformat ist richtig?

Bei den meisten verlustbehafteten Komprimierungen kannst du sogar einstellen, wie stark die Bilddatei verkleinert werden soll. Bei zunehmender Komprimierung wird die Datei immer kleiner, die Qualität des Bildes wird aber auch immer schlechter, da die Zusammenfassung mehrerer Pixel immer auffälliger wird. Es liegt dann an dir, zu wählen, was dir wichtiger ist: gute Bildqualität bei großer Datei oder schlechtere Qualität bei kleiner Datei. Das bekannteste Bildformat dieser Gattung ist JPEG, dessen Dateien oft mit der Endung *.JPG* gespeichert werden.

> Bei jeder Speicherung eines JPEG-Bildes wird der Inhalt neu komprimiert. Speicherst du ein Bild, schließt es, öffnest es wieder, bearbeitest es eventuell ein wenig, speicherst es wieder und wiederholst diesen Vorgang mehrmals, wird das Bild immer schlechter. Wenn du ein Bild also in mehreren Etappen bearbeiten willst, verschlechterst du das Bild nur unnötig. Besser ist es, das Bild einmal zu öffnen, alle Bearbeitungen vorzunehmen und dann erst abzuspeichern. Kommst du nicht darum herum, das Bild mehrmals zu öffnen und zu speichern, dann benutze lieber zwischendurch ein verlustfreies Speicherformat wie PNG. Jedes Grafikprogramm bietet dazu auch ein Eigenformat an, bei dem dann das Bild zwar etwas mehr Platz in Anspruch nimmt, aber nicht schlechter wird und außerdem oft in einer späteren Sitzung frühere Aktionen zurückgenommen werden können. Bei Paint Shop Pro nennt sich das Format beispielsweise PSP.

Den Unterschied kannst du anhand des folgenden Beispiels gut erkennen: Das Sonnenblumen-Foto wurde diesmal stark komprimiert. Dabei wird nur noch wenig Speicherplatz beansprucht, die Bildqualität hat aber stark gelitten. Zum Vergleich: Das gute Bild der Sonnenblumen zuvor beansprucht etwa zehnmal so viel Speicherplatz. Die bei der Komprimierung auftretenden störenden Pixelblöcke werden als JPEG-Artefakte bezeichnet.

*Das stark komprimierte Bild benötigt nur noch wenig Speicherplatz.*

# Kapitel 8 — Nach der Fotosession geht's weiter

Da nur JPEG in der Lage ist, die vielen Bilddaten so zu reduzieren, dass möglichst viele Fotos auf eine Speicherkarte passen, speichern so gut wie alle Digitalkameras in diesem Format. Als Fotograf kannst du aber oft an der Kamera einstellen, wie stark die Komprimierung sein soll und was dir demnach wichtiger ist: kleine Dateien mit etwas schlechterer Bildqualität, von der aber viele auf die Speicherkarte passen, oder bessere Qualität bei größeren Dateien.

> Die eingestellte Bildqualität wirkt sich immer nur auf die Fotos aus, die du nach der Änderung aufnimmst. Die bereits gespeicherten Fotos bleiben unverändert. Da die Komprimierung abhängig vom fotografierten Bild unterschiedliche Ergebnisse liefert, kann die Kamera nur schätzen, wie groß die zukünftigen Dateien werden, und die Angabe, wie viele Bilder noch auf die Speicherkarte passen, ist nur eine grobe Orientierung, die um einige Bilder schwanken kann. In der Anleitung zu deiner Kamera wirst du bestimmt eine Übersicht finden, wie groß die Dateien bei welcher Einstellung in etwa werden und wie viele Bilder du dann auf einer Speicherkarte ablegen kannst.

Mein Tipp ist ganz klar: Wähle die beste Bildqualität. Nur wenn du drei Wochen durch die Einöde wanderst und keine Möglichkeit hast, deine Fotos auf einen Laptop oder ein anderes Speichermedium zu kopieren, kannst du eine stärkere Komprimierung wählen. Es wäre doch sonst schade, wenn das einmalige Motiv durch die Sparmaßnahme leidet. Kaufe dir lieber eine zweite Speicherkarte oder wünsche dir eine als Geschenk für die nächste Gelegenheit.

≫ Schalte die Kamera ein und rufe das Konfigurationsmenü auf.

≫ Je nach Kameramodell kannst du jetzt in einem entsprechenden Menüpunkt die Komprimierungsstärke einstellen. Meistens gibt es drei Einstellungen:

| Symbol | Bedeutung | Zweck |
|---|---|---|
| ◢ | Normal | Mittlere Qualität, stärkere Kompression, viele Aufnahmen |
| ◣ | Fein | Standardqualität |
| S | Superfein | Hohe Bildqualität, niedrige Kompression, weniger Aufnahmen |

≫ Wähle die Einstellung mit der niedrigsten Komprimierung für die beste Qualität.

# Welches Dateiformat ist richtig?

Höherwertige Digicams bieten häufig noch die Möglichkeit, ein anderes Dateiformat neben JPEG zu wählen. Das RAW-Format enthält keine fertige Bilddatei, sondern die exakten Messdaten vom CCD-Sensor. Normalerweise werden diese Werte vom Bildprozessor in der Kamera weiterverarbeitet und dann als JPEG gespeichert. Eine RAW-Datei kann nur mit einem speziellen Programm betrachtet werden. Um ein fertiges Bild zu bekommen, musst du dann am PC die Arbeit des Bildprozessors der Kamera übernehmen und u.a. den Weißabgleich, Belichtungskorrekturen usw. vornehmen. Manche Kamera kann sogar gleichzeitig JPEG und RAW speichern. Dann bekommst du bei jeder Aufnahme zwei Dateien. Da die RAW-Dateien sehr groß sind und wir sie auch nicht weiter behandeln werden, kannst du aber erst einmal auf dieses Format verzichten.

Die Qualität deiner digitalen Fotos wird noch durch einen zweiten Faktor mitbestimmt: der Bildauflösung. Diese gibt an, aus wie vielen Pixeln ein Foto besteht. Mal nachdenken: Hat die Kamera nicht eine feste Anzahl Pixel wie zum Beispiel fünf Megapixel? Wie kannst du dann daran etwas ändern? Gute Frage. Eigentlich geht das auch nicht, sondern es ist wieder einmal ein Trick, um etwas unbedarfte Gelegenheitsknipser zu verwirren.

Erinnerst du dich noch an die Ausführungen über die Pixelanzahl auf einem CCD-Sensor? Kurz zusammengefasst hieß es in etwa: Für ein Farbfoto werden drei Pixel (Rot, Grün, Blau) benötigt. Ein CCD-Chip mit 5 Megapixel hat genau gesagt beispielsweise 4.915.200 Pixel. Diese Auflösung müsste korrekt eigentlich Abtast- oder Samplerate (»sämpel« gesprochen) heißen. Da pro Bildpunkt im fertigen Foto drei Pixel (je ein rotes, grünes und blaues) des CCD-Sensors benötigt werden, hat das Foto eigentlich nur in etwa ein Drittel so viele Pixel, also etwa 1.638.400. Das gängige Seitenverhältnis kompakter Digicams ist 4:3, daraus ergeben sich einige typische Abmessungen für die Bilder bei verschiedenen Auflösungen:

| Breite | Höhe | Pixelanzahl |
|---|---|---|
| 1.024 | 768 | 786.432 |
| 1.280 | 960 | 1.228.800 |
| 1.600 | 1.200 | 1.920.000 |
| 2.048 | 1.536 | 3.145.728 |
| 2.272 | 1.704 | 3.871.488 |
| 2.560 | 1.920 | 4.915.200 |
| 3.072 | 2.048 | 6.291.456 |

Kapitel 8 — Nach der Fotosession geht's weiter

Die Kamera aus dem Beispiel kann also streng genommen nur Fotos mit einer maximalen Auflösung von 1.638.400 Pixeln aufnehmen, woraus sich dann eine Standard-Bildgröße von 1.280 x 960 ergibt (1.228.800 Pixel ist der nächstkleinere Wert vor 1.638.400). Aber das kann kein Kamerahersteller seinem Kunden klar machen, denn die ach so tolle 5-Megapixel-Kamera kann ja dann nur etwas mehr als einen Megapixel aufnehmen – wer soll das begreifen? Also mogelt jeder Hersteller ein wenig und gibt die Bildgröße für die beworbenen fünf Megapixel an: 2.560 x 1.920.

> Es gibt sogar von höchster Stelle des Normenausschuss *Bild und Film* hierzu einen Brief an alle Hersteller von Digitalkameras und Scannern, diese Mogelei zu unterlassen: *www.nbf.din.de/sixcms_upload/media/1767/offener%20Brief_Missbrauch_NBF%20final-1.pdf*. Bisher blieb der Vorschlag aber erfolglos und stößt auf taube Ohren.

Wie schon in der Einführung zur Digitalkameratechnik beschrieben, wird diese Auflösung (und jede andere, die nicht der realen Bildauflösung von beispielsweise 1.638.400 Pixeln entspricht) durch Interpolation ermöglicht. Die Bildinformationen werden also rechnerisch erhöht und es werden zusätzliche Pixel eingefügt. Anders herum geht es natürlich auch: Es können auch kleinere Auflösungen durch Weglassen von Pixeln ermöglicht werden.

Deshalb kannst du bei deiner Kamera auch verschiedene Auflösungen einstellen, obwohl der CCD-Chip immer die gleiche Auflösung benutzt. Theoretisch würde es Sinn machen, nur die Bildauflösung einzustellen, die auch tatsächlich möglich ist. In der Praxis liefern die Interpolationsalgorithmen für die größeren Abmessungen allerdings trotzdem bessere Ergebnisse, so dass du durchaus in der maximalen Auflösung fotografieren kannst. Bietet die Kamera die Möglichkeit, extrem hohe Auflösungen einzustellen, dann benutze nur die Auflösung, die auch der physikalischen Auflösung (Abtast- oder Samplerate) des CCD-Sensors entspricht. Also bei einem 4-Megapixel-Sensor beispielsweise 2.272 x 1.704.

> Wie auch schon bei der Kompressionsstärke wirken sich Änderungen an der Auflösung erst auf die nachfolgenden Aufnahmen aus. Die bisherigen Bilder bleiben unverändert. Nur wenn echte Platznot herrscht, lohnt es sich, die Auflösung zu reduzieren, um mit den dann kleineren Dateien Platz zu sparen.

➤ Schau in deiner Anleitung zur Kamera nach, wie du die Auflösung ändern kannst und welche Einstellungen es gibt. Meistens gibt es etwa

# Von der Digicam auf den PC

drei bis vier Auswahlmöglichkeiten, die entweder durch die Pixelanzahl oder ein Symbol gekennzeichnet werden.

» Gehe in das entsprechende Menü und wähle die höchste Auflösung, die sinnvoll ist.

» Alle folgenden Aufnahmen werden fortan mit dieser Auflösung gemacht. Die Einstellung bleibt dauerhaft gespeichert und gilt für alle Motivprogramme.

# Von der Digicam auf den PC

Nachdem du nun eine Reihe von Fotos im Kasten hast, wird es Zeit, diese auf deinen Computer zu übertragen, um dann dort weiterbearbeitet zu werden. Anschließend ist dann wieder Platz auf deiner Speicherkarte und du kannst weiterfotografieren.

Grundsätzlich gibt es zwei Wege, wie deine Bilder von der Kamera auf den PC gelangen können. Es kann sein, dass dein Kamerahersteller noch irgendeine ganz tolle Spezialsoftware anbietet oder mitgeliefert hat, die du aber eigentlich gar nicht brauchen wirst.

Die erste Methode verbindet deine Kamera mit dem Computer über ein USB-Kabel. Wohl jede Kamera bietet einen Mini-USB-Anschluss und dein Computer sollte auch über eine USB-Buchse verfügen. Außerdem gehe ich davon aus, dass du Windows XP benutzt. Bei einer anderen Windows-Version solltest du im Handbuch der Kamera nachlesen, wie du vorgehen kannst. In der Regel müssen dann Treiber installiert werden, was ggf. durch einen Installationshinweis wie den folgenden deutlich gemacht wird.

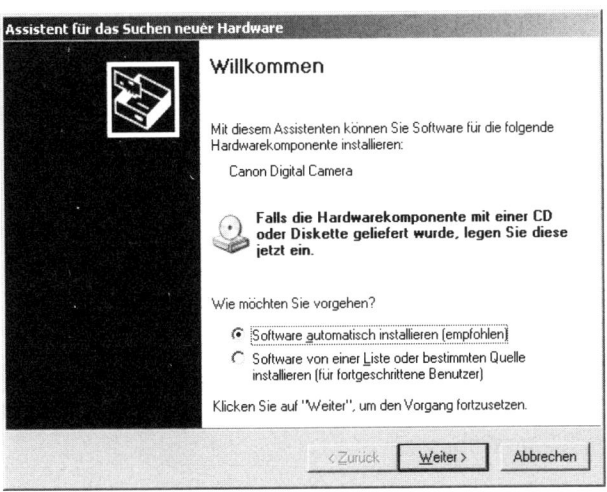

# Kapitel 8

## Nach der Fotosession geht's weiter

> Starte den Windows-Explorer, um Dateien zu bearbeiten.

> Wenn du das erste Mal Bilder von der Kamera kopierst, erstelle auf deiner Festplatte ein neues Verzeichnis, in dem du deine Bilder ablegen willst. Dazu öffnest du durch Doppelklick auf das Festplattensymbol von beispielsweise deinem Laufwerk C: (nennt sich oft LOKALER DATENTRÄGER (C:)) das gewünschte Laufwerk. Hast du schon einmal ein Verzeichnis angelegt, dann brauchst du nur das entsprechende Laufwerk zu öffnen, so dass du deinen Ordner wieder siehst.

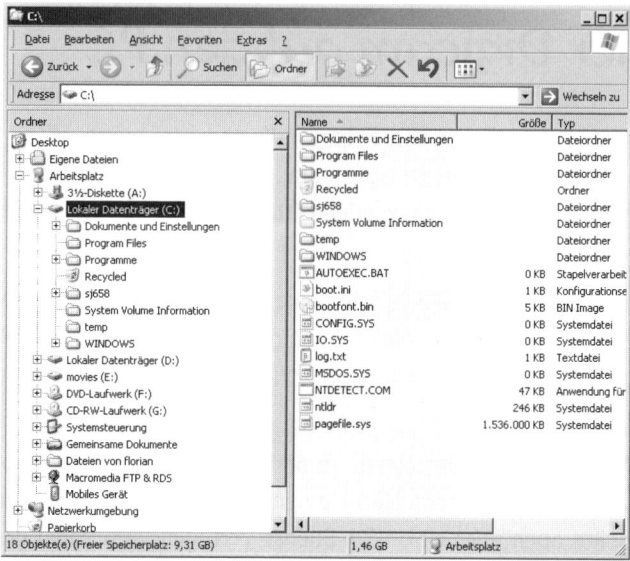

> Der Laufwerksname ist nun links blau unterlegt. Wähle aus dem Menü DATEI das Untermenü NEU und dort den Eintrag ORDNER, um einen neuen Ordner anzulegen.

> Im rechten Fensterbereich erscheint der neue Ordner und Windows wartet darauf, dass du einen neuen Namen eingibst.

    📁 **Neuer Ordner**                                      Dateiordner

> Denke dir einen beliebigen Namen aus und gib ihn ein. Wie wäre es zum Beispiel mit BILDER? Nachdem du den Namen eingegeben hast, drücke ⏎ Enter, um die Namenseingabe abzuschließen.

> Verbinde deine Kamera mit dem bereits laufenden PC oder Laptop über ein USB-Kabel. Vermutlich hat der Kamerahersteller eines beigelegt. Im Computerhandel bekommst du ein solches Kabel aber auch für wenige Euro. Das Kabel muss einen so genannten A-Stecker und einen B-Stecker besitzen.

# Von der Digicam auf den PC

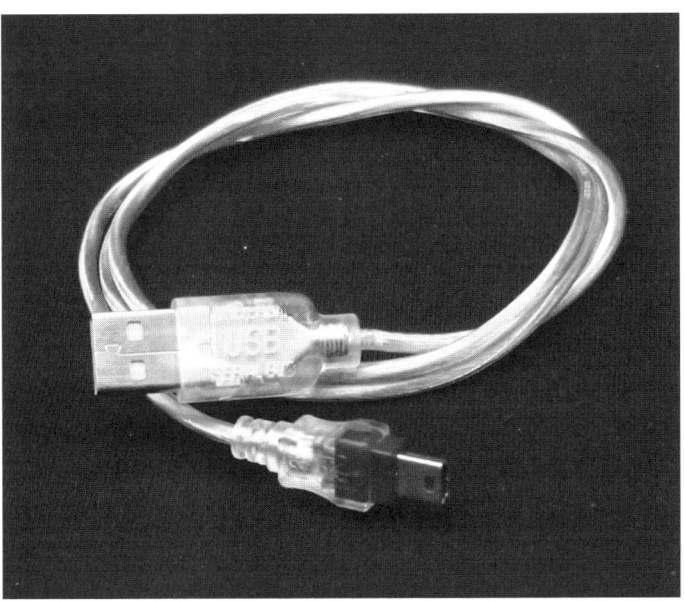

*USB-Kabel mit großen A- und kleinem B-Stecker.*

» Schalte die Kamera ein und schalte in den Wiedergabe-Modus um, bei dem du auch die Bilder auf der Kamera betrachten kannst. Eventuell besitzt deine Kamera auch eine spezielle Stellung zur Datenübertragung.

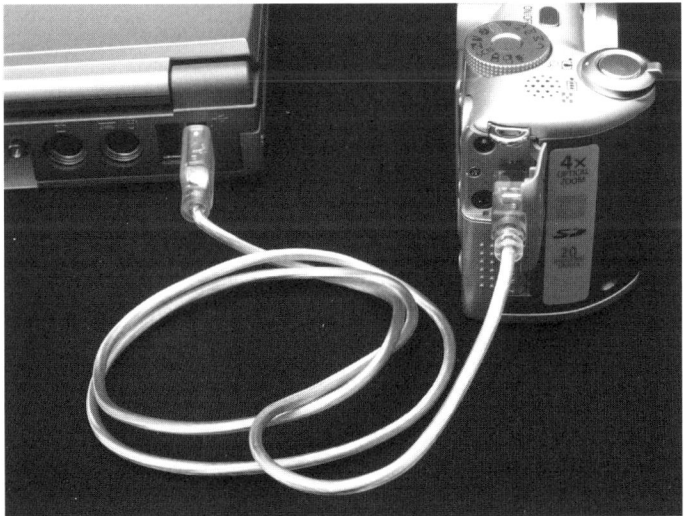

» Gedulde dich etwas und warte, bis das folgende Fenster erscheint, in dem auch andere Möglichkeiten als die abgebildeten angezeigt werden können.

# Kapitel 8

## Nach der Fotosession geht's weiter

→ Klicke auf ABBRECHEN, denn du willst nichts davon machen.

→ Im linken Fensterbereich wirst du neben den üblichen Laufwerken auch deine Kamera finden. Vermutlich steht dort die Modellbezeichnung (im Beispiel: CANON POWERSHOT A610) oder etwas Ähnliches.

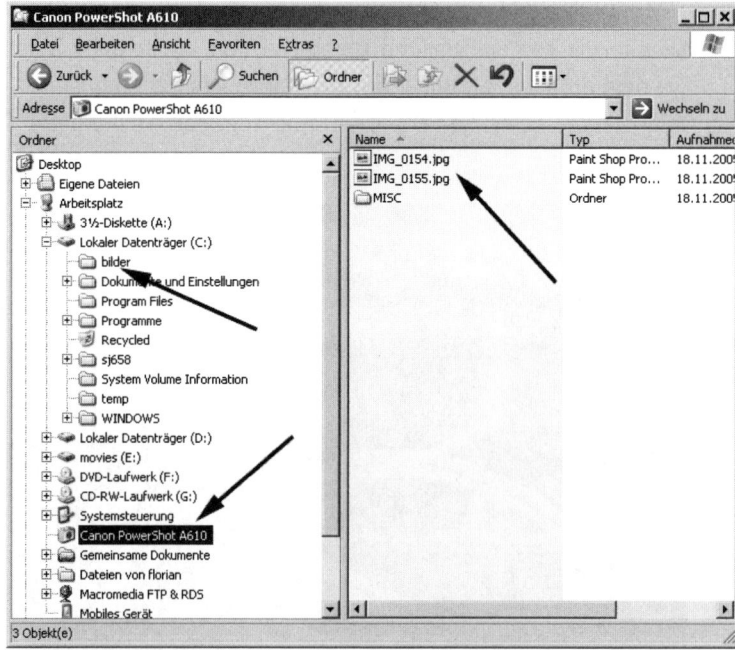

→ Klicke doppelt auf das Kamerasymbol im linken Bereich, um im rechten Fensterbereich die auf der Kamera gespeicherten Dateien zu sehen.

→ Je nach Kamera können die Bilddaten jetzt unterschiedlich organisiert sein. Du erkennst sie daran, dass sie als Dateiendung *.jpg* verwenden. Eventuell musst du noch durch Doppelklick auf den Ordnernamen in einen Unterordner wechseln.

## Von der Digicam auf den PC

≫ Du solltest jetzt deine Fotos auf der Kamera und den neu angelegten Ordner auf Laufwerk C: sehen. Klicke die erste Grafikdatei mit der Maus einmal an, um sie zu markieren.

≫ Drücke jetzt ⇧ und halte die Taste fest, während du auf den letzten Dateinamen in der Liste klickst. Dadurch markierst du alle Bilddateien.

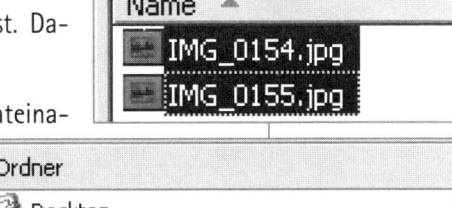

≫ Schiebe den Mauszeiger auf die markierten Dateinamen und drücke die rechte Maustaste. Bei gedrückter rechter Maustaste schiebst du nun alle Dateien auf deinen Bilderordner auf der Festplatte. Beim Schieben kleben die Dateinamen an deinem Mauszeiger. Du kannst die rechte Maustaste loslassen, wenn der Ziel-Ordnername blau markiert wird.

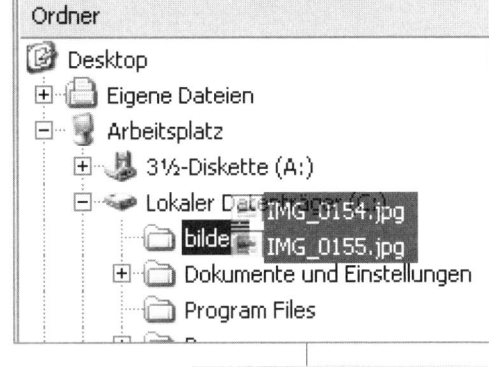

≫ Anschließend wählst du aus dem sich öffnenden Menü den Eintrag HIERHER VERSCHIEBEN.

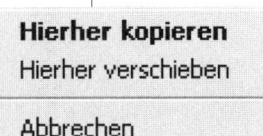

≫ In der Regel werden die Dateien zwar in den neuen Ordner kopiert, aber eben nicht verschoben. Dann müssten sie nämlich auf der Kamera gelöscht sein. Sind die Dateien aber noch im rechten Fensterbereich zu sehen, dann drücke abschließend noch Entf, um die Dateien auf der Speicherkarte in der Kamera zu löschen. Die Sicherheitsabfrage kannst du mit JA bestätigen.

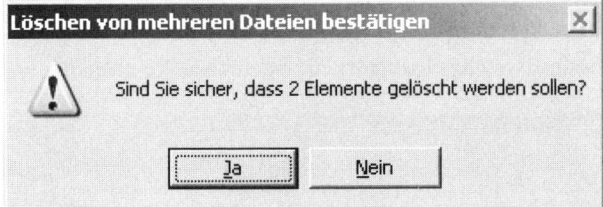

Jetzt hast du deine Bilder auf der Festplatte in Sicherheit gebracht und die Speicherkarte ist leer, um für den nächsten Fotoeinsatz bereit zu sein.

Die Bilder direkt von der Kamera herunterzuladen ist zwar bequem, hat aber einen Nachteil: Du verbrauchst die ganze Zeit über Strom aus der Batterie der Kamera. Kannst du den Akku zwischendurch nicht aufladen oder willst Batterien sparen, dann bietet ein Speicherkartenlesegerät den Vorteil, Strom zu sparen.

# Kapitel 8 — Nach der Fotosession geht's weiter

Für wenig Geld sind diese externen Geräte zu erhalten, die einfach an einen freien USB-Port angeschlossen werden. Beim Kauf musst du nur darauf achten, dass die von dir verwendete Speicherkarte unterstützt wird. Außerdem sollte das Gerät USB 2.0 unterstützen, wenn dein PC dies auch kann, denn dann werden die Bilder schneller übertragen.

In den meisten Fällen ist keine weitere Installation unter Windows XP notwendig, so dass du gleich loslegen kannst:

» Schließe den Card-Reader an einen USB-Port an und warte, bis er erkannt wurde.

» Schieb die Speicherkarte aus der Kamera in den passenden Schlitz.

» Starte den Windows-Explorer. Dies kannst du auch schon früher machen, denn der Zeitpunkt ist egal.

» Der Kartenleser wird wie ein normales Laufwerk angesprochen und erscheint auch als solches in der linken Fensterhälfte. Entweder steht dort als Bezeichnung WECHSELDATENTRÄGER oder ein beliebiger Name für die eingelegte Speicherkarte. Wird kein Name angezeigt, probiere die einzelnen Wechseldatenträger-Laufwerke nacheinander aus, um herauszufinden, welches Laufwerk die Speicherkarte enthält.

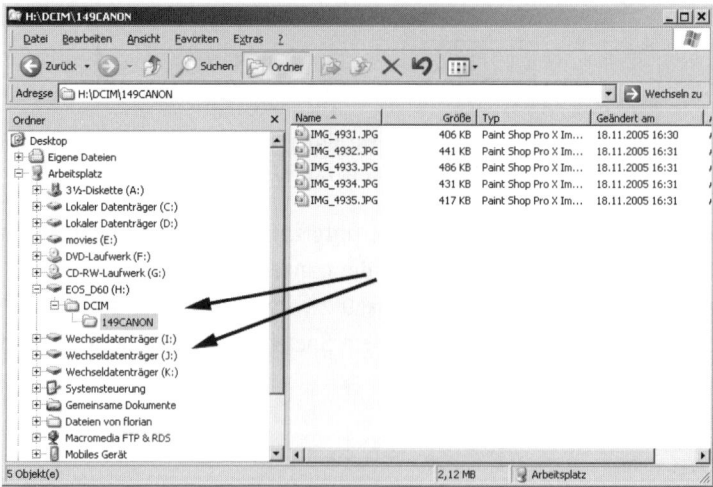

Bilder direkt drucken als Partyspaß

> Die weitere Vorgehensweise ist genau so wie schon beim Kopieren der Bilder direkt von der Kamera: Lege eventuell ein Verzeichnis an, wechsle in das Unterverzeichnis auf der Speicherkarte, das die Bilder enthält, und verschiebe die Bilder mit der rechten Maustaste in dein Verzeichnis für die Bilder auf der Festplatte.

# Bilder direkt drucken als Partyspaß

Imme mehr Druckerhersteller statten ihre Geräte mit der Möglichkeit aus, Bilder direkt von der Kamera aus zu drucken, ohne dass ein Computer benötigt wird. Dazu wurde der PictBridge-Standard geschaffen, der beschreibt, welche Funktionen Kamera und Drucker beherrschen müssen. Nur wenn Drucker und Kamera PictBridge-fähig sind, funktioniert der direkte Ausdruck.

Für dich als Anwender ist es aber ärgerlich, dass auf dem Gerätekarton nur das PictBridge-Logo abgebildet ist. Das besagt dann aber nur, dass du die Geräte miteinander verbinden kannst. Welche Funktionen beim Drucken unterstützt werden, steht höchstens im Handbuch, wenn überhaupt. Meistens wird nur der einfache Ausdruck der Bilder ermöglicht, ohne Auswahl von Bildgröße, Qualität usw.

Da du die Bilder auch nicht vor dem Ausdruck bearbeiten kannst, um beispielsweise die Helligkeit oder rote Augen zu korrigieren, taugt der Direktdruck eigentlich nur als Partyspaß, um mal eben schnell ein paar lustige Erinnerungen auszudrucken.

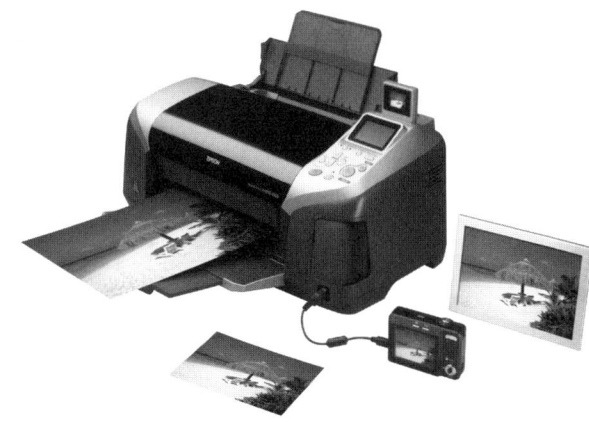

*Direktausdruck von Bildern aus der Kamera, Quelle: Epson.*

# Kapitel 8 — Nach der Fotosession geht's weiter

Die genaue Vorgehensweise findest du in der Bedienungsanleitung von Drucker und Kamera, im Wesentlichen sind aber folgende Schritte notwendig:

- Verbinde die Kamera und den Drucker über das USB-Kabel miteinander und schalte beide Geräte ein.
- Öffne auf der Kamera das Druckmenü und markiere die Bilder, die gedruckt werden sollen, entsprechend der Anleitung.
- Wenn möglich ändere die Druckeinstellungen an der Kamera und/oder am Drucker, um die Bildgröße oder die Anzahl der Bilder pro Seite zu ändern.
- Starte den Ausdruck.

Eine ähnliche Möglichkeit zum Ausdruck der Fotos ohne Computer bieten Drucker mit eingebautem Speicherkartenlesegerät. Einfach die Speicherkarte aus der Kamera in den Drucker stecken und schon kann es losgehen. Je nachdem, welche Funktionen der Drucker bietet, kannst du entweder auf der Kamera festlegen, welche Bilder gedruckt werden sollen, oder der Drucker zeigt dir die Bilder sogar auf einem Minibildschirm und bietet dir einfache Korrektur- und Einstellungsmöglichkeiten.

*Fotodrucker mit Kartenlesegerät, Quelle: Epson.*

# Was EXIF-Daten alles verraten

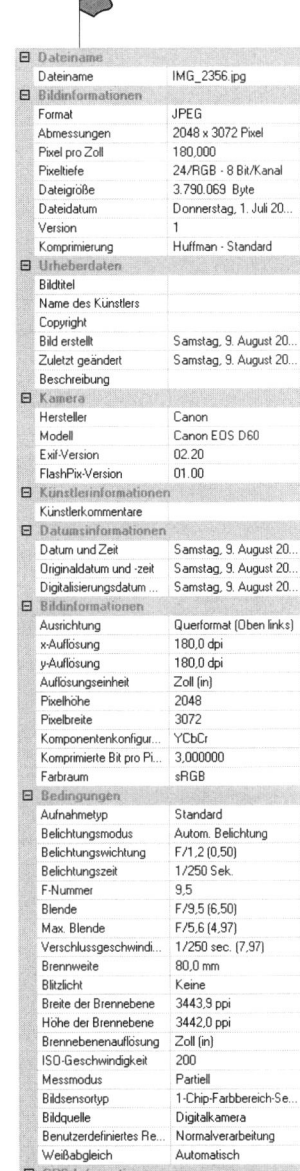

Die Bezeichnung *Exchangeable Image File Format* verbirgt sich hinter dem Kürzel EXIF, was so viel wie austauschbares Grafikdateiformat bedeutet und für dich einfach nur eine tolle Arbeitserleichterung bedeutet. Schon zu Zeiten der Analogfotografie trugen die meisten Fotografen ein kleines Oktavheft oder Ähnliches mit sich herum, in das sie nach jeder Aufnahme ein paar wichtige Eckdaten aufschrieben: Blende, Zeit, Datum usw. Wenn dann die Fotos aus dem Labor zurückkamen, konnte der Fotograf anhand seiner Aufzeichnungen seine Bilder analysieren und Erfahrungen sammeln, wie sich unterschiedliche Einstellungen auf das Bildergebnis auswirkten.

Deine Digitalkamera nimmt dir die Arbeit ab und du musst nicht mehr mühsam ausrechnen, welche Aufzeichnung zu welchem Bild gehört, wenn du für ein Foto keine Werte aufgeschrieben hast. In der JPEG-Bilddatei werden automatisch alle wichtigen Informationen gespeichert und können von dir später jederzeit eingesehen werden.

So kannst du am Computer deine Bilder betrachten und bei guten und schlechten Aufnahmen überprüfen, mit welchen Einstellungen das Foto entstand. Besser kannst du gar nicht aus eigenen Fehlern und Erfolgen lernen, denn du siehst das Ergebnis und wie es dazu kam. Bei der nächsten ähnlichen Fotosituation kannst du dann beispielsweise eine andere Blende oder Verschlusszeit wählen. Die meisten Kameras zeichnen aber noch viel mehr Daten auf. So kannst du oft auch genau ablesen, welche Brennweite und welchen Weißabgleich du eingestellt hast und ob der Blitz ausgelöst wurde. Für die spätere Archivierung ist das Datum natürlich auch sehr hilfreich. Es gibt sogar Profi-Ausstattungen, die GPS-Daten speichern, so dass der Fotograf später genau feststellen kann, an welchem Ort auf der Welt er das Foto aufgenommen hat.

> Neue Kameras verfügen manchmal über einen GPS-Empfänger. Dieser funktioniert ähnlich wie ein Navi im Auto und empfängt die aktuelle Geoposition im Moment der Aufnahme. In den EXIF-Daten sind dann diese Koordinaten gespeichert und ermöglichen es, später festzustellen, wo auf der Welt das Foto aufgenommen wurde und diesen Ort zum Beispiel in einer Landkarte zu finden. Schütze deine Privatsphäre und gib Fotos mit GPS-Daten nur an gute Bekannte weiter.

# Kapitel 8

## Nach der Fotosession geht's weiter

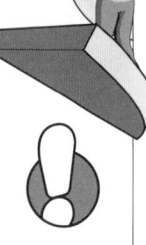

> Viele Grafikprogramme zerstören die EXIF-Daten. Öffnest du dein Bild in einem Grafikprogramm und speicherst dann das (geänderte) Bild ab, werden die EXIF-Daten oft komplett und unwiderruflich gelöscht. Achte darauf, dass dein Grafikprogramm die EXIF-Daten unberührt lässt, oder speichere das überarbeitete Foto unter einem anderen Dateinamen ab, damit du das Original behältst.

Es gibt spezielle Programme, um EXIF-Daten anzusehen. Das in diesem Buch vorgestellten Programm Paint Shop Pro kann es auch, weshalb dir hier gezeigt wird, wie du vorgehen kannst:

- Starte Paint Shop Pro und öffne den Dateibrowser, indem du im Menü ANSICHT ins Untermenü PALETTEN wechselst und dort BROWSER aktivierst.

- Das Browserfenster wird entweder am Fensterrand angedockt oder als frei bewegliches Fenster geöffnet. Du kannst das Fenster einfach an der Titelleiste verschieben und auch vom Fensterrand lösen und in die Mitte schieben.

- Klicke auf das Zahnradsymbol, um das Menü zu öffnen, und wähle den Eintrag WEITERE ORDNER. Anschließend kannst du einen Ordner auswählen, dessen Inhalt im Browser angezeigt werden soll.

- Wenn du die Größe der Vorschaugrafiken verändern willst, kannst du den Zoom-Schieberegler nach links und rechts verschieben.

# Was EXIF-Daten alles verraten

>> Werden die gewünschten Bilder angezeigt, klicke auf das Symbol BILDINFORMATIONEN, um in einem extra Bereich die Bildinformationen zu sehen.

>> Damit du die EXIF-Daten angezeigt bekommst, musst du im Ausschnitt mit den Bildinformationen ein wenig nach unten scrollen und dann auf den Pfeil bei ZUSÄTZLICHE DATEN klicken.

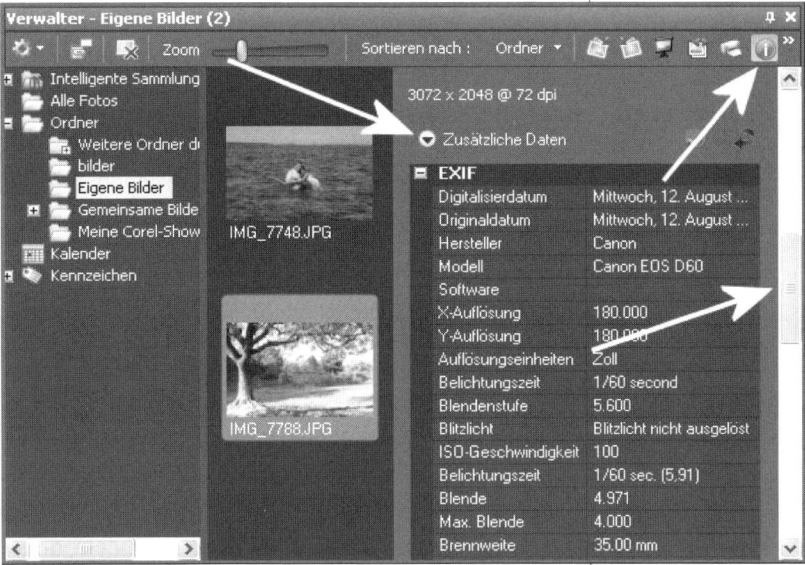

>> Sobald du ein Bild einmal anklickst, werden dir links die gespeicherten Informationen angezeigt.

>> Überstreichst du mit der Maus einfach nur ein Bild, werden dir in einem kleinen QuickInfo-Fenster der Dateiname und ein paar weitere Daten angezeigt.

Welche Brennweite in den EXIF-Daten abgespeichert wird, ist abhängig von der Kamera. Einige Modelle speichern die reale, also ins Kleinbildformat umgerechnete Brennweite, andere Modelle geben die Brennweite des Objektivs an und manche Modelle speichern beide Angaben in getrennten Feldern, wobei das Feld mit der realen Brennweite dann BRENNWEITE BEI 35-MM-FILM heißt. Wird die physikalische Brennweite des Objektivs gespeichert, kannst du das bei Kompaktkameras an den sehr kleinen Werten erkennen, die im Bereich von 10 mm liegen.

# Kapitel 8

## Nach der Fotosession geht's weiter

## Bilder archivieren

Fotografen, die noch analog arbeiten, stehen immer vor dem Dilemma, die empfindlichen Negativstreifen zu archivieren. Staub und Kratzer sind der natürliche Feind. Soll dann ein Bild nachbestellt werden, beginnt die große Suche nach dem passenden Negativ. Dafür halten die Filme bei richtiger Lagerung mehrere Jahrzehnte unbeschadet.

Beim digitalen Foto gibt es nur die Original-Foto-Datei und diese solltest du so sorgfältig wie nur möglich behandeln, damit du dich auch noch nach mehreren Jahren daran erfreuen kannst. Verlierst du die Dateien durch Unachtsamkeit oder einen Datencrash, dann sind die Aufnahmen für immer verloren, weshalb wir uns der Aufbewahrung ein wenig widmen wollen.

Die erste goldene Regel für dich sollte lauten, dass die Originaldateien grundsätzlich niemals bearbeitet werden. Die einzige erlaubte Operation ist das verlustfreie Drehen von hochformatigen Bildern, wie es etwas später noch beschrieben wird. Alles andere ist tabu.

Da kaum etwas ärgerlicher ist als ein Bild, an dem du ein wenig mit dem Grafikprogramm herumprobiert und dann die (missglückten) Änderungen in der Originaldatei gespeichert hast, empfiehlt es sich, die Bilddateien mit einem Schreibschutz zu versehen, nachdem du sie auf deinen PC kopiert hast.

≫ Kopiere die Dateien wie gewohnt mit dem Explorer von der Kamera auf deine Festplatte.

≫ Wechsle in das Bildverzeichnis auf der Festplatte und markiere alle Dateien, indem du im Menü BEARBEITEN|ALLES MARKIEREN auswählst.

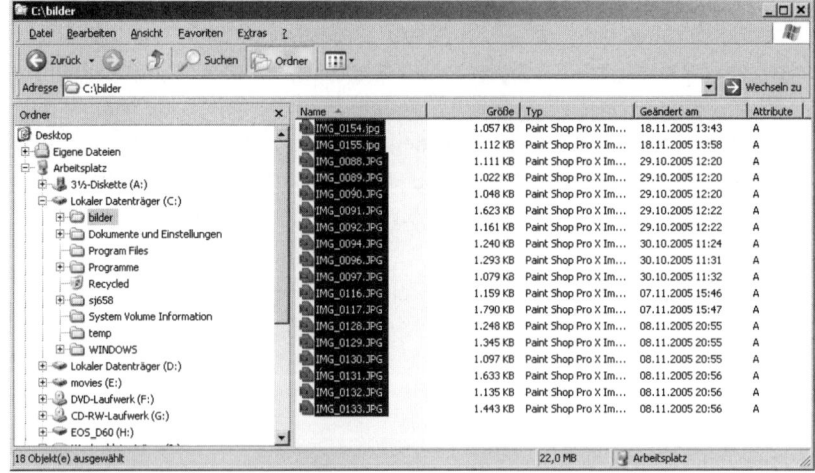

# Bilder archivieren

> Wähle aus dem Menü DATEI den Eintrag EIGENSCHAFTEN und aktiviere die Option SCHREIBGESCHÜTZT.

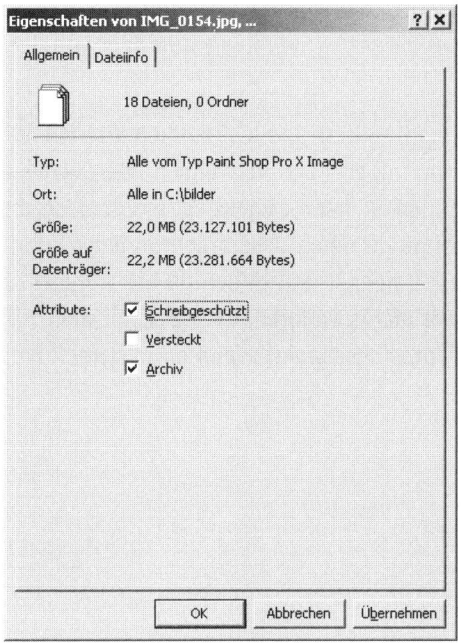

> Nachdem du auf OK geklickt hast, sind alle ausgewählten Dateien mit einem einfachen Schreibschutz versehen, was du in der Spalte ATTRIBUTE im Explorer an dem zusätzlichen Buchstaben R hinter einem Dateinamen erkennen kannst.

| Name ▲ | Größe | Typ | Geändert am | Attribute |
|---|---|---|---|---|
| IMG_0154.jpg | 1.057 KB | Paint Shop Pr… | 18.11.2005 13:43 | RA |
| IMG_0155.jpg | 1.112 KB | Paint Shop Pr… | 18.11.2005 13:58 | RA |

Derart geschützt kannst du die Dateien immer noch ändern, du wirst aber vor dem Speichern auf den Schreibschutz hingewiesen, so dass du keine ungewollten Änderungen aus Versehen speicherst. Sollte der Schreibschutz aus irgendeinem Grund einmal stören, kannst du ihn auch wieder aufheben, indem du das EIGENSCHAFTEN-Dialogfenster öffnest und das Häkchen vor SCHREIBGESCHÜTZT entfernst.

Die Dateinamen deiner Fotos sind bei allen Kameras immer aus Buchstaben und fortlaufenden Zahlen zusammengesetzt. So weiß man leider nie, welches Bild sich hinter einem Dateinamen verbirgt. Da es aber viel zu viel Arbeit bedeutet, jede Datei umzubenennen, ist es ratsam, die Dateien in Ordnern zu gruppieren. Wenn du für verschiedene Ereignisse oder Zeiträume Ordner anlegst, dann weißt du immer sofort, wo du nach einem Bild suchen musst, um es wiederzufinden.

# Kapitel 8 — Nach der Fotosession geht's weiter

Welche Struktur du dabei für deine Ordner wählst, bleibt dir überlassen und ist natürlich davon abhängig, was du fotografierst. Wie du einen Ordner anlegst und Dateien verschiebst, weißt du ja bestimmt und ist im Prinzip ab Seite 207 beschrieben, wo dir gezeigt wird, wie du Bilder von der Kamera herunterholst.

Fotos, die nichts geworden sind, solltest du nicht einfach löschen. Vielleicht möchtest du sie später einmal doch noch verwenden. Nur, wenn absolut nichts auf dem Bild zu erkennen ist, kann es gelöscht werden. Für die misslungenen Aufnahmen kannst du dir einen Unterordner in jeder Rubrik anlegen, den du AUSSCHUSS oder so nennst und in den du die weniger schönen Bilder verschiebst. Dann geht nichts verloren, du musst dir aber nicht immer wieder die schlechten Fotos anschauen, wenn du in deinen Fotos stöberst.

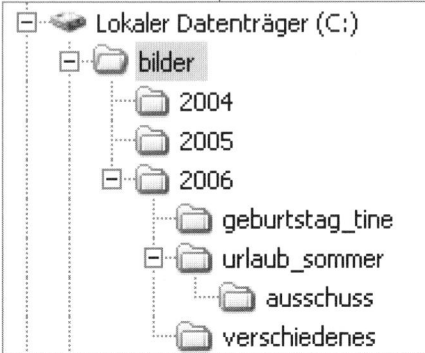

*Beispiel für eine selbst angelegte Ordnerstruktur.*

Eine weitere Quelle für Ungemach in der digitalen Fotografie ist der Datenverlust einzelner Bilder oder der ganzen Sammlung. Obwohl die Bilddateien mit ein bis drei Megabyte pro Bild angesichts heutiger Festplattengrößen nicht zu viel Platz in Anspruch nehmen, ist es empfehlenswert, die Dateien nicht nur auf der Festplatte zu lagern. Festplatten gehen einfach viel zu oft kaputt und weisen Fehler auf, die dann dazu führen, dass du deine Daten nicht mehr lesen kannst.

Wie alle anderen Dateien auch solltest du in regelmäßigen Abständen alle neuen Bilder auf eine CD brennen. Dann kannst du relativ entspannt bleiben, wenn deine Festplatte den Geist aufgibt oder du aus Versehen Bilder gelöscht hast.

> CDs halten nicht ewig. Abhängig von den Lagerungsbedingungen, dem Rohling, deinem Brenner usw. kann die Haltbarkeit auf wenige Jahre beschränkt sein. Prüfe deshalb ab und zu, ob du die CDs noch lesen kannst und kopiere ältere CDs eventuell auf einen neuen Rohling.

## Bilder archivieren

Damit die Daten dir möglichst lange erhalten bleiben, beachte die folgenden Punkte:

- ◆ Brenne die CD bei der niedrigsten Schreibgeschwindigkeit.
- ◆ Beschrifte und beklebe sie nicht.
- ◆ Bewahre sie lichtgeschützt, trocken und kühl auf.

Damit du mit der Zeit nicht den Überblick verlierst und auf der Suche nach einem bestimmten Fotos nicht alle CDs durchforsten musst, kannst du dir eine Übersicht der Bilder ausdrucken. Auf einem so genannten Kontaktabzug hatte man schon zu Zeiten analoger Fotografie einfach alle Bilder als Miniaturansicht ausbelichtet. Paint Shop Pro kann dir eine solche Übersicht mit Miniaturbildern schnell ausdrucken. Wenn du den Ausdruck zusammen mit der CD aufhebst, kannst du deine Bilddateien schnell wiederfinden.

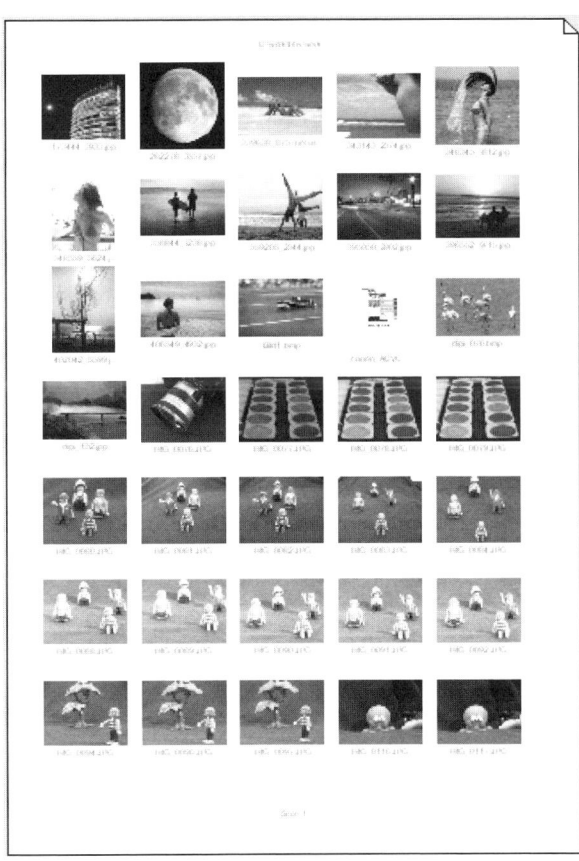

- ➤ Öffne den VERWALTER über das Untermenü PALETTEN im Menü ANSICHT in Paint Shop Pro.
- ➤ Wechsle in das gewünschte Verzeichnis und lass dir die Bildervorschauen anzeigen.

# Kapitel 8

## Nach der Fotosession geht's weiter

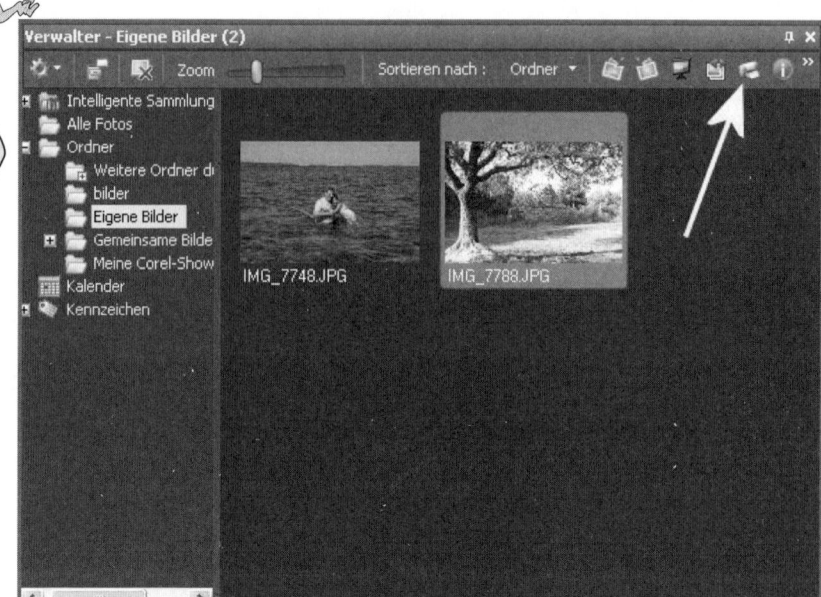

- In der Symbolleiste findest du den benötigten Eintrag KONTAKTBOGEN DRUCKEN.

- Aktiviere zusätzlich die Option BILDNAMEN, damit unterhalb der Fotos auch der Dateiname steht und du deine Bilder später schneller findest.

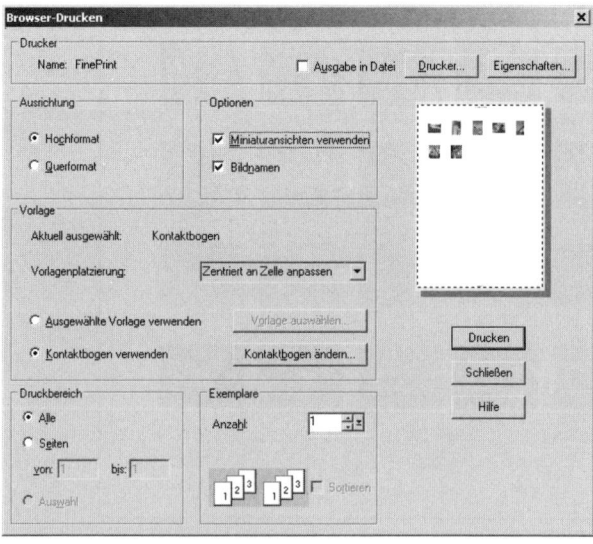

- In der Standardeinstellung werden die Miniaturgrafiken sehr klein ausgedruckt. Möchtest du dies ändern, kannst du auf KONTAKTBOGEN ÄNDERN klicken und einstellen, wie viele Bilder du pro Seite sehen willst.

# Hochformat-Bilder verlustfrei drehen

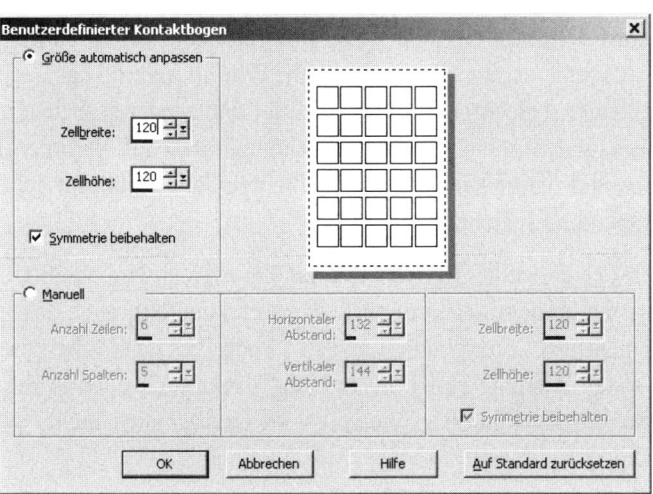

» Aktivierst du GRÖSSE AUTOMATISCH ANPASSEN, SYMMETRIE BEIBEHALTEN und trägst bei ZELLBREITE *120* ein, dann werden deine Fotos auf den Kontaktbögen in praktischen Abmessungen ausgegeben. Klicke anschließend auf OK.

» Zurück im Fenster BROWSER-DRUCKEN, kannst du über die Schaltfläche DRUCKER ggf. noch einen anderen Drucker aussuchen, wenn du mehr als einen besitzt. Mit DRUCKEN werden alle Bilder im derzeit angezeigten Browser-Ordner auf Kontaktbögen gedruckt.

# Hochformat-Bilder verlustfrei drehen

Wenn du deine Kamera für eine Aufnahme um 90 Grad drehst, um Bilder im Hochformat aufzunehmen, dann werden diese wie die anderen Bilder auch im Querformat abgespeichert. Zum Betrachten auf dem Computerbildschirm ist das aber natürlich nicht sehr praktisch, wenn man immer mit verdrehtem Hals davor sitzt.

Manche Kamera erkennt deshalb die Ausrichtung des Fotos mit Hilfe eines eingebauten Sensors und dreht die Bilder noch vor dem Abspeichern, so dass sie im Hochformat vorliegen. Andere Kameras tragen die Ausrichtung in den EXIF-Daten ein und die Bildbearbeitung kann dies dann auslesen und das Bild beim Öffnen richtig drehen (Paint Shop Pro beispielsweise).

*EXIF-Information über die Bildausrichtung.*

# Kapitel 8 — Nach der Fotosession geht's weiter

Jedes Bildbearbeitungsprogramm kann natürlich eine Grafik beliebig drehen, doch da gibt es ein kleines Problem: Wie du gelernt hast, wird ein JPEG-Bild immer schlechter, wenn es geöffnet und wieder gespeichert wird. Es ist also etwas ärgerlich, wenn die Bildqualität schon darunter leidet, dass du das Bild richtig drehen willst. Außerdem ist es mühsam, jedes Bild öffnen, drehen und speichern zu müssen.

Deshalb gibt es die verlustfreie JPEG-Drehung. Hierbei wird das Bild in 90-Grad-Schritten im oder gegen den Uhrzeigersinn gedreht, ohne dass es geöffnet werden muss. Programme wie Paint Shop Pro beherrschen diese für den Fotografen wichtige Funktion und sind dabei auch noch in der Lage, die EXIF-Daten unverändert zu belassen, so dass wirklich nichts verloren geht.

➤ Öffne den BROWSER über das Untermenü PALETTEN im Menü ANSICHT in Paint Shop Pro.

➤ Wechsle in das gewünschte Verzeichnis und lass dir die Bildervorschauen anzeigen.

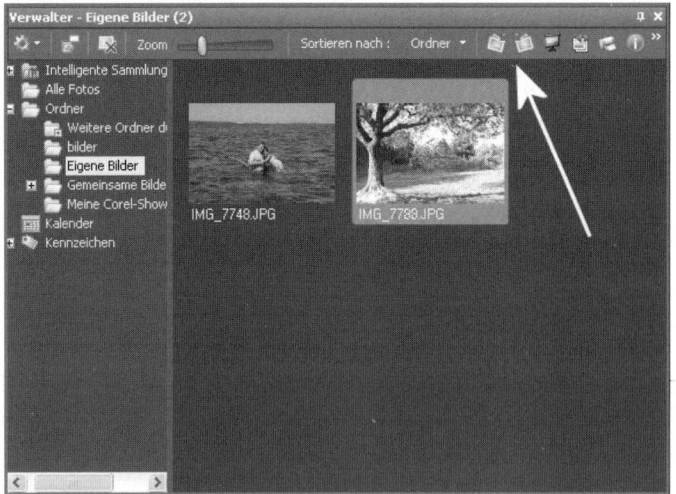

➤ Du kannst mehrere Bilder gleichzeitig drehen. Klicke auf die erste zu drehende Datei und dann bei gedrückter Taste [Strg] auf die weiteren Bilder, die in die gleiche Richtung gedreht werden sollen.

➤ In der Symbolleiste findest du die beiden Funktionen, um ein Bild mit oder gegen den Uhrzeigersinn zu drehen.

➤ Bei vielen großen Bilddateien kann der Vorgang eine Weile dauern. Am unteren Fensterrand wird dir der Fortschritt der Aktion angezeigt.

➤ Wiederhole den Vorgang von Schritt 4 für alle Bilder, die in die andere Richtung gedreht werden müssen.

# Zusammenfassung

385444_2694.jpg

391605_3976.jpg

401585_4753.jpg

408246_7082.jpg

408775_1238.jpg

410509_6005.jpg

413665_2779.jpg

## Zusammenfassung

Mit den fertigen Bildern geht es nun am heimischen PC weiter. Die Fotos wollen gesichtet und sortiert werden. Bevor du aber überhaupt fotografierst, lohnt es sich, die Bildqualität deiner Kamera einzustellen. Anschließend werden die Bilder auf den Rechner kopiert und du kannst dir dank der EXIF-Daten nachträglich anschauen, mit welchen Einstellungen die jeweilige Aufnahme entstand. Damit deine Bilder nicht mit der Weiterverarbeitung schlechter werden, hast du einige Grafikformate kennen gelernt und weißt nun, wie diese arbeiten. JPEG ist nicht gleich JPEG und es gibt auch noch andere Formate wie PNG. Ob es sich wirklich lohnt, Bilder direkt aus der Kamera zu drucken, ohne sie vorher am Computer zu optimieren, sei dir selbst überlassen – die Vor- und Nachteile hast du jetzt kennen gelernt. Außerdem weißt du nun, wie du deine Bilder archivierst und verlustfrei drehen kannst.

## Ein paar Fragen ...

Frage 1: Welche drei Gruppen für Bildformate gibt es?

Frage 2: Was ist der Nachteil der verlustbehafteten Komprimierung?

Frage 3: Welche Komprimierungsstufe wird dir für deine Kamera empfohlen?

Frage 4: Wie nennt sich der Standard, mit dem man Bilder direkt von der Kamera ausdrucken kann?

Frage 5: Nenne ein paar wichtige Daten, die dir EXIF liefert.

# Kapitel 8 — Nach der Fotosession geht's weiter

## ... und ein paar Aufgaben

1. Lege dir eine Ordnerstruktur für deine Bilder auf der Festplatte an.

2. Fertige eine Fotoserie an und benutze für die einzelnen Aufnahmen die verschiedenen Komprimierungseinstellungen deiner Kamera. Wie wirkt sich die Datenreduzierung auf die Bildqualität aus? Untersuche die Bilder auf diese Fragestellung am PC.

3. Wähle die niedrigste Komprimierung und fertige dann eine weitere Bilderserie an. Wähle für jede Aufnahme eine andere Auflösung. Am Computer kannst du dann die Bilder betrachten und feststellen, wie die Einstellung die Qualität beeinflusst.

4. Teste, ob deine Grafiksoftware die EXIF-Daten beibehält. Öffne ein Testfoto im Grafikprogramm und speichere es unter einem anderen Dateinamen als JPEG ab. Kannst du die EXIF-Daten in der neuen Datei einsehen und sind es die gleichen wie bei der ursprünglichen Aufnahme?

5. Stelle fest, ob deine Kamera in den EXIF-Daten die physikalische Brennweite oder die ins Kleinbildformat umgerechnete speichert. Fertige dazu eine Aufnahme mit der kleinsten Brennweite an und schau in den EXIF-Daten nach, welche Zahl dort steht. Vergleiche dies mit den technischen Angaben zu deiner Kamera.

# 9
# Bilder weitergeben

Die Freude am Fotografieren besteht nicht nur aus dem eigentlichen Ablichten von Motiven, sondern zu einem großen Teil auch darin, die gelungenen Bilder mit Freunden und Verwandten zu teilen. Durch die anerkennenden Worte der Betrachter wirst du motiviert, immer wieder aufs Neue loszuziehen und die Welt um dich herum zu fotografieren. Nach einigen Jahren blättert man dann gerne in alten Aufnahmen und schwelgt in Erinnerungen.

Damit du deine Erfolge mit anderen teilen kannst, lernst du in diesem Kapitel

- Fotos fürs Handy oder den PDA zu formatieren
- den Bildausschnitt zu korrigieren
- wie du Bilder per E-Mail weitergeben kannst
- Fotoalben im Internet zu veröffentlichen
- Fotos auf verschiedenen Materialien zu präsentieren
- wie du eine Diashow auf dem Fernseher veranstaltest

Kapitel | Bilder weitergeben

# Die Bildgröße anpassen

Die von dir aufgenommenen Bilder werden mit der an der Kamera eingestellten Auflösung gespeichert. Je nach Modell stehen dir verschiedene Abmessungen, zum Beispiel 1.600 x 1.200 oder 2.048 x 1.536 Pixel, zur Auswahl. Selbst für die Betrachtung an einem durchschnittlichen Monitor sind die Fotos viel zu groß, so dass du immer nur einen Ausschnitt oder eine verkleinerte Darstellung sehen kannst. Willst du die Bilder weiterverwenden, um sie beispielsweise auf deinem Handy zu betrachten oder im Web zu veröffentlichen, müssen die Bilder viel kleiner werden.

Es ist nicht ratsam, die Bilder mit einer niedrigeren Auflösung zu fotografieren, um sich den Schritt der Größenänderung zu ersparen. Nur wenn du die Bilder in hoher Auflösung gespeichert hast, kannst du auch noch Ausschnitte in guter Qualität anfertigen und außerdem ist die Methode, mit der eine Bildbearbeitung die Größe ändert, besser als die Technik der Kamera. Bedenke auch, dass du ein zu kleines Bild später nicht mehr vergrößern kannst, ohne dass es schlechter wird, da die fehlenden Pixel nur mathematisch hinzugedacht werden und keine zusätzliche Bildinformation hinzukommt. Das bedeutet auch, dass in einem nachträglich verkleinerten Bild weniger Details zu erkennen sind als im Original. Deshalb musst du einen Mittelweg zwischen Bildgröße und gewünschter Detailwiedergabe suchen.

Von deinem Original wirst du vermutlich mehrere verschiedene Kopien in unterschiedlicher Auflösung benötigen – je nachdem, wofür du das Foto benötigst. Viele Geräte können zwar ein zu großes Bild skalieren, das bedeutet, es automatisch an die vom Gerät vorgegebenen Abmessungen anpassen, doch ist es nicht zu empfehlen, dies auszunutzen. Ein zu großes Bild belegt nur unnütz Speicherplatz und die Methode, wie das Gerät ein Bild kleiner macht, liefert schlechtere Ergebnisse als dein Grafikprogramm. Außerdem sind Displays auf Handys und PDAs in der Regel quadratisch oder im Hochformat, während Computerbildschirme ein Querformat zeigen.

Informiere dich, welche Abmessungen das Gerät nutzt, auf dem du deine Fotos zeigen willst, damit du die Grafiken optimal anpassen kannst. Nur für Fotos, die du ausdrucken oder von einem Fotolabor weiterverarbeiten lassen willst, benötigst du die große Auflösung des Originalbildes. Die Tabelle zeigt dir einige typische Werte zur Orientierung:

## Die Bildgröße anpassen

| Gerät | Horizontal | Vertikal |
|---|---|---|
| Bildschirm klein | 800 | 600 |
| Bildschirm normal | 1.024 | 768 |
| PDA | 240 | 320 |
| Handy | 128 | 128 |

≫ Öffne in Paint Shop Pro das zu ändernde Foto. Lass dich nicht davon irritieren, dass das Bild verkleinert angezeigt wird. In der Titelleiste des Bildfensters kannst du erkennen, wie viel Prozent der Originalgröße gezeigt werden. Im Beispiel lediglich 20%, das Original ist also fünfmal größer.

≫ Wähle aus dem Menü BILD den Eintrag GRÖSSE ÄNDERN aus.

≫ Du kannst auswählen, ob du das Bild prozentual vergrößern oder verkleinern willst oder ob du eine bestimmte Abmessung eingeben möchtest. Wähle dazu bei PIXELGRÖSSE aus der Liste PROZENT oder PIXEL aus. Eine prozentuale Größenänderung ist praktisch, wenn du das Bild beispielsweise einfach nur noch halb so groß haben möchtest: Dann brauchst du nur 50% zu wählen.

Kapitel  Bilder weitergeben

9

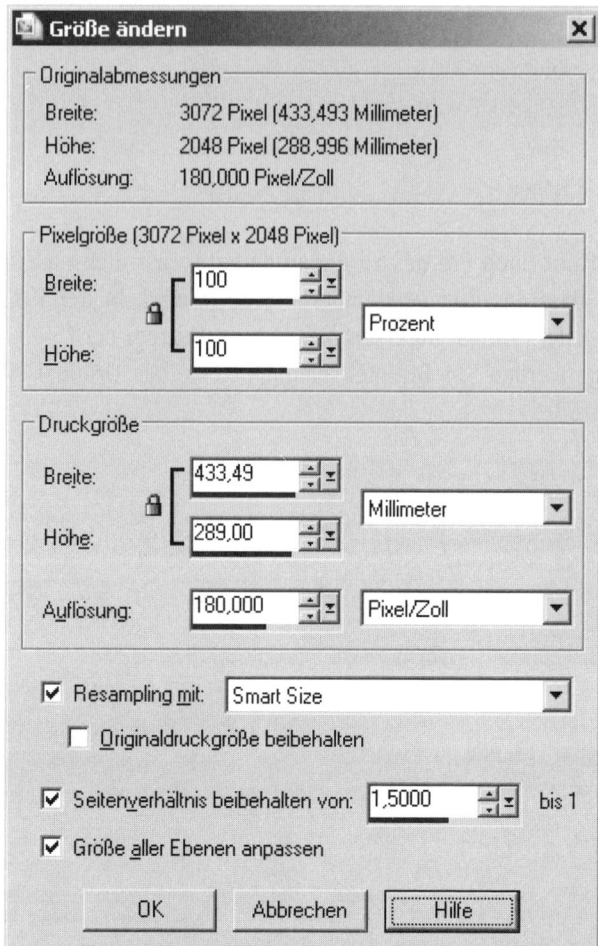

> Bei BREITE und HÖHE kannst du entweder die gewünschte Prozentzahl eingeben oder die Pixelabmessungen – je nachdem, was du im vorherigen Schritt ausgewählt hast.

Am besten, du lässt SEITENVERHÄLTNIS BEIBEHALTEN aktiviert. Dann brauchst du nämlich nur die Breite oder die Höhe einzugeben. Der jeweils andere Wert wird automatisch ergänzt und zwar so, dass sich das Seitenverhältnis nicht ändert. Ohne die Funktion könntest du nämlich auch ein Bild stauchen oder strecken, was du vermutlich nie willst. Soll das Seitenverhältnis beibehalten werden, kannst du natürlich aus einem Foto kein quadratisches Bild machen. Du kannst dich also den Abmessungen des jeweiligen Darstellungsgerätes nur annähern, was aber ausreicht. Für exakte Abmessungen in abweichenden Seitenverhältnissen kannst du dein Bild später auch noch beschneiden.

## Die Bildgröße anpassen

*Das Bild wurde ohne Beibehaltung des Seitenverhältnisses verkleinert und dadurch horizontal stark gestreckt.*

- Bei RESAMPLING MIT kannst du die Methode wählen, wie das Grafikprogramm die Größenänderung berechnet. SMART SIZE ermittelt die Methode mit der besten Qualität, weshalb du diese Auswahl bestehen lassen solltest.

- Nach OK wird das neue Bild berechnet und angezeigt. Achte wieder auf die Größenangabe in der Titelleiste, um zu sehen, ob das Grafikprogramm nun die Originalgröße (100%) anzeigt oder nicht.

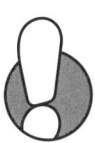

Wiederholtes Ändern der Bildgröße reduziert die Qualität. Wenn du ein Bild zuerst klein machst und dann wieder größer, ist das Ergebnis schlechter, als wenn du es gleich auf die richtige Größe gebracht hättest. Liefert eine Größenänderung also nicht das gewünschte Ergebnis, nimm die letzte Aktion (die Größenänderung) mit BEARBEITEN|RÜCKGÄNGIG zurück und versuche dein Glück erneut. Die Bildqualität nimmt auch ab, wenn du ein Foto nacheinander schrittweise verkleinerst. Alle Änderungen der Bildgröße sollten also von den Originalabmessungen aus geschehen.

*Dieses Bild wurde zuerst stark verkleinert und dann wieder vergrößert: Das Ergebnis ist katastrophal schlecht.*

# Kapitel 9 — Bilder weitergeben

Alle Details bleiben erkennbar, wenn das Bild in nur einem Schritt auf die Zielgröße gebracht wird.

Schauen wir uns noch eine Notlösung an, wenn du mal kein gutes Grafikprogramm wie Paint Shop Pro oder ein anderes zur Verfügung hast. Im Internetcafé auf Weltreise wirst du eventuell nur die Programme vorfinden, die bei Windows mitgeliefert werden. Auch dann kannst du die Abmessungen verändern, solltest dies aber nur dann mit dem folgenden Programm machen, wenn nichts Besseres verfügbar ist.

> Wenn du im Urlaub bist, wird die Windows-Version im Internetcafé vermutlich nicht auf Deutsch sein. Damit du dich besser zurechtfindest, stehen bei den folgenden Anweisungen die Bezeichner in Klammern in Englisch dahinter.

- Im Menü START findest du im Ordner PROGRAMME den Unterordner ZUBEHÖR (ACCESSORIES), in dem du das Programm PAINT findest und starten kannst.

- Wähle aus dem Menü DATEI (FILE) die Funktion ÖFFNEN (OPEN) und lade wie gewohnt das Foto, das verändert werden soll.

- Wähle den Eintrag STRECKEN/ZERREN (STRETCH/SKEW) im Menü BILD (IMAGE).

- Trage in die Felder bei HORIZONTAL und VERTIKAL im Abschnitt STRECKEN (STRETCH) jeweils die gleiche Prozentzahl ein. Zahlen kleiner als 100 verkleinern dein Bild.

# Langweiliges wegschneiden

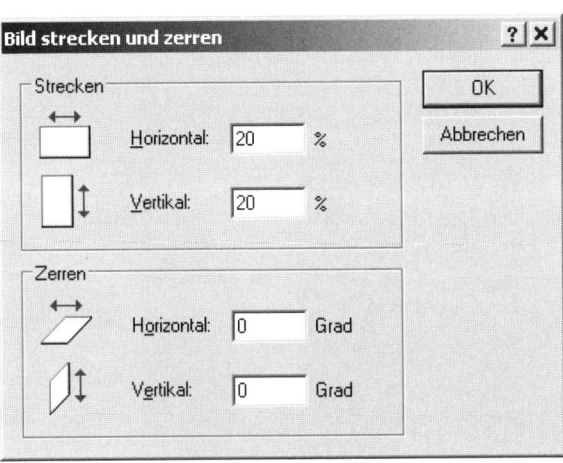

≫ Nachdem du auf OK geklickt hast, kannst du mit SPEICHERN UNTER (SAVE AS) aus dem Menü DATEI (FILE) dein Bild unter einem neuen Dateinamen speichern.

# Langweiliges wegschneiden

Bei der digitalen Fotografie hast du den Vorteil, nachträglich am Computer ganz bequem den Bildausschnitt verändern zu können. Analogfotografen waren dazu auf ein aufwändiges Heimlabor oder Vergrößerungen und mühsames Schnippeln mit dem Papierschneider angewiesen.

Beim Beschneiden kannst du Elemente auf dem Foto, die am Rand liegen und stören, entfernen und so den Blick des Betrachters auf das Hauptmotiv lenken. Du kannst dabei das Seitenverhältnis beibehalten, was sich immer dann empfiehlt, wenn du das Bild später für das Fotoalbum drucken oder ausbelichten lassen willst. Soll das Bild auf einem Handy oder Ähnlichem genutzt werden, kannst du natürlich auch ein neues Seitenverhältnis wählen und so genau die Auflösung des Zielgerätes einstellen.

≫ Öffne dein Foto in Paint Shop Pro und verändere eventuell vorher schon die Auflösung.

≫ Wähle in der Symbolleiste das BESCHNITTWERKZEUG aus. Eventuell wird ein Teil des Bildes jetzt schon mit einem Rahmen überdeckt.

# Kapitel 9 — Bilder weitergeben

- Der Rahmen zeigt dir an, welcher Teil des Bildes nachher stehen bleiben wird. Du kannst den bisherigen Rahmen löschen, indem du das Symbol ZURÜCKSETZEN anklickst.

- Stellst du die Maus in den Rahmen hinein, kannst du bei gedrückter linker Maustaste den Rahmen im Bild verschieben. An den Greifpunkten am Rahmenrand kannst du die Größe des Rahmens verändern.

- In der Statusleiste kannst du während des Verschiebens und der Größenänderung die Größe des markierten Bereichs in Klammern hinter dem Gleichheitszeichen ablesen.

## Langweiliges wegschneiden

≫ Du kannst aber auch in der Symbolleiste am oberen Rand bei EINHEITEN PIXEL einstellen und dann bei BREITE und HÖHE die benötigten Abmessungen eintragen.

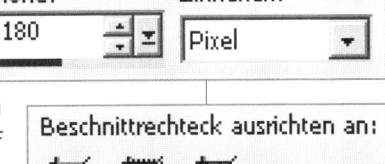

≫ Möchtest du das Seitenverhältnis des Originalbildes beibehalten, dann ist das leider ein klein wenig aufwändiger: Klicke in der oberen Symbolleiste bei BESCHNITTRECHTECK AUSRICHTEN AN auf das Symbol DECKEN IN EBENE, um den Auswahlrahmen über das gesamte Bild zu legen.

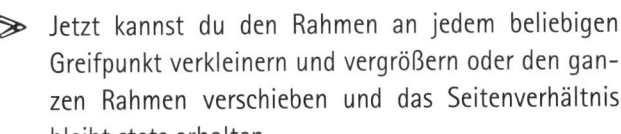

≫ Aktiviere in der Symbolleiste nun die Funktion SEITEN-VERHÄLTNIS BEIBEHALTEN.

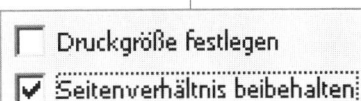

≫ Jetzt kannst du den Rahmen an jedem beliebigen Greifpunkt verkleinern und vergrößern oder den ganzen Rahmen verschieben und das Seitenverhältnis bleibt stets erhalten.

≫ Hast du den gewünschten Bildausschnitt eingestellt, klicke auf den grünen Haken ÜBERNEHMEN oder führe einen Doppelklick innerhalb des Auswahlrahmens aus.

*Die hässliche Straße vor der Moschee wurde durch das Zurechtschneiden entfernt.*

Mit den entsprechenden Zusatzprogrammen für deinen Organizer oder dein Mobiltelefon kannst du das verkleinerte Bild anschließend auf dein Gerät übertragen und dich dann unterwegs daran erfreuen.

Beim Zurechtschneiden bist du nicht an das ursprüngliche Bildformat gebunden. Du kannst auch problemlos aus einer Aufnahme im Querformat ein Hochkant-Foto erzeugen, wenn sich dadurch eine schönere Bildgestaltung ergibt.

## Datenmonster will keiner

Ein bis drei Megabyte nimmt ein hochwertiges digitales Foto locker an Speicherplatz in Anspruch. Auf einer Festplatte gespeichert, fällt das kaum ins Gewicht und da kaum noch jemand mit Disketten arbeitet, verliert man schnell das Gefühl für die Größe. Doch eigentlich sind diese paar Megabyte pro Bild schon richtig viel – zu viel sogar schon, wenn du das Bild so einfach mal eben per E-Mail verschicken oder im Internet veröffentlichen willst.

Auch wenn immer mehr Anwender DSL nutzen, gibt es noch wesentlich mehr Leute, die per Modem oder ISDN surfen. Für die kann ein solches Bild dann schnell zur Geduldsprobe werden. Die Tabelle zeigt dir, wie lange es dauern kann, ein Bild mit zwei Megabyte mit verschiedenen Geräten zu empfangen:

| Zugang | ca. Dauer |
|--------|-----------|
| Modem  | 73 Sekunden |
| ISDN   | 33 Sekunden |
| DSL    | 3 Sekunden |

# Datenmonster will keiner

Schon eine E-Mail mit nur ein paar Fotos als Urlaubsgrüße wird die Empfänger ohne DSL zur Verzweifelung treiben, da sie ewig warten müssen. Viele Anwender brechen eine solche Übertragung auch ab und löschen die E-Mail, bevor sie gelesen wurde. Wäre doch schade, wenn du auf diese Weise deine Freunde vergraulst.

Solange deine Freunde die empfangenen Fotos (egal ob per E-Mail oder auf einer Webseite) nicht ausdrucken oder weiterverarbeiten, sondern sich nur mit dir zusammen am Bild erfreuen wollen, wäre es gut, wenn du die Datenmenge der Bilder verkleinerst.

Eine erste Möglichkeit besteht darin, die Bildgröße zu reduzieren. Da ein Bild mit 1.600 x 1.200 Pixeln (oder ähnlichen Werten) kaum einer in Originalgröße am Bildschirm betrachten kann, braucht es auch nicht so groß zu sein. Für die Ausgabe am Bildschirm empfiehlt sich eine maximale Größe von 800 x 600. Das Foto ist dann bei den meisten Anwendern fast formatfüllend, beansprucht also den ganzen Platz auf dem Bildschirm, wenn man noch etwas Platz für das Fenster des Anzeigeprogramms berücksichtigt. 640 x 480 ist aber auch oft schon völlig ausreichend. Diese Abmessungen gelten für ein Bild im Querformat. Für ein Bild im Hochformat brauchst du die Werte einfach nur zu vertauschen: Aus 640 x 480 wird dann also 480 x 640. Diese Pixelabmessungen sind natürlich nur Beispiele. Je nach Kameramodell können deine Bilder auch davon abweichende Abmessungen aufweisen.

Um zu zeigen, wie sich die Dateigröße auswirkt, benutzen wir das folgende Foto mit den Originalabmessungen 3.072 x 2.048. Dieses Bild benötigt als Original etwa 2.976 KByte, da es in bester Qualität gespeichert wurde.

# Kapitel 9

## Bilder weitergeben

Nachdem es mit dem bereits gezeigten Verfahren unter Beibehaltung des Seitenverhältnisses auf 800 x 533 Pixel verkleinert wurde, beträgt die Dateigröße nur noch lächerliche 100 KByte. Bei der Bildschirmbetrachtung sind auf den ersten Blick kaum Unterschiede zu erkennen. Natürlich fehlen ein paar Details, aber um zu zeigen, wie es im Urlaub war, reicht die Qualität bei weitem aus. Dafür muss derjenige, der sich dein Bild anschauen will, jetzt selbst mit einem Modem nur noch etwa vier Sekunden auf das komplette Bild warten.

Es gibt aber noch einen weiteren Trick, ein Bild Platz sparend zu speichern. Bei JPEG kannst du die Komprimierungsstärke beim Speichern einstellen. Eine starke Komprimierung bewirkt kleine Dateien. Allerdings wird auch die Bildqualität schlechter.

In Paint Shop Pro kannst du während des Speicherns die Komprimierungsstärke wählen und dabei kontrollieren, wie sich das Bild verändert. So hast du die Möglichkeit, für dich einen Kompromiss zwischen Qualität und Dateigröße zu wählen.

≫ Bearbeite dein Foto wie gewohnt in Paint Shop Pro.

≫ Starte die Speicherung wie üblich mit SPEICHERN aus dem Menü DATEI oder durch Anklicken des Symbols in der Symbolleiste.

> Denke daran, nie mit deinen Originaldateien zu arbeiten, sondern immer nur mit einer Kopie, damit du im Notfall auf das Original zurückgreifen kannst. Hast du dein Originalbild geöffnet, wähle unbedingt SPEICHERN UNTER aus dem Menü, um eine neue Datei abzuspeichern.

≫ Wechsle in das Verzeichnis, in dem du das Bild speichern willst.

≫ Wähle aus der Liste bei DATEITYP den Eintrag JPG JPEG aus und klicke anschließend auf OPTIONEN.

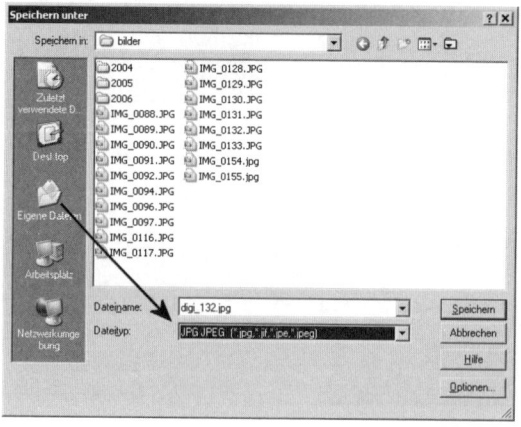

# Datenmonster will keiner

➤ Weißt du schon, welche Komprimierungsstärke du einstellen willst, kannst du den Schieberegler bei KOMPRIMIERUNGSFAKTOR entsprechend einstellen oder den Zahlenwert direkt eintragen und dann auf OK klicken. Möchtest du erst sehen, wie sich die Komprimierung auswirkt, klicke auf OPTIMIERUNG AUSFÜHREN.

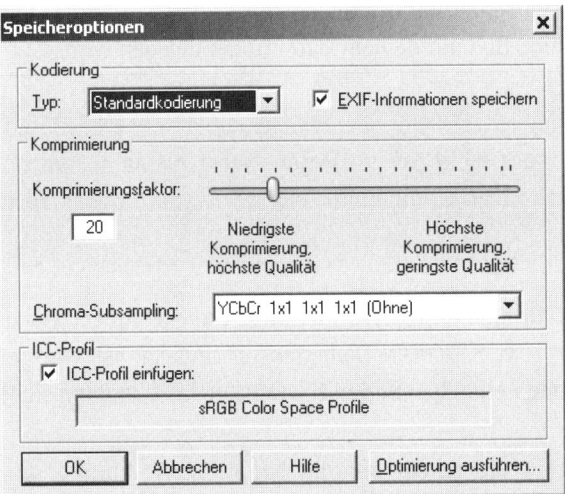

➤ Stelle die Maus in das Vorschaufenster, in dem du dein Bild siehst, und verschiebe bei gedrückter Maustaste den Ausschnitt, bis du eine Stelle des Bildes siehst, bei dem du die Qualität gut beurteilen kannst. Mit den zwei Lupensymbolen kannst du die Bildvorschau auch vergrößern und verkleinern.

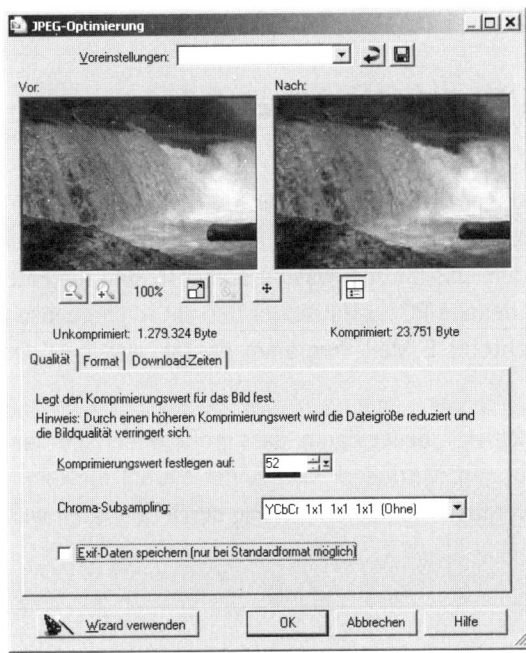

# Kapitel 9 — Bilder weitergeben

> Verändere nun die Zahl bei KOMPRIMIERUNGSWERT. Entweder du gibst eine Zahl ein oder du klickst daneben auf den kleinen Pfeil nach oben oder nach unten. Je größer die Zahl wird, desto stärker ist die Komprimierung und umso schlechter wird das Bild bei NACH, das dir das Bild in der Qualität anzeigt, wie es auch gespeichert wird. Unterhalb der Ergebnisvorschau kannst du bei KOMPRIMIERT ablesen, wie viele Byte das fertige Bild auf deinem Datenträger belegen wird.

Du kannst bei den weiteren Optionen wählen, ob du die EXIF-Daten mitspeichern willst oder nicht. In der Regel kannst du darauf verzichten, denn du behältst ja dein Originalfoto und kannst dann etwas Speicherplatz sparen.

> Hast du den für dich besten Wert gefunden, klicke auf OK. Du kommst jetzt wieder zum SPEICHERN-Dialogfenster und kannst wie gewohnt den Dateinamen eingeben und mit SPEICHERN das Bild dann sichern.

Der Zahlenwert für die Komprimierung hat keine Bedeutung. Je nach Programm wird er anders ausgelegt. Manchmal bedeuten große Zahlen eine starke Komprimierung, bei einem anderen Programm dann eine gute Qualität. Es gibt auch keinen festen Richtwert, wann ein Bild noch gut aussieht, da es dabei stark auf den Bildinhalt ankommt. Bei Paint Shop Pro kannst du aber davon ausgehen, dass 20 ein guter Kompromiss ist, bei dem die Datei kleiner wird und das Bild gut bleibt.

## Bilder per E-Mail verschicken

Digitale Fotos an Freunde per E-Mail zu schicken ist wirklich kinderleicht. In Sekundenschnelle kannst du so sogar aus dem Urlaub Grüße an die Daheimgebliebenen senden. Das Einzige, was du brauchst, sind die Fotos und ein Internetcafé. Von deinem PC zu Hause geht es natürlich ebenso, wenn du ein fertig eingerichtetes E-Mail-Programm besitzt, was bestimmt der Fall sein wird.

Bevor du ein Bild verschickst, denke daran, dass große Bilder sehr lange für die Übertragung benötigen. Verringere also zuerst einmal die Bildabmessungen und erhöhe eventuell die Komprimierung der JPEG-Datei, wie zuvor bereits beschrieben.

# Bilder per E-Mail verschicken

Um dein Bild im Internetcafé per E-Mail zu verschicken, benötigst du natürlich eine Registrierung bei einem E-Mail-Anbieter mit Webzugang wie *http://www.gmx.de* oder *http://www.web.de*. Bei den meisten Anbietern kannst du dich kostenlos registrieren und dann E-Mails verschicken und empfangen. Solche Dienste werden auch als *Freemailer* bezeichnet.

» Begib dich auf die Webseite eines E-Mail-Dienstes. Logge dich mit deiner bereits vorhandenen Kennung ein oder folge den dort beschriebenen Schritten, um dich anzumelden.

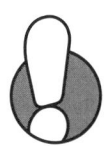

Melde dich nicht alleine bei einem E-Mail-Dienst an, sondern nur zusammen mit deinen Eltern, damit du nicht aus Versehen doch Gebühren bezahlen musst oder Dinge über dich preisgibst, die keinen etwas angehen.

Die folgenden Schritte sind bei jedem Freemailer zwar ähnlich, doch trotzdem immer etwas anders, so dass du ein wenig kreativ sein musst, wenn die Seiten nicht genau wie abgebildet aussehen.

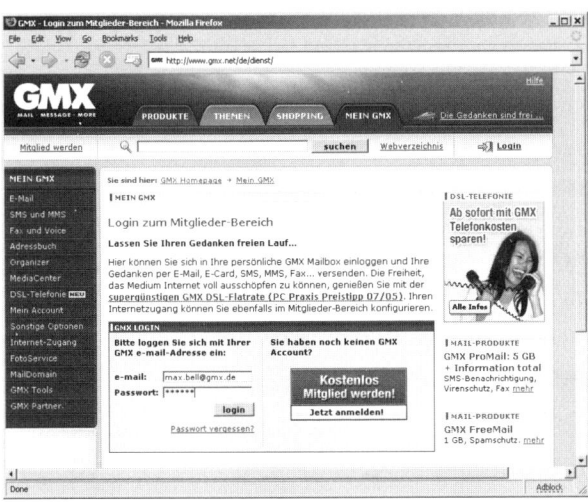

» Klicke dich bis zu der Seite durch, auf der du eine neue E-Mail schreiben kannst.

» Fülle die einzelnen Felder aus. Bei AN musst du die E-Mail-Adresse des Empfängers eintragen und bei BETREFF solltest du auch einen kurzen Text schreiben. Möchtest du die gleiche E-Mail an mehrere Leute schicken, trage die weiteren Adressen im Feld KOPIE ein und trenne die einzelnen Adressen durch ein Semikolon.

# Kapitel 9 — Bilder weitergeben

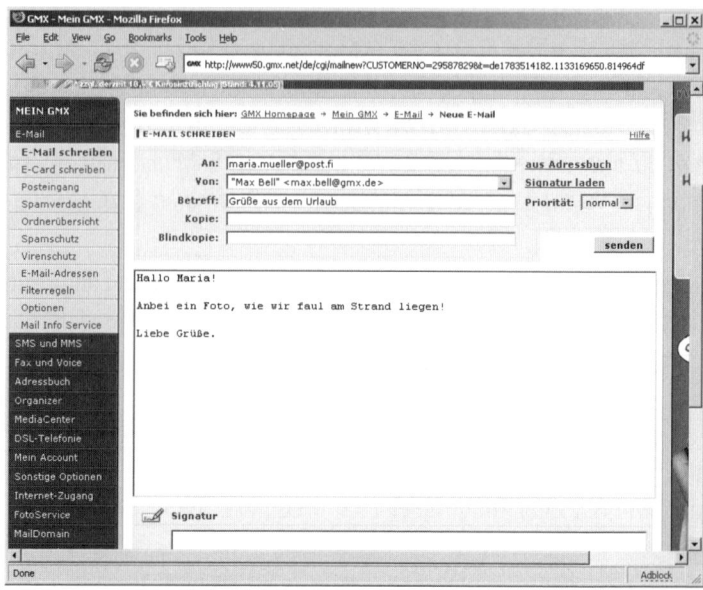

> Auf der Webseite wirst du neben oder unter dem Formular auch eine Schaltfläche oder einen Link finden, um Dateianhänge zu versenden. Klicke auf BROWSE oder DURCHSUCHEN, um das Dialogfenster zur Dateiauswahl anzuzeigen.

> In der Dateiauswahl suche das gewünschte Foto heraus und übernimm es mit OK in die Eingabezeile für den Dateianhang. Meistens kannst du nur ein einziges Foto mitschicken.

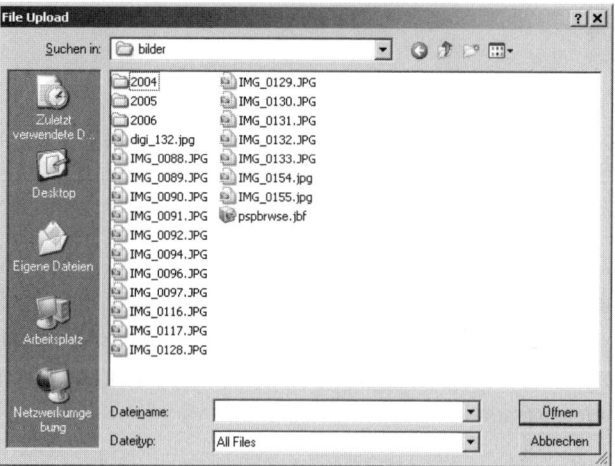

## Bilder per E-Mail verschicken

≫ Jetzt ist deine E-Mail fertig und du kannst sie mit SENDEN abschicken.

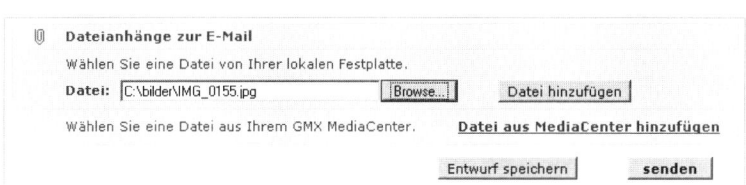

≫ Nachdem du alle E-Mails verschickt hast, vergiss nicht, dich mit LOGOUT oder einer ähnlichen Funktion wieder vom E-Mail-Dienst abzumelden.

Am heimischen Computer funktioniert das Verschicken von E-Mails natürlich etwas einfacher. Auch hierbei unterscheidet sich das Vorgehen von Programm zu Programm jedes Mal ein wenig. Wenn du dein E-Mail-Programm aber schon einmal benutzt hast, wirst du dich sicher schnell zurechtfinden. Im Beispiel wird Outlook 2003 benutzt.

≫ Starte dein E-Mail-Programm und beginne eine neue E-Mail.

≫ Trage die Adresse des Empfängers ein oder wähle sie aus dem Adressbuch aus. Schreibe einen Betreff und deine Nachricht.

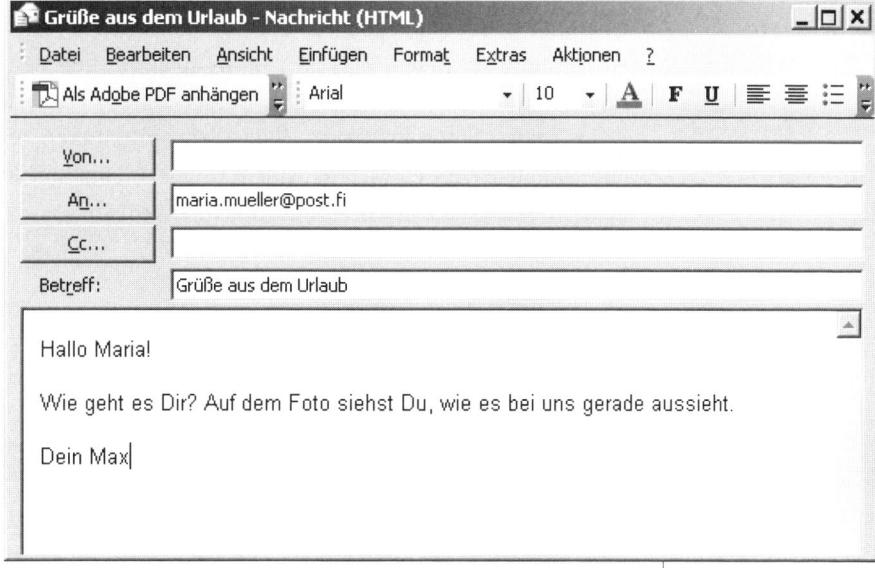

≫ Im Menü EINFÜGEN wähle DATEI aus. Im sich öffnenden Fenster kannst du dann die Datei anklicken, die du mitschicken willst. Möchtest du gleich mehrere Bilder verschicken, kannst du [Strg] drücken und nacheinander bei gedrückter Taste die Dateien anklicken, die verschickt werden sollen. Zum Schluss klicke auf EINFÜGEN.

Kapitel

Bilder weitergeben

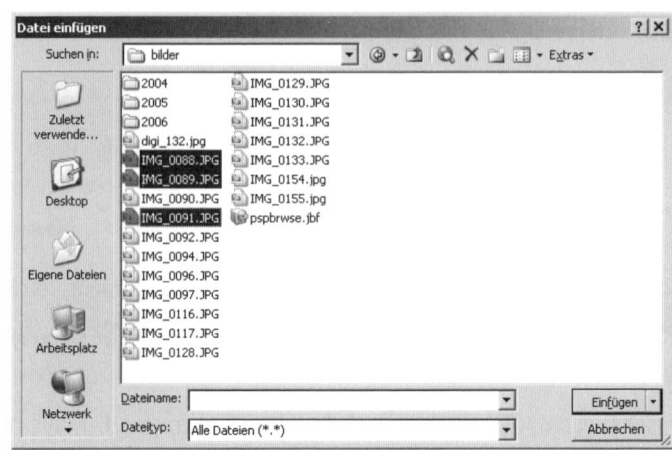

≫ Mit SENDEN aus dem Menü DATEI schickst du die E-Mail ab.

## Das Fotoalbum im Web

Zu Omas Zeiten versammelte sich die ganze Familie früher oder später beim Kaffeeklatsch und schwelgte in Erinnerungen, während angegilbte Fotoalben andächtig durchgeblättert wurden. Fotoalben sind immer noch eine praktische Angelegenheit, doch sie könnten manchmal ein wenig neuen Zeitgeist vertragen. Was ist zum Beispiel mit den Verwandten in Übersee, die schon lange nicht mehr zu Besuch waren? Für die könntest du doch deine besten Fotos im World Wide Web präsentieren und jeder, der Lust hat, kann jederzeit einfach in deinem Online-Album blättern.

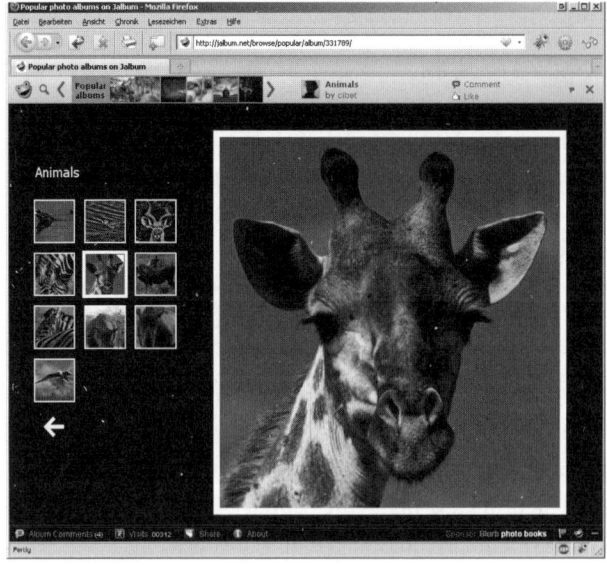

*Web-Fotoalbum bei http://jalbum.net.*

# Das Fotoalbum im Web

Wenn du Bilder veröffentlichst, musst du ein wenig auf das Gesetz achten. Fotos, die im Internet für alle Nutzer zugänglich sind, unterliegen einigen Bestimmungen. Willst du keine Scherereien, dann achte bei deinem Webalbum darauf, dass wirklich nur enge Freunde Zugriff auf dein Album bekommen. Die meisten Alben können dazu zwischen öffentlichen und geschützten Bereichen unterscheiden. Lege deine Bilder nur in einem geschützten Bereich ab oder markiere sie mit einer entsprechenden Funktion im Album. Bei Bildern, die von allen Internet-Nutzern ohne eine Anmeldung einsehbar sind, musst du darauf achten, dass du keine Personen zeigst, die du vorher nicht um Erlaubnis gefragt hast. Zeige auf keinen Fall Bilder, auf denen Personen nackt oder sehr spärlich bekleidet sind.

Man spricht dabei vom Schutz der Persönlichkeit. Darunter fällt vor allem das Recht zu bestimmen, ob eine Fotografie einer Person veröffentlicht werden darf. Geregelt wird dies im *Gesetz betreffend das Urheberrecht an Werken der bildenden Künste und der Photographie*, dem so genannten Kunst-Urhebergesetz (KunstUrhG). Außerdem greifen teilweise auch andere Gesetze wie das Jugendschutzgesetz (JuSchG).

Achte darauf, dass deine Bilder nicht ungewollt GPS-Daten beinhalten und so verraten, wo du wohnst oder zur Schule gehst. Siehe dazu auch Seite 215.

Es gibt leider viele unangenehme Zeitgenossen im Web, die solche Bilder missbrauchen. Bitte deine Eltern um Unterstützung und lass dir von ihnen bei der Bildauswahl helfen.

Webbasierte Fotoalben gibt es inzwischen zahlreiche. Für welchen Anbieter du dich entscheidest, bleibt dir überlassen, achte aber auf ein paar Dinge, die vorhanden sein sollten:

◇ kostenlose Nutzung

◇ unbegrenzte Speicherdauer

◇ keine Verpflichtung, Abzüge von Fotos zu bestellen

◇ geschützter Zugangsbereich mit individueller Albumfreigabe

Für das folgende Beispiel wird ein Album bei *https://freemail.web.de/home/fotoalbum.htm* genutzt, bei dem du dich zuerst einmal selber registrieren musst, wozu du dir am besten von deinen Eltern helfen lässt. Wenn du schon einen E-Mail-Zugang bei web.de nutzt, benötigst du keine zusätzliche Registrierung mehr.

Kapitel                                                                 Bilder weitergeben

## 9

Bilder, die du in einem Webalbum veröffentlichst, solltest du vorher auf die passenden Abmessungen verkleinern. Die Datei sollte in der Regel nicht größer als 100 KB und 800 x 600 Pixel sein.

> Melde dich mit deinen Zugangsdaten bei web.de an. Hast du dich gerade registriert, dann bist du diesmal bereits angemeldet.

> Wechsle über die Navigationsleiste in den Bereich FOTO-ALBUM.

> Trage in das Eingabefeld NEUES ALBUM ANLEGEN einen Namen für dein neues Fotoalbum ein und klicke danach auf ANLEGEN. Später kannst du auf dieser Seite weitere Alben anlegen, in denen du dann deine Fotos thematisch sortieren kannst.

> Klicke im nächsten Schritt auf BROWSE oder DURCHSUCHEN (je nach Browser).

**Album: Urlaub**                                        Foto-Album

Foto hochladen: [                    ]   Browse...   Hochladen

> Im geöffneten Dateidialogfenster wählst du das erste Foto für dein Album aus und klickst dann auf ÖFFNEN.

# Das Fotoalbum im Web

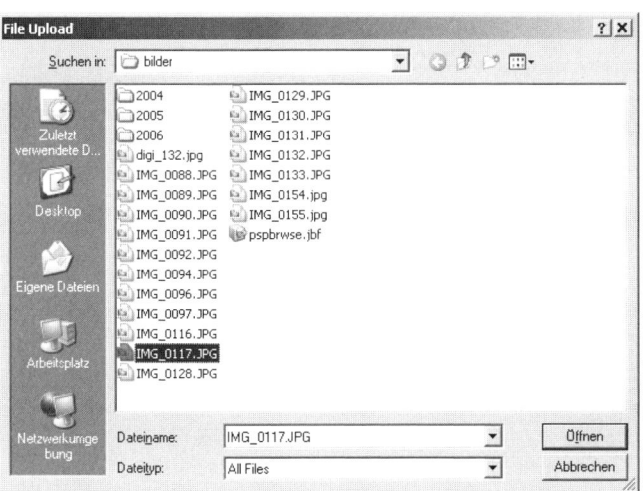

➤ Nachdem du auf HOCHLADEN geklickt hast, wird die Bilddatei ins Internet übertragen, was je nachdem, wie schnell deine Internetverbindung ist, etwas dauern kann.

➤ Sobald die Vorschaugrafik für dein Bild angezeigt wird, kannst du ALBUM FREIGEBEN anklicken, damit das Album von deinen Besuchern eingesehen werden kann.

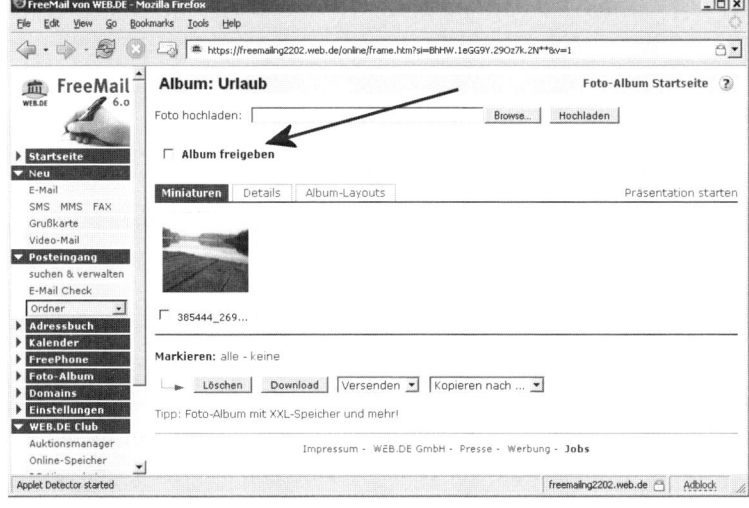

➤ Aktiviere zusätzlich noch die Option MIT KENNWORT SCHÜTZEN und denke dir ein Kennwort aus, damit dein Album nur von Freunden betrachtet werden kann, denen du das Kennwort mitteilst. Klicke anschließend auf SPEICHERN.

# Kapitel 9 — Bilder weitergeben

> Bei den zwei Optionen steht neben IM INTERNET FREIGEBEN UNTER die Internetadresse, unter der dein Fotoalbum ab sofort besucht werden kann. Am besten, du klickst einmal auf diesen Link, um in einem neuen Fenster dein bisheriges Album zu besichtigen.

> Hast du dich für den Kennwortschutz entschieden, musst du jetzt (genau so wie deine späteren Besucher) erst einmal das Passwort eingeben und auf LOGIN klicken.

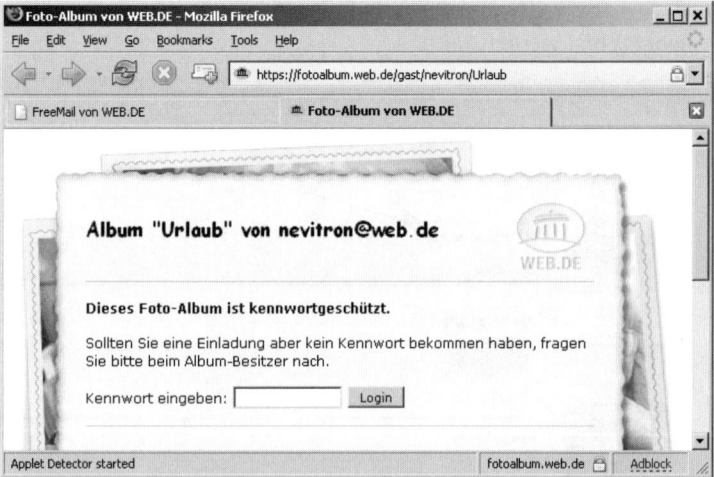

> Anschließend wird das Album angezeigt. Bisher gibt es nur ein Bild, aber du kannst die Vorschaugrafik bereits anklicken, um das Bild anschließend in Originalgröße zu betrachten.

# Das Fotoalbum im Web

Merke dir die in der Adresszeile im Browser angezeigte Adresse (URL). Diese Adresse musst du deinen Freunden mitteilen, damit sie dein Album im Web besuchen können.

» Du hast durch das Anklicken des Bildes eine Diashow gestartet, bei dem jedes weitere Bild aus dem Album nach ein paar Sekunden automatisch angezeigt wird, sobald du weitere hoch geladen hast. Mit der Navigationsleiste am oberen Fensterrand kannst du die Geschwindigkeit einstellen oder die Show mit PAUSE unterbrechen und dann von Hand VOR- oder ZURÜCKblättern.

» Wechsle nun wieder in das Fenster zurück, in dem du zuvor das Bild hochgeladen hast. Dort kannst du nun weitere Bilder ins Internet laden. Dazu gehst du immer wieder wie in Schritt 4–6 vor.

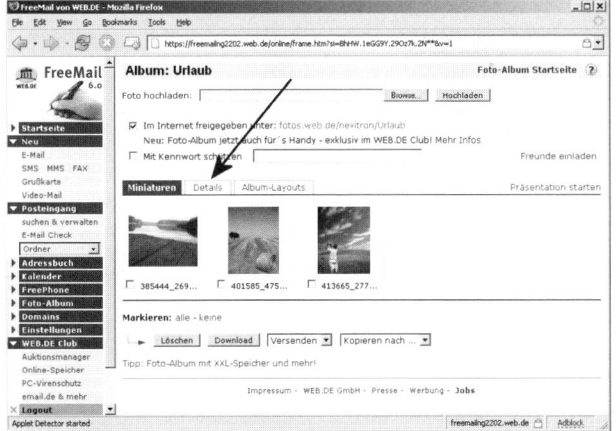

# Kapitel 9 — Bilder weitergeben

> Möchtest du zu deinen Fotos noch einen kleinen Begleittext schreiben, dann klicke nach dem Hochladen auf die Registerkarte DETAILS.

> Neben jedem Bild steht dir nun ein Eingabefeld zur Verfügung, in dem du deine ganz persönlichen Erinnerungen und Kommentare festhalten kannst, die dann später bei der Diashow unterhalb des Bildes angezeigt werden.

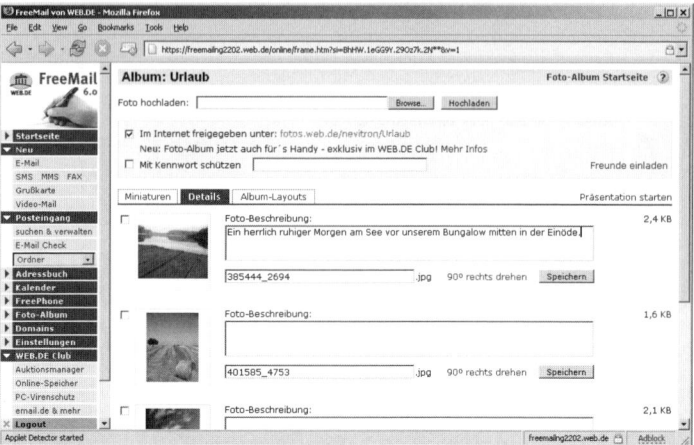

> Auf der Registerkarte ALBUM-LAYOUTS kannst du dir auch ein anderes Design für dein Fotoalbum passend zu den Fotos aussuchen und den Begrüßungstext individuell gestalten.

Fotos ausdrucken

» In der Übersicht mit den MINIATUREN kannst du jederzeit auch wieder Bilder aus dem Album löschen oder sie in ein anderes Album verschieben, wenn du wie in Schritt 3 noch weitere angelegt hast. Aktiviere bei den Bildern, die du löschen oder verschieben willst, das Auswahlkästchen unterhalb der Vorschau und klicke dann auf LÖSCHEN oder wähle aus der Liste KOPIEREN NACH, in welches Album die Bilder verschoben werden sollen.

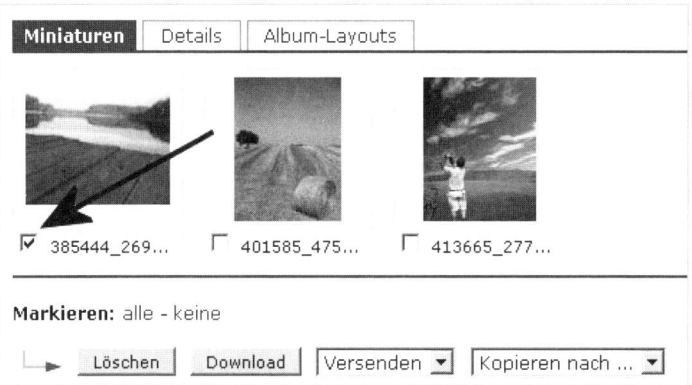

# Fotos ausdrucken

Gleich vorweg möchte ich die Empfehlung aussprechen, Fotos gar nicht zu drucken, sondern im Fotolabor als echten Papierabzug zu bestellen. Die Qualität ist unschlagbar und zudem ist es günstiger. Etwas weiter unten wird dir gezeigt, wie du das machen kannst.

Abgesehen davon kann es natürlich trotzdem einmal angebracht sein, einzelne Fotos auf dem heimischen Farbdrucker auszudrucken. Die Qualität der Ausdrucke hängt dabei von drei Faktoren ab:

◇ **Qualität des Fotos.** Nur ein hochwertiges Foto mit genügend Auflösung kann auch zu einem guten Druckergebnis führen. Wenn die Fotos in der Originalgröße sind, wie sie von der Kamera gespeichert wurden, ist es am besten.

◇ **Druckerqualität.** Farbdrucker ist nicht gleich Farbdrucker. Vor allem beim Fotodruck gibt es große Unterschiede. Hier hilft nur ein Vergleichstest aus einer Zeitschrift weiter, um einen guten Drucker zu finden.

◇ **Verwendetes Papier.** Auf normalem Schreibmaschinenpapier – oder heutzutage oft als Kopierpaper bezeichnet – kannst du keine guten Druckergebnisse erwarten. Erst mit Spezialpapier werden die Bilder brillant.

Die beiden ersten Punkte dürften ohne weitere Beschreibung klar sein. Zum Papier kann vielleicht noch etwas gesagt werden: Die Drucker- und Papierhersteller bieten zahllose verschiedene Papiersorten für den Drucker an. Die Bezeichnungen sind dabei leider etwas verwirrend und von Anbieter zu Anbieter unterschiedlich.

Papiere für den (Foto-)Druck mit einem Tintenstrahldrucker unterscheiden sich vor allem in der Beschichtung von normalem Kopierpapier. Durch die Beschichtung trocknet die Tinte schneller, ohne zu zerfließen oder auszufransen. Zusätzlich kann die Beschichtung auch noch für einen wischfesten Halt des Aufdrucks sorgen. Dickere Papiere wirken hochwertiger und die Ausdrucke sind langlebiger, wenn du sie mehrmals in die Hand nimmst, um sie anderen Leuten zu zeigen.

Bevor du ein bestimmtes Papier kaufst, schau in die Anleitung zu deinem Drucker, wie schwer das Papier maximal sein darf. Schweres Papier ist dicker und lässt sich schwerer biegen, weshalb es eine Grenze gibt, bis zu der jeder Drucker Papier einziehen kann. Das normale Schreibpapier wiegt 80 g/m$^2$. Hochwertige Papiere wiegen 120 bis 250 g/m$^2$.

Für einfache Ausdrucke reicht vermutlich Inkjet-Papier, das etwas dicker ist und vor allem die Tinte gut aufsaugt, ohne sie zerfließen zu lassen. Für schöne Fotos empfiehlt sich dann echtes Fotopapier, das oft als »Glossy« bezeichnet wird. Ausdrucke auf solchem Papier glänzen dann ähnlich wie echte Fotos aus dem Labor und sind wischfest.

Im Handel gibt es auch Papier, das bereits auf übliche Fotoformate wie 10 x 15 zugeschnitten ist. Ob du dieses Papier einsetzen kannst, hängt davon ab, ob dein Drucker randlos drucken kann. Nur spezielle Fotodrucker sind dazu in der Lage. Außerdem sind die meisten Fotos von Digicams gar nicht im traditionellen Seitenverhältnis 3:2 von Analogfotos, sondern nutzen das Format 4:3. Du würdest bei einem 10x15-Papier dann immer einen weißen Rand stehen lassen oder einen Teil des Bildes abschneiden.

Einfacher ist es, mehrere Fotos auf ein DIN-A4-Blatt zu drucken und anschließend auszuschneiden. Wenn du dafür eine Schere benutzt, wirst du allerdings kaum eine gerade Kante schneiden können. Besser ist es, wenn du dir einen einfachen Papierschneider zulegst. Durch den Anschlag und die Rollenklinge bekommst du akkurate Schnittränder. Preiswerter und für den gelegentlichen Einsatz auch geeignet ist ein Cuttermesser mit Abbrechklingen aus dem Baumarkt. Im Schreibwarenhandel bekommst du spezielle Gummiunterlagen, auf denen du schneiden kannst, ohne Kratzer zu hinterlassen. Für den geraden Schnitt benötigst du dann nur noch ein Metall-Lineal als Führung.

## Fotos ausdrucken

Ein einzelnes Foto auszudrucken ist sicherlich kein Problem für dich. Interessanter ist es da schon, wie du gleich mehrere Bilder auf ein Blatt bekommst, damit du das teure Spezialpapier optimal ausnutzen kannst. Du hast zwei Möglichkeiten, in Paint Shop Pro die auszudruckenden Bilder zu bestimmen:

- Öffne ganz normal alle Bilder, die gedruckt werden sollen.

- Öffne den VERWALTER aus dem Menü ANSICHT, Untermenü PALETTEN und lass dir die Fotos aus einem Verzeichnis anzeigen. Bei gedrückter Taste Strg klickst du nacheinander jedes Bild an, das du ausdrucken willst, ohne die Bilder zu öffnen.

- Wähle aus dem Menü DATEI den Eintrag SEITENLAYOUT aus. Die Darstellung des Fensters ändert sich und dir werden am linken Rand die ausgewählten oder geöffneten Fotos angezeigt.

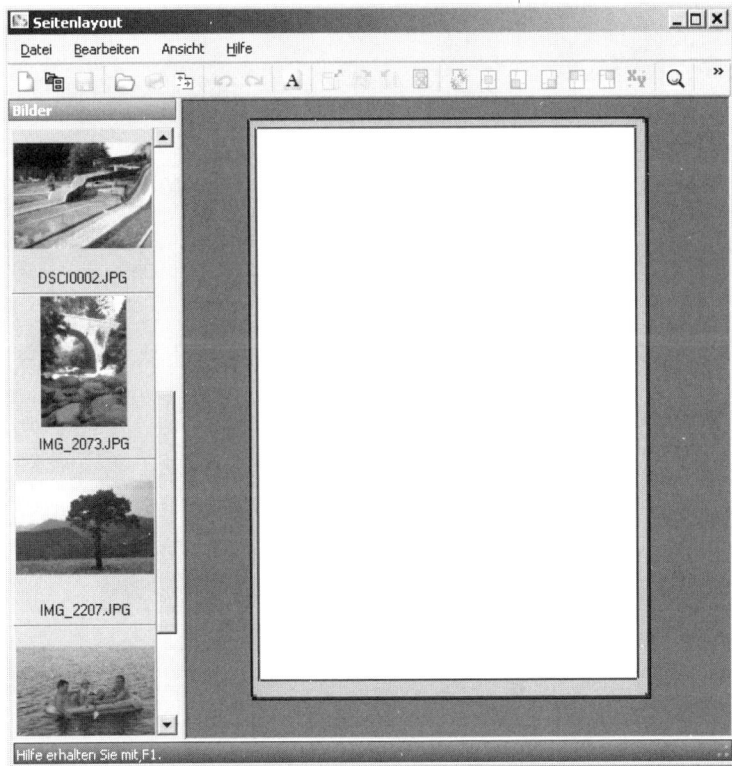

- Du hast jetzt verschiedene Möglichkeiten, deine Fotos auf dem Blatt anzuordnen: Die einfachste Variante ist die, ein Foto nach dem anderen vom linken Rand auf die Seite zu ziehen. Vermutlich wirst du dabei gefragt, ob du das Bild skalieren möchtest, da es zu groß ist. Stimme der Frage einfach mit JA zu.

# Kapitel 9 — Bilder weitergeben

> Verschiebe die Fotos auf dem Blatt an die gewünschte Position und verändere die Größe, indem du einen der Greifpunkte in den Bildecken eines angeklickten Fotos verschiebst.

> Stattdessen kannst du aber auch eine Vorlage benutzen. Wähle dazu aus dem Menü DATEI den Eintrag VORLAGE ÖFFNEN.

> In den verschiedenen Kategorien findest du einige Mustervorlagen. Suche dir eine heraus, auf der die Fotos so angeordnet sind, wie du es dir vorstellst, und klicke die Vorlage im rechten Bereich an, bevor du auf OK klickst.

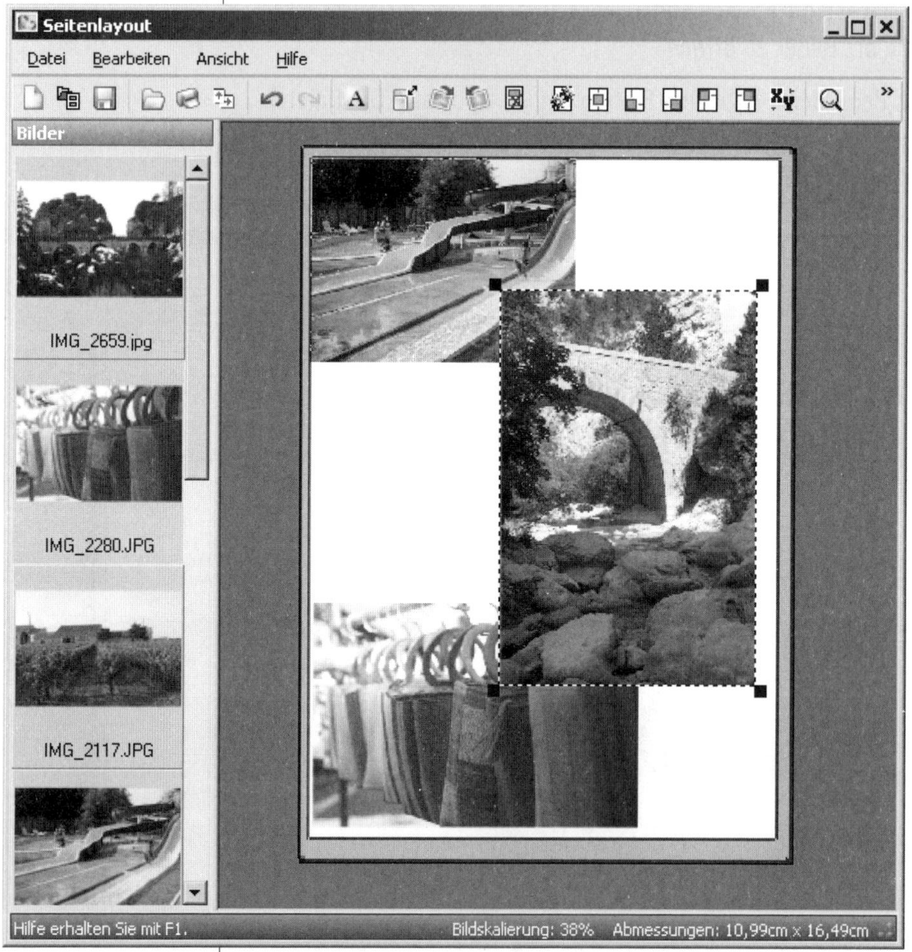

## Fotos ausdrucken

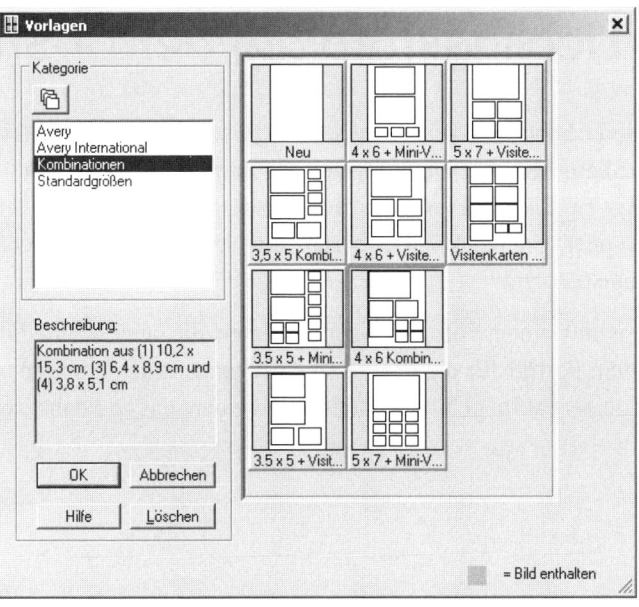

» Anschließend kannst du deine Fotos nach Belieben in die einzelnen Zellen ziehen. Du kannst sie auch wieder löschen, indem du [Entf] drückst. Mit den Funktionen im Menü BEARBEITEN kannst du die Fotos noch drehen und anpassen.

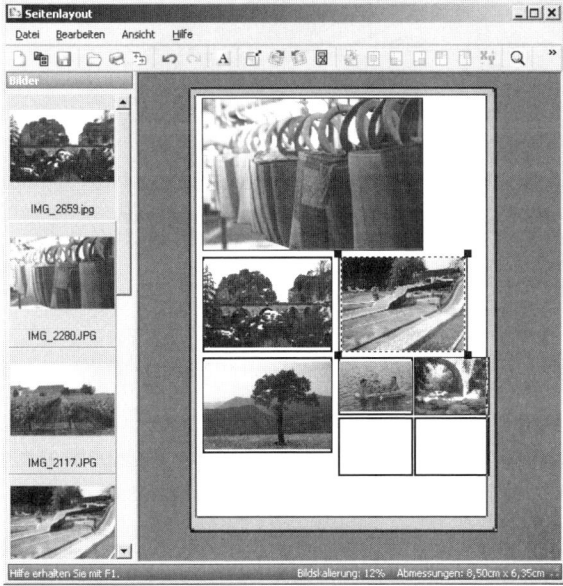

» Bevor du die Seite ausdruckst, kontrolliere die Druckeinstellungen, indem du aus dem Menü DATEI DRUCKER EINRICHTEN auswählst. Anschließend kannst du mit DRUCKEN aus dem gleichen Menü die Collage ausdrucken.

# Kapitel 9 — Bilder weitergeben

## Dein Lieblingsfoto auf dem T-Shirt

Ein besonderer Spaß und auch eine schöne Geschenkidee sind selbst gestaltete Textilien. Mit spezieller Transferfolie kannst du in deinem Tintenstrahldrucker ein Bild zusammen mit Text ausdrucken und anschließend auf ein T-Shirt oder einen Kopfkissenbezug oder irgendetwas Ähnliches aus Stoff aufbügeln.

Wie wäre es mit einem Foto mit Sonnenblumen für deine kleine Schwester? Oder dein Porträt für die Großeltern? Du kannst auch ein Foto von dir beim Rockkonzert aufbügeln und damit allen zeigen, dass du dabei warst.

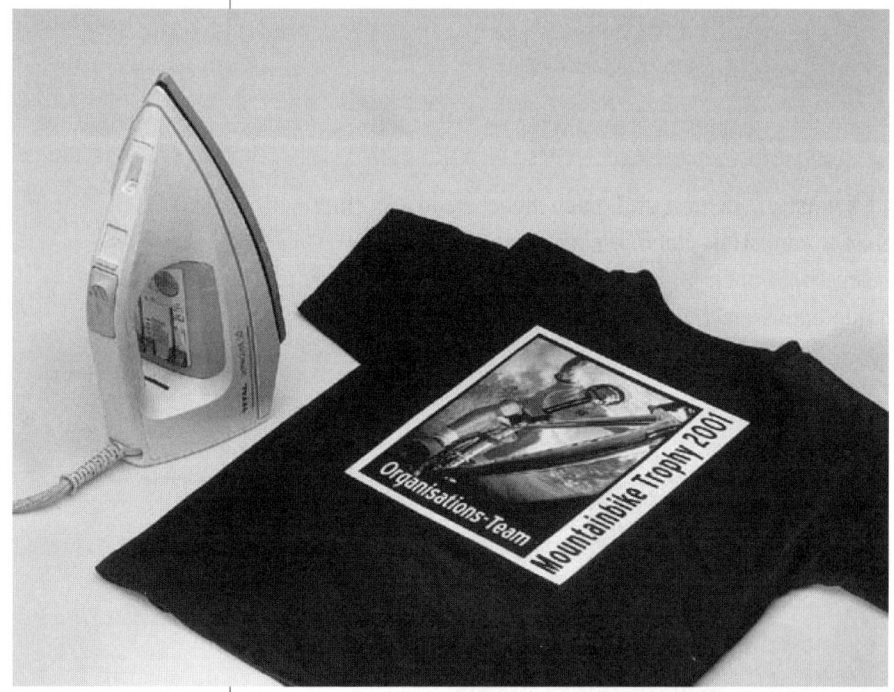

*T-Shirts selbst gestalten mit Spezialpapier; Quelle: Avery Zweckform.*

Die Transferfolie bekommst du von vielen Herstellern im Computerzubehör- oder Zeichenbedarf. Schon vor dem Kauf solltest du dir überlegen, ob du dein Foto auf ein schwarzes oder ein weißes Kleidungsstück übertragen möchtest, denn es gibt jeweils entsprechende Folien, damit der Rand nicht zu sehr stört. Bei Motiven mit einfachen Außenkanten kannst du die Folie auch nach dem Bedrucken passend zuschneiden, so dass die Folienfarbe egal ist.

Am besten hält die Transferfolie auf Stoffen mit hohem Baumwollanteil. Eine Sache für die Ewigkeit ist der Aufdruck aber nie, denn beim Waschen in der Maschine verblassen die Farben mit der Zeit. Für eine längere Haltbar-

# Dein Lieblingsfoto auf dem T-Shirt

keit deshalb das Wäschestück möglichst kalt per Hand oder auf links gedreht bei maximal 40° waschen (je nach Folienhersteller unterschiedlich).

- Bei der Gestaltung deiner Vorlage hast du freie Hand. Du kannst ein Foto benutzen, Text und Grafikelemente hinzufügen usw. Das Kleidungsstück wird im Bereich der Folie relativ steif, was den Tragekomfort beeinträchtigen kann. Außerdem neigen großflächige Motive mit der Zeit zur Bildung von kleinen Rissen. Kleinere, handgroße Bilder sind meistens angenehmer.

- Wichtig ist nur, dass es spiegelverkehrt ausgedruckt werden muss, damit es nach dem Aufbügeln seitenrichtig erscheint. Bei einem Foto ist das nicht so wichtig, aber Schrift wäre sonst spiegelverkehrt. In Paint Shop Pro brauchst du dafür einfach nur die Funktion VERTIKAL SPIEGELN aus dem Menü BILD einmal vor dem Ausdruck aufzurufen.

- Wenn möglich, wähle bei den Druckereinstellungen die beste Qualität aus. Im Druckdialogfenster klicke dazu auf EIGENSCHAFTEN und dann bist du auf dich allein gestellt. Bei jedem Drucker gibt es andere Optionen. Wähle möglichst als PAPIERART TRANSFERFOLIE (auch wenn du eine von einem anderen Hersteller benutzt) oder SPEZIALPAPIER und die höchste QUALITÄTSEINSTELLUNG.

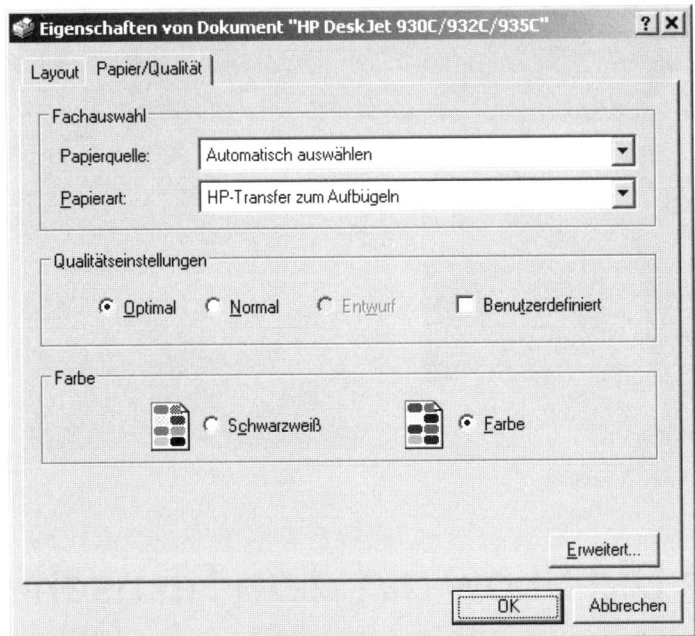

- Damit du die teure Transferfolie nicht unnötig verbrauchst, fertige einen Ausdruck auf normales Papier an und kontrolliere das Ergebnis und vor allem den spiegelverkehrten Druck.

# Kapitel 9 — Bilder weitergeben

> Fasse das Spezialpapier nur an den Rändern an, da die Tinte an Stellen mit Fingerabdrücken schlechter haftet. Beachte die Hinweise des Herstellers, welche Seite bedruckt werden soll.

> Schneide die unbedruckten Ränder von der Folie weg.

> Anschließend musst du das Bild aufbügeln. Am besten, du bittest deine Eltern um Hilfe. Folge dabei den Anweisungen des Papierherstellers, um zu erfahren, welche Temperatur und Bügeldauer notwendig ist.

Vor dem Aufbügeln solltest du das Kleidungsstück knitterfrei bügeln. Benutze für das Aufbügeln anschließend kein normales Bügelbrett, da dieses zu weich ist. Eine harte Platte mit einem faltenfreien, glatten Kissenbezug als Unterlage ist besser geeignet. Die empfohlene Bügelzeit sollte nicht überschritten werden. Je mehr Druck du beim Bügeln aufbringst, desto fester haftet die Folie.

Quelle: Avery Zweckform.

## Die Dia-Show auf dem Fernseher

Hast du schon mal einen klassischen Dia-Abend miterlebt? Wenn Tante Erna fünf Magazine mit Dias auspackt, Opa mit Leinwand und Projektor hantiert und anschließend die ganze Familie sich stundenlang Fotos vom letzten Urlaub ansehen muss, vergeht schnell die Freude am Besuch.

# Die Dia-Show auf dem Fernseher

Schade eigentlich, denn eine Dia-Show ist keine schlechte Veranstaltung. Im digitalen Zeitalter bleibt nämlich die Frage, wie du deine Fotos Freunden und Verwandten präsentieren kannst. Am Computer ist es meist ungemütlich und wenn mehrere Leute davor stehen oder sitzen, ist selbst der größte Monitor zu klein. Außerdem kannst du ja nicht immer deine ganze Ausrüstung mit zu Verwandten schleppen, wenn die keinen PC haben. Papierabzüge sind zwar praktisch, da man sie überall und immer herumreichen kann, doch wenn du dazu eine Geschichte erzählen willst, kann immer nur derjenige deinen Ausführungen folgen, der sich gerade das passende Bild anschaut.

Bleiben wir bei der Bezeichnung Dia-Show, auch wenn es keine Dias zu sehen gibt. Damit du auch noch in Zukunft zum gemütlichen Beisammensein eingeladen wirst und nicht alle schon stöhnen, wenn du wieder mal deine Fotos zeigen möchtest, lohnt es sich, eine Präsentation gut zu planen. In der Regel ist es sogar empfehlenswert, für verschiedene Anlässe gesonderte Vorführungen zu erstellen und den Verwandten andere Bilder einer Urlaubsreise zu zeigen als den tatsächlich Mitgereisten.

Auch wenn du gerne alle deine Fotos zeigen würdest: Überlege, was die Zuschauer wirklich interessiert. »Das ist Emil am Pool und hier, wie er am Pool Zeitung liest, und hier, wie er am Pool schläft, und da hält Emil die Füße in den Pool; jetzt trinkt er einen Cocktail am Pool und das ist der Pool am Abend und hier noch mal von der anderen Seite« wird schnell langweilig. Wer nicht dabei war, findet das Hotelzimmer vermutlich auch nicht so spannend wie diejenigen, die darin geschlafen und wilde Partys gefeiert haben. Erzähle mit deinen Bildern eine farbenfrohe Geschichte, die du dann mit einem spannenden mündlichen Bericht noch beleben kannst.

Plane auch die dir zur Verfügung stehende Zeit. Sind die Zuschauer wirklich bereit, eine Stunde lang Fotos anzusehen? Beschränke dich lieber auf eine kurze, knackige Präsentation von vielleicht zehn Minuten. So lange hält jeder Zuschauer locker durch und wenn die Begeisterung anschließend anhält, kannst du ja noch eine zweite Dia-Show zeigen.

In den meisten Wohnungen gibt es aber einen Platz, an dem selbst die ganze Sippschaft gemütlich Platz findet und wo du den richtigen Rahmen für eine Fotopräsentation findest: Auf der Couch vor dem Fernseher. Das Einzige, was du noch brauchst, ist ein DVD-Player, der aber vermutlich inzwischen in fast jedem Haushalt zu finden sein dürfte. Und schon kann der gemütliche Abend losgehen: Alle betrachten deine Bilder auf dem Bildschirm und können deinen Erzählungen lauschen.

# Kapitel 9 — Bilder weitergeben

Inzwischen gibt es viele Wege, Fotos auf eine CD zu brennen und über den Fernseher zu betrachten. Die einfachste Möglichkeit bietet dir dein Fotolabor vielleicht an, wenn du dort zusammen mit Papierabzügen eine Picture-CD im Kodak-Format bestellst. Auf dieser CD sind dann alle Bilder gespeichert und können mit einem DVD-Spieler wiedergegeben werden. Voraussetzung dafür ist allerdings, dass dieser das Kodak-Format auch unterstützt. Neben dieser Einschränkung hat die Methode aber auch den Nachteil, dass du nicht selber die Zusammenstellung bestimmen kannst und auch nur eine CD bekommst, wenn du Abzüge bestellst.

Im folgenden Verlauf sollen zwei weitere Techniken gezeigt werden. Beide setzen voraus, dass du ein CD-Brennprogramm wie Nero besitzt (mit dem hier gearbeitet wird – es geht aber auch mit anderen Programmen) und dich mit deinem PC und dem Brennen von CDs schon gut auskennst. Da mit dem Erstellen von CDs ganze Bücher gefüllt werden, können hier natürlich auch nur die wichtigsten Funktionen in aller Kürze angesprochen werden.

Die erste Methode ist besonders einfach und benötigt nur das Brennprogramm. Auf der CD sind anschließend alle Fotos hintereinander abgelegt. Mit der Fernbedienung des DVD-Players kannst du dann durch die Fotos blättern. Die Bilder werden vom Brennprogramm in ein geeignetes TV-Format gewandelt und entsprechend skaliert. Neben den qualitativ nicht besonders hochwertigen Bilddateien, die für die Anzeige auf dem Fernseher benötigt werden, kannst du noch zusätzlich die Originalbilddateien auf die CD kopieren. Dann kannst du die CD weitergeben und wer will, kann sich die Show ansehen und später am PC die Bilder nutzen, um zum Beispiel Abzüge zu bestellen usw.

In der zweiten Variante erstellst du einen richtigen kleinen Film. Dieser besteht aus einer Hintereinanderreihung deiner Fotos und läuft nachher einfach auf dem Fernseher automatisch ab. Du kannst zwischen den Bildern Überblendeffekte einbauen und die Präsentation mit einer Hintergrundmusik unterlegen. Diese Darstellungsform bietet zwar zahlreiche visuelle Effekte, hat aber den Nachteil, dass du nicht einzelne Fotos überspringen oder zurückblättern, sondern den Ablauf nur mit den normalen Funktionen zum Vor- und Zurückspulen steuern kannst.

Erstellen wir zuerst einmal eine einfache CD, auf der alle Fotos abgelegt werden, um sie dann später am Fernseher durchblättern zu können.

> Starte Nero Burning ROM. Sollte der Express-Modus erscheinen, wechsle in den Profi-Modus, indem du auf die Schaltfläche NERO klickst. Du kannst natürlich auch mit einer anderen Software arbeiten. Die Schritte sind dann zwar etwas anders, aber wenn du ein we-

# Die Dia-Show auf dem Fernseher

nig kreativ bist, wirst du sicher den richtigen Weg finden, wenn du erst einmal weißt, worum es geht.

➤ Wähle im Fenster NEUE ZUSAMMENSTELLUNG (wenn es nicht von alleine sichtbar wird, wähle NEU aus dem Menü DATEI) SUPER VIDEO CD und aktiviere die Auflösung PAL für europäische Fernsehgeräte. Möchtest du eine CD für deine Freunde in den USA erstellen, dann stelle NTSC ein.

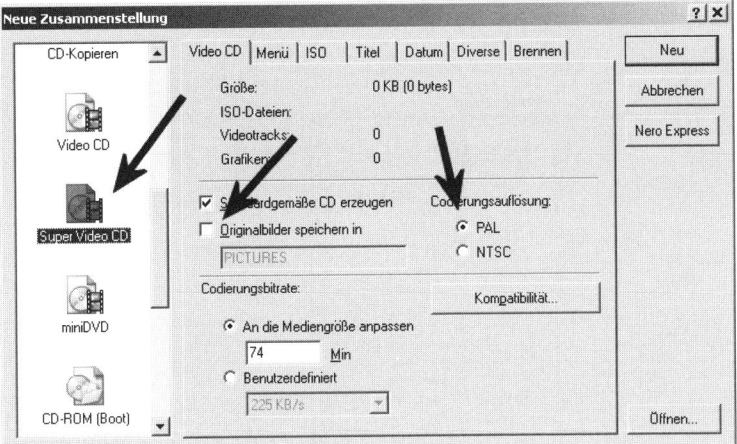

➤ Wie erwähnt, du hast die Möglichkeit neben den qualitativ heruntergerechneten Bildern für die TV-Darstellung zusätzlich noch deine Originaldateien auf die CD zu kopieren. Da deine Originale wesentlich mehr Speicherplatz beanspruchen als die kleinen Bilder für die Vorführung (ca. 350 KB je Bild), kannst du dann entsprechend weniger Bilder auf die CD kopieren. Möchtest du die Originale mitkopieren, dann aktiviere die Option ORIGINALBILDER SPEICHERN IN und gib eventuell einen anderen Namen für den Ordner ein, denn die Vorgabe PICTURES ist nicht bindend.

---

Auf der Registerkarte MENÜ kannst du theoretisch ein Menü für die ersten 99 Bilder erstellen. Auf bis zu sieben Übersichtsseiten werden dann die Bilder als kleine Vorschaugrafiken angezeigt. Allerdings funktioniert die Auswahl der Bilder nicht auf jedem DVD-Player, so dass es nicht empfehlenswert ist, diese Funktion zu nutzen, es sei denn, du hast ausprobiert, dass es wirklich bei euch klappt und du auch zu den eigentlichen Bildern blättern kannst. Grundsätzlich gibt es immer wieder mit verschiedenen Wiedergabegeräten unterschiedliche Probleme. Meistens liegt es an den Geräten selber, die bestimmte Funktionen nicht oder nur teilweise unterstützen. Deshalb ist es ratsam, auf unnötige Spielereien zu verzichten, damit die Vorführung möglichst reibungslos gelingt.

# Kapitel 9 — Bilder weitergeben

» Klicke auf NEU, um in die Dateibaumansicht zu gelangen.

» Nun kannst du in der rechten Fensterhälfte durch die Verzeichnisse auf deinem Computer blättern und deine Fotos suchen. Ziehe dann die Bilddateien mit der Maus einfach in die linke Fensterhälfte, wo sie als einzelne Tracks erscheinen. Der Füllstandsanzeiger am unteren Rand zeigt dir an, wie viel Platz du schon belegt hast.

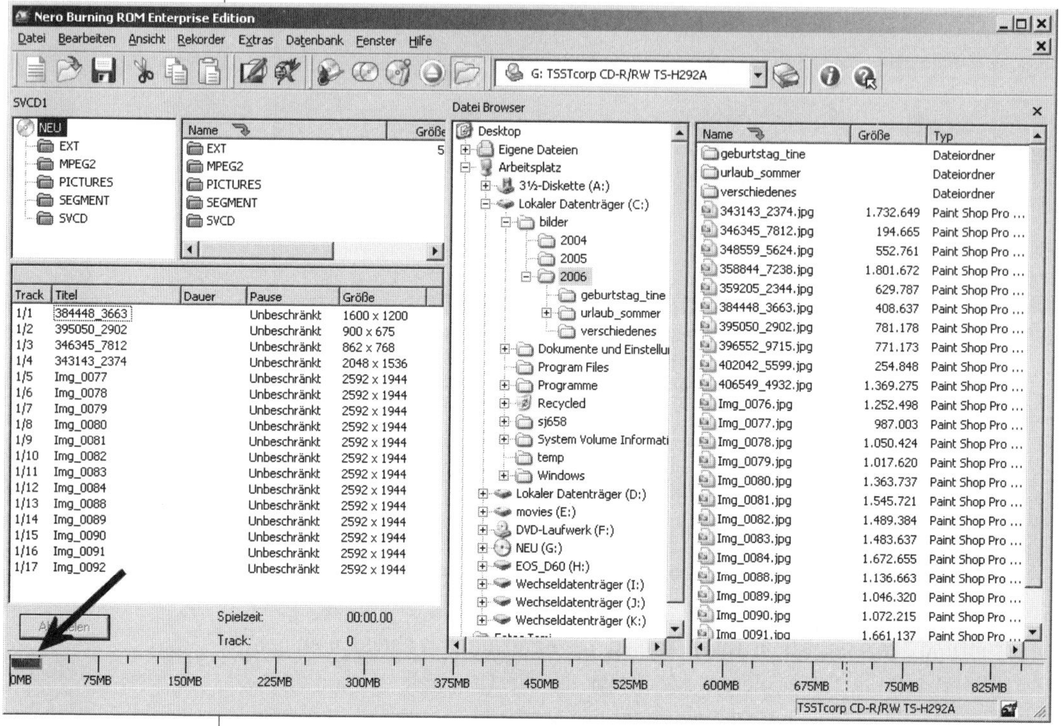

» Die Bilder werden später in der Reihenfolge der Tracks angezeigt. Möchtest du die Reihenfolge ändern, dann kannst du eine Datei im linken Fenster einfach an eine andere Stelle in der Liste schieben.

» Hast du deine Zusammenstellung fertig, dann wähle ZUSAMMEN-STELLUNG BRENNEN aus dem Menü REKORDER.

» Im Dialogfenster ZUSAMMENSTELLUNG BRENNEN wähle eine möglichst langsame SCHREIBGESCHWINDIGKEIT, denn dann ist das Ergebnis am besten und die CD weist die wenigsten Fehler auf. Klicke anschließend auf BRENNEN.

262

# Die Dia-Show auf dem Fernseher

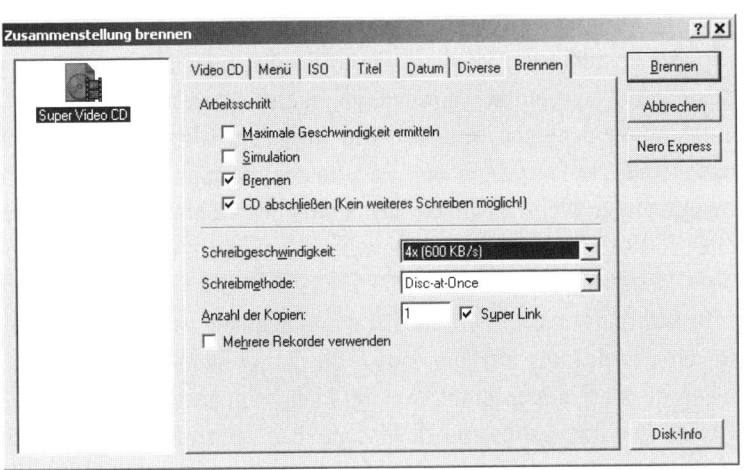

» Nachdem die CD fertig gestellt ist, kannst du den Hinweis darauf bestätigen und auf FERTIG klicken, woraufhin die CD ausgeworfen wird.

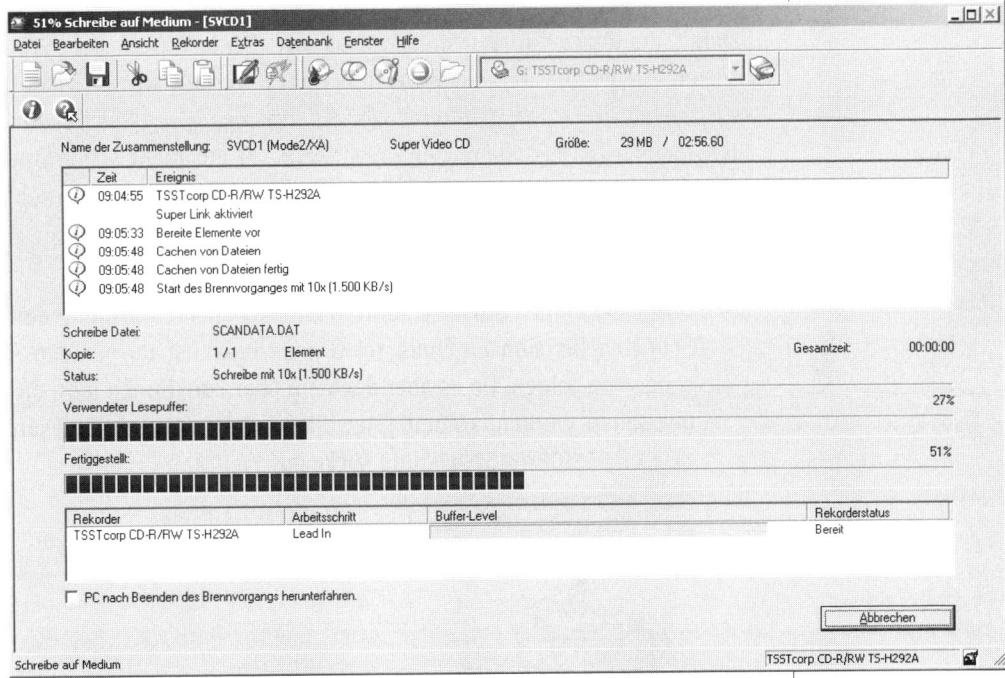

Legst du die CD in einen DVD-Player ein, sollte sie automatisch starten und das erste Bild zeigen. Mit den Tasten für *Vor* und *Zurück* kannst du dann durch die Bilder blättern.

Mehr Aufwand bedeutet die zweite Methode, bei der du einen Film erstellst und dadurch deine Fotos in einer echten Multimediashow zeigen kannst.

# Kapitel 9

## Bilder weitergeben

Mit der kostenlosen Software Photo Story 3 von Microsoft kannst du deine Bilder sehr einfach arrangieren. Microsoft ist sich selbst nicht ganz einig, ob die deutsche Version *Photo Story* oder *Fotostory* heißen soll. Da das installierte Programm sich als Fotostory ausgibt, wird diese Bezeichnung benutzt, wenn es um die Bedienung des Programms geht. Die aktuelle Version findest du als Download bei *http://www.microsoft.com/downloads/details.aspx?FamilyID=92755126-a008-49b3-b3f4-6f33852af9c1&DisplayLang=de*. Da du für das Download aber eine nervige Gültigkeitsüberprüfung ertragen musst, die du gar nicht durchführen kannst, wenn du statt des Internet Explorers lieber einen anderen Browser wie Firefox benutzt, kannst du dir das ca. 3,2 MB große Installationspaket auch zum Beispiel ganz stressfrei hier herunterladen: *http://www.chip.de/downloads/c1_downloads_13014707.html*.

Damit du Photo Story installieren kannst, benötigst du den Windows Media Player. Die aktuellste Version findest Du auf der Downloadseite *http://www.microsoft.com/windows/windowsmedia/de/player/download/download.aspx*. Installiere ihn zuvor, wenn du ihn nicht schon über ein Windows-Update bezogen hast. Den Media Player findest du auch auf der Buch-CD.

≫ Das Programm Fotostory führt dich nach dem Start mit einfachen Schritten bis zum Ergebnis. Im Grunde brauchst du nur den Anweisungen zu folgen. Da es aber doch ein paar Funktionen gibt, die leicht übersehen werden, kommt jetzt alles Schritt für Schritt. Wähle MIT NEUER FOTOSTORY BEGINNEN und klicke auf WEITER.

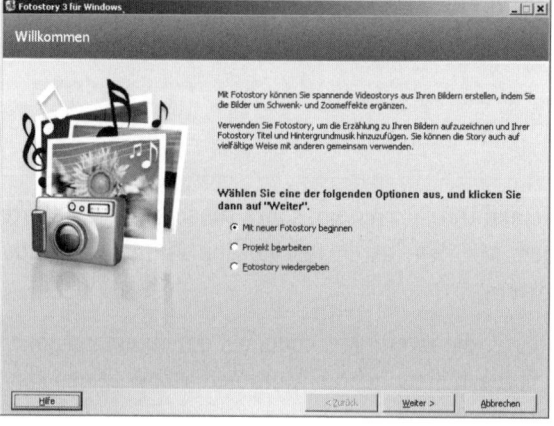

≫ In dem anfänglich leeren Fenster klicke auf BILDER IMPORTIEREN. Im sich öffnenden Dateidialogfenster kannst du die Bilder auswählen, die in

# Die Dia-Show auf dem Fernseher

deiner Präsentation zu sehen sein sollen. Du kannst bei gedrückter Taste `Strg` oder `⇧` gleich mehrere Bilder auswählen. Du kannst aber auch immer wieder auf BILDER IMPORTIEREN klicken, bis du alle Bilder beisammen hast.

> Die Reihenfolge kannst du jederzeit ändern. Klicke dazu ein Bild in der unteren Leiste an und schiebe es mit den Pfeiltasten am rechten Rand nach links oder rechts. Mit der Schaltfläche mit dem Kreuz-Symbol kannst du ein Bild aus der Zusammenstellung entfernen.

> Nachdem du auf WEITER geklickt hast, kannst du für jedes Bild einen EFFEKT einstellen. Ob sich das wirklich lohnt, ist Geschmackssache. Du kannst außerdem deine Fotos mit Text versehen. Trage die Beschriftung in das Textfeld ein und formatiere die Buchstaben mit den entsprechenden Funktionen. Damit der Text später auf dem Fernseher gut zu lesen ist, sollte er nicht zu klein sein und mindestens einen Schriftgrad von ca. 20 Punkt aufweisen.

# Kapitel
Bilder weitergeben

» Im nächsten Schritt kannst du für jedes Bild einstellen, wie vom vorherigen zu diesem übergeblendet wird. Außerdem bietet Fotostory die Möglichkeit, das Bild während der Anzeigedauer ein wenig zu bewegen oder zu zoomen, damit es nicht einfach nur starr gezeigt wird. Diese Bewegungseffekte und die Überblendungen wurden bereits automatisch zufällig für jedes Bild eingestellt. Möchtest du keine Änderungen vornehmen, klicke einfach auf WEITER. Ansonsten klicke nacheinander ein Bild an und wähle dann BEWEGUNG ANPASSEN.

> Natürlich ist es beeindruckend, wie viele Effekte Fotostory bietet. Allerdings wirken vor allem die Bewegungseffekte oft etwas unruhig und sie passen auch nicht zum Motiv. Ist auf dem Foto beispielsweise eine Landschaft zu sehen, wirkt es sehr irritierend, wenn das Bild nicht waagerecht parallel zum Horizont bewegt wird, sondern sich senkrecht von unten nach oben bewegt. Deshalb ist es ratsam, die Bewegungen für jedes Foto passend zum Motiv zu wählen. Auch bei den Überblendeffekten ist Zurückhaltung oft wirkungsvoller. Wird jedes Bild anders eingeblendet, staunen deine Zuschauer nachher mehr über die Effekte als über deine Bilder. Entscheide dich lieber für einen Überblendeffekt, den du bei allen Bildern beibehältst.

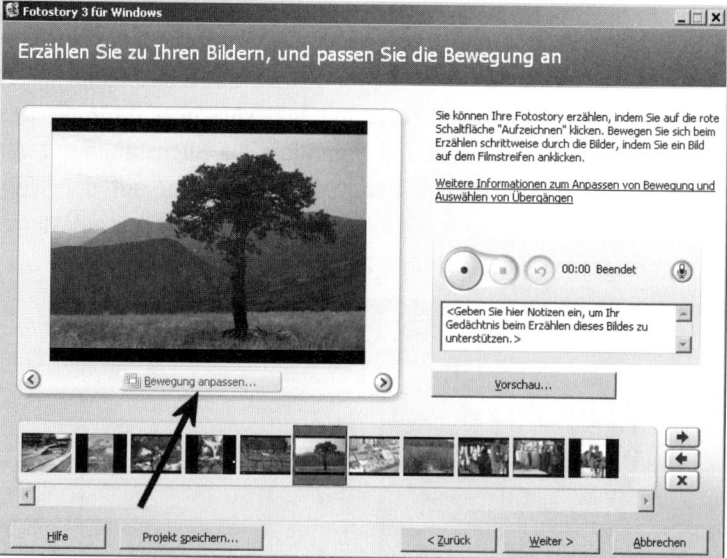

» Auf der Registerkarte BEWEGUNG legst du den Bewegungsverlauf des Bildes während der Anzeigedauer fest. Standardmäßig wählt Fotostory ein Bewegungsmuster aus. Bei DAUER kannst du auf jeden Fall einstellen, wie lange das Foto zu sehen sein soll.

# Die Dia-Show auf dem Fernseher

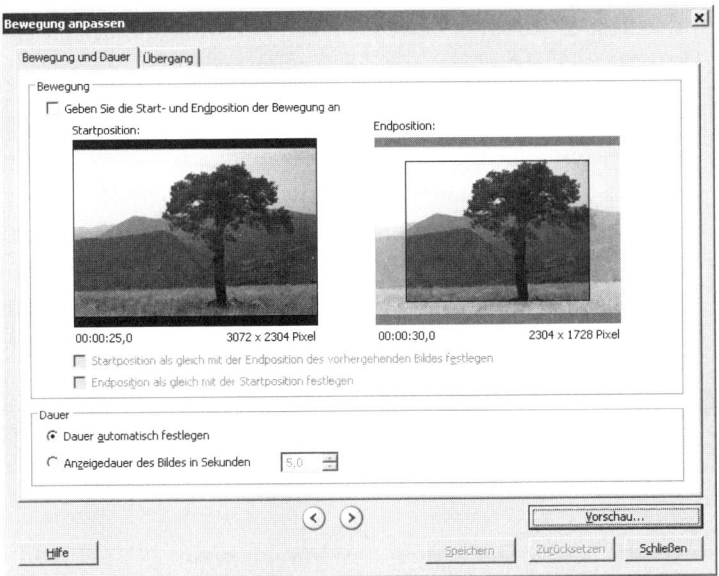

» Möchtest du die Bewegung selber festlegen, aktiviere die Option GEBEN SIE DIE START- UND ENDPOSITION DER BEWEGUNG AN. Im linken Bereich bei STARTPOSITION kannst du dann die Größe und Position des Markierungsrahmens verändern und so festlegen, wie das Bild am Anfang zu sehen sein soll. Der Bereich im Markierungsrahmen füllt dann den ganzen Fernsehbildschirm. Rechts bei ENDPOSITION legst du das sichtbare Bild nach Ablauf des Bewegungseffektes fest. Klicke auf die Schaltfläche VORSCHAU, um dir einen Eindruck vom Effekt zu verschaffen.

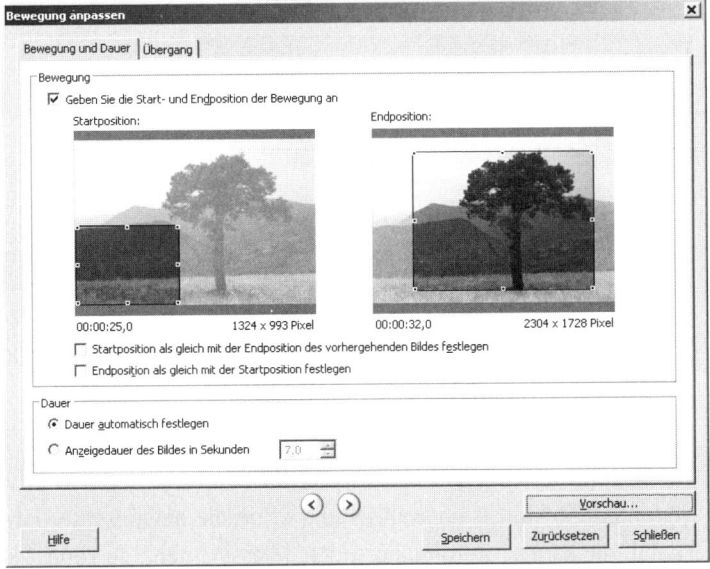

# Kapitel 9 — Bilder weitergeben

- Möchtest du keinerlei Bewegung, dann aktiviere die beiden Optionen STARTPOSITION ALS GLEICH... und ENDPOSITION ALS GLEICH...

- Auf der Registerkarte ÜBERGANG legst du einen Effekt für den Bildwechsel fest. Auch wenn du kein Freund von Effekthascherei bist, wirkt es besser, die Bilder nicht einfach ohne Übergang zu wechseln, wie es der Fall wäre, wenn du AKTUELLES BILD MIT EINEM ÜBERGANG STARTEN ausschalten würdest. Suche dir lieber einen dezenten Übergang wie EIN-/AUSBLENDEN NACH SCHWARZ oder ÜBERBLENDUNG aus. Wie schon zuvor wählst du bei DAUER, wie lange der Übergang dauern soll.

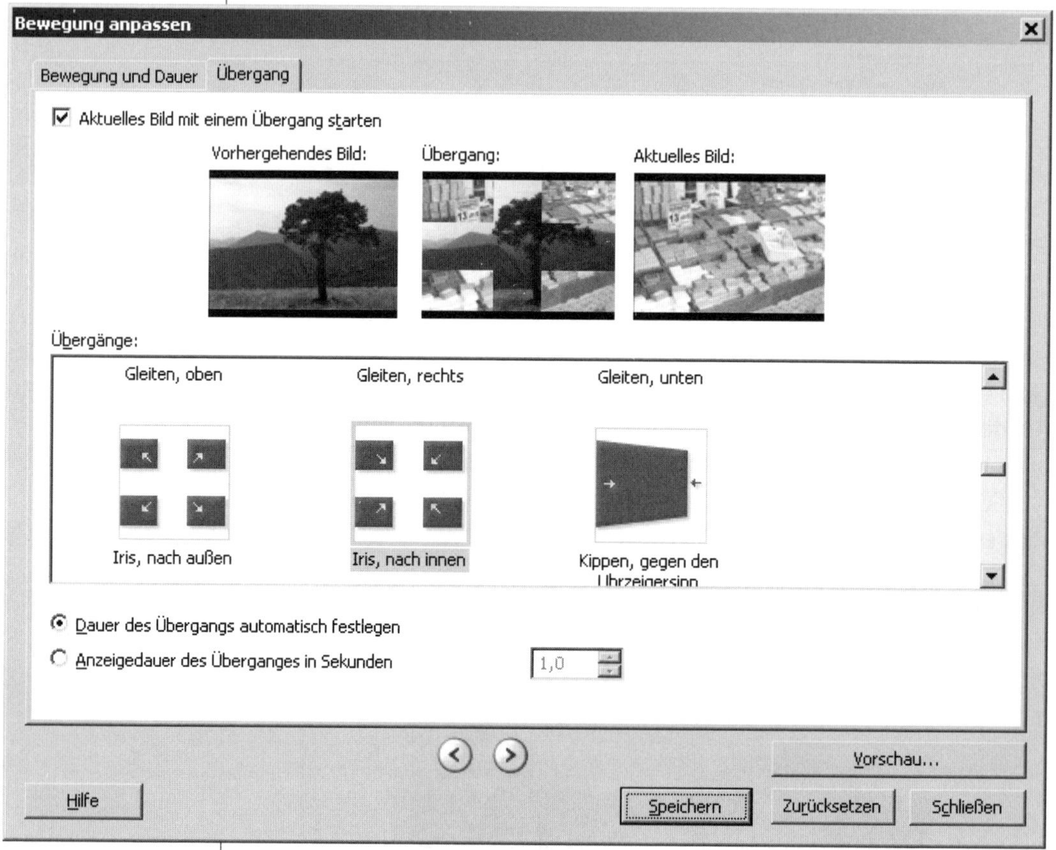

- Nachdem du für das eine Bild alles eingestellt hast, klicke auf SPEICHERN, dann auf SCHLIESSEN und bearbeite das nächste Bild. Mit WEITER kommst du dann zum nächsten Schritt.

- Du kannst deine Fotosession mit Hintergrundmusik unterlegen. Klicke zur Auswahl eines Musikstückes, das als MP3, WMA oder WAV vorliegen muss, auf MUSIK AUSWÄHLEN und öffne die gewünschte Datei. Die Lautstärke kannst du ruhig auf HOCH belassen, denn du kannst ja später am Fernseher noch die Lautstärke regeln.

# Die Dia-Show auf dem Fernseher

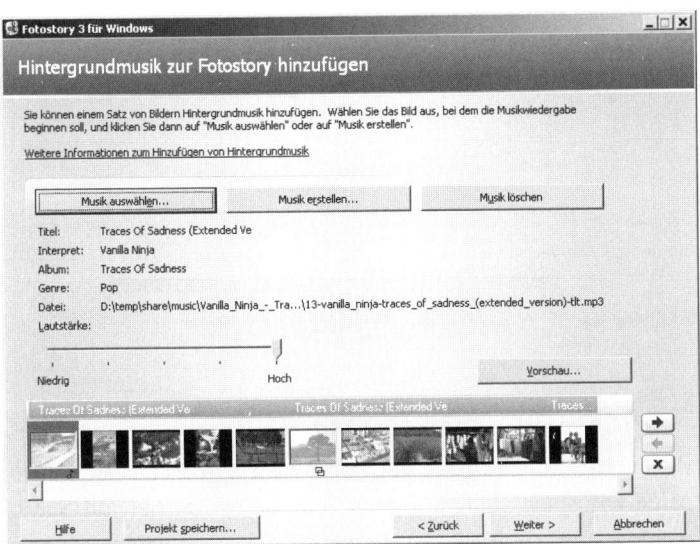

- Überprüfe deine Dia-Show, indem du auf VORSCHAU klickst.

- Jetzt bist du fast fertig. Da du die Fotostory auf CD brennen willst, wähle die Option SPEICHERN SIE IHRE FOTOSTORY FÜR DIE WIEDERGABE AUF DEM COMPUTER und lege über die Schaltfläche DURCHSUCHEN fest, wo der fertige Film gespeichert werden soll.

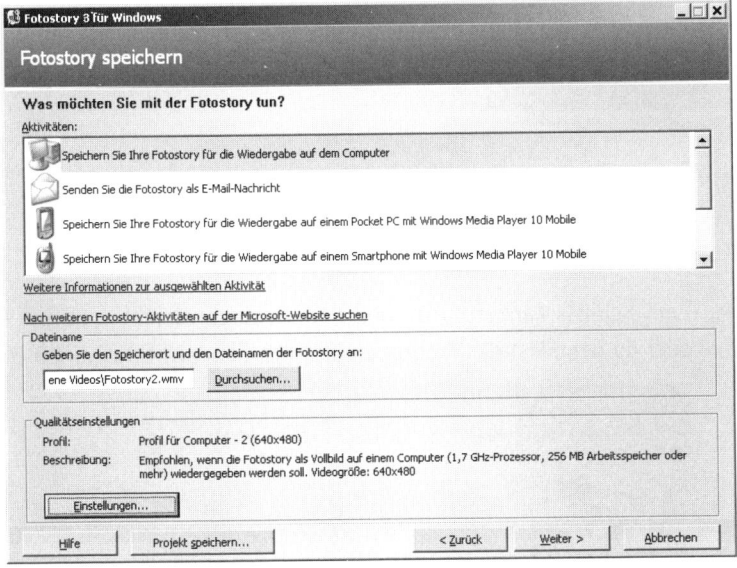

- Damit der Film im geeigneten Format gespeichert wird, klicke auf EINSTELLUNGEN und wähle aus der Liste PROFIL ZUM ERSTELLEN VON DVDS – PAL aus. Möchtest du die CD an Freunde in den Vereinigten Staaten schicken, benutze die ähnliche Option, aber mit NTSC. Bestätige deine Auswahl mit OK.

# Kapitel 9 — Bilder weitergeben

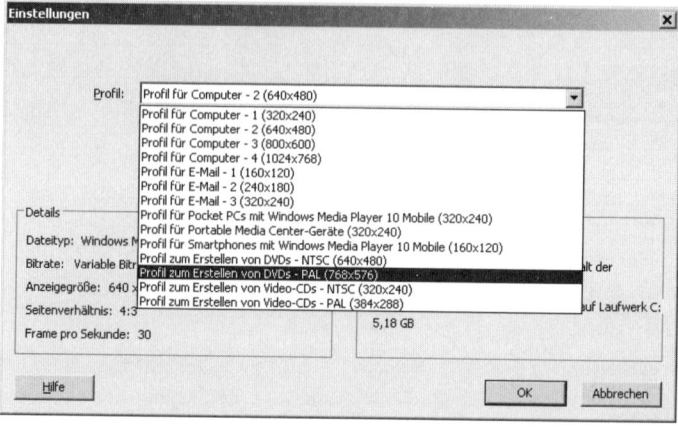

> Du musst daran denken, dass du gleich einen Film anlegst, in dem deine Fotoshow abläuft. Diesen Film kannst du nur mit Spezialsoftware bearbeiten. Möchtest du die aktuelle Zusammenstellung ändern und einen neuen Film erstellen, benötigst du ein Projekt. Klicke dazu auf PROJEKT SPEICHERN und wähle einen Speicherort für die Fotostory-Projektdatei. Diese Datei enthält alle Bilder und Einstellungen und du kannst sie später wieder öffnen, um Änderungen vorzunehmen.

> Klicke auf WEITER, um die Arbeiten abzuschließen und den Film von Fotostory anlegen zu lassen. Dies kann eine ganze Weile dauern – je nachdem, wie lang dein Vortrag und wie schnell dein Computer ist.

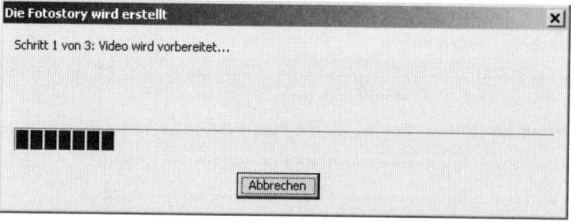

> Zum Schluss kannst du dir deine Show noch einmal anzeigen lassen oder du beendest das Programm, um den Film auf CD zu brennen.

## Die Dia-Show auf dem Fernseher

> Starte dazu Nero und beginne die Erstellung einer SUPER VIDEO CD im Format PAL oder NTSC, passend zum angelegten Film. Der Ablauf ähnelt weitestgehend den bereits beschriebenen Schritten für die einfache CD-Erstellung.

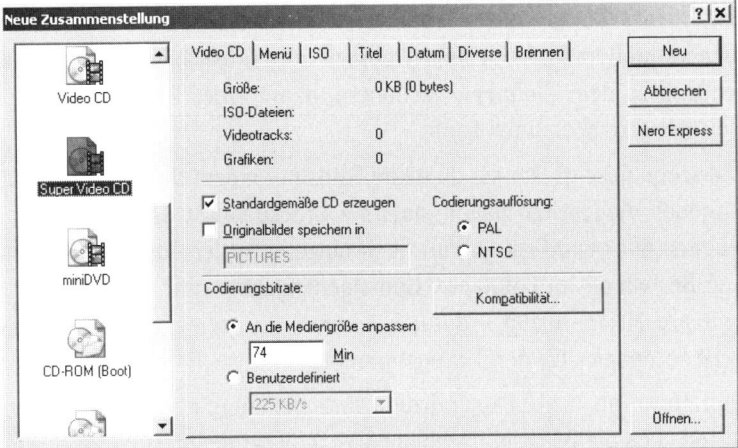

> Ziehe anschließend deine Filmdatei mit der Endung *wmv* aus dem entsprechenden Unterverzeichnis der rechten Fensterhälfte in den linken Bereich. Du kannst auch mehrere Filme in die Zusammenstellung kopieren. Jeder Film wird dann zu einem eigenständigen Track und du kannst später bei der Vorführung mit den Tasten zum Trackwechseln die einzelnen Filmchen abspielen. So hast du die Möglichkeit, auf einer CD verschiedene Vorführungen zu speichern.

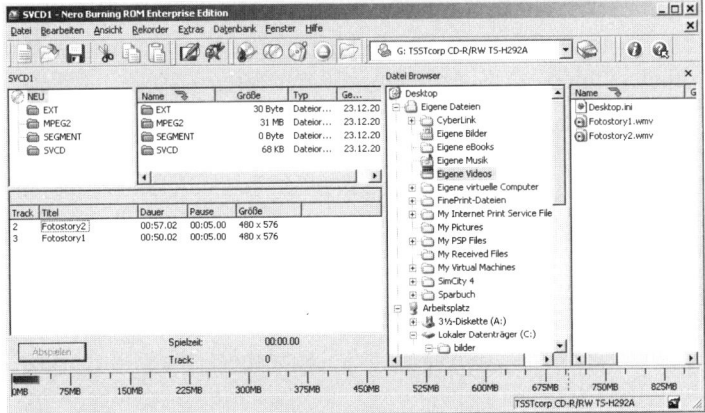

> Mit ZUSAMMENSTELLUNG BRENNEN aus dem Menü REKORDER leitest du den Brennvorgang ein. Wähle eine möglichst langsame SCHREIBGESCHWINDIGKEIT und klicke anschließend auf BRENNEN.

Viel Spaß mit deiner Multimediapräsentation und nicht die Knabberartikel und Getränke für den geselligen Abend vergessen!

# Echte Fotos mit Papierabzügen

Fotos auf dem PC zu betrachten macht einfach auf Dauer keinen Spaß. Viel schöner ist es doch, deine besten Aufnahmen auf Papier jederzeit und in gemütlicher Runde zeigen zu können. Besondere Kunstwerke kannst du auch vergrößert in einem Bilderrahmen oder Glasträger an die Wand hängen und so dein Zimmer verschönern, damit jeder Besucher gleich deine Meisterwerke bestaunen kann.

Wie schon gezeigt, kannst du deine Fotos mit einem Drucker auf Fotopapier ausgeben. Abgesehen davon, dass die Druckqualität dabei oft nicht überzeugend gut genug ist, kommt noch hinzu, dass der Ausdruck teurer ist als eine Bestellung im Fotolabor. Günstige Angebote gibt es schon für 10–15 Cent pro 10x15-Abzug – dafür bekommst du noch nicht einmal das spezielle Fotopapier für den Tintenstrahler.

Digitalfotos als echte Papierabzüge auszubelichten hat aber auch noch den Vorteil, dass die Fotos in unschlagbarer Qualität geliefert werden. Die Bilder sehen genau so aus wie Abzüge von analogen Fotos. Das Papier ist entsprechend stabil und langlebig, sie sind wischfest und je nach Wunsch matt oder hochglänzend. Während eigene Ausdrucke bei Tageslicht mit der Zeit ausbleichen, sind Abzüge relativ gut gegen die schädlichen UV-Strahlen geschützt.

Trau dich und zeige deine eigenen Fotos. Es lohnt sich, von deinen schönsten Fotos große Abzüge im Format 20 x 30 oder noch größer zu bestellen und diese dann an der Wand aufzuhängen. Um sie besser zur Geltung zu bringen, empfiehlt sich der Kauf von einfachen Bildträgern (das sind rahmenlose Glasplatten mit Hartfaserrückseite, in die du ein Bild einlegen und an einem Nagel aufhängen kannst) für deine Galerie. Besonders edel wirken natürlich Bilderrahmen aus Aluminiumprofilen oder Holz. Hast du mehrere Bilder zu einem Thema (zum Beispiel Makroaufnahmen, Fußspuren im Sand oder was auch immer), dann kannst du dir im Baumarkt eine große dünne Hartfaser- oder Schichtholzplatte zusägen lassen und mehrere Bilder unter- und nebeneinander aufkleben. Probier aus, wie es besser aussieht: mit etwas Platz zwischen den Bildern oder dicht Kante an Kante. Im Dekorationsbedarfhandel gibt es auch Leichtstoffplatten aus Schaumstoff, die mit Papier oder Folie bezogen sind (zum Beispiel von KAPA). Diese eignen sich hervorragend zum Aufkleben von Fotos, da sie leicht und formstabil sind und mit einem Teppichmesser auf die passenden Fotomaße zugeschnitten werden können. Zum Aufkleben der Fotos benutze keine wasserhaltigen Klebstoffe, da diese das Fotopapier wellig machen. Am besten eignet sich Sprühkleber, den du dünn flächig auftragen kannst.

# Echte Fotos mit Papierabzügen

Papierabzüge fertigen inzwischen alle Fotoabteilungen vom Super- oder Drogeriemarkt über den Technikdiscounter bis hin zu Webanbietern an. Bevor du deine erste Bestellung in Auftrag gibst, suche dir einen passenden Anbieter aus und scheue dich auch nicht, zu einem anderen zu wechseln, wenn das Ergebnis nicht befriedigend ist. Wie gut dein Foto auf Papier aussieht, hängt nämlich ausschließlich vom verwendeten Belichter und den automatisch vorgenommenen Korrekturen im Labor ab.

> Mittlerweile kannst du auch in vielen Geschäften deine Bilder an einem Terminal ausdrucken. Das ist zwar praktisch, weil du die Bilder sofort mitnehmen kannst, aber es handelt sich dabei nicht um belichtete Fotos, sondern lediglich um digital gedruckte Bilder, so wie du es auch zu Hause mit einem hochwertigen Tintenstrahl- oder Farblaserdrucker machen kannst. Der Unterschied ist erkennbar, denn ausbelichtete Fotos werden auf echtem Fotopapier geliefert. Dieses ist haltbarer, die Farben sind brillanter und das Papier fühlt sich nicht so stumpf an wie bei einem Ausdruck am Terminal.

Dein Foto wird in der Regel vom Fotobelichter ein wenig überarbeitet. Das kann dann zur Folge haben, dass die Farben nicht mehr so sind, wie du es dir wünscht. Allerdings kann es auch angenehm sein, wenn blasse Farben kräftiger ausgegeben werden. Bei einigen Anbietern kannst du bei der Bestellung angeben, ob dein Foto korrigiert werden soll oder unbearbeitet ausbelichtet wird.

Die erste Entscheidung betrifft die Art, wie du deine Bilder in Auftrag geben willst. Anbieter vor Ort, beispielsweise Drogerieketten, bieten in der Regel zwei Möglichkeiten:

Zum einen kannst du deine Fotos auf einem Datenträger wie einer selbst gebrannten CD oder auch der Speicherkarte deiner Kamera abgeben. Nach der Bestellung bekommst du dann das Speichermedium zurück. Das ist zwar praktisch, da es bequem ist, doch bedenke, dass du dann unter Umständen eine weitere Speicherkarte benötigst, um in der Zwischenzeit fotografieren zu können.

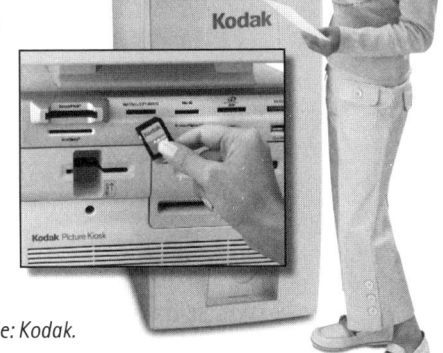

*Bestellstation für Papierabzüge; Quelle: Kodak.*

Die andere Variante besteht darin, am Bestellterminal deinen Speicherträger einzulegen und dann die Bestellung dort am Computer zu bearbeiten. Die Bilder werden dann kopiert und du kannst den Speicher wieder mit nach Hause nehmen. Bei einem örtlichen Anbieter holst du die Bilder nach ein paar Tagen dann im Laden ab, wo du sie auch bezahlst.

Kapitel 9 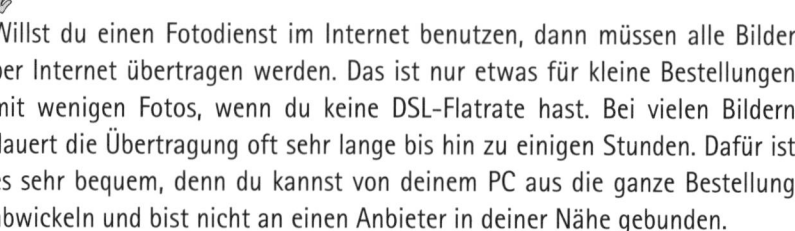 Bilder weitergeben

Willst du einen Fotodienst im Internet benutzen, dann müssen alle Bilder per Internet übertragen werden. Das ist nur etwas für kleine Bestellungen mit wenigen Fotos, wenn du keine DSL-Flatrate hast. Bei vielen Bildern dauert die Übertragung oft sehr lange bis hin zu einigen Stunden. Dafür ist es sehr bequem, denn du kannst von deinem PC aus die ganze Bestellung abwickeln und bist nicht an einen Anbieter in deiner Nähe gebunden.

 So lange du nicht 14 Jahre alt bist, darfst du im Internet nichts bestellen. Auch wenn du älter bist, ist es sicherer, wenn du nur mit deinen Eltern zusammen Bestellungen in Auftrag gibst.

Internetbestellungen können auf zwei Wegen zu dir gelangen: Die Bilder werden dir per Post nach Hause geschickt oder du kannst sie bei einem Partner des Anbieters in einem Laden bei dir in der Nähe abholen.

Werden die Bilder zu dir geschickt, dann kann es sein, dass du dafür eine Bankverbindung angeben musst, von der die Gebühren abgebucht werden können. Nur selten wird auf Rechnung verschickt, die du dann nach Erhalt der Bilder per Überweisung bezahlen kannst. Für beide Bezahlsysteme benötigst du aber ein Bankkonto und da du das nicht haben wirst, solltest du auf jeden Fall nur mit deinen Eltern zusammen eine Bestellung aufgeben.

Einfacher ist es, wenn du die Bilder in einem Geschäft abholen kannst. Da kannst du dann nämlich einfach in bar bezahlen. Außerdem sparst du dir noch die Versandkosten, die bei der Zusendung anfallen.

Bei der Wahl eines Fotodienstes achte nicht nur auf die Kosten für das eigentliche Bild, sondern auch darauf, ob eine Bearbeitungsgebühr fällig wird. Die meisten Anbieter verlangen ein paar Euro pro Auftrag unabhängig davon, wie viele Bilder du bestellst. Wenn du viele Bilder bestellen willst, dann berücksichtige auch die Rabatte, die es oft ab 50 oder 100 Abzügen gibt. Vielleicht wird dann der Anbieter mit der zuerst teuren Auftragsgebühr billiger als ein anderer.

Für alle Fotoabzüge gilt, dass du die Bilder in bester Qualität nutzen solltest. Nur bei hochwertigen Fotos kann der Abzug auch gut aussehen. Dazu ist es notwendig, dass du zuerst einmal jedes Foto optimierst. Also die Farben korrigierst, rote Augen entfernst und den richtigen Bildausschnitt ausschneidest. Speichere die JPEG-Bilder immer mit einer möglichst niedrigen Komprimierungsrate: in Paint Shop Pro etwa Stufe 10 bis 20.

Jedes Fotolabor teilt dir mit, welche Auflösung dein Foto für eine bestimmte Abzugsgröße mindestens aufweisen sollte, damit die Qualität noch stimmt. Etwa zwei Megapixel reicht in der Regel schon für Abzüge bis zu 13 x 18 cm. Es ist natürlich immer besser, wenn die Auflösung höher ist.

# Echte Fotos mit Papierabzügen

Benutze also die maximal sinnvolle Auflösung, die deine Kamera anbietet, und verwende keine Fotos, bei denen du die Pixelanzahl bereits reduziert hast.

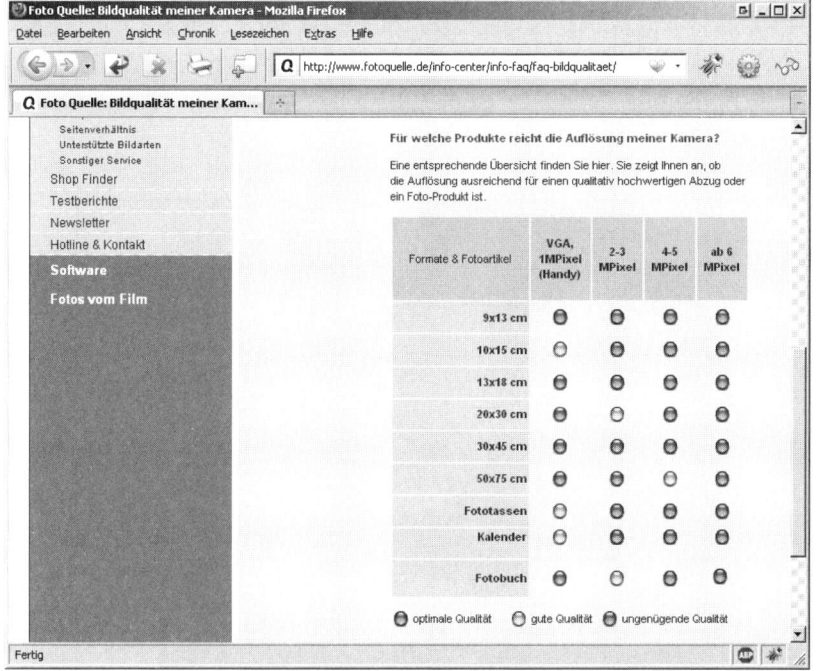

*Mindestauflösung bei http://www.fotoquelle.de*

Professionelle Papierabzüge mit ausbelichteten Digitalfotos bedürfen einer besonderen Beachtung des Seitenverhältnisses. Wie schon in den Ausführungen zur Brennweite von Objektiven erwähnt, besitzt das klassische Analogformat ein Verhältnis von 3:2, während die meisten kompakten Digitalkameras sich am Computerbildschirmformat von 4:3 orientieren.

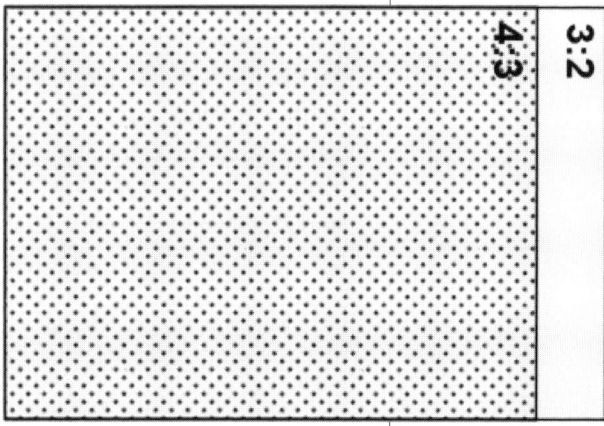

# Kapitel 9 — Bilder weitergeben

> 3:2 bedeutet, dass das Bild beispielsweise 3 Zentimeter breit und 2 Zentimeter hoch ist. Natürlich kannst du es auch im Hochformat betrachten und sagen, es ist 2 cm breit und 3 cm hoch. Vielfache sind auch möglich: 13 x 9 cm im Format 3:2 bedeutet, dass du 9 durch 2 teilen musst und so 4,5 bekommst. Multiplizierst du 4,5 mit 3 (dem anderen Wert für das Seitenverhältnis), dann bekommst du 13,5. Tatsächlich ist ein 9x13-Abzug aber nur etwa 12,6 x 8,8 cm groß.

*4:3-Aufnahme mit weißem Rand auf 3:2-Papier.*

Ein 3:2-Analogfoto kann also auf dem üblichen Papierformat 9 x 13 cm oder 10 x 15 cm formatfüllend ausgegeben werden. Anders sieht das bei einem Foto im Format 4:3 aus. Wird ein 4:3-Foto auf einem 10x15-cm-Papier ausgegeben und die Höhe von 10 cm soll ausgefüllt werden, dann wird das Foto nur 13,3 cm breit, ohne es zu verzerren. Es bleibt also ein Rand von etwa 1,7 Zentimetern. Manche Labore schneiden diesen Rand automatisch ab und andere liefern die Fotos mit dem Rand aus. Alternativ könnte das Papier auch formatfüllend genutzt werden, was aber nur geht, wenn ein Teil des Fotos nicht mit aufs Papier kommt. Dazu wird das Bild 15 Zentimeter breit ausgegeben. Ohne das Bild zu verzerren, müsste das Papier dann 11,25 cm hoch sein. 1,25 Zentimeter von dem Bild kommen also nicht aufs Papier und werden abgeschnitten.

# Echte Fotos mit Papierabzügen

*Foto im Format 4:3 mit abgeschnittenem Bereich am oberen Rand bei 3:2-Papier.*

Im Internet gibt es viele verschiedene Anbieter. Auf der Webseite *http://www.bilder-dienste.de* kannst du nach einem günstigen Fotodienst suchen.

Für die Bestellung direkt im Geschäft brauchst du lediglich einen Datenträger mit deinen Bildern. Die meisten Läden werden CDs und die üblichen Speicherkarten wie SD-Karte oder Compact-Flash verarbeiten können. Für die eigentliche Bestellung kannst du dann einen Mitarbeiter um Hilfe fragen.

Für Internetbestellungen gibt es meistens zwei Wege, die du beschreiten kannst. Auf der Webseite des Anbieters kannst du in einem Formular die Bilder hochladen und dann auswählen, wie viele Abzüge in welchem Format du benötigst.

Wesentlich komfortabler ist die Arbeit mit einem extra Bestellprogramm. Das Programm kannst du dir beim Dienstleister kostenlos herunterladen und auf deinem PC installieren. Anschließend stellst du deinen gesamten Auftrag zusammen. Du kannst die Arbeit jederzeit unterbrechen und später fortsetzen. Sobald du fertig bist, werden die Bilder in einer längeren Sitzung automatisch übers Internet zum Fotolabor übertragen.

Das folgende Arbeitsbeispiel zeigt dir exemplarisch die Arbeit mit einer Bestellsoftware. Die meisten Programme bieten ähnliche Funktionen und sind schnell zu erlernen. Das Programm kannst du von der Webseite des Fotodienstes laden und auf deinem PC installieren. Nach dem Programmstart wird es eventuell eine Internetverbindung benötigen, um die Preisliste zu aktualisieren.

Kapitel **Bilder weitergeben**

> Durch Anklicken der Schaltfläche BILDER LADEN kannst du Fotodateien von der Festplatte öffnen. Die Bilder werden dir anschließend im rechten Bereich angezeigt.

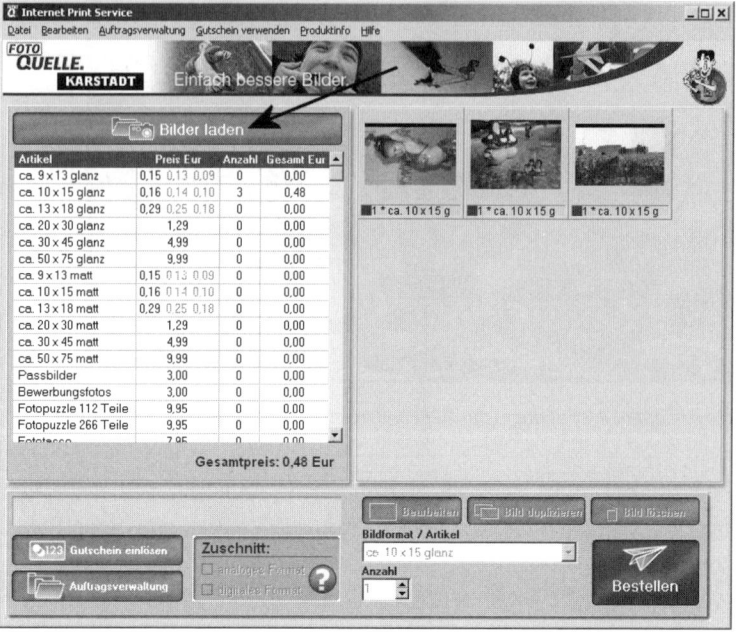

> Willst du die Anzahl der Abzüge oder das Papierformat ändern, klicke einmal auf das entsprechende Bild oder bei gedrückter Taste [Strg] nacheinander auf weitere Bilder, für die die gleichen Einstellungen gelten sollen. Mit der Auswahlliste BILDFORMAT/ARTIKEL kannst du dann das Papierformat einstellen. Bei ANZAHL gibst du die gewünschte Menge ein.

> Möchtest du von einem Bild unterschiedliche Formate bekommen, dann kannst du die Bilddatei einfach noch ein weiteres Mal laden und dann entsprechende Einstellungen vornehmen.

> Die Software zeigt dir unter jedem Foto einen farbigen Punkt an, damit du erkennen kannst, ob die Auflösung für das ausgewählte Format auch ausreichend ist. Grün bedeutet, die Qualität ist gut, Gelb steht für ausreichend und Rot bedeutet, dass die Auflösung zu niedrig ist. Zusätzlich siehst du hier die Anzahl der Abzüge und das Format.

# Echte Fotos mit Papierabzügen

≫ Durch Doppelklick auf ein Bild öffnet sich ein zusätzliches Fenster. Die Software erkennt in der Regel automatisch, ob das Foto im analogen Format 3:2 oder im digitalen Format 4:3 aufgenommen wurde. Beim Format 4:3 wird dann automatisch ein weißer Rand auf dem Papier belassen, der eventuell vom Labor gleich abgeschnitten wird.

≫ Du kannst auch das analoge Bildformat wählen und dann den Ausschnitt, der auf dem Papier abgelichtet werden soll, bestimmen. Verschiebe dazu den Rahmen, in dem das Bild heller dargestellt wird. Der dunkle Rand wird dann auf dem fertigen Abzug nicht zu sehen sein. An den Kanten des Rahmens kannst du auch die Ausschnittgröße verändern, indem du die Rahmenseite verschiebst. Da die Einstellungen immer ein wenig von den späteren Abzügen abweichen, ist der gestrichelte Rahmen eingeblendet. Der Bereich innerhalb wird garantiert auf dem Foto zu sehen sein, der Bereich zwischen gestricheltem Rahmen und durchgezogenem Rand nur eventuell.

# Kapitel 9 — Bilder weitergeben

➢ Bei anderen Bestellprogrammen heißen die Funktionen vielleicht etwas abweichend: zum Beispiel VOLLBILD für Fotos, die ohne weißen Rand belichtet werden.

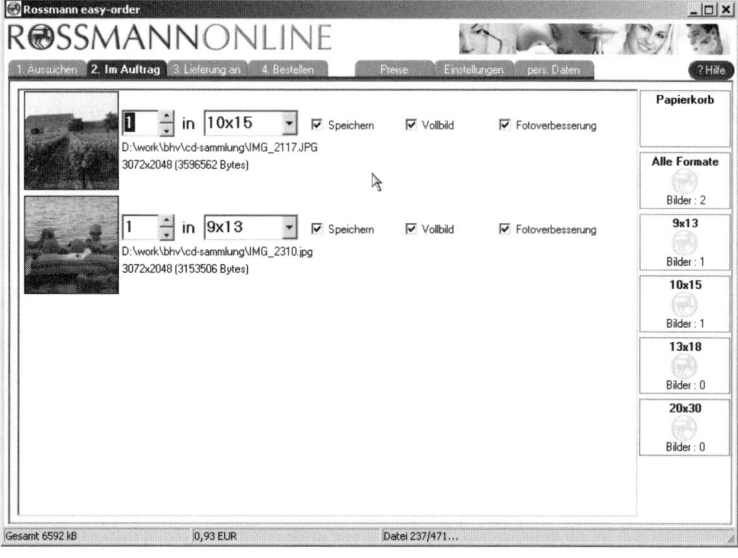

➢ Wenn die Software dies bietet, kannst du noch für jedes Foto einstellen, ob eine automatische Verbesserung des Fotos durchgeführt werden soll. Das lohnt sich nur, wenn du nicht schon selber Hand angelegt hast und die Bilder etwas flaue Farben aufweisen und unscharf sind.

# Echte Fotos mit Papierabzügen

> Willst du zwischendurch eine Pause machen, kannst du deinen bisher zusammengestellten Auftrag abspeichern und später fortsetzen. Das ist auch praktisch, wenn du später die gleiche Bestellung noch einmal in Auftrag geben willst. Speichere den Auftrag immer ab, damit du nach einem Absturz bei der noch folgenden Datenübertragung nicht bei null anfangen musst.

> Zum Schluss brauchst du nur noch die Bestellung abzuschicken. Während der Auftragsabwicklung wirst du gefragt werden, wohin du die Bilder geschickt haben möchtest oder ob du sie in einer Filiale abholst.

> Kontrolliere noch einmal die Bilderanzahl und den Auftragspreis, bevor du die Bestellung bestätigst. Anschließend werden die Bilder zum Fotolabor geschickt, was je nach Internetverbindung eine ganze Weile dauern kann. Hat alles geklappt, bekommst du eine E-Mail mit den Bestelldaten. Nach ein paar Tagen kannst du deine Fotos dann im Laden abholen, wozu du entweder einen Ausweis oder einen Ausdruck der E-Mail benötigst.

Kommt es während der Bildübertragung zu längeren Aussetzern oder Abstürzen, ist dies nicht weiter schlimm. Erst wenn das letzte Bild fehlerfrei übertragen wurde und du eine E-Mail bekommen hast, ist der Auftrag in der Bearbeitung. Nach einem Absturz kannst du die Bestellung einfach erneut abschicken. Die Software erkennt meistens, dass schon einige Bilder übertragen wurden, und macht dann mit dem nächsten Bild weiter.

Kapitel  Bilder weitergeben

# 9  Spaßartikel und Geschenkideen

Bist du noch auf der Suche nach einem passenden Geschenk für einen Verwandten oder Freund? Wie wäre es mit einem deiner besten Fotos auf einem Alltagsgegenstand? Digitale Fotolabore bieten inzwischen nicht nur einfache Papierabzüge, sondern auch ausgefallene Gegenstände, die mit einem Foto bedruckt werden können.

Das Angebot reicht von Kaffeetassen über Mauspads bis hin zu Schneekugeln, Lanyards und Puzzle-Spielen. Wenn dir die gezeigte Bügeltechnik für Textilien zu aufwändig ist, kannst du natürlich auch fertig bedruckte T-Shirts und Basekaps etc. bestellen. Die meisten Anbieter findest du im Internet, wo du auch relativ einfach deine Bestellung aufgeben kannst. Denke aber daran, nur mit deinen Eltern zusammen im Internet Artikel zu bestellen.

Da du vermutlich keine Großaufträge an Geschenkartikeln verwalten möchtest, lohnt sich die Installation spezieller Bestellsoftware meistens nicht und du kannst die Gestaltung direkt im Browser erledigen.

- Wähle beim Geschenkartikelanbieter den gewünschten Artikel aus.
- Nutze die Funktion zum Hochladen deines eigenen Bildes. Dieses sollte wie immer bei Bestellungen in der bestmöglichen Qualität und bereits optimiert vorliegen. Also wenig komprimiert, eine hohe Auflösung und inklusive aller Retuschearbeiten etc.
- Wenn der Anbieter es dir ermöglicht, zusätzlich eigenen Text anzubringen, kannst du noch einen witzigen Spruch schreiben.
- Wähle die Anzahl der gleichen Artikel aus und folge den abschließenden Schritten zur Bestellabwicklung.

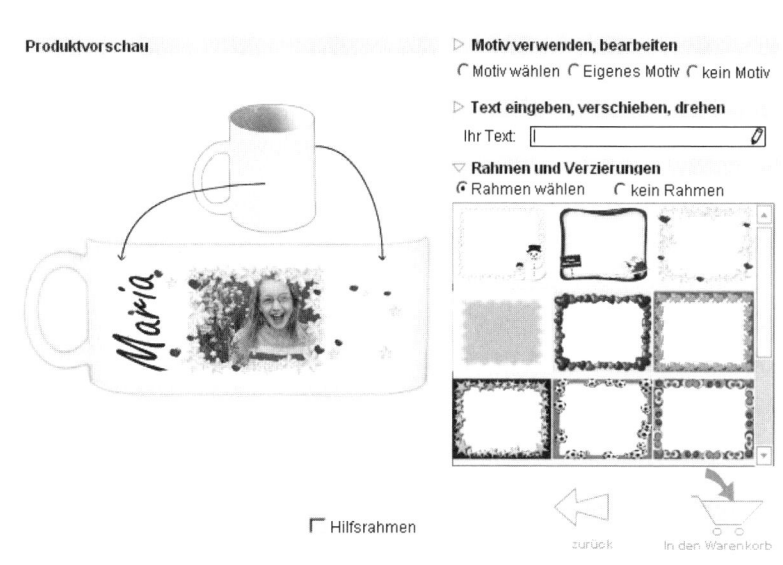

*Gestaltungsmöglichkeiten bei* personello.de.

# Für die besten Fotos: Fotobuch und Kalender

Fotos in Form von echten Papierabzügen wirken schon wesentlich hochwertiger als schlichte Ausdrucke mit dem Tintenstrahler. Doch was machst du anschließend mit den Bildern? Einfach in ein Album kleben ist sicherlich der klassische Weg. Aber so richtig zur Geltung kommen deine Aufnahmen da nicht.

Oft sind die Alben in einem ungünstigen Format, so dass die Bilder entweder eng nebeneinander eingeklebt werden müssen oder sehr viel Platz übrig bleibt. Und wenn du dein Album nicht gerade künstlerisch aufwertest, dann handelt es sich meistens einfach nur um eine langweilige Fotosammlung, die kaum zum Durchblättern anregt. Zum Verschenken eignet sich die Mappe ebenso wenig. Meistens werden die Bilder einfach nur chronologisch hintereinander geklebt, so wie sie aufgenommen wurden. Da ist dann Omas Geburtstag zwischen den Bildern von deiner kleinen Schwester und der letzten Klassenfahrt. Holst du dann dein Album heraus, um einem Freund Fotos vom Urlaub zu zeigen, wird der schnell gelangweilt sein, wenn er erst einmal an deinen Babyfotos vorbeikommen muss.

Möchtest du deine besten Aufnahmen ansprechend präsentieren, dann ist ein gedrucktes Fotobuch genau das Richtige. Du kannst alle deine Fotos zu einem Thema oder einem Zeitraum zusammenstellen und mit Hilfe einer

# Kapitel 9 — Bilder weitergeben

einfach zu bedienenden Software in einem Buch arrangieren. Neben den Bildern kannst du dann auch noch Texte schreiben und so eine Geschichte erzählen, beschreiben, wo du die Aufnahme gemacht hast oder was immer du möchtest.

Das Ganze wird dann vom Fotodienst bearbeitet und dir als echtes Buch zugeschickt. Du kannst sogar auswählen, wie der dicke Buchumschlag aussehen soll und ob jede Seite mit einem Hintergrundbild oder -muster versehen sein soll oder weiß oder farbig bleibt.

Der Preis für ein Buch hängt dann vor allem davon ab, wie viele Seiten du mit Bildern füllst. Da du aber pro Seite zwischen drei und sechs Fotos platzieren kannst, ist der Preis meistens gar nicht so hoch.

Die Software bekommst du wieder kostenlos vom Fotodienstleister aus dem Internet per Download. Nach der Installation wird dir die Software verschiedene Mustervorlagen anbieten, die du meistens individuell abändern kannst. So kannst du zwischen verschiedenen Umschlagsgestaltungen und Seitenlayouts wählen und die Fotos in die vorgegebenen Platzhalter ziehen. Mit dem TEXTWERKZEUG kannst du dann beliebige Texte einfügen und so ein ganz persönliches Album gestalten.

Besonders reizvoll ist es, einzelne Fotos ganzseitig zu arrangieren. Das wirkt besonders edel, da du nicht versuchst, möglichst viele Bilder auf eine Seite zu quetschen. Da das Buch erst nach dem Druck vom Hersteller beschnitten wird, reicht das Bild auch wirklich bis zur Papierkante und kann sogar über die Mittelfalz auf die andere Seite hinüberragen.

Zur Bestellung werden entweder die Daten übers Internet verschickt, was natürlich wieder lange dauern kann, oder die Software erstellt eine einzelne Bestelldatei, die du mit einem Brennprogramm auf eine CD brennen und einschicken musst, was vor allem dann praktisch ist, wenn deine Internetverbindung langsam oder teuer ist.

Eine reizvolle Idee zur Präsentation deiner Bilder, die sich auch gut als Geschenk eignet, ist ein Tisch- oder Wandkalender mit Fotos für jeden Monat. Vor allem zu Weihnachten eignet sich ein Kalender als Geschenk, da das nächste Jahr bereits vor der Tür steht.

Im Schreibwarenhandel bekommst du fertige Kalender, in die du deine Fotos selber einkleben kannst. Es gibt auch Kalenderblätter, die du im Drucker einlegen und so direkt mit den Fotos bedrucken kannst. Dazu gibt es dann eventuell sogar eine passende Software, mit der du die Kalenderblätter ein wenig gestalten kannst.

Möchtest du einen professionell aussehenden Kalender, kannst du im Internet entsprechende Angebote nutzen. Dort kannst du online Bilder hochladen und dann deinen Kalender mit Texten, Hintergrundmustern usw. gestalten. Das Ergebnis ist ein speziell für dich gedrucktes Exemplar, bei dem Bilder und Text wie aus einem Guss aussehen.

# Kapitel 9 — Bilder weitergeben

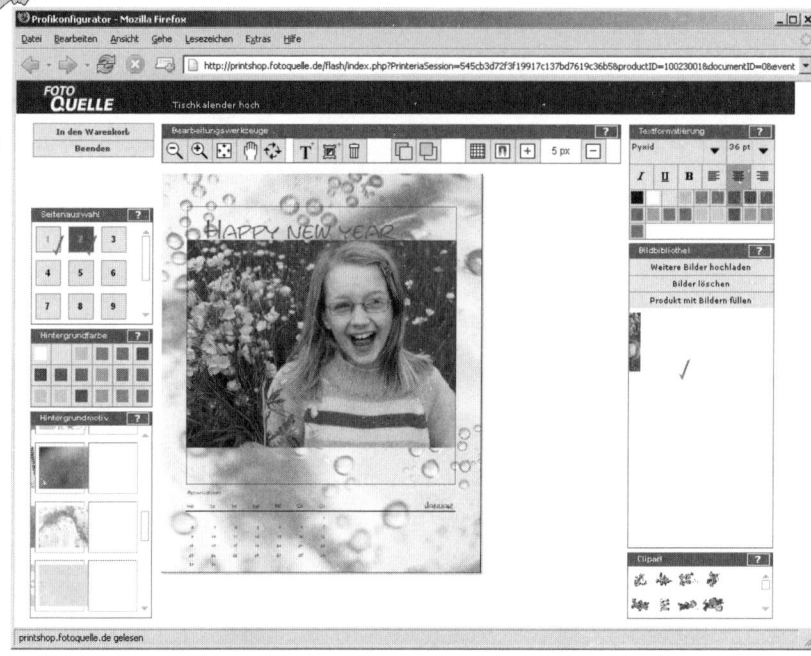

*Kalendergestaltung bei fotoquelle.de.*

## Zusammenfassung

Damit deine Bilder nicht mit der Weiterverarbeitung schlechter werden, hast du einige Grafikformate kennen gelernt und erfahren, wie diese arbeiten. JPEG ist nicht gleich JPEG und es gibt auch noch andere Formate wie PNG. Vor allem die Komprimierung bei JPEG sollte immer passend zum Verwendungszweck gewählt werden: Originale wenig komprimieren und Bilder für E-Mails möglichst stark, ohne dabei die Bildqualität zu sehr zu verschlechtern. Auch die Bildgröße ist wichtig, denn die große Pixelzahl deiner Aufnahme wird für Web und E-Mail nicht benötigt und stört sogar. Für die richtige Präsentation deiner Fotos gibt es viele Ideen. Papierabzüge sind die klassische Form, du kannst aber deine Fotos auch im Internet ausstellen. Du kannst deine Fotos sogar auf T-Shirts drucken oder für Geschenke auf Tassen und in Fotobüchern benutzen.

# Ein paar Fragen ...

Frage 1: Welche Bildabmessungen in Pixeln eignen sich für die Darstellung am Monitor?

Frage 2: Worauf solltest du achten, damit deine Fotos bei Größenänderungen nicht verzerrt werden?

Frage 3: Welcher Komprimierungswert ist der beste für ein JPEG-Bild?

Frage 4: Wie groß sollte eine Bilddatei für die Darstellung im Web-Fotoalbum in etwa sein?

Frage 5: Ab welcher Pixelanzahl lassen sich Fotos in 20 x 30 cm optimal als echte Papierabzüge bestellen?

Frage 6: Wieso bekommst du deine Fotos aus dem Fotolabor mit einem weißen Rand zurück?

# ... und ein paar Aufgaben

1. Öffne ein beliebiges Testfoto im Grafikprogramm und speichere es unter verschiedenen Dateinamen mit jeweils anderer JPEG-Komprimierung ab. Wähle beispielsweise 0, 20, 60 und 80 als Wert. Schließe die Bilder und öffne sie anschließend alle, um die Qualitätsunterschiede zu betrachten. Wie hat sich die Dateigröße geändert?

2. Probiere die Funktion zur Größenänderung aus. Verändere ein beliebiges Foto so, dass es nur noch in etwa 640 x 480 Pixel groß ist.

3. Öffne ein Foto von einer Person und schneide alles andere bis auf das Gesicht weg.

4. Schicke deinem Freund oder einem anderen Bekannten eines deiner Lieblingsfotos per E-Mail, nachdem du es in Bezug auf Dateigröße und Bildabmessungen optimiert hast.

# 10
# Bildprobleme am Computer lösen

Technische Fehler und hektische Aufnahmesituationen sind immer wieder Anlass für mittelmäßige Aufnahmen. Mit heutigen Bildbearbeitungsprogrammen ist es aber fast immer relativ einfach, kleinere Fehler nachträglich noch zu korrigieren. Das ist zwar angenehm zu wissen, sollte einen aber nicht dazu verleiten, sich stets darauf zu verlassen, dass der PC alle Fehler beseitigen kann. Eine von vornherein gute Fotografie ist immer besser als mühsames Korrigieren per Software.

Um die typischen Alltagsprobleme lösen zu können, lernst du in diesem Kapitel

- rote Augen bei Blitzlichtaufnahmen zu entfernen
- Fotos nachträglich scharf zu zeichnen
- fehlbelichtete Bilder zu korrigieren
- blasse Farben aufzupeppen
- störende Farbeffekte zu entfernen
- stürzende Linien bei Architekturaufnahmen zu beseitigen
- Objektivfehler, die zu Abdunkelungen führen, zu korrigieren

Kapitel

Bildprobleme am Computer lösen

# 10 Bildkorrekturen in Paint Shop Pro bearbeiten

Für alle Korrekturen an deinen Digitalfotos lohnt es sich, niemals mit dem Originalfoto zu experimentieren. Zu schnell ist eine Funktion aufgerufen, die das Bild stark verschlechtert. Wird dann aus Versehen das Bild gespeichert, hast du dir dein Original zerstört.

> Kopiere vorher immer zuerst die zu bearbeitenden Bilder in einen anderen Ordner, damit du das Original sicher hast. Du kannst deine Originale auch auf CD brennen, um ganz sicherzugehen. Mit den Kopien kannst du dann unbesorgt experimentieren, denn du kannst im Zweifellsfall immer wieder auf dein Original zurückgreifen.

Bei fast allen folgenden Arbeitsschritten wird mit verschiedenen Effekten und Filtern von Paint Shop Pro gearbeitet. Abgesehen von den Einstellungen, die zu der jeweiligen Funktion gehören, gibt es einige grundsätzliche Funktionen, die immer zur Verfügung stehen und die Bildmanipulation erleichtern.

Im linken Vorschaufenster siehst du dein Originalbild und rechts wird dir das Bild angezeigt, wie es aussehen wird, wenn du den Effekt mit den gegenwärtigen Einstellungen anwendest. Eventuell kannst du im linken Bereich bei VOR Markierungen oder Ähnliches setzen. Im rechten Bereich kannst du den Bildausschnitt mit der Maus verschieben.

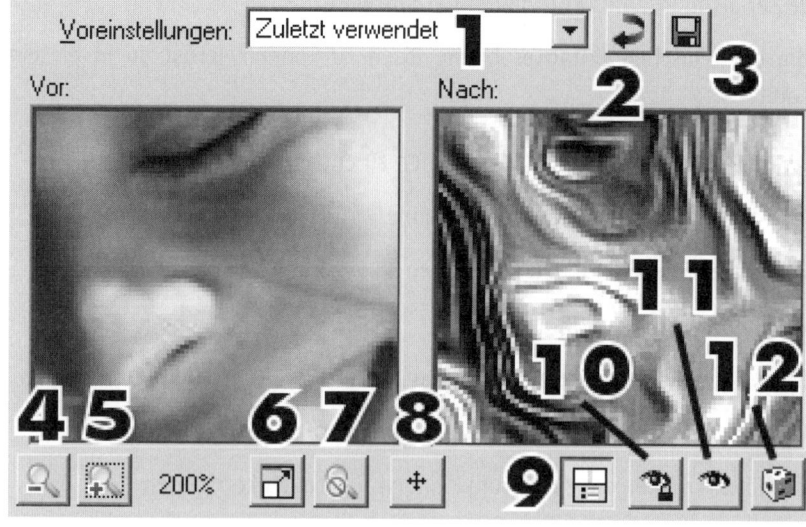

# Bildkorrekturen in Paint Shop Pro bearbeiten

1. In dieser Liste findest du einige vorgegebene Konfigurationen für den jeweiligen Effekt. Hast du eigene Einstellungen gespeichert, kannst du hier auch deine eigenen Vorlagen finden.

2. Mit dieser Schaltfläche kannst du alle Einstellungen im Effektdialogfenster wieder auf die Standardwerte setzen, wenn du einmal viel verstellt hast.

3. Hast du Werte und Einstellungen für diesen Effekt gefunden, die du besonders gut findest und die du immer wieder verwenden möchtest, kannst du sie als Vorlage abspeichern.

4. Verkleinert die Vorschau, um mehr von deinem Bild zu zeigen.

5. Vergrößert die Vorschauansichten, um mehr Details erkennen zu können.

6. Zeigt das gesamte Bild in den Vorschaufenstern an.

7. Bringt das Bild in der Vorschau auf Originalgröße (100%).

8. Zeigt in einem aufklappenden Bereich dein ganzes Bild an und du kannst den Rahmen verschieben, um den Ausschnitt zu wählen, der in der Vorschau angezeigt werden soll.

9. Verbirgt die Vorschau, was eigentlich nie sinnvoll ist, und zeigt sie wieder an.

10. Hältst du die Schaltfläche permanent gedrückt, werden alle Veränderungen immer im Original sichtbar.

11. Klickst du auf diese Schaltfläche, wird der Effekt mit seinen derzeitigen Einstellungen im Originalbild angezeigt. Schiebst du das weiterhin geöffnete Fenster für die Einstellungen ein wenig zur Seite, kannst du so oft besser die Wirkung im Originalbild, das oft vom Dialogfenster verdeckt wird, kontrollieren. Einige Effekte sind aber sehr rechenintensiv und die Anzeige kann sich etwas verzögern.

12. Für einige Effekte gibt es die Möglichkeit, zufällige Werte einzustellen, um sich überraschen zu lassen.

Wie bei allen Bildmanipulationen wirkt sich die Qualität und Einstellung deines Monitors auf den Bildeindruck aus. Ist der Monitor in Helligkeit, Kontrast oder Farbe zu sehr verstellt, kannst du keine natürliche Beurteilung der Fotos vornehmen. Billige LCDs neigen dazu, nur einen verminderten Farb- und Helligkeitsumfang abzubilden, was durch seitliche Betrachtung noch verstärkt wird.

# Kapitel 10 — Bildprobleme am Computer lösen

Es gibt spezielle Programme und Hardware, mit der du deinen Monitor optimal einstellen kannst. Es geht aber auch etwas einfacher, wenn du die Datei index.html im Ordner monitor mit deinem Webbrowser öffnest und an deinem Monitor folgende Einstellungen vornimmst:

- Bei einem Röhrenmonitor sollte dieser bereits eine halbe Stunde in Betrieb sein, damit er warm ist und sich das Bild stabilisiert hat.

- Wähle die Raumbeleuchtung, mit der du meistens arbeitest. Im Prinzip wird für jede geänderte Umgebungsbeleuchtung (Kunstlicht, Tageslicht usw.) eine erneute Kalibrierung notwendig, wie wollen es aber auch nicht übertreiben.

- Stelle den Kontrast- und Helligkeitsregler am Monitor auf die maximale Einstellung.

- Betrachte das Testbild im Browser. Drücke die Taste [F11], um die Randelemente des Browsers weitestgehend auszublenden. Durch erneutes Drücken von [F11] kommst du später wieder zur normalen Ansicht zurück.

- Verändere den Kontrastregler am Monitor, bis der im schwarzen Bereich des Bildes dargestellte Kreis so dunkel wie möglich ist (jedoch nicht schwarz wird), während der untere Kreis so hell wie möglich (jedoch nicht weiß) bleibt.

- Wähle aus den Farbtemperaturen des Monitors diejenige aus, bei der die weiße Fläche wirklich weiß und nicht bunt ist. Der Wert wird vermutlich zwischen 6500 und 7500° Kelvin liegen.

# Rote Augen retuschieren

≫ Der Graubalken am unteren Bildrand sollte anschließend nicht bunt wirken und jedes einzelne Feld sollte differenzierbar, also vom daneben liegenden unterscheidbar, sein.

Sollte dein Monitor diese Einstellmöglichkeiten nicht bieten, kannst du nachschauen, ob deine Grafikkarte ähnliche Einstellmöglichkeiten bietet. In der SYSTEMSTEUERUNG von Windows findest du die Funktion ANZEIGE. Auf der Registerkarte EINSTELLUNGEN kannst du ERWEITERT anklicken und dort suchen, welche Optionen dein Grafikkartentreiber bietet – vielleicht ist ja etwas Passendes dabei.

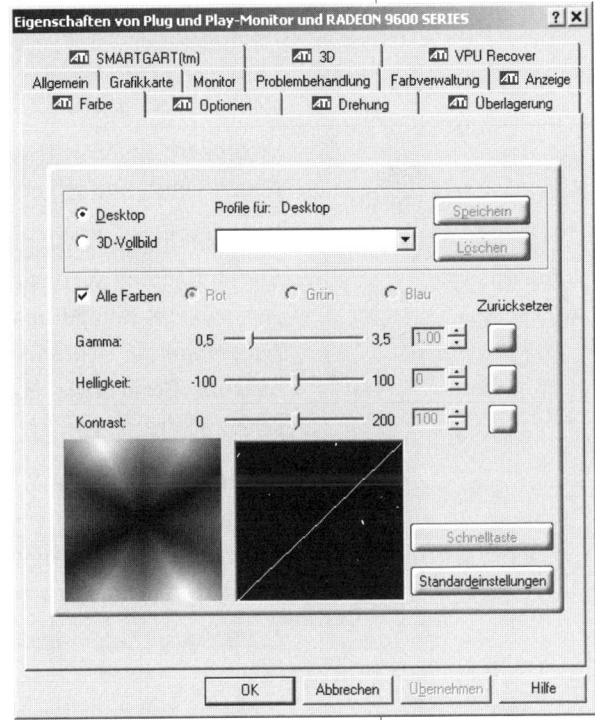

# Rote Augen retuschieren

Blitzlichtaufnahmen mit dem berühmt-berüchtigten Rote-Augen-Effekt am heimischen Computer zu korrigieren gehört vermutlich zu den am häufigsten benutzten Funktionen in einem Grafikprogramm. Inzwischen beherrschen alle Programme entsprechende Filter und die Anwendung ist kinderleicht geworden.

≫ Öffne die entsprechende Fotografie und rufe die Funktion ROTE AUGEN ENTFERNEN auf, die du im Menü ANPASSEN findest.

# Kapitel 10 — Bildprobleme am Computer lösen

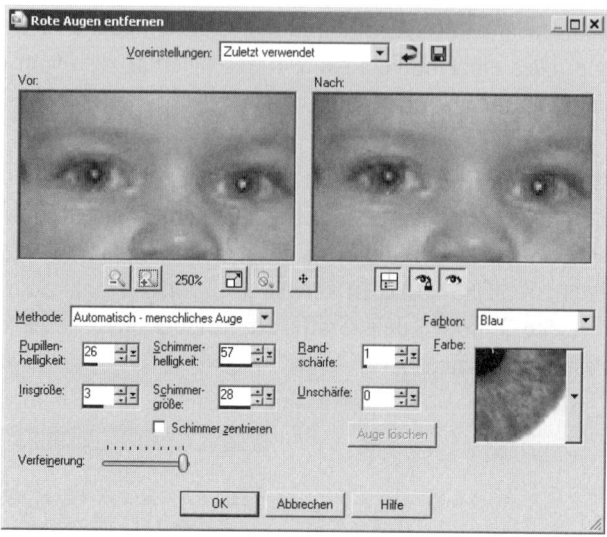

» Vergrößere die Ansicht so weit wie möglich, bis du nur noch die roten Augen siehst, und schiebe den Bildausschnitt entsprechend zurecht.

» Klicke im linken Fensterbereich bei VOR einmal in die Mitte des einen Auges. Dadurch setzt du dort einen Auswahlrahmen. Paint Shop Pro versucht das Bild zu analysieren und passt die Auswahlgröße an die Augenform an. Den Rahmen kannst du in der Mitte verschieben und über die Greifpunkte in der Größe verändern. Möchtest du ihn löschen, so drücke `Entf`.

» Wähle bei FARBTON und FARBE eine Einstellung, die möglichst gut zu der tatsächlichen Augenfarbe der fotografierten Person passt. Für einen natürlichen Farbeindruck sind in der Regel nur dezente Farben fast im Graubereich passend.

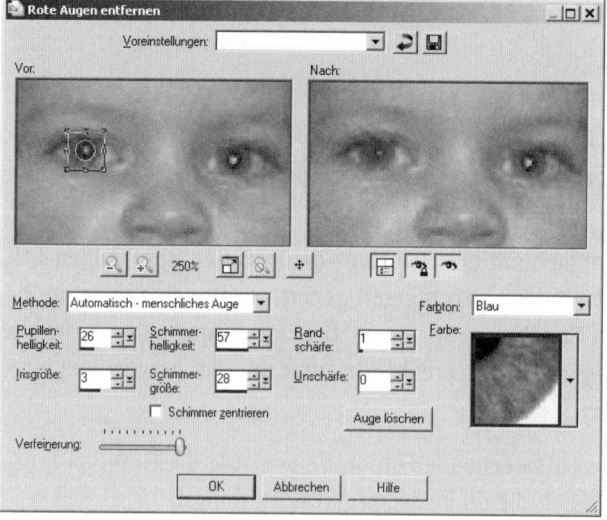

# Fotos nachträglich schärfen

» Die restlichen Werte musst du einfach ausprobieren, bis du eine möglichst natürliche Wirkung erzielst. Eine Anhebung der RANDSCHÄRFE und UNSCHÄRFE ist meistens lohnenswert.

Bei Augen, die nur wenige Pixel groß sind, lassen sich die einzelnen Parameter nur schwer ausprobieren, da sie sich teilweise gegenseitig überlappen. Für die ersten Versuche benutze lieber eine Aufnahme, bei der die Augen mindestens ca. 40 Pixel im Durchmesser groß sind. Augen mit Glanzlicht (in Paint Shop Pro als Schimmer bezeichnet) in der Pupille wirken stets natürlicher und lebendiger als ein trüber Blick. Große, dunkle Pupillen lassen die abgebildete Person attraktiver erscheinen.

Für das zweite Auge verfährst du ebenso wie ab Schritt 3 beschrieben.

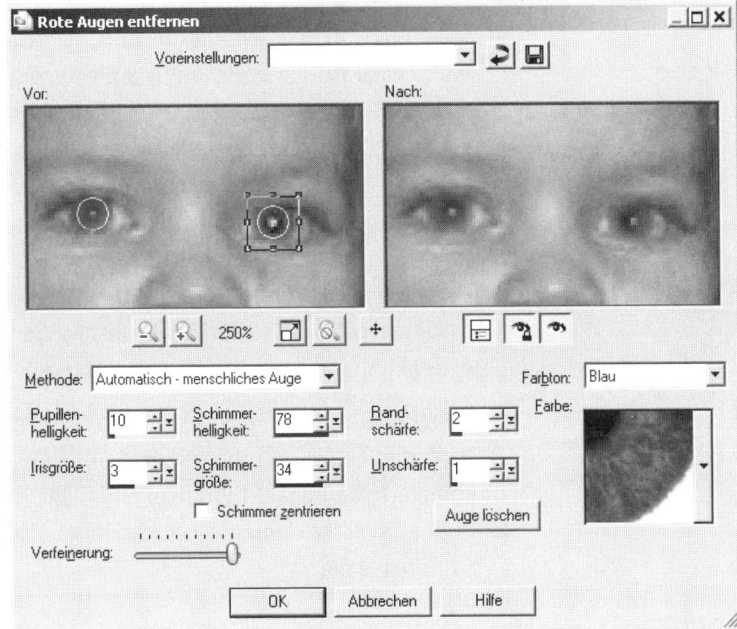

*Rote-Augen-Effekt (siehe Farbseite J).*

# Fotos nachträglich schärfen

Gleich vorweg: Ein unscharfes Bild kannst du am PC nicht scharf werden lassen. Alle Funktionen, die dies versuchen, können nicht aus der Luft die fehlenden Informationen eines unscharfen Bildes hinzuzaubern. Mit Schärfekorrekturen am Computer lassen sich nur leichte Unschärfen beseitigen. Verwackler, stark falsch fokussierte Bilder und Bewegungsunschärfen können nie zu einem perfekten Bild umgewandelt werden, dies kann nur während der Aufnahme vermieden werden.

# Kapitel 10

## Bildprobleme am Computer lösen

Im Wesentlichen wird die einfache Schärfekorrektur lediglich durch eine Kontrastanhebung erreicht. Für den Betrachter wirken kontrastreiche Bilder kräftig und scharf. Wenn du die noch folgende Kontrastkorrektur an einem unscharfen Foto ausprobierst, wirst du sehen, wie sich der Effekt positiv auf den Schärfeeindruck auswirkt. Die aufwändigere Methode der *Unscharfmaskierung* bildet die Vorgehensweise der Analogtechnik aus dem Fotolabor nach, bei dem das Original mit einem unscharfen Negativ vergrößert und überlagert wird, was im Ergebnis ein schärferes Bild ergibt. Mit der relativ neuen Technik der *Deconvolution*, die bisher aber noch nicht ihren Weg in die gängigen Bildbearbeitungsprogramme gefunden hat, lassen sich dann wirklich stark unscharfe Bilder aufwändig korrigieren.

Bei der Digitalfotografie neigt man meistens zu einem überzogenen Schärfeanspruch, den die Technik nicht liefern kann und auch nicht muss. Weil du die Fotos am Monitor pixelgenau unter die Lupe nehmen kannst, fallen unscharfe Bereiche deutlicher auf als bei einem herkömmlichen Papierabzug. So lange das Motiv nicht total verschwommen ist, stört Unschärfe bis zu einem gewissen Grad gar nicht. Es muss nicht immer alles wie in Stein gemeißelt aussehen und die Nachschärfung sollte nur behutsam angewendet werden. Sobald du dein Foto auf Papier abziehen lässt, wird die leichte Unschärfe weniger auffallen. Bei Vergrößerungen fällt die schlechte Auflösung der Kamera zusammen mit JPEG-Artefakten und Farbrauschen meist störender auf.

Hinzu kommt noch, dass es mit Hobbytechnik fast gar nicht möglich ist, wirklich gestochen scharfe Fotos aufzunehmen. Schließlich kostet deine komplette kompakte Digitalkamera nicht einmal halb so viel wie ein einzelnes Objektiv vom Profi und irgendwo muss der Qualitätsunterschied ja zu finden sein.

Wie alle anderen Grafikprogramme auch bietet Paint Shop Pro mehrere verschiedene Funktionen, um die Bildschärfe zu verbessern. Die beiden Funktionen SCHARFZEICHNEN und STARK SCHARFZEICHNEN aus dem Untermenü SCHÄRFE im Menü ANPASSEN arbeiten schnell und problemlos, ohne dass du weiter eingreifen musst. Dafür sind die Ergebnisse aber auch einfacher, denn es handelt sich im Wesentlichen nur um eine Kontrastanhebung. Für leichte Korrekturen ist dies ausreichend und du brauchst nur zu wählen, ob der Effekt deutlicher oder etwas abgeschwächt zu sehen sein soll.

# Fotos nachträglich schärfen

*links: Das leicht unscharfe Ausgangsfoto.*

*unten: Haare und Hand sind etwas schärfer. Die Kontrastanhebung führt zur Hervorhebung der Details und des Farbrauschens auf T-Shirt und Hose.*

- Möchtest du wählen, wie stark die Änderung ausfällt, dann bietet sich die Funktion UNSCHARF MASKIEREN an (Abbildung siehe nächste Seite). Die Standardvorgaben sind in der Regel ganz brauchbar und müssen nur minimal variiert werden. Für jede Aufnahme musst du erneut die richtige Konfiguration ausprobieren.

- Lege den RADIUS fest, in dem der Befehl um ein Pixel herum nach unähnlichen Pixeln sucht, die scharf gezeichnet werden sollen. Fotos mit Nahaufnahmen und geglätteten Details benötigen häufig höhere Einstellungen, wohingegen Bilder mit vielen feinen Details niedrigere Radiuseinstellungen erforderlich machen.

- Bei STÄRKE wählst du, wie effektvoll die Änderung sein soll. Höhere Werte führen zu deutlichen dunklen und hellen Säumen an den Kanten.

Kapitel   Bildprobleme am Computer lösen

> Mit dem DIFFERENZWERT gibst du den Kontrastwert vor, ab dem der Filter angewendet wird. Höhere Werte führen zu weich gezeichneten Flächen mit harten, überstrahlten Kanten.

*T-Shirt und Hose veränderten sich weniger beim Unscharfmaskieren, dafür sind Farbsäume am linken Körperbereich deutlicher.*

## Fotos nachträglich schärfen

Ist dir Unscharfmaskieren zu aufwändig und führt zu schnell zu Farbsäumen, kannst du dein Glück mit HOCHPASS-SCHÄRFEN probieren. Neben den zwei bereits bekannten Parametern RADIUS und STÄRKE kannst du bei MISCHMODUS wählen, unter welchem Licht das Bild verändert werden soll. HARTES LICHT erzielt mehr Kontrast als die Option ÜBERZUG und WEICHES LICHT.

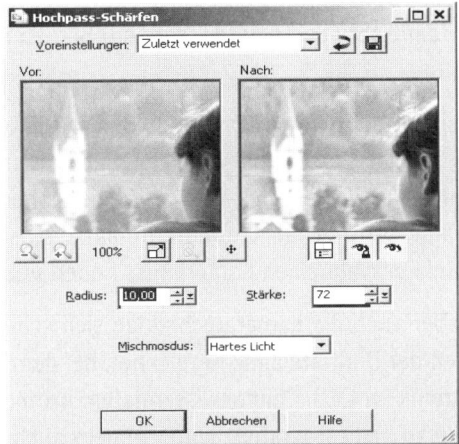

*Deutliche Kontraste, aber weniger Farbsäume. Die Landschaft im Hintergrund wurde mehr verändert als mit den einfachen Korrekturfunktionen ohne Einstellmöglichkeiten.*

# Kapitel 10

## Bildprobleme am Computer lösen

# Helligkeitskorrekturen für zu dunkle Aufnahmen

Fehlbelichtungen sind bei allen Fotografen an der Tagesordnung. Wer nicht gerade unter idealen Studiobedingungen oder mit sehr viel Equipment arbeitet, wird sich damit abfinden müssen, dass ein Bild zu hell oder zu dunkel wird.

Meistens ist dabei gar nicht einmal das ganze Bild falsch belichtet, sondern nur ein Teil. Vielleicht lag das Gesicht der Person gerade im Schatten, während die Umgebung ausreichend hell war. Oder ein schneebedeckter Berggipfel ist überstrahlt, weil die Belichtungsautomatik zwischen dem hellen Weiß und dem dunklen Wald einen Kompromiss finden musste.

Gelegentlich ist aber auch die Kameratechnik an sich schuld. Als *Blooming* wird ein Phänomen der Digitaltechnik bezeichnet, bei dem eine extrem helle Stelle die Elektronik im CCD-Chip gewissermaßen irritiert und dann nicht nur die helle Stelle zu hell fotografiert wird, sondern auch benachbarte, eigentlich dunkle Gebiete überstrahlt.

*Blooming im Bereich der Fensteröffnungen: Auch die dunkle Wand am Rahmen wird hell überstrahlt.*

# Helligkeitskorrekturen für zu dunkle Aufnahmen

Die Helligkeit am PC zu korrigieren erfordert ein wenig Fingerspitzengefühl, denn zu starke Korrekturen lassen ein Bild schnell grau und kontrastarm aussehen. Grundsätzlich ist es eher möglich, ein zu dunkles Bild aufzuhellen und dabei mehr Details zu sehen, anstatt ein zu helles Bild abzudunkeln.

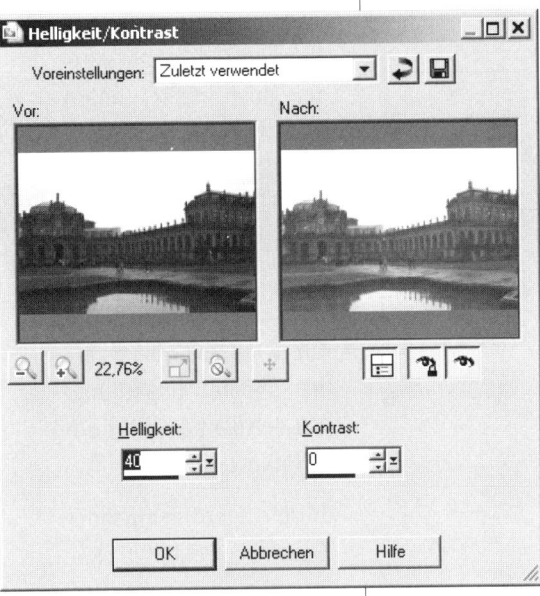

Paint Shop Pro bietet im Menü ANPASSEN im Untermenü HELLIGKEIT UND KONTRAST die Funktion HELLIGKEIT/KONTRAST. Damit können auf die Schnelle falsch belichtete Fotos korrigiert werden.

In der Regel liefert die Funktion aber kein schönes Ergebnis, denn es werden einfach alle Helligkeitswerte und damit auch indirekt die Farben (Farbhelligkeit) im Bild verändert. Verringert man die Helligkeit, so gehen in den dunklen Bildbereichen (Tiefen) Informationen verloren, aus einigen dunklen Farben wird einfach Schwarz. Umgekehrt verhält es sich, wenn die Helligkeit erhöht wird: Mehr Bildflächen in den Lichtern werden weiß. Dreht man zu stark an der Helligkeit, enthält das Bild keine schwarzen Farbtöne mehr, es erscheint, als hättest du Milchglas über das Bild gelegt – das Bild ist grau, kontrastarm und langweilig geworden.

Eine sture Veränderung aller Helligkeitswerte in einem Bild ist meistens gar nicht notwendig. Es reicht häufig aus, lediglich die mittleren Töne anzupas-

# Kapitel 10 — Bildprobleme am Computer lösen

sen und bereits helle und dunkle Bereiche nicht zu verändern. Für diesen Zweck gibt es die *Gammakorrektur*, die sich in Paint Shop Pro hinter dem Menüpunkt KURVEN im gleichen Menü wie zuvor befindet.

Mit der Maus kannst du den Greifpunkt an der roten Linie verschieben, die auch als *Gradationskurve* bezeichnet wird. Beulst du die Linie weiter nach rechts unten aus, wird das Bild dunkler. Durch Verschieben in die andere Richtung kannst du das Bild aufhellen. Probiere einfach ein wenig herum, denn für jedes Bild gibt es eine andere Einstellung, bei der die Korrektur am gefälligsten ist.

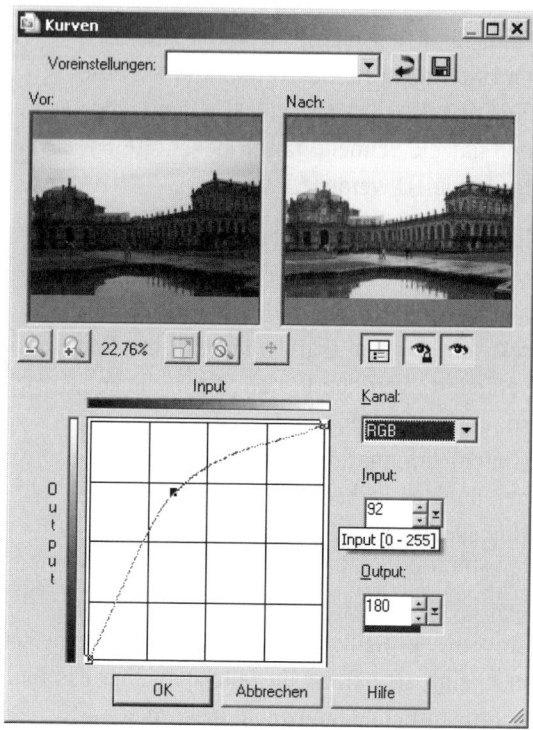

Durch eine behutsame Gammakorrektur bleiben die Farben im Bild knackig und werden nicht flau, so dass es dem Bild anschließend nicht an Kontrast fehlt und es nicht wie eine Nebelaufnahme wirkt.

# Farb- und Kontrastkorrekturen lohnen immer

Bei wohl fast jedem Foto lohnt es sich, die Farben und Kontraste nachträglich zu bearbeiten. Oft wirken Fotos blass und mit einem Grauschleier überzogen. Andere Aufnahmen sind mit falschem Weißabgleich entstanden und blau- oder rotstichig. Außerdem ist das menschliche Auge in der Lage, einen wesentlich größeren Kontrastumfang wahrzunehmen, als es technisch möglich ist, aufzunehmen.

Im Grafikprogramm gibt es mehrere Funktionen, wie du deine Bilder optimieren kannst. Der Aufwand ist dabei relativ groß, denn jedes Foto bedarf eigener Korrekturen, die nur selten zwischen zwei Aufnahmen gleich sind. Deshalb lohnt sich die Arbeit nur für wirklich gelungene Bilder.

> Für die Masse der Aufnahmen bietet Paint Shop Pro eine einfache Funktion, die schon erstaunliche Resultate liefert und ohne jedwede Einstellungen auskommt. FOTOKORREKTUR IN EINEM SCHRITT aus dem Menü ANPASSEN kannst du immer dann benutzen, wenn du dein Foto schnell verbessern möchtest. Obwohl die Funktion praktisch ist, solltest du ihr nicht blind vertrauen und weiterhin kritisch bleiben, denn nicht alle Aufnahmen sehen anschließend so aus wie die Originalszene und eine manuelle Korrektur kann eventuell besser sein.

Als Kontrast wird der Helligkeitsumfang eines Bildes bezeichnet. Gibt es in einem Foto sowohl sehr helle als auch sehr dunkle Partien, ist der Kontrast höher, als wenn es nur mittlere, graue Helligkeitsbereiche gibt. Ein hoher Kontrast führt dazu, dass wir die Aufnahme als farblich intensiver und schärfer empfinden, da die Konturgrenzen deutlicher hervortreten.

Bereits durch eine leichte Kontrastanhebung können viele Fotos aufgefrischt und kräftiger wirken. Mit der Funktion HELLIGKEIT/KONTRAST aus dem Untermenü HELLIGKEIT UND KONTRAST im Menü ANPASSEN kannst du durch einfaches und vorsichtiges Erhöhen des Wertes dein Bild optimieren. Achte aber darauf, dass helle Bereiche nicht zu weiß und gleichmäßig werden, während dunkle, schattige Stellen in Schwarz regelrecht absaufen.

# Kapitel 10 — Bildprobleme am Computer lösen

*Kontrastkorrektur (siehe Farbseite K).*

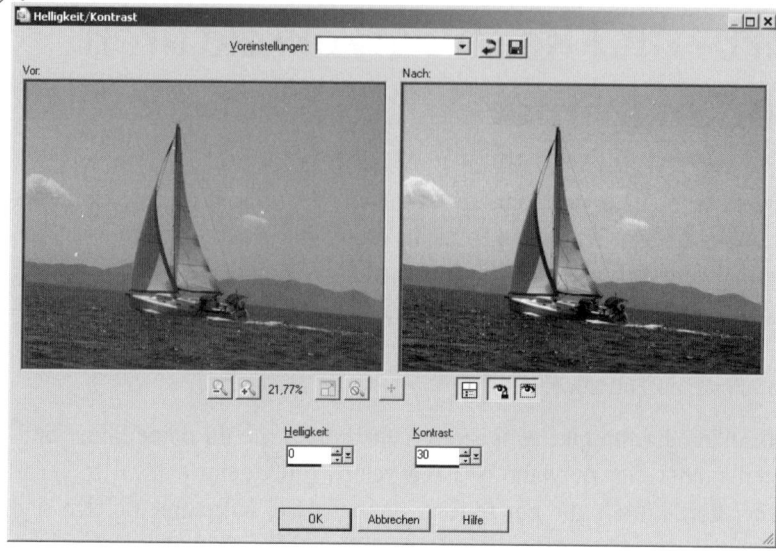

Zu den gröbsten und auffälligsten Farbfehlern gehören Bilder, die mit einem falschen Weißabgleich aufgenommen wurden oder bei denen die Automatik versagt hat. Außenaufnahmen werden dabei häufig mit einem Blaustich und Innenaufnahmen bei Kunstlicht mit einem Rotstich fotografiert.

Ein guter Weißabgleich vor der Aufnahme ist immer besser als die nachträgliche Korrektur, da die Farben stets ein wenig verfälscht bleiben und nie originalgetreu werden. Hält sich der Farbstich aber in Grenzen, dann ist die Aufnahme noch zu retten. Dazu gibt es im Menü ANPASSEN die Funktion FARBABGLEICH. Durch Verschieben des Schiebereglers kannst du nun wählen, ob die Farben im Bild kälter (blaustichig) oder wärmer (rötlich) werden sollen.

*Farbabgleich (siehe Farbseite K).*

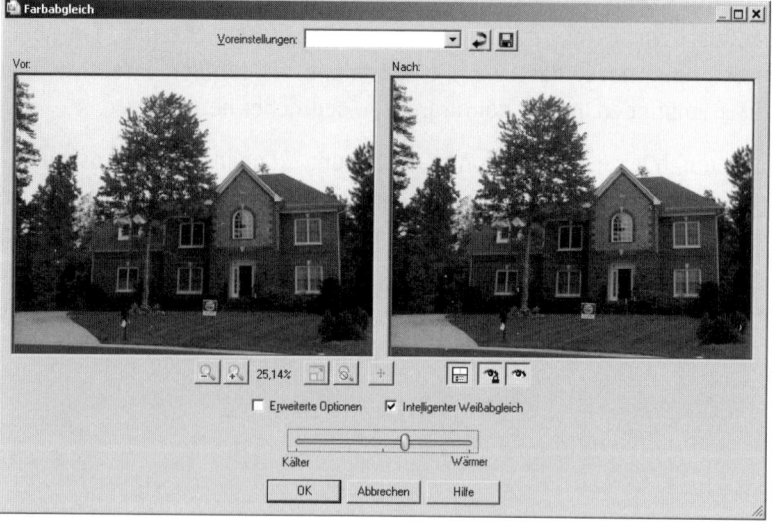

304

# Farb- und Kontrastkorrekturen lohnen immer

Extreme Fälle können mit dieser Methode aber nicht befriedigend korrigiert werden. Die folgende Aufnahme zeigt einen echten Problemfall: Das Bild ist aufgrund des Kunst- und seitlich einfallenden Tageslichtes sowohl rötlich als auch blau-/violettstichig. Der einfache Farbabgleich würde das Bild lediglich in eines der beiden Extreme verändern. Ein kleiner Rettungsversuch besteht mit der Funktion ROT/GRÜN/BLAU aus dem Untermenü FARBE. Durch vorsichtiges Reduzieren des Rot- und Blauanteils wird das Bild zwar etwas grün, verbessert sich aber auch ein wenig. Mit der weiter unten gezeigten Histogrammfunktion kannst du versuchen, das Bild noch etwas weiter zu verbessern, da der helle Kontrastumfang nicht ausgenutzt wird.

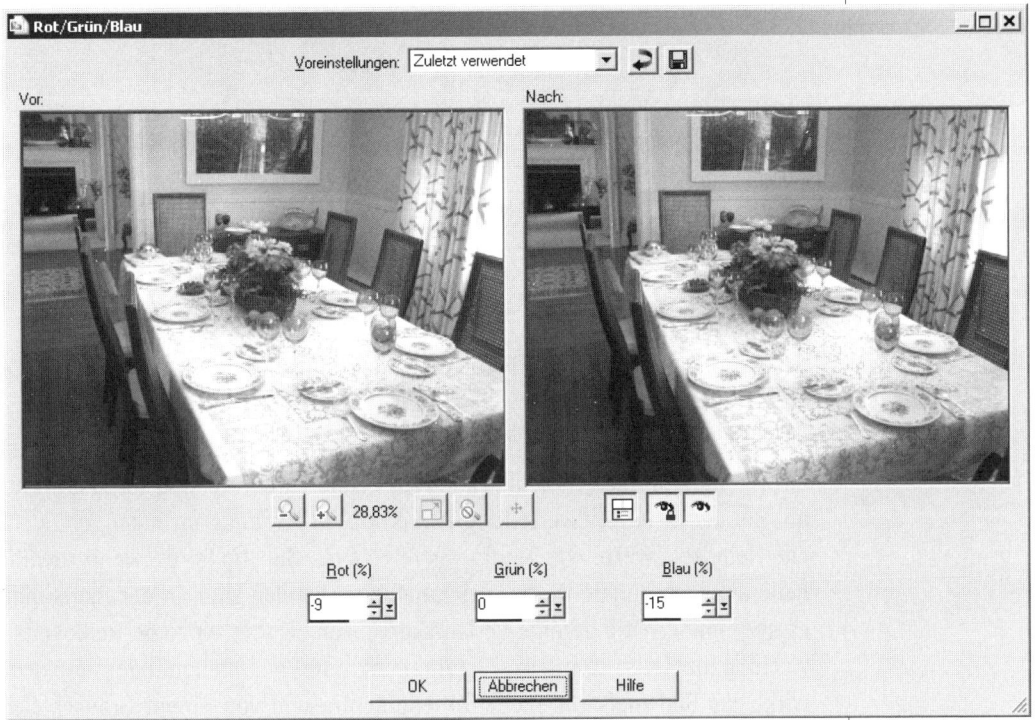

*Farbstich korrigieren (siehe Farbseite L).*

Sind die Farben in deinem Bild nicht kräftig genug, dann kannst du die Funktion VERBLASSTE FARBEN KORRIGIEREN aus dem Untermenü FARBE ausprobieren. Der Standardwert liegt zwar bei 45, aber kleinere Werte führen oft auch schon zu schönen Ergebnissen, die natürlich wirkende Farben in dein Bild zaubern. Wirklich zaubern kann die Funktion natürlich nicht, aber sie erleichtert die Arbeit ungemein, denn dahinter versteckt sich im Grunde nur die folgende, aufwändige Histogrammkorrektur. Möchtest du also mehr in die Überarbeitung eingreifen, brauchst du nur weiterzulesen.

Kapitel

10

Bildprobleme am Computer lösen

*Blasse Farben auffrischen (siehe Farbseite L).*

Ein Histogramm zeigt dir die Helligkeits- und Farbverteilung in einem Bild an. Bei der Helligkeitsverteilung kannst du im Histogramm erkennen, welche Helligkeitswerte wie häufig vertreten sind. Günstig ist es, wenn sowohl helle als auch dunkle Werte gleichmäßig vorhanden sind. In der Regel gibt es aber immer eine bergige Verlaufskurve. Fehlen aber einzelne Helligkeitswerte ganz (ausgefranstes Histogramm) oder alle hellen oder dunklen, wirkt das Bild meistens nicht farbenprächtig und von einem Grauschleier überzogen.

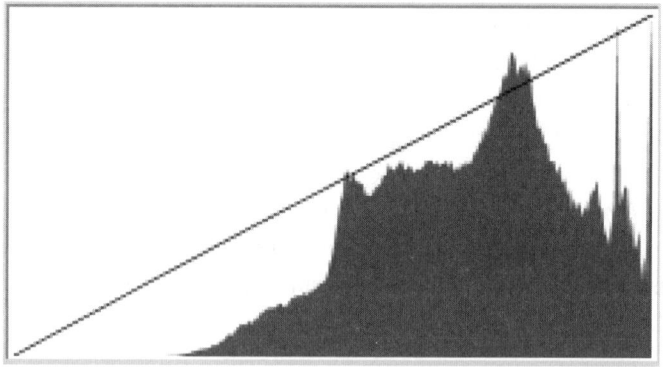

*Histogramm eines Bildes, bei dem der gesamte dunkle Bereich (links) fehlt.*

## Farb- und Kontrastkorrekturen lohnen immer

≫ In der HISTOGRAMMANPASSUNG, die du im Untermenü HELLIGKEIT UND KONTRAST von ANPASSEN findest, kannst du die Kurve deines Fotos verändern. Im Beispiel kannst du die graue Histogrammkurve sehen, die anzeigt, dass keine dunklen Flächen im Bild vorhanden sind. Am Anfang wird die graue Kurve von der roten Vorschaukurve noch verdeckt.

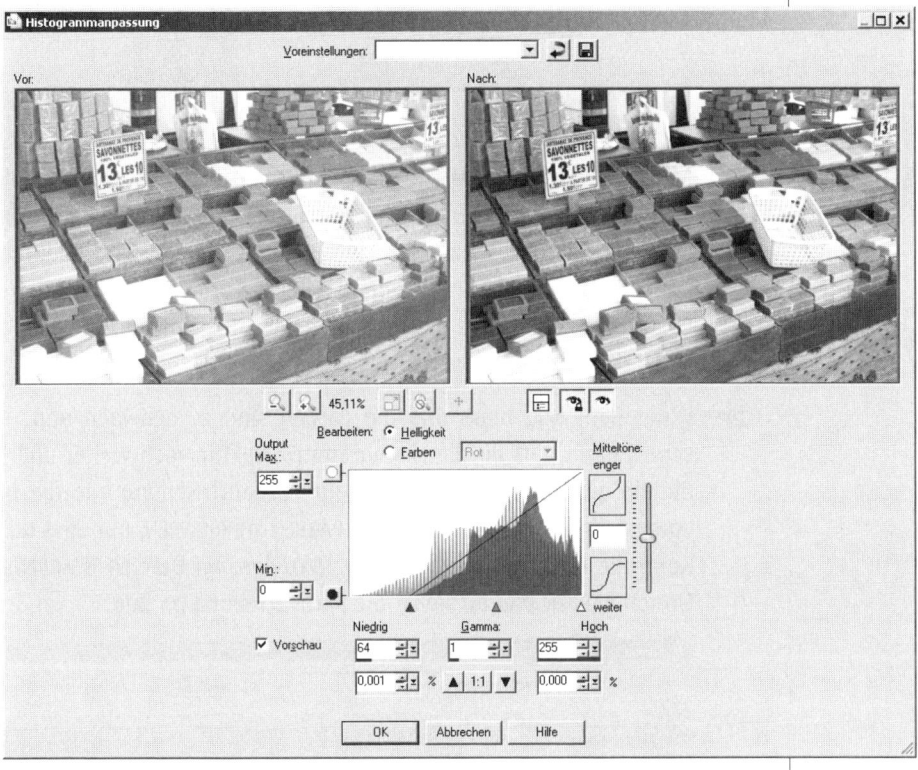

*Histogrammanpassung (siehe Farbseite M).*

≫ Verschiebe das kleine schwarze Dreieck links unterhalb der Kurve so weit nach rechts, bis es in etwa an der Stelle steht, bei der die Kurve anfängt zu steigen. Durch das Verschieben wird die rote Vorschaukurve nach links bewegt, sie zeigt dir an, wie das Histogramm verlaufen wird, wenn du die Anpassung durchführst. Durch die Verschiebung hast du dafür gesorgt, dass dunkle Partien im Bild nun wirklich dunkel und kräftig hervortreten. Wie weit du die Kurve nach links streckst, bleibt deinem Gefühl für die optimale Bildwirkung überlassen.

≫ Bei anderen Bildern kann es sein, dass du nur oder zusätzlich die rechte Seite verändern willst, um dadurch helle Stellen im Bild zu betonen, wie es bei dem im Folgenden abgebildeten Diagramm gemacht wurde. Dazu verschiebst du das rechte weiße Dreieck, bis der rechte Bereich der Kurve am rechten Rand anlangt.

# Kapitel 10 — Bildprobleme am Computer lösen

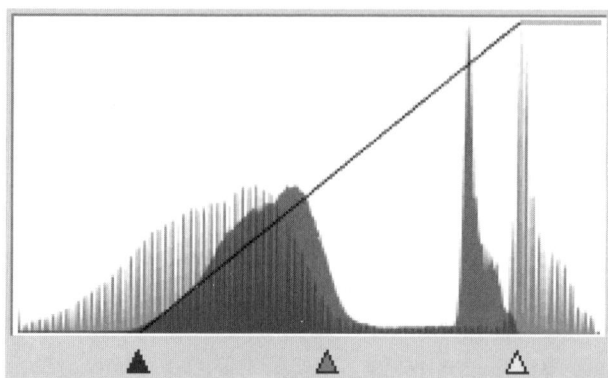

» Mit dem Wert bei GAMMA kannst du auch gleich noch die Helligkeit des Bildes wie bei der bereits gezeigten Gradationskurve verändern. Die quer durch das Diagramm verlaufende Gerade wird dadurch verbogen und zeigt dir an, wie die mittleren Farbwerte heller oder dunkler werden, ohne dass die bereits hellen und dunklen Bereiche genau so stark verändert werden.

» Wirkt dein Bild blass und die Farben sind zu schwach und verwaschen, dann hilft dir die Histogrammkorrektur noch weiter und bietet dir die gleichen Möglichkeiten zur Farbauffrischung wie die bereits vorgestellte Funktion VERBLASSTE FARBEN KORRIGIEREN, nur dass du mehr Kontrolle über das Ergebnis hast. Aktiviere im Bereich BEARBEITEN die Option FARBEN und du siehst die Farbverteilung im Bild.

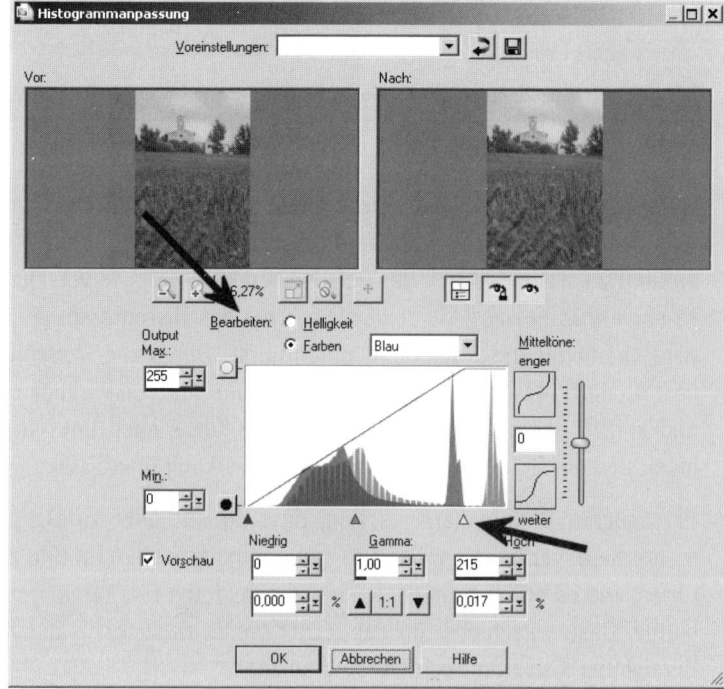

# Farbige Sprenkel in einfarbigen Flächen

Beachte, dass es für jede der drei Grundfarben Rot, Grün und Blau ein eigenes Histogramm gibt und dass du in der Regel alle drei Histogramme bearbeiten solltest, um ein gutes Ergebnis zu erzielen. Du kannst in einem Arbeitsgang immer nur entweder die Helligkeit oder die Farben bearbeiten. Sobald du zwischen den beiden Optionen umschaltest, werden die anderen Einstellungen unwirksam.

> Wähle aus der Liste bei BEARBEITEN die jeweilige Farbe aus und ändere das Histogramm nach deinen Wünschen. Für das gezeigte Bild eines Lavendelfeldes zeigte sich, dass es wirkungsvoller ist, nur den hellen Anteil der Blautöne nach rechts zu ziehen und nicht den dunklen Anteil auf der linken Seite zu verändern.

# Farbige Sprenkel in einfarbigen Flächen

Wie bereits erläutert, kannst du an deiner Kamera die Filmempfindlichkeit in Form des ISO-Wertes verändern. Für dunkle Szenen wird von der Kameraautomatik oft eine hohe Empfindlichkeit gewählt. Die Möglichkeit, dadurch auch bei schlechten Lichtverhältnissen zu fotografieren, erkaufst du dir durch eine wesentlich stärkere Neigung der Aufnahme zum Farbrauschen.

Vor allem in gleichmäßig gefärbten Elementen im Bild fällt das Bildrauschen durch ein unangenehmes Muster auf. Die eigentlich glatte Oberfläche wirkt unruhig und rau. Bei näherer Betrachtung im Grafikprogramm fallen in der Lupenansicht die gesprenkelten Muster mit den oft rötlichen und grünlichen Pixeln auf.

Am effektivsten ist es, wenn du von vornherein auf hohe ISO-Werte verzichtest, wenn deine Kamera zu stärkerem Rauschen neigt. Besitzt deine Kamera eine eingebaute Funktion, um das Farbrauschen zu unterdrücken, dann benutze

# Kapitel 10 — Bildprobleme am Computer lösen

sie möglichst trotzdem nicht. Nachträglich am PC stehen dir weitaus mehr Möglichkeiten und Einstellungen zur Verfügung, so dass du den Grad der Korrektur selbst bestimmen kannst.

Bevor du Bildrauschen aus einem Foto entfernst, solltest du eventuell vorhandene JPEG-Artefakte reduzieren. Bei stärker komprimierten JPEGs stören die blockartigen Strukturen und beeinflussen das Ergebnis des Rauschfilters, was zu extrem stark weich gezeichneten Bildern führt. Speichere deine Bilder von Anfang an möglichst mit einer niedrigen Kompression, um JPEG-Artefakte von vornherein auszuschließen. Bereits vorhandene Störmuster kannst du in Paint Shop Pro mit der Funktion JPEG-ARTEFAKTE ENTFERNEN aus dem Untermenü BILDRAUSCHEN HINZUFÜGEN/ENTFERNEN des Menüs ANPASSEN eliminieren. Im Konfigurationsdialogfenster brauchst du nur zu wählen, wie stark die Störungen ausgeprägt sind. Wähle die niedrigste Stufe, bei der die Blockmuster verschwinden, damit dein Foto möglichst wenig leidet.

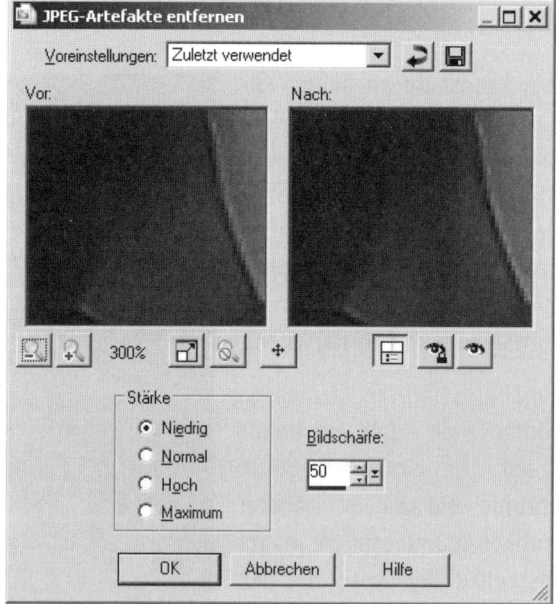

➢ Nachdem du das zu bearbeitende Bild geladen und gegebenenfalls von JPEG-Mustern befreit hast, kannst du aus dem Menü ANPASSEN die Funktion BILDRAUSCHENTFERNUNG IN EINEM SCHRITT auswählen. Ohne weitere Rückfragen versucht Paint Shop dann, das Farbrauschen zu entfernen. Das Ergebnis kann schon relativ befriedigend sein.

# Farbige Sprenkel in einfarbigen Flächen

≫ Möchtest du mehr Einfluss auf die Rauschentfernung nehmen und wählen, wie stark der Filter dein Bild verändert, dann rufe den Menüeintrag BILDRAUSCHEN DIGITALER KAMERAS ENTFERNEN auf.

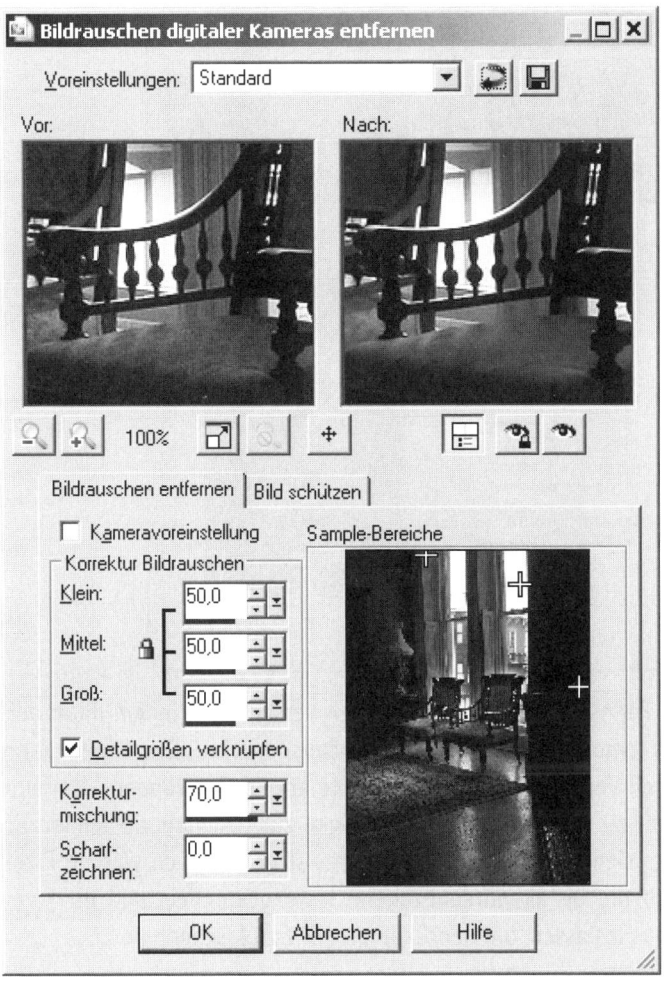

≫ Hier hast du viele Einstellungsmöglichkeiten. Zu den wichtigsten gehört die Auswahl von Bereichen, in denen das Bildrauschen besonders deutlich sichtbar ist. Paint Shop Pro hat dazu schon eine Vorauswahl mit drei Punkten getroffen, die im SAMPLE-Bereich mit einem kleinen Kreuz markiert sind. Es wird automatisch ein heller, ein dunkler und ein mittlerer Helligkeitsbereich markiert. Klickst du auf eins der Kreuze, wird dir im Bereich VOR die dazugehörende Auswahl angezeigt.

# Kapitel 10

## Bildprobleme am Computer lösen

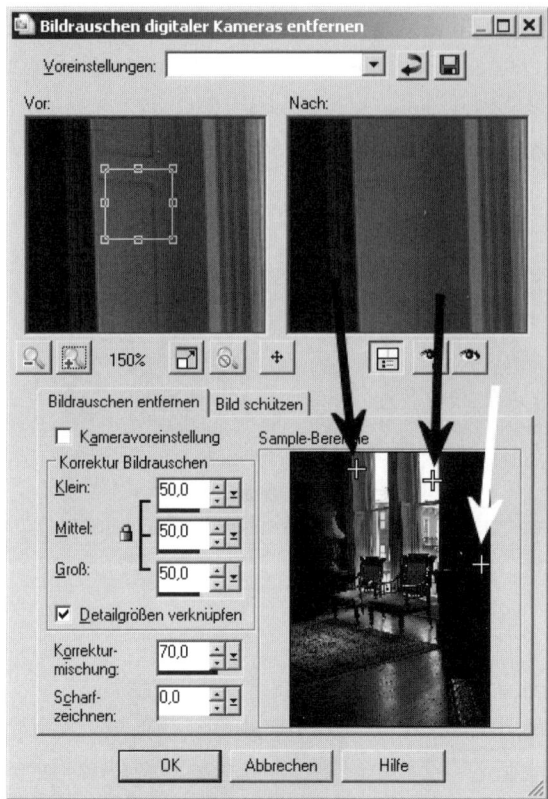

- » Du kannst diesen Auswahlrahmen verschieben, indem du in der Mitte des umrahmten Bereichs die Maus drückst. Die Größe kannst du durch Verschieben der Greifpunkte am Rand verändern. Um eine Auswahl zu löschen, schiebe eine Ecke zur gegenüberliegenden Ecke, so dass sich der Rahmen verkleinert. Ist er nur noch wenige Pixel groß, wird die bisher durchgezogene Linie gestrichelt und du kannst die Maus loslassen, um den Rahmen ganz zu löschen.

- » Die Markierungen sollten deutliches Farbrauschen markieren, nicht aber auf extrem weißen oder schwarzen Flächen liegen, da diese kein Bildrauschen enthalten, sondern deckend sind. Die Beispielauswahl aus Schritt 3 zeigt eine ungünstige Bereichswahl, da nicht nur eine eigentlich einfarbige Fläche markiert ist, sondern auch die Schattenkante der Holzvertäfelung. Das führt dazu, dass das Bild übermäßig weichgezeichnet wird, da Paint Shop Pro auch die Kante wegbekommen will. Verkleinerst du den Auswahlrahmen auf die glatte Fläche, dann wird das Rauschen ebenso wirkungsvoll beseitigt, kleinere Details bleiben aber erhalten und das Bild ist weniger unscharf.

# Beseitigen von Farbsäumen im Bild

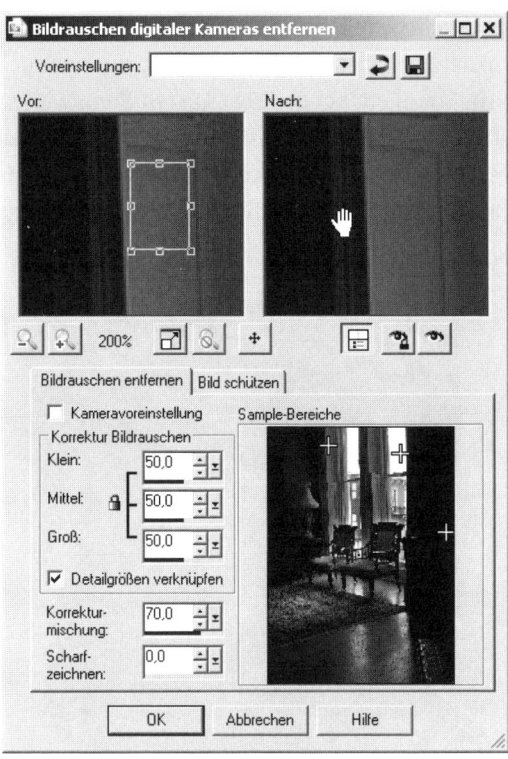

> Sind noch nicht alle Pixelfehler verschwunden, dann kannst du DETAILGRÖSSE VERKNÜPFEN abschalten und mit den drei Zahlen bei KORREKTUR BILDRAUSCHEN experimentieren. Oft führt ein größerer Wert bei KLEIN zu besseren Ergebnissen, denn dann werden kleine Rauschfehler stärker korrigiert. Den Wert bei GROSS kannst du reduzieren, damit größere Elemente nicht dem Filter zum Opfer fallen und dadurch Bilddetails verloren gehen.

> Wird das Bild zu unscharf, kannst du den Wert bei SCHARFZEICHNEN noch vorsichtig erhöhen.

# Beseitigen von Farbsäumen im Bild

Wenn du deine Fotos wirklich kritisch unter die Lupe nimmst, ist dir vielleicht schon einmal eine Besonderheit aufgefallen, die sich vor allem bei Gegenlichtaufnahmen und Fotos reflektierender Gegenstände bemerkbar macht: die *chromatische Aberration*. Dabei handelt es sich um einen Abbildungsfehler im Objektiv, das die unterschiedlichen Wellenlängen der einfallenden Lichtstrahlen nicht genau in einem Punkt fokussiert. Der rote und

# Kapitel 10 — Bildprobleme am Computer lösen

blaue Farbanteil in einem Lichtstrahl wird ein klein wenig vor bzw. hinter dem optimalen Punkt fokussiert, wodurch er nicht exakt die richtige Stelle auf dem CCD-Sensor trifft. Vor allem bei den sehr kurzen Brennweiten digitaler Kompaktkameras treten dann an Kontrastgrenzen Farbsäume auf, die je nach Ausrichtung des Motivs unterschiedlich, meistens aber violett oder grünlich sind. Der Effekt wird zum Rand des Bildes meistens deutlicher als in der Bildmitte.

*Chromatische Aberration (siehe Farbseite N).*

Vermeiden kannst du diese farbigen Kanten, wenn du schon während der Aufnahme daran denkst und bei Motiven, die stark reflektieren oder viele starke Kontrastgrenzen haben (zum Beispiel feine Ästen von Bäumen vor einem hellen Hintergrund), deutlich abblendest, also die Blende weiter schließt (größere Blendenzahl) und dafür als Ausgleich lieber etwas länger belichtest.

In Grenzen kannst du den Fehler aber auch nachträglich in der Bildbearbeitung noch korrigieren. Paint Shop Pro bietet dazu im Menü ANPASSEN die Funktion VIOLETTRANDKORREKTUR IN EINEM SCHRITT, die ohne weitere Eingriffe schon hervorragende Resultate liefert.

# Korrektur der perspektivischen Verzerrung

*Beseitigter Farbsaum (siehe Farbseite N).*

## Einstürzende Neubauten: Korrektur der perspektivischen Verzerrung

Hohe Gebäude zu fotografieren führt fast immer zu Aufnahmen, in denen die Gebäude scheinbar umzukippen drohen. Sogar bei kleineren Objekten, die du aus zu großer Nähe schräg fotografierst, kommt es zu Verzerrungen.

# Kapitel 10 — Bildprobleme am Computer lösen

Profis nutzen extrem teure Spezialobjektive, die als *Shiftobjektiv* bezeichnet werden und die Perspektive korrigieren können. Ohne ein solches Objektiv kannst du als einfache Lösung ein ganzes Stück weiter zurücktreten und mit längerer Brennweite möglichst senkrecht fotografieren. Kannst du nicht genügend Distanz zwischen dich und das Motiv bringen – zum Beispiel bei Hochhäusern –, dann bleibt dir noch die nachträgliche Korrektur am Computer.

- Öffne dein Bild in Paint Shop Pro und aktiviere das PERSPEKTIVEN-KORREKTUR-Werkzeug.

- Im Bild wird ein Quadrat aus dünnen Linien eingeblendet. Die Eckpunkte kannst du verschieben, bis das Viereck anschließend die gleiche Perspektive aufweist wie das Objekt in deinem Foto.

- Am einfachsten ist dies, wenn du dir ein paar markante Linienstrukturen in deinem Bild suchst und die Greifpunkte so verschiebst, dass die dünnen Hilfslinien auf den Linien im Bild liegen. Die linke und rechte senkrechte Linie verändern die nach hinten kippende oder fallende Perspektive und die obere und untere waagerechte Linie beeinflussen die Richtung, in die das Objekt nach links oder rechts nach hinten oder vorne verzerrt ist.

# Korrektur der perspektivischen Verzerrung

» Für einen natürlicheren Eindruck wurde im Beispielbild die Verzerrung etwas beibehalten und die linke obere Ecke etwas nach oben gelegt, da sich beim Ausprobieren der Funktion zeigte, dass dies im Ergebnis besser wirkt.

» Wenn du mit den Einstellungen fertig bist, klicke auf das grüne Häkchen ÜBERNEHMEN in der Symbolleiste oder doppelt in das Bild hinein. Bist du mit dem Effekt nicht zufrieden, kannst du mit RÜCKGÄNGIG aus dem Menü BEARBEITEN die Korrektur zurücknehmen und die Einstellungen leicht modifizieren.

# Kapitel 10 — Bildprobleme am Computer lösen

» Anschließend musst du das Bild noch mit dem BESCHNITTWERKZEUG beschneiden, denn es wurde von den Rändern her gestaucht und die bisher gefüllten Bereiche werden mit Schwarz gefüllt. Diesen Schritt kann Paint Shop Pro auch für dich übernehmen, wenn du in der Palette der Werkzeugoptionen BILD BESCHNEIDEN aktivierst, bevor du auf ÜBERNEHMEN klickst. Dann wird das Bild so beschnitten, dass alle schwarzen Flächen wegfallen, wobei sich allerdings das Seitenverhältnis ändern kann.

Da die Ränder in die Bildmitte rücken, benötigt die Aufnahme ausreichend Platz zwischen Bildrand und Motiv. Ansonsten kann es passieren, dass dein Motiv zwar lotrecht steht, aber an der Seite abgeschnitten wird.

Verzerrungen in Kissen- oder Tonnenform, bei denen sich die Bildmitte dem Betrachter scheinbar entgegen oder von ihm weg wölbt, werden immer durch ein schlechtes Objektiv verursacht und sind bei fast allen Kompaktkameras zu bemerken. Neben den bereits gezeigten Möglichkeiten, den Fehler durch die Bildgestaltung zu kaschieren, kannst du auch versuchen, mit Hilfe der Grafiksoftware die Rundungen zu entfernen.

# Korrektur der perspektivischen Verzerrung

Werden horizontale oder vertikale Linien nach außen gewölbt, spricht man von einer tonnenförmigen Verzerrung. Sind die Linien zur Bildmitte gebogen, handelt es sich um einen kissenförmigen Fehler, der bei Digitalkameras fast nie auftritt.

*Tonnenverzerrung (außen) und Kissenverzerrung (innen).*

- Öffne die fehlerhafte Aufnahme und benutze die Funktion LINSENVERZERRUNG, die du im Menü EFFEKTE und von dort aus im Untermenü VERZERRUNGSEFFEKTE findest.

- Wähle den zum vorherrschenden Verzerrungsmuster gegensätzlichen VERZERRUNGSTYP aus. Leidet dein Bild beispielsweise an der typischen Tonnenverzerrung, so wähle den Eintrag KISSEN aus.

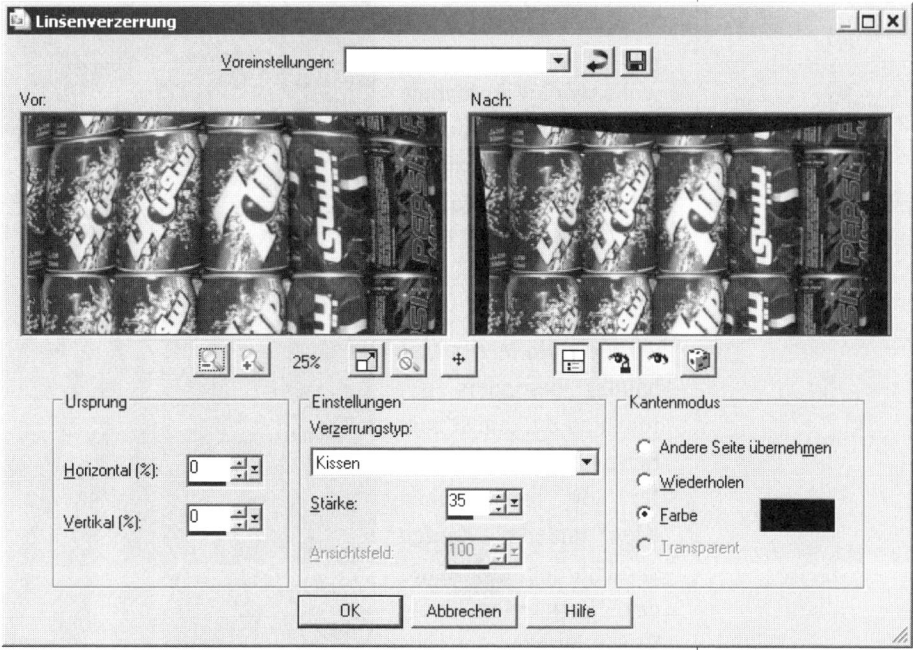

- Probiere für STÄRKE so lange verschiedene Werte aus, bis horizontale oder vertikale Linienmuster so weit wie möglich waage- oder senkrecht jeweils zum Bildrand verlaufen.

# Kapitel 10 — Bildprobleme am Computer lösen

» Da das Bild bei der Anwendung der Kissenverzerrung von den Rändern her gestaucht wird, entsteht ein schwarzer Rand. Deshalb musst du das Bild anschließend noch beschneiden, weshalb dein Foto wie bei der Perspektivenkorrektur immer genügend zusätzlichen Abstand zwischen Rand und Hauptmotiv aufweisen muss.

Trotz der Möglichkeit, stürzende Linien zu begradigen, kann eine gewollt schräge Aufnahme eines Gebäudes durchaus zur Bildgestaltung gehören. Stehst du nah am Gebäude und fotografierst fast schon senkrecht nach oben, wird die Höhe des Gebäudes besonders betont und du kannst zum Beispiel die Linienmuster von Fensterreihen oder anderen Kanten zur Führung des Auges des Betrachters vom Sockel bis hin zum oberen Abschluss nutzen.

# Störende Abschattungen am Bildrand

Besonders bei Weitwinkelaufnahmen wirst du in Bildern mit eigentlich hellen Bereichen am Rand Abschattungen – so genannte Vignettenbildungen – bemerken. Um diesen Objektivfehler am Computer zu korrigieren, gehst du in zwei Schritten vor: Zuerst erstellst du dir einmalig eine Maske, die den Verlauf der Abschattung festhält, und anschließend kannst du diese Maske immer wieder für die Korrektur fehlerhafter Bilder benutzen.

Beginnen wir mit dem Erzeugen der Maske:

- Bereite die Fotografie eines weißen, sauberen und glatten Blatts Papier unter absolut gleichmäßiger Ausleuchtung vor. Weder du noch andere Objekte dürfen einen Schatten auf das Blatt werfen. Um zu verhindern, dass der Untergrund durchs Papier schimmert, lege mehrere Blätter übereinander.

- Wähle die kürzeste Brennweite, die deine Kamera bietet, denn die Vignettenbildung tritt bei der Weitwinkeleinstellung am deutlichsten auf.

- Die Belichtungskorrektur bleibt ebenso wie der Blitz abgeschaltet.

- Wenn deine Kamera die Möglichkeit bietet, schalte den Autofokus ab und stell bewusst unscharf, indem du auf unendlich fokussierst. Alternativ kannst du auch den Schärfenspeicher benutzen und zuerst die Kamera auf den Horizont richten, bei halb gedrücktem Auslöser fokussieren und dann auf dein Blatt schwenken.

- Fertige die Aufnahme mit einer Einstellung an, bei der die Aufnahme möglichst wenig komprimiert wird, damit keine JPEG-Artefakte entstehen. Als Auflösung benutze die Einstellung, mit der du auch sonst fotografierst.

Mit dieser Aufnahme kannst du nun am PC die Maske für den Helligkeitsverlauf erstellen. Jedes Objektiv weist eine andere Vignettenbildung auf, weshalb du die Maske für jede Kamera neu fotografieren und erstellen musst.

- Öffne dein Foto vom weißen Blatt in Paint Shop Pro. Du wirst eine mehr oder weniger grauweiße Fläche sehen.

# Kapitel 10 — Bildprobleme am Computer lösen

≫ Im Menü ANPASSEN gehe in das Untermenü HELLIGKEIT UND KONTRAST und rufe die Funktion HISTOGRAMM DEHNEN auf. Dadurch wird der gesamte zur Verfügung stehende Helligkeitsbereich des Histogramms ausgenutzt. Die Abschattungen treten jetzt deutlich hervor.

≫ Entferne alle Farbinformationen, indem du aus dem Untermenü FOTOEFFEKTE im Menü EFFEKTE den Eintrag SCHWARZWEISSFILM auswählst. Bei FILTERFARBE brauchst du lediglich die Option KEINE zu aktivieren.

# Störende Abschattungen am Bildrand

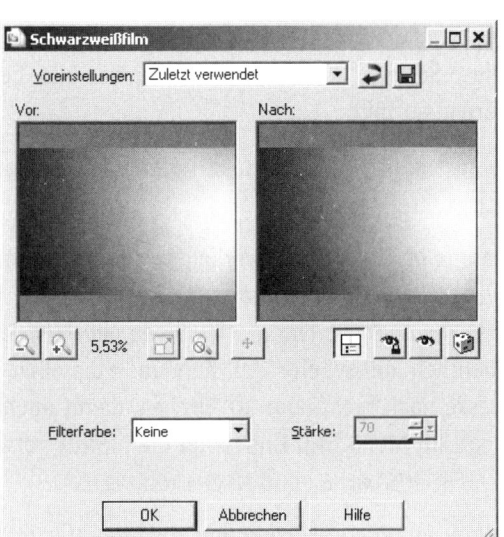

≫ Um Bildrauschen und Unregelmäßigkeiten auszugleichen, wird das Bild jetzt extrem weich gezeichnet. Dazu kannst du GAUSSSCHER WEICHZEICHNER aus dem Untermenü BILDSCHÄRFE VERRINGERN des Menüs EFFEKTE benutzen. Wähle für RADIUS einen möglichst kleinen Wert, bei dem die krisseligen Bildpunkte des Bildrauschens gerade verschwinden.

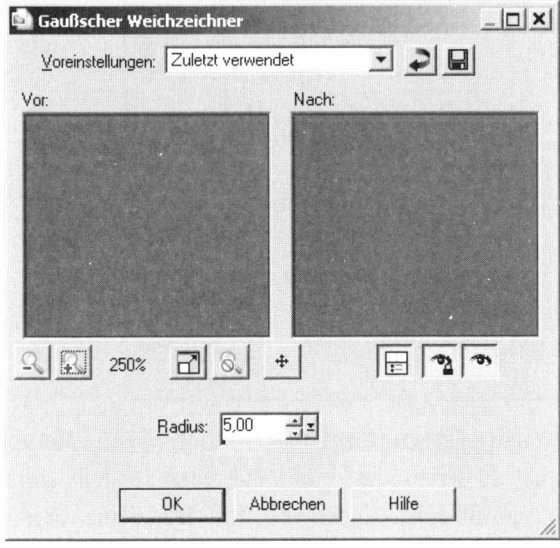

≫ Jetzt ist deine Maske fertig. Speichere sie als PNG-Grafik ab, damit sie beim Speichern nicht verschlechtert wird. Diese Datei kannst du für alle späteren Korrekturen immer wieder verwenden.

# Kapitel 10 — Bildprobleme am Computer lösen

Jetzt kommt die Korrektur einer Aufnahme, in der die Vignettenbildung deutlich zu sehen ist. Diese Schritte wiederholst du für jedes Bild, bei dem die Vignettenbildung störend auffällt.

» Öffne im Zeichenprogramm sowohl die zu korrigierende Fotografie als auch deine bereits erstellte Maske.

» Hast du eine Aufnahme im Hochformat vorliegen, dann musst du deine Maske noch entsprechend drehen. Dabei ist es wichtig, dass du sie genau so ausrichtest wie auch die Fotografie, die du geöffnet hast. Ist beim Foto die eigentlich linke Seite der Kamera jetzt oben, dann musst du deine Maske nach rechts um 90° drehen, damit auch diese linke Seite oben liegt. Im Menü BILD findest du die hierfür notwendigen Funktionen NACH RECHTS DREHEN und NACH LINKS DREHEN.

» Wechsle in das Fenster mit der zu korrigierenden Fotografie. Im Menü EBENEN wechsle in das Untermenü NEUE MASKENEBENE und klicke die Funktion AUS BILD an. Wähle bei QUELLFENSTER die Datei mit der geöffneten Maske aus. Aktiviere anschließend noch die Optionen HELLIGKEIT DER QUELLE und MASKE UMKEHREN.

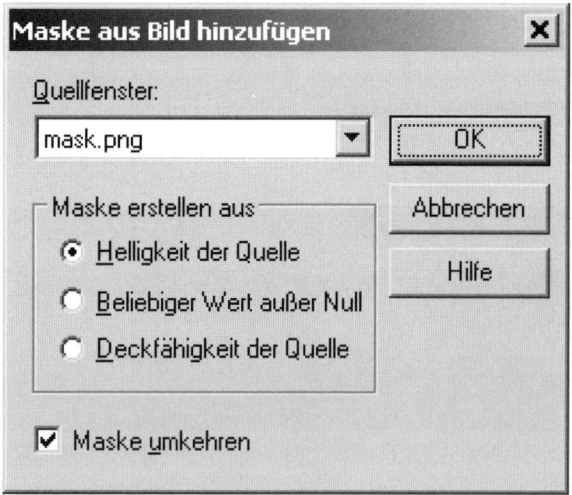

» Wenn du die Palette EBENEN (Menü ANSICHT, Untermenü PALETTEN) einblendest, kannst du sehen, dass eine neue Ebene erstellt wurde, die jetzt auch ausgewählt ist. Klickst du auf das kleine Gesicht für MASKEN-ÜBERZUG AUS/EIN, dann kannst du die Maske deutlich als Rotverfärbung sehen. Dunkelrote Bereiche werden gleich weniger korrigiert als die hellen Bereiche. Ob du die rote Einfärbung siehst oder nicht, ist für die folgenden Schritte egal, es ist aber günstiger, sie auszublenden.

# Störende Abschattungen am Bildrand

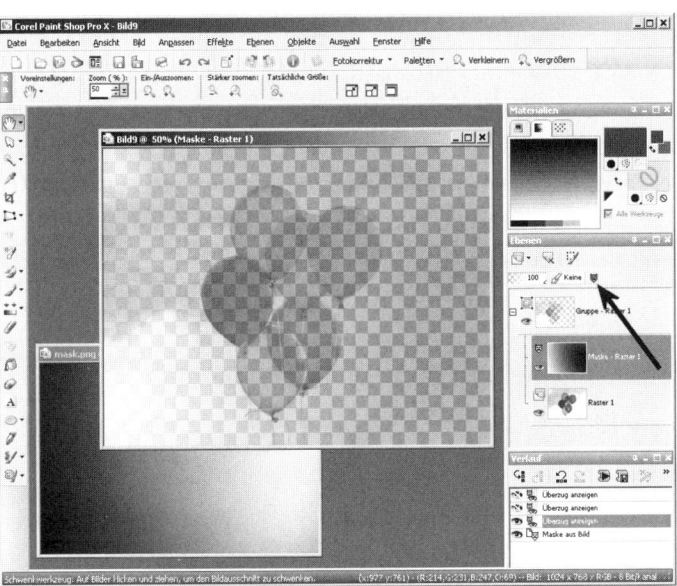

» Wähle im Menü AUSWAHL den Eintrag AUS MASKE. Dadurch wurde eine Auswahl erstellt, die unterschiedlich deckend ist und dabei genau den Abschattungen der Maske folgt. Als sichtbare Veränderung erscheint lediglich eine gestrichelte und blinkende Auswahllinie um das Bild herum.

» Schalte den roten Maskenüberzug aus. Für die bessere Übersicht kannst du noch die Sichtbarkeit der ganzen Maskenebene ausschalten. Wähle anschließend die Ebene RASTER 1 mit dem eigentlichen Foto durch Anklicken der Ebene in der Palette EBENEN aus, so dass diese farblich markiert wird.

**Kapitel**  **Bildprobleme am Computer lösen**

≫ Im Menü ANPASSEN kannst du nun im Untermenü HELLIGKEIT UND KONTRAST den Eintrag HELLIGKEIT/KONTRAST auswählen, um dein Foto zu korrigieren. Verändere die HELLIGKEIT so lange, bis das Bild gleichmäßig hell erscheint und die Abschattung verschwindet. Da du das Bild aufhellen willst, kommen nur positive Werte in Frage und der KONTRAST muss gar nicht verändert werden, bleibt also bei 0.

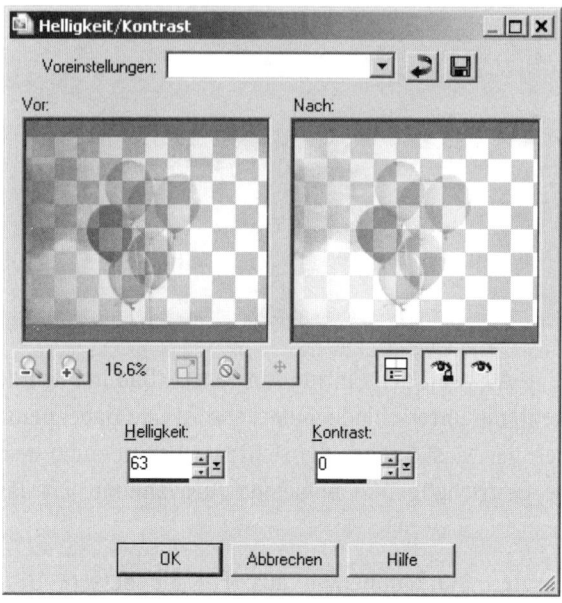

≫ Jetzt bist du fertig und du kannst dein korrigiertes Bild wie gewohnt als JPEG abspeichern. Die Informationen über die Maskenebene gehen dabei verloren, was aber nichts macht, denn du brauchtest die Ebene ja nur für die Korrektur und die bleibt im Bild enthalten.

# Zusammenfassung

Auch wenn eine Aufnahme mal ein wenig misslungen ist, kannst du sie nachträglich mit der Bildbearbeitung noch aufpeppen und retten. Neben den roten Augen gehört vor allem die Kontrast- und Histogrammkorrektur zu den wichtigsten Funktionen für noch schönere Bilder. Mit den richtigen Funktionen kannst du aber auch technische Fehler deiner Kamera beseitigen und zum Beispiel störende Farbsäume (chromatische Aberration) und Farbrauschen entfernen.

Zu den neuen Begriffen kam auch das Blooming hinzu, unter dem man Helligkeitsfehler versteht. Vielleicht etwas enttäuschend war die Feststellung, dass mangelnde Bildschärfe nachträglich nur schwer hergestellt werden kann. Aber wenn du das selbst ausprobiert hast, dann weißt du, dass es sich lohnt, hierbei schon mehr Sorgfalt bei der Aufnahme walten zu lassen.

# Ein paar Fragen ...

Frage 1: Welche Funktion ist besser geeignet, statt die Helligkeit mit der gleichnamigen Funktion in der Bildbearbeitung zu korrigieren?

Frage 2: Durch eine Anhebung welcher Eigenschaft kannst du flaue Farben auffrischen, wenn du dazu keine Automatikfunktion benutzen willst?

Frage 3: Womit korrigierst du in Paint Shop Pro den Farbstich in einem Bild, der sich durch fehlenden oder falschen Weißabgleich eingeschlichen hat?

Frage 4: Was kannst du in einem Histogramm ablesen?

Frage 5: Was musst du schon bei der Aufnahme beachten, damit bei einer perspektivischen Korrektur das Hauptmotiv nicht abgeschnitten wird?

Frage 6: Wie wird der Effekt bezeichnet, wenn sich waage- oder senkrechte Linien in deinem Bild nach außen wölben?

# Kapitel 10 — Bildprobleme am Computer lösen

## ... und ein paar Aufgaben

1. Fotografiere eine Person im Dunklen mit abgeschalteter Anti-Rote-Augen-Funktion, damit die Pupillen im Foto rot sind. Anschließend bearbeite das Foto in Paint Shop Pro und färbe die Augen mit der natürlichen Farbe.

2. Öffne ein Foto, in dem die Farben grau und trüb sind. Probiere die Wirkung der Kontrast- und Histogrammanpassung aus.

3. Beseitige aus einer früheren Aufnahme, bei der du die ISO-Einstellungen testen solltest, das Bildrauschen.

4. Suche aus deiner Sammlung ein Foto mit einem hohen Bauwerk oder fotografiere eine Kirche oder Ähnliches aus der Nähe. Beseitige dann die stürzenden Linien im Bild.

# 11
# Bilder manipulieren

Nicht immer lässt sich ein Motiv oder Objekt genau so festhalten, wie der Künstler im Fotografen es gerne hätte. Am Computer lassen sich Fotos aber bequem den eigenen Vorstellungen anpassen. Störende Elemente werden entfernt, Gesichtsfalten geglättet, fehlende Objekte hinzugefügt und schon entsteht ein neues Foto, das mit dem Original kaum noch etwas gemein hat, aber aussieht, als wäre es ein perfektes Abbild der Natur.

In diesem Kapitel lernst du

◎ wie du den Hintergrund um ein Objekt entfernst

◎ mehrere Bilder zu einer Collage zusammenzufügen

◎ durch Farbmanipulation Bilder altern zu lassen

◎ Kratzer und kleine Fehler aus dem Bild zu entfernen

◎ Filter für interessante Effekte einzusetzen

# Kapitel 11 — Bilder manipulieren

## Freistellen einzelner Objekte

Das Freistellen von Objekten gehört zu den häufigsten Bildbearbeitungsvorgängen. Egal, ob du ein großes oder kleines Objekt fotografierst: Es wird immer einen Hintergrund geben. Bei Stillleben kleinerer Gegenstände kannst du schon durch die Wahl eines einfarbigen, glatten Materials für den Hintergrund optisch Ruhe ins Bild bringen. Der Blick des Betrachters wird dann auf das eigentliche Objekt gerichtet und nicht abgelenkt. Bei vielen Motiven kannst du dir den Hintergrund aber nicht aussuchen und du musst ihn dann später am PC entfernen.

Freistellen bedeutet dabei, dass du alles bis auf das eigentliche Objekt aus dem Foto entfernst und den Rand um das Objekt herum entweder einfarbig (meistens in Weiß) oder transparent hältst. Bei weißer Umgebungsfarbe ist es durchaus erlaubt, das Objekt einen dezenten Schatten werfen zu lassen. Allerdings ist es dann nicht mehr wirklich freigestellt.

Transparente Bereiche in einem Bild können nicht von jedem Dateiformat gespeichert werden. JPEG kennt keine Bildtransparenz. Gut geeignet ist entweder PNG oder das Eigenformat deiner Bildbearbeitung.

Vor allem für Collagen, also Bilder, die aus mehreren Fotos zusammengesetzt werden, musst du den Hintergrund entfernen. Aber auch für Verkaufsangebote bei Auktionshäusern bietet es sich an, ein Motiv freizustellen. Dadurch lenkst du den Betrachter nicht ab und der Käufer kann klar erkennen, was zum Verkauf steht, und denkt nicht vielleicht, dass der Motivhintergrund auch zum Angebot gehört. Ein freigestelltes Motiv wirkt zudem noch wesentlich attraktiver, als wenn auf dem Foto noch die halbe Wohnungseinrichtung zu erkennen ist, die überhaupt nicht dazu gehört.

*Schlechtes Verkaufsfoto, bei dem nicht einmal klar ist, ob Heizkörper und Locher zum Angebot gehören.*

## Freistellen einzelner Objekte

Um einen Gegenstand aus dem Hintergrund zu lösen, ist viel Handarbeit und Zeit nötig. Es gibt keine Funktion, die den Vorgang vollautomatisch durchführen kann. Einfarbige Hintergründe und starke Kontraste zwischen Objekt und Hintergrund erleichtern die Arbeit aber enorm. Filigrane Gegenstände wie Haare oder Äste sind gar nicht oder nur sehr mühsam freistellbar, während gerade Kanten schnell bearbeitet werden können.

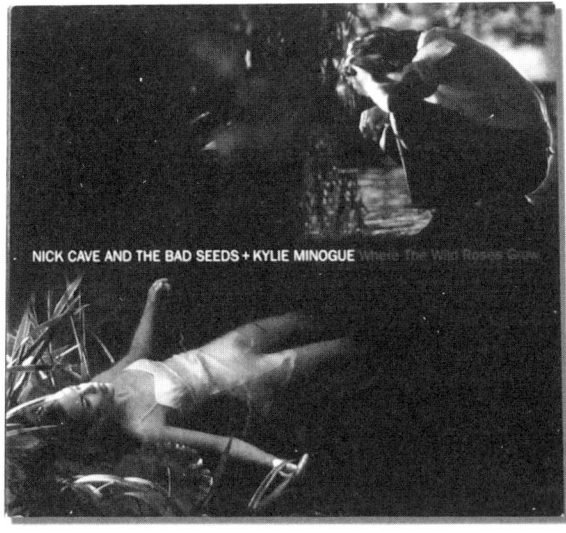

*Als freigestelltes Objekt mit Schlagschatten verkauft sich die CD wesentlich besser.*

- Fotografiere eine CD-Hülle oder etwas Ähnliches, öffne die Bilddatei in Paint Shop Pro und wähle das BESCHNITTWERKZEUG.

- Markiere das Objekt, das freigestellt werden soll, und schneide den überflüssigen Teil außen herum weg, so dass nur noch das wesentliche Bildelement stehen bleibt.

# Kapitel 11 — Bilder manipulieren

> Wähle bei den Auswahlwerkzeugen die FREIHANDAUSWAHL und bei den Werkzeugoptionen stelle den AUSWAHLTYP auf PUNKT-ZU-PUNKT, MODUS auf ERSETZEN und aktiviere ANTIALIASING.

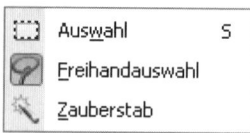

> Klicke mit der Maus einmal an die linke obere Ecke der CD-Hülle und ziehe dann die Maus zur rechten oberen Ecke. Dort klickst du wieder, wodurch du eine gerade Auswahllinie zwischen den beiden Punkten erstellt hast.

> Klicke einmal an die untere rechte Ecke der CD für die nächste Linie.

> Da von der linken unteren Ecke eine Verbindung zum Anfang (obere linke Ecke) hergestellt werden soll, um die Auswahl abzuschließen, klicke die linke untere Ecke doppelt an, wodurch die Auswahl geschlossen wird.

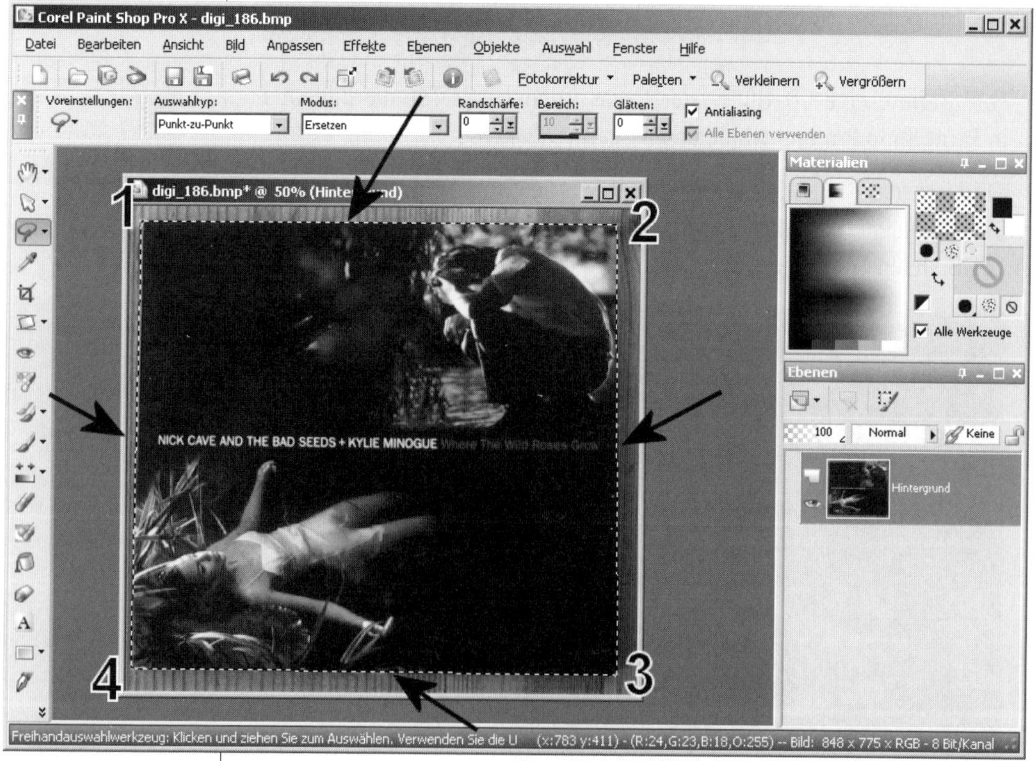

332

# Freistellen einzelner Objekte

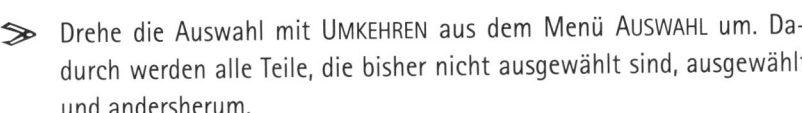

Jetzt kommt es darauf an, ob du einen farbigen (auch weißen) oder einen transparenten Hintergrund erzeugen möchtest. Für den weißen Hintergrund gehst du folgendermaßen vor:

≫ Drehe die Auswahl mit UMKEHREN aus dem Menü AUSWAHL um. Dadurch werden alle Teile, die bisher nicht ausgewählt sind, ausgewählt und andersherum.

≫ Wähle in der Palette MATERIALIEN eine Farbe für den Hintergrund aus. Aktiviere dazu die vollfarbige Füllung und klicke mit der rechten Maustaste auf die gewünschte Farbe in der Farbpalette links daneben.

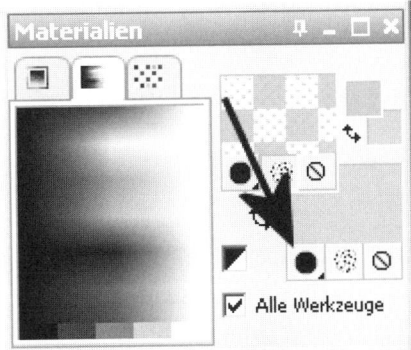

≫ Drücke die Taste [Entf], um den markierten Bereich mit der gewählten Farbe zu füllen.

# Kapitel 11

## Bilder manipulieren

Für einen transparenten Hintergrund sind diese Schritte erforderlich:

> Im Menü AUSWAHL klicke auf IN EBENE UMWANDELN, wodurch du eine neue Ebene mit dem ausgewählten Bildinhalt erstellst.

> Solltest du die Ebenen-Palette nicht sehen, aktiviere die Funktion EBENEN im Untermenü PALETTEN des Menüs ANSICHT.

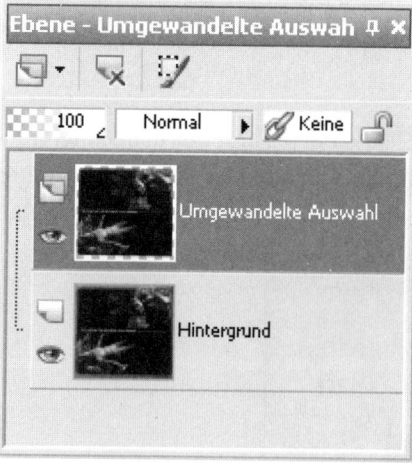

> Klicke in der Ebenen-Palette auf die Ebene HINTERGRUND und dann auf EBENE LÖSCHEN. Jetzt hast du dein Objekt freigestellt.

Möchtest du dem Objekt noch einen Schlagschatten hinzufügen, dann kannst du das jetzt sehr einfach lösen – egal, ob du einen farbigen oder transparenten Hintergrund gewählt hast. Durch einen Schlagschatten bekommt das freigestellte Objekt ein wenig Tiefe und wirkt nicht so platt aufliegend.

# Freistellen einzelner Objekte

» Wichtig ist, dass das Objekt noch immer ausgewählt ist. Hattest du einen farbigen Hintergrund gewählt, dann müsstest du die Auswahl noch einmal mit UMKEHREN aus dem Menü AUSWAHL umkehren, damit wirklich das Objekt ausgewählt ist.

» Im Menü EFFEKTE gibt es das Untermenü 3D-EFFEKTE, aus dem du bitte den Eintrag SCHLAGSCHATTEN auswählst.

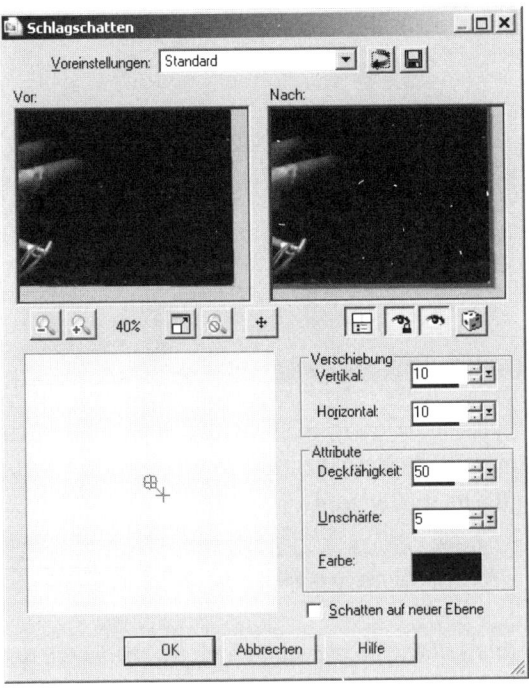

» Bei VERSCHIEBUNG kannst du wählen, in welche Richtung der Schatten fallen soll und wie viele Pixel er groß ist. Die DECKFÄHIGKEIT gibt an, zu wie viel Prozent der Hintergrund durch den Schatten schimmert. 50 ist ein guter Wert – höhere Angaben sorgen für kräftigere Schatten. Die UNSCHÄRFE kann ruhig größer als 10 sein, dadurch wird der Schattenrand diffuser. Du kannst natürlich auch eine andere FARBE als Schwarz einstellen.

Kniffeliger wird es, wenn du Konturen an deinem Objekt markieren willst, die nicht geradlinig sind. Die grundlegende Vorgehensweise ist die gleiche wie zuvor, doch es gibt weitere Auswahlwerkzeuge, die du nutzen kannst.

Mit dem LASSO der FREIHANDAUSWAHL und im Modus FREIHAND kannst du ganz nach Belieben eine Linie zeichnen, die als Auswahl benutzt wird. Bei gedrückter Maustaste zeichnest du die Auswahllinie, die zum Anfangspunkt geschlossen wird, sobald du die Maustaste loslässt. Mit [Entf] kannst du bereits gesetzte Punkte wieder löschen.

# Kapitel 11 — Bilder manipulieren

Mit dem ZAUBERSTAB kannst du einen Punkt anklicken und alle Farben, die in einem gewissen Toleranzbereich ähnlich aussehen und an den angeklickten Punkt angrenzen, werden in die markierte Fläche mit aufgenommen.

Wähle bei AUSWAHLMODUS den Eintrag RGB-WERT und experimentiere mit verschiedenen Einstellungen bei TOLERANZ. Höhere Werte sorgen dafür, dass die markierte Auswahlfläche größer wird.

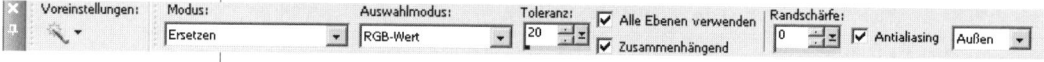

Du kannst auch mehrmals nacheinander einen Bereich markieren und die Teilbereiche zusammenführen. Dazu brauchst du bei MODUS nur HINZUFÜGEN auszuwählen. Jedes Mal, wenn du dann einen Bereich mit einer beliebigen Funktion markierst, wird die Auswahl erweitert. Mit der Einstellung ENTFERNEN kannst du auch wieder Markierungsbereiche löschen. Wenn du ANTIALIASING aktivierst, wird der Markierungsrand nicht pixelig, sondern weicher und angenehmer.

Für gut erkennbare Konturen zwischen Vorder- und Hintergrund kannst du zusätzlich noch die FREIHANDAUSWAHL im MODUS KONTRASTGRENZE verwenden. Damit die Auswahl am Rand nicht zu zackig wird, trage bei GLÄTTEN einen Wert von etwa 10 ein. Setze durch Klicken den Startpunkt an der Konturgrenze und ziehe dann eine Linie, die möglichst auf der Objektkante liegt. Mit jedem Klick der Maustaste definierst du einen Zwischenpunkt.

Per Fotomontage neue Tatsachen schaffen

Je kürzer die Linienabschnitte sind, umso besser wird die Auswahl dem Verlauf der Kante folgen. Mit einem Doppelklick setzt du wieder den letzten Punkt, von dem aus automatisch eine Verbindung zum Startpunkt gezogen wird, um die Auswahlfläche zu schließen.

# Per Fotomontage neue Tatsachen schaffen

Wolltest du schon immer einmal im Rampenlicht stehen oder von einer Reise auf den Mond berichten? Kein Problem, denn mit der Fotomontage kannst du beliebige Fotos miteinander so kombinieren, dass ein neues Bild entsteht, das so nie aufgenommen wurde. So kannst du dich zwischen deine Lieblingsband auf die Bühne schmuggeln oder als Astronaut vom Mond winken – deiner Fantasie sind keine Grenzen gesetzt.

> In diesem Kapitel arbeiten wir viel mit Ebenen. Im Grafikprogramm kannst du wie auf einem Stapel mit transparenten Folien arbeiten. Auf jeder Folie werden verschiedene Elemente gezeichnet. Liegen die Folien übereinander, entsteht das Gesamtbild, wobei die oberen Folien Inhalte auf darunter liegenden Ebenen verdecken.

# Kapitel 11 — Bilder manipulieren

Den Anfang bilden immer mehrere Fotos, die du zusammensetzen willst. Für viele Collagen genügt schon ein schöner Hintergrund und ein Objekt, das du in die Landschaft oder Umgebung einkopieren willst. Beispielsweise steht dann ein Pferd, das im Original gelangweilt auf einer Weide steht, nach der Überarbeitung mitten im Wilden Westen.

*Fertige Fotomontage (siehe Farbseite M).*

» Lade die Bilder in Paint Shop Pro, die du zu einer Collage zusammenmontieren möchtest.

» Beginne damit, das Objekt freizustellen, das in den Hintergrund eingebaut werden soll.

## Per Fotomontage neue Tatsachen schaffen

» Damit die Umrisse des Objekts nicht zu scharfkantig wirken, kannst du, nachdem du alles markiert hast, die Randschärfe verändern. Im Menü AUSWAHL findest du im Untermenü ÄNDERN den dazu passenden Eintrag RANDSCHÄRFE. Je nachdem, wie groß dein Bild ist, kannst du bei Pixelanzahl einen Wert eintragen, der angibt, über wie viele Bildpunkte der Rand unscharf in die Auswahl mit einbezogen werden soll. Dadurch entsteht später ein weicherer Übergang zum Hintergrund und das Objekt wirkt nicht platt aufgesetzt und wie mit der Schere ausgeschnitten.

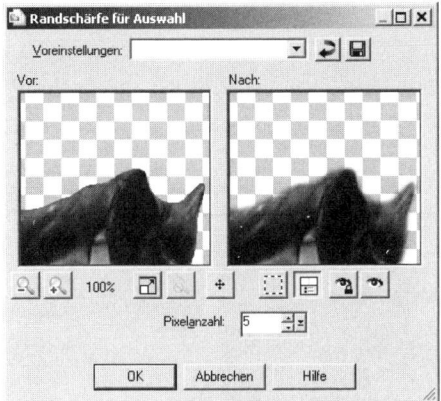

» Stelle das markierte Objekt jetzt frei, indem du im Menü AUSWAHL den Eintrag IN EBENE UMWANDELN auswählst.

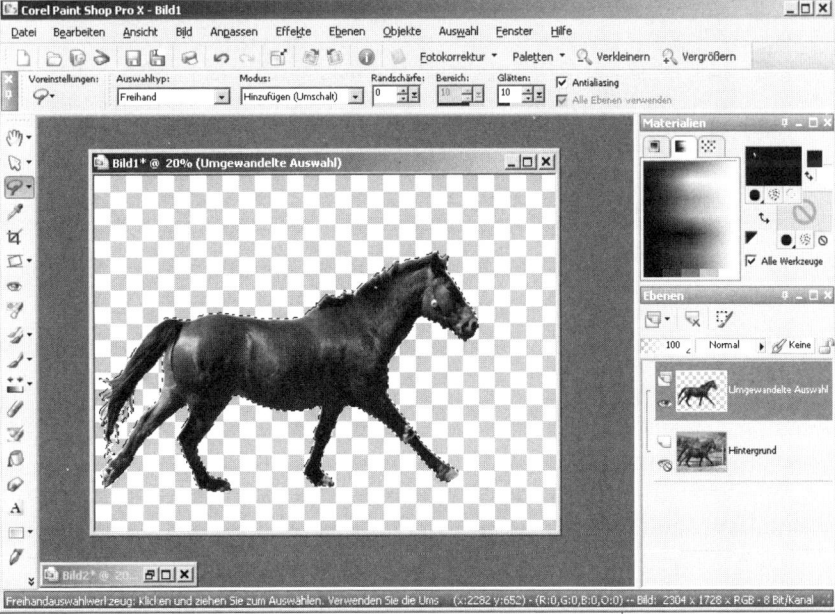

Kapitel  Bilder manipulieren

11

> Du bekommst eine neue Ebene. Aktiviere die Funktion EBENEN im Untermenü PALETTEN des Menüs ANSICHT, wenn du die Ebenen nicht angezeigt bekommst. Mit KOPIEREN aus dem Menü BEARBEITEN kopierst du das immer noch ausgewählte (markierte) Objekt in die Zwischenablage.

> Wechsle jetzt zu deinem Hintergrundbild im Grafikprogramm. Mit ALS NEUE EBENE EINFÜGEN aus dem Menü BEARBEITEN fügst du das eben kopierte Element aus der Zwischenablage in eine neue Ebene ein.

> In der Regel werden die Größenverhältnisse von Objekt und Hintergrund nicht zueinander passen. Das ist nicht weiter schlimm. Ein zu großes Objekt kannst du jederzeit verkleinern. Ist das Objekt aber zu klein, kannst du es nur bedingt vergrößern, da es danach meistens nicht mehr so gut aussieht. Aktiviere das OBJEKTAUSWAHLWERKZEUG und klicke damit auf das zuvor eingefügte Objekt. Wenn du einen der Greifpunkte in den Ecken verschiebst, kannst du die Größe so verändern, bis die Proportionen stimmen.

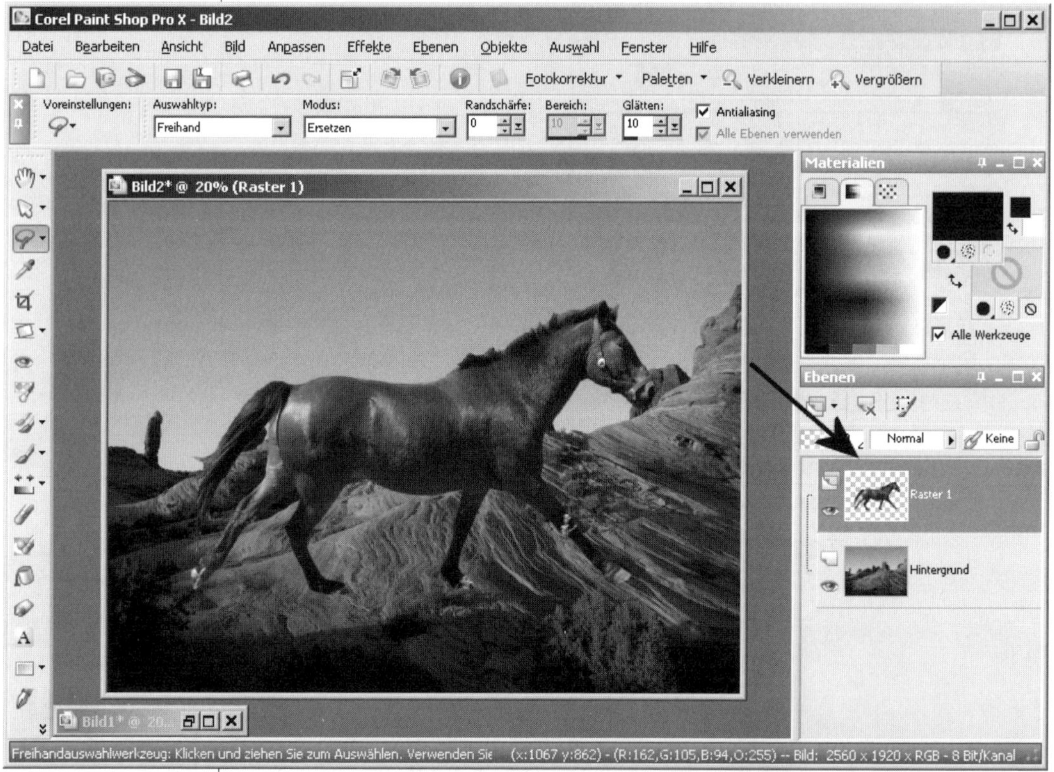

# Per Fotomontage neue Tatsachen schaffen

➢ Schiebe mit dem OBJEKTAUSWAHLWERKZEUG das Objekt nun an die gewünschte Stelle im Bild, indem du es mittig anklickst und verschiebst. Möchtest du das Objekt ein wenig drehen, damit es sich beispielsweise dem Landschaftsverlauf anpasst, dann kannst du den Greifpunkt verschieben, der sich rechts von der Linie befindet, die im Objektmittelpunkt beginnt.

# Kapitel 11

## Bilder manipulieren

Solange dein Objekt keinen Schatten wirft, wird es immer unnatürlich und aufgeklebt wirken, als würde es im Bild schweben. Der Schatten sollte möglichst natürlich aussehen und parallel zu den bereits vorhandenen Schattenlinien verlaufen. Enthält der Hintergrund keine Schatten, dann kannst du die Verlaufsrichtung für den Objektschatten frei auswählen. Achte aber darauf, dass er zur Beleuchtung des Objekts passt: Wird das Objekt beispielsweise von vorne angeleuchtet, muss der Schatten nach hinten fallen. Für einen perfekten Schatten kannst du die Umrisse des Schattens auch noch an die Landschaftsform anpassen, was aber nur in Ausnahmefällen wirklich notwendig ist.

» Damit der Schatten die gleichen Umrisse wie dein Objekt bekommt, kopiere die aktuelle Ebene mit DUPLIZIEREN aus dem Menü EBENE.

» Wähle die neue Ebene KOPIE VON RASTER 1 aus, sollte dies nicht bereits automatisch geschehen sein. Damit der Schatten einfarbig wird, wähle aus dem Menü ANPASSEN im Untermenü HELLIGKEIT & KONTRAST die Funktion HELLIGKEIT/KONTRAST aus. Schiebe den blauen Schiebebalken bei KONTRAST ganz nach links oder trage von Hand -100 in das Feld ein.

# Per Fotomontage neue Tatsachen schaffen

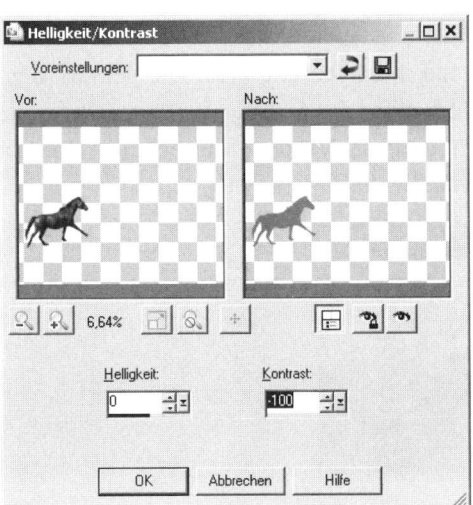

» Mit dem OBJEKTAUSWAHLWERKZEUG kannst du nun den Schatten verformen. Klicke dazu auf dein Objekt, um den Objektrahmen zu sehen. Um den Schatten zum Beispiel nach unten zu kippen, ziehe das obere mittige Greiffeld nach unten über die Unterkante der Auswahl hinweg. Drückst du die Taste [Strg] oder [⇧], kannst du die einzelnen Eckpunkte unterschiedlich verzerren. Über den eckigen Greifpunkt in der Mitte drehst du die Auswahl. Probiere mit den Möglichkeiten herum, bis der Schatten so verläuft, wie es zum Bild passt.

# Kapitel 11 — Bilder manipulieren

» Fragst du dich schon, wie es kommt, dass der abgebildete Schatten halb transparent ist und nicht deckend grau, wie bei dir? Ganz einfach: Wähle in der Ebenenliste den Eintrag MULTIPLIKATION für die Ebene mit dem Schlagschatten aus. Mit dem Schieberegler links daneben kannst du dann noch die Helligkeit einstellen.

» Da die Lichtverhältnisse beider Fotografien nicht identisch waren, folgt noch eine kleine Anpassung des zu hellen Objektes. Dazu wird mit DUPLIZIEREN aus dem Menü EBENE zuerst eine Kopie des Objektes angelegt, die automatisch genau deckungsgleich zur anderen Ebene liegt. Als MISCHMODUS wird wieder MULTIPLIKATION eingestellt (du kannst aber auch einmal die anderen Optionen durchprobieren) und der Schieber links daneben so lange verstellt, bis die Helligkeit zum Hintergrund passt.

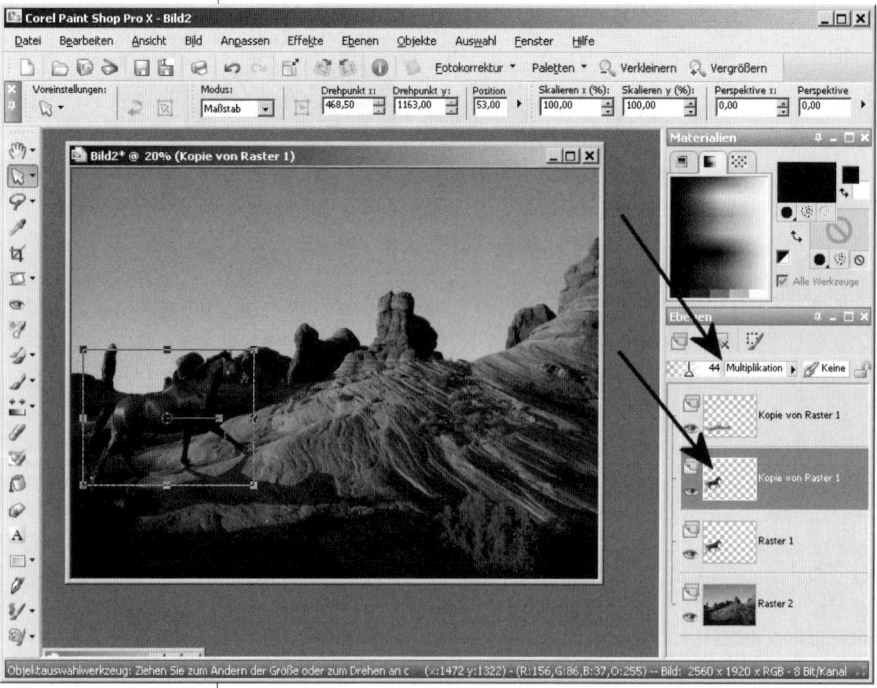

# Per Fotomontage neue Tatsachen schaffen

- Jetzt fehlt noch ein wenig Kosmetik: Wenn du genau hinsiehst, fällt dir vielleicht auf, dass der hintere Huf des Pferdes über dem Busch liegt, was natürlich verkehrt ist. Um den Huf zu verdecken, benötigst du zuerst eine neue Rasterebene. Wähle dazu die oberste Ebene durch Anklicken aus und rufe dann aus dem Menü EBENEN die Funktion NEUE RASTEREBENE auf. In dem erscheinenden Dialogfenster brauchst du nichts zu ändern und kannst einfach auf OK klicken.

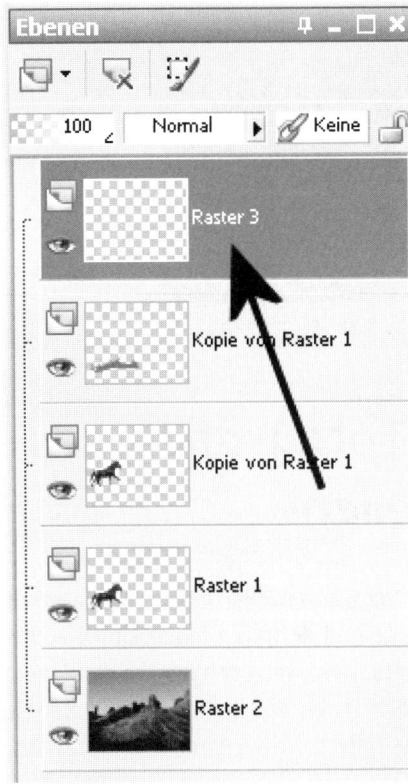

- Aktiviere den Klonpinsel, mit dem du Teile eines Bildes an eine andere Stelle kopieren kannst.

- Wähle die unterste Ebene mit dem Hintergrundbild aus. Klicke mit der rechten Maustaste auf den Bildinhalt, den du kopieren möchtest. Wenn du die Maus wegbewegst, wird die ausgewählte Position mit einem durchgekreuzten Kreis markiert.

- Aktiviere jetzt die zuvor neu erstellte oberste Rasterebene. Mit der linken Maustaste kannst du nun den Bildfehler retuschieren. Mehr zum Thema Retuschieren findest du weiter hinten in diesem Kapitel.

# Kapitel 11 — Bilder manipulieren

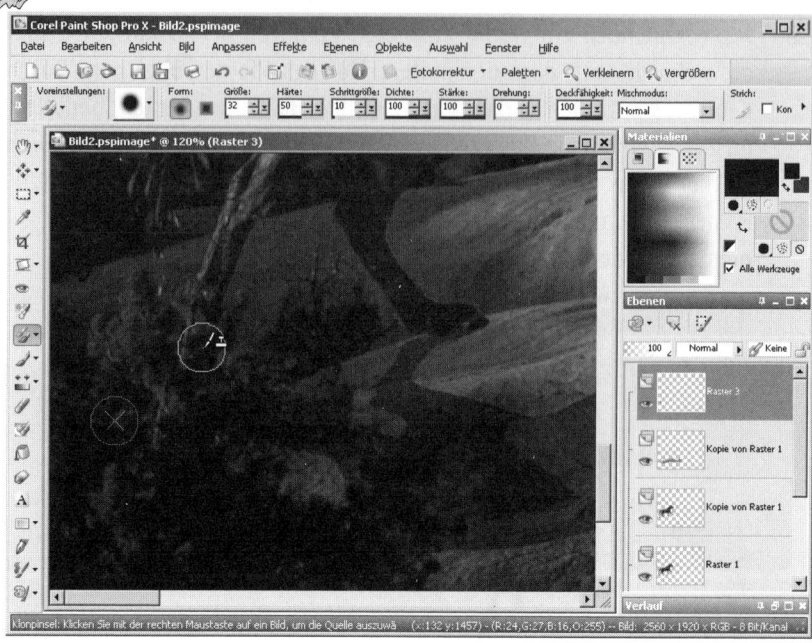

## Schwarz-Weiß-Fotografien aus Farbfotos erstellen

Analogfotografen schwören auf Schwarz-Weiß-Filmmaterial, wenn es darum geht, beim Motiv die Kontraste und Konturen feiner Linien zu betonen. Farbnegativfilm kann da nicht mithalten, was vor allem an den Eigenschaften des Materials liegt. Es gibt aber auch Bilder, die in Farbe nicht so eindrucksvoll eine Situation wiedergeben, wie es mit Schwarz-Weiß und Grautönen möglich ist.

Paint Shop Pro besitzt mit der Funktion GRAUSTUFEN aus dem Menü BILD bereits eine einfache Funktion, um ein farbiges Bild in eines mit 256 Graustufungen umzuwandeln. Das Ergebnis ist aber bei kritischer Betrachtung nicht befriedigend, denn das Bild ist kontrastarm und wirkt flach. Verschiedene Farben mit der gleichen Helligkeitsstufe sehen sich als Grauton zu ähnlich.

# Schwarz-Weiß-Fotografien aus Farbfotos erstellen

*Kontrastarmes und flach wirkendes Bild bei einfacher Graustufenumwandlung, farbiges Originalfoto auf Farbseite O.*

Es gibt aber einen Weg, wie du dein Bild in eine Schwarz-Weiß-Aufnahme wandeln und die Kontraste individuell anpassen kannst. Dadurch kannst du selber bestimmen, wie kräftig beispielsweise der blaue Himmel oder die grüne Wiese erscheinen soll.

*Durch monochrome Kanalmischung wirkt das Bild intensiver.*

| Kapitel | Bilder manipulieren |
|---|---|

## 11

> Öffne dein Farbfoto in Paint Shop Pro und wähle die Funktion KANÄLE MISCHEN aus dem Untermenü FARBE des Hauptmenüs ANPASSEN.

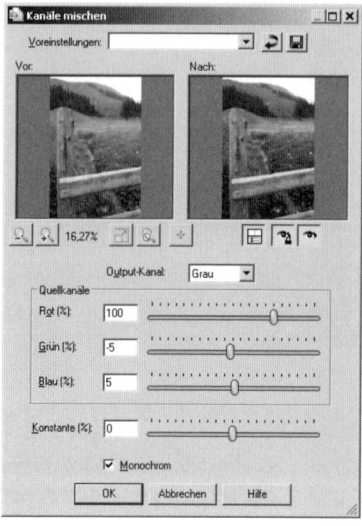

> Aktiviere die Option MONOCHROM am unteren Fensterrand im Dialogfeld. Bereits die Standardeinstellung, in der bei Rot 100% und bei Grün und Blau 0% vorgegeben ist, führt zu einem wesentlich besseren Bild als mit der einfachen Graustufenumwandlung.

> Verschiebe die drei Schieberegler vorsichtig um wenige Prozentschritte, um die optimalen Einstellungen für dein Bild zu ermitteln.

Im Menü EFFEKTE findest du das Untermenü FOTOEFFEKTE, in dem es den Effektfilter SCHWARZWEISSFILM gibt. Dieser Effekt arbeitet ähnlich wie der Kanalmischer und liefert ebenfalls brauchbare Ergebnisse.

# Alte Bilder wie aus Großmutters Zeiten

Hast du schon einmal im Fotoalbum deiner Eltern oder Großeltern geblättert? Die meisten Fotos darin dürften inzwischen vergilbt sein. Das Fotopapier ist aufgrund einer chemischen Reaktion mit der Zeit braungelblich geworden, wodurch die Fotos älter wirken und man ihnen die Vergangenheit direkt ansieht. Heute sind wir hochwertige und farbige Aufnahmen gewohnt. Für vereinzelte Fotoeffekte kann es aber schön wirken, wenn uns eine Aufnahme stimmungsvoll in eine vergangene Zeit zurückversetzt.

## Alte Bilder wie aus Großmutters Zeiten

Deine Digitalkamera bietet vielleicht schon eine entsprechende Funktion für Alterungseffekte (oft Sepia genannt) und Schwarz-Weiß-Aufnahmen. Nutze diese nicht, denn am PC kannst du bessere Ergebnisse erzielen, die Wirkung kontrollieren und hast außerdem auch noch die Originalfarbaufnahme zur Verfügung.

- Öffne deine Farbfotografie in Paint Shop Pro.
- Die typische Alterungsfunktion wird als *Sepiakolorierung* bezeichnet, nach der ursprünglichen Verwendung der Tinte von Tintenfischen. Im Menü EFFEKTE kannst du aus dem Untermenü FOTOEFFEKTE den Filter SEPIATÖNUNG auswählen. Verändere den Wert bei ALTERUNGSGRAD so lange, bis du den gewünschten Farbeindruck eingestellt hast.

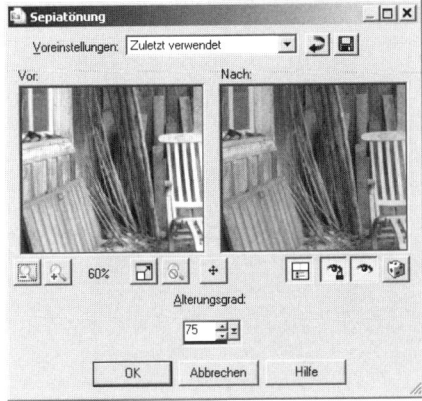

- Alternativ dazu kannst du dein Farbfoto auch mehr gelblich statt bräunlich färben. Dazu bietet Paint Shop Pro im Menü EFFEKTE bei KUNSTEFFEKTE die VERGILBTE ZEITUNG. Auch hier kannst du die Stärke der Einfärbung mit ALTERUNGSGRAD an deine Vorstellungen anpassen.

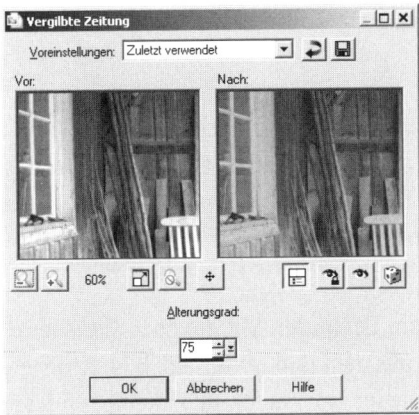

Kapitel  Bilder manipulieren

## 11

Die farbige Originalaufnahme und die nachträglich gealterte
Fotografie findest du im Farbteil des Buches auf der Farbseite P.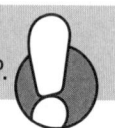

# Fehler und störende Bildelemente wegzaubern

Eigentlich ist das Bild vom Strand schon ganz ansehnlich. Bei längerer Betrachtung fallen aber doch ein paar Kleinigkeiten auf, die ein wenig stören. Im Vordergrund liegt ein Stück Treibholz und Müll am Strand, was den Betrachter ablenkt. Die drei Schornsteine links stören die Idylle ebenso wie die drei Verladekräne an der Mole.

Kein Problem für den Künstler am Computer. Mit ein paar Klicks lassen sich solche Störenfriede problemlos aus dem Bild entfernen. Bildretusche gehört zu den wichtigsten Manipulationen in einem Bild. Keine professionelle Aufnahme in einem Hochglanzmagazin kommt ohne aus. Oder hast du tat-

# Fehler und störende Bildelemente wegzaubern

sächlich gedacht, dass die Promis auf den Fernseh- und Modezeitschriften wirklich eine so makellose und reine Haut haben? Jetzt kannst auch du zum Star werden oder deine Freunde dazu machen und ihnen einen perfekten Fotoauftritt verschaffen.

Wenn du dir mal die Arbeit eines Profis anschauen willst, besuche die Webseite *http://www.glennferon.com/portfolio1*. Da kannst du eindrucksvoll sehen, wie aus Models am PC Schönheiten gemacht werden.

» Zuerst einmal benötigst du natürlich ein Foto in Paint Shop Pro. Aktiviere dann den KLONPINSEL. Mit diesem Werkzeug kannst du einen Bildbereich an eine andere Stelle kopieren. Die meisten störenden Elemente lassen sich dadurch einfach mit dem Hintergrund oder einem Teil der Umgebung übermalen.

» In der Symbolleiste der Werkzeugeigenschaften kannst du zahlreiche Einstellungen vornehmen. Wichtig ist vor allem die GRÖSSE des Pinsels, die du an deine Bildgröße anpassen solltest. Für kleinere Fehler wähle einen entsprechend kleinen Pinsel aus.

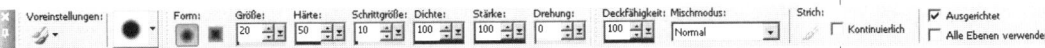

» Bei HÄRTE gibst du an, wie deutlich der Übergang zwischen kopiertem Bereich und Hintergrund ist. Im linken Teil siehst du einen weichen und rechts einen harten Übergang. Ein weicher Übergang mit Werten um die 50 ist in der Regel empfehlenswert.

# Kapitel 11 — Bilder manipulieren

> Die DECKFÄHIGKEIT legt fest, wie viel Hintergrund beim Übermalen durchschimmert. Soll ein Bildelement ganz verschwinden, benutze die Einstellung 100.

> Um einen Bildbereich zu übermalen, musst du als Erstes festlegen, welcher andere Bildbereich an die zu übermalende Stelle kopiert werden soll. Dies machst du, indem du mit der rechten Maustaste auf den Quellbereich klickst. Diese Position wird mit einem durchgekreuzten Kreis markiert. Der Quellbereich sollte immer möglichst ähnlich hell und farbig sein wie der zu übermalende Bereich, damit die Manipulation nicht auffällt.

> Stelle den Mauszeiger in Form eines Kreises mit KLONPINSEL über das störende Bildelement und übertrage den Quellbereich bei gedrückter Maustaste. Du kannst zwischendurch immer wieder aufhören oder mit Rechtsklick einen neuen Quellbereich markieren.

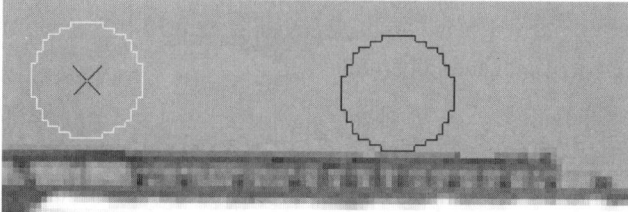

Der Quellbereich sollte nicht zu dicht am Bereich sein, der übermalt wird. Während du mit der linken Maustaste malst, wandert die Quellmarkierung entsprechend deiner Mausbewegung mit; gelangt die Quellmarkierung dann in den neu gemalten Bereich, wird die Retuschierung meistens sichtbar.

## Fehler und störende Bildelemente wegzaubern

» Mit dem VERSCHMIERPINSEL kannst du noch feine Unebenheiten glätten. So kannst du kleine Fältchen und Unebenheiten (Cellulite) verschwinden lassen. Die Einstellungen sind ähnlich wie zuvor, nur empfiehlt es sich hierbei immer, die DECKFÄHIGKEIT herabzusetzen und nicht bei 100 zu belassen.

Es gibt zwei ähnliche Werkzeuge zum Verschmieren. Das eine (und hier benutzte) ist der VERSCHMIERPINSEL mit dem grauen Symbol und das nicht benutzte nennt sich VERSCHMIERWERKZEUG und wird mit einem bunten Symbol dargestellt.

Durch die kleinen Eingriffe deinerseits sieht die Aufnahme nun noch besser aus und keinem Betrachter wird auffallen, dass du das Bild manipuliert hast.

Kapitel **11** — Bilder manipulieren

# Kunsteffektfilter für den besonderen Anlass

Paint Shop Pro bietet eine Fülle weiterer Spezialfilter, mit denen du deine Fotos verändern kannst. Diese sind in der Mehrzahl zwar nicht dazu gedacht, deine Fotos zu optimieren, wirken aber teilweise sehr reizvoll und können deine Fotos aufpeppen. Vor allem, wenn du die Effekte sparsam einsetzt und die Bilder zur Gestaltung von anderen Artikeln wie T-Shirts, Tassen, Kalendern, Webseiten usw. benutzen willst.

Alle Effektfilter, die du im Hauptmenü EFFEKTE findest, und deren Einstellungen aufzuführen würde in einem Buch über digitale Fotografie viel zu weit gehen. Die folgenden Beispiele sind deshalb nur eine kleine Auswahl der Möglichkeiten.

Die meisten Effektfilter bieten zahlreiche Einstellmöglichkeiten, mit denen du die Auswirkungen beeinflussen kannst. Die abgebildeten Dialogfenster zeigen dir die für das jeweils dargestellte Ergebnis benutzten Parameter. Probiere einfach mit den Werten und Optionen spielerisch ein wenig herum. Hast du die Werte zu wild verändert, kannst du jederzeit auf das Symbol zur Wiederherstellung der Standardeinstellungen klicken.

Mit dem Filter EMAILLE aus dem Untermenü KUNSTEFFEKTE bekommen deine Fotos den Touch, als wären sie mit Öl oder Buntstift gemalt. Die Konturen werden verstärkt und Flächen etwas strukturierter.

# Kunsteffektfilter für den besonderen Anlass

*Emaille-Effektfilter (siehe Farbseite P).*

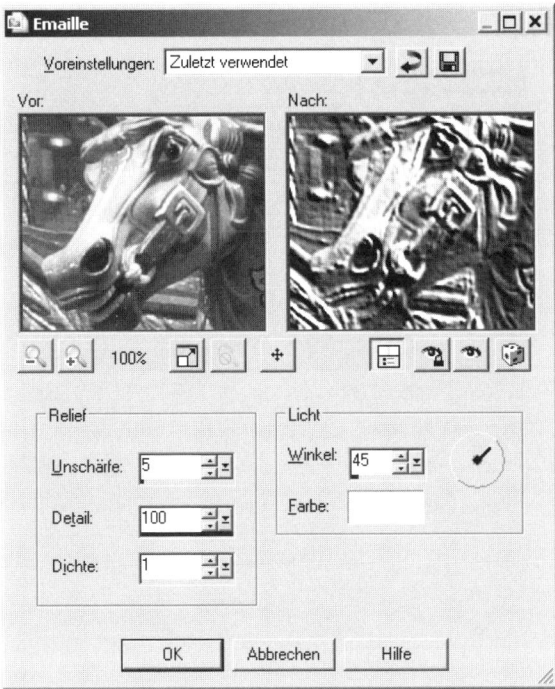

Mit dem Effekt UMBLÄTTERN aus dem Untermenü BILDEFFEKTE kannst du deinem flachen Foto zu etwas scheinbarer Tiefe verhelfen und eine Kante aussehen lassen, als wäre sie umgebogen.

Kapitel                                           Bilder manipulieren

11

Im Eigenschaftendialogfenster kannst du wählen, welche Farbe der aufgedeckte Bereich der Ecke bekommen soll. Klicke dazu auf die farbige Fläche bei FARBE und wähle im dann erscheinenden Fenster deine Wunschhintergrundfarbe aus.

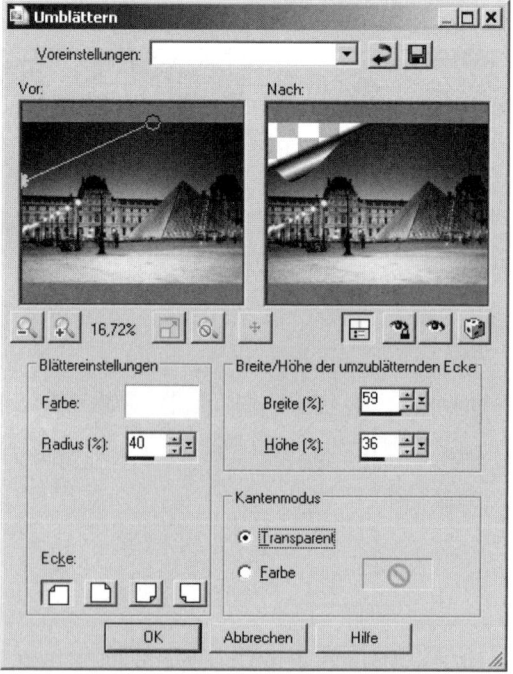

Möchtest du lieber einen transparenten Hintergrund in der Ecke, dann musst du die Funktion HINTERGRUNDEBENE UMWANDELN aus dem Menü EBENE auswählen, bevor du den Effektfilter öffnest, in dem du dann auch TRANSPARENT aktivieren kannst.

## Kunsteffektfilter für den besonderen Anlass

Glänzende und spiegelnde Objekte neigen an Kanten zu Reflexionen des Umgebungslichtes. Mit dem Filter NOVA aus dem Menü LICHTEFFEKTE kannst du solche Glanzlichter auch noch nachträglich in dein Bild setzen und dadurch einzelne Punkte betonen.

In den Einstellungen zum Effekt kannst du das kleine Kreuz in der linken Vorschau mit der Maus verschieben und dadurch den Ursprung des Lichtpunktes setzen.

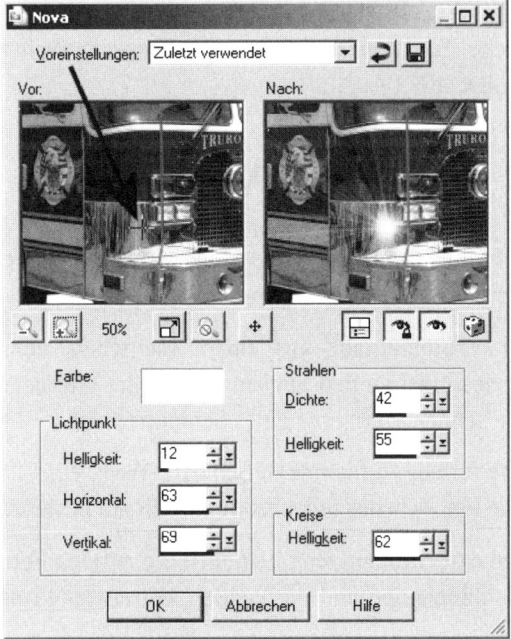

Kapitel 11 — Bilder manipulieren

# Zusammenfassung

Mit der Bildbearbeitungssoftware kannst du eine Aufnahme nachträglich am Computer stark verändern, so dass im Grunde ein neues Bild entsteht. Zu den wichtigsten Veränderungen zählt dabei das Freistellen, bei dem das Motiv vom Hintergrund befreit wird.

Bei der Fotomontage erstellst du ein völlig neues Bild aus mehreren anderen. So kannst du zum Beispiel einen viel größeren Mond in eine Skyline montieren und dadurch eine besonders romantische Stimmung vorgaukeln. Kleinere Bildfehler kannst du mit Retuschewerkzeugen entfernen. Hautunreinheiten und störende Bildteile verschwinden einfach – ganz wie bei den Profis, die auch jedes Foto nachbearbeiten.

# Ein paar Fragen ...

Frage 1: Welche Taste musst du drücken, wenn du einen Bereich markiert hast und diesen nun mit der eingestellten Hintergrundfarbe füllen möchtest?

Frage 2: Welches Auswahlwerkzeug benötigst du, um eine Fläche zu markieren, die mit einer einzelnen Farbe gefüllt ist?

Frage 3: Wie kannst du dem ausgewählten Bereich am Rand etwas Unschärfe verleihen?

Frage 4: Welche Funktion liefert bessere Schwarz-Weiß-Fotos: KANÄLE MISCHEN oder GRAUSTUFEN?

# ... und ein paar Aufgaben

1. Fotografiere ein Küchengerät und stelle es frei. Erzeuge einmal einen weißen und einmal einen transparenten Hintergrund.

2. Erstelle eine Fotomontage aus einem Menschen, dem du ein paar Schmetterlingsflügel an den Rücken heftest. Im Internet findest du bestimmt eine schöne Aufnahme eines Schmetterlings.

3. Wandle eine farbige Aufnahme in Schwarz-Weiß, eine alte Zeitung und in Sepiatöne um. Welches Ergebnis gefällt dir am besten?

4. Fotografiere eine Straßenszene und entferne mit den Retuschewerkzeugen eine Straßenlampe und die weißen Mittelstreifen oder einen Passanten.

# Lösungen

## 15 Tipps für schönere Fotos

1. Für die meisten Situationen ist es günstiger, wenn du so weit wie möglich an dein Motiv herangehst.
2. Durch den starken Zoom werden die Objekte auf der Straße optisch komprimiert und wirken dichter beieinander.
3. Ein Teil eines Baumes oder ein Busch eignet sich gut zur Randgestaltung.
4. Die Person sollte entgegen der Blickrichtung platziert werden. Schaut sie nach links, sollte sie rechts sein.
5. Hohe Objekte sollte auch im Hochformat abgebildet werden. Natürlich kannst du auch zum Querformat greifen, wenn sich dadurch eine besondere Wirkung ergibt.
6. Beim goldenen Schnitt entstehen neun Teilstücke.

## Kaufberatung und Techniktipps

1. Zwischen drei und fünf Megapixel ist für den Hobbybereich ausreichend.
2. Dir steht in etwa ein Drittel der verfügbaren Pixelanzahl als Bildauflösung zur Verfügung. Bei einem 3-Megapixel-Modell also in etwa ein Megapixel.
3. Die Frage kannst du nicht beantworten, wenn du nicht die Größe des CCDs kennst. Der Hersteller sollte die Werte beim Gerät angegeben haben.
4. Kann sein. Der Zoomfaktor besagt nicht, welcher Brennweitenbereich abgedeckt wird. Im Grunde ist diese Angabe nicht viel wert.
5. Da der digitale Zoom überflüssig ist, spielt die Stärke keine Rolle.

## Zuerst kommt die Motivwahl

1. In den frühen Morgen- und späten Abendstunden wirken Landschaften kraftvoller als in der Mittagszeit.
2. Bei wenig Licht ist ISO 400 bis 800 ratsam.
3. Gesichter in Porträts wirken besser, wenn du sie aus etwas Entfernung im Telebereich fotografierst.
4. Nein. Für alle Fotos dieser Art benötigst du die Einverständniserklärung der abgebildeten Person(en), wenn du sie veröffentlichst.

# Anhang

## Lösungen

5. Einen Tisch mit einem Tuch oder Fotokarton, zwei Lampen, einen Aufheller und eventuell ein Stativ benötigst du für ein kleines Heimstudio.

## Scharfe Sachen

1. Das AF-Hilfslicht leuchtet auf, wenn das Umgebungslicht zu schwach ist, um mit dem Autofokus zu fokussieren.
2. Bring dein Hauptmotiv in die Bildmitte und drücke den Auslöser halb durch. Bei gedrücktem Auslöser verändere die Kamerahaltung, so dass dein Motiv am Rand liegt, und drücke dann den Auslöser durch.
3. Bei großen Blenden, die durch eine kleine Zahl wie zum Beispiel 2,8 angegeben werden, ist die Tiefenschärfe gering.
4. Ab etwa 1/60" besteht ein Verwackelungsrisiko.
5. Beim AF Servo versucht der Autofokus scharf zu stellen, blockiert aber nicht den Auslöser, so dass du auch unfertig fokussierte Objekte fotografieren kannst.
6. Die Verschlusszeit hängt von der Geschwindigkeit des Objektes ab. 1/30" ist ein brauchbarer Wert für die ersten Probeaufnahmen.

## Hell und dunkel

1. Bei wenig Licht muss die Blende geöffnet werden. Die Blendenzahl wird dabei kleiner.
2. Blende f/11 bedeutet, dass die Blende ziemlich weit geschlossen ist. Es handelt sich um eine kleine Blende.
3. Blenden zwischen 2,8 und 5,6 sind typische große Blenden, die viel Licht einlassen.
4. Aktiviere den Selbstauslöser. Dadurch wackelst du nicht am Kameragehäuse, wenn du den Auslöser drückst und zeitgleich das Foto aufnimmst.
5. Ja. Die meisten Funktionen gegen rote Augen arbeiten nicht wirkungsvoll.

## Farben und Kontraste

1. Bei blaustichigen Aufnahmen im Außenbereich hattest du vermutlich den halbautomatischen Weißabgleich auf Kunstlicht eingestellt.
2. Damit du beim nächsten Mal nicht den Weißabgleich vergisst und dann alle Aufnahmen farbstichig sind, stellst du deine Kamera am besten auf den automatischen Weißabgleich zurück.

# Lösungen

3. Wenn du gegen die Sonne fotografierst, werden Landschaftsaufnahmen stimmungsvoller.
4. Das hängt von deinem Modell ab. Vermutlich wird sie nicht wasserdicht sein. Deshalb auch am Strand und bei Regen aufpassen, denn Sand und Wassertropfen sind schädlich.

# Von weit bis nah: Das Objektiv

1. Den digitalen Zoom kannst du mit einem Grafikprogramm nachstellen, indem du einen Ausschnitt der Aufnahme vergrößerst.
2. Die Brennweitenverlängerung ist der Größenunterschied zwischen einem CCD-Chip und dem Kleinbildnegativ. Die Brennweite eines Objektivs vergrößert sich um diesen Faktor.
3. Die meisten Kompakt-Digitalkameras nutzen ein Verhältnis von 4:3, wie es auch Computermonitore benutzen. Der Kleinbildfilm hat das Aufnahmeformat 3:2.
4. Mit zunehmender Brennweite nimmt die Lichtdurchlässigkeit ab und die kleinstmögliche Blendenzahl nimmt zu – die Blende kann weniger weit geöffnet werden.
5. Ein Makro wird nur für extreme Nahaufnahmen meistens kleiner Objekte benutzt.
6. Abschattungen am Bildrand werden als Vignetten bezeichnet.
7. In der Weitwinkel- und Normaleinstellung des Objektivs ist eine Blende von 3,5 einstellbar. Bei zunehmender Brennweite sind nur noch kleinere Blenden möglich, bis hin zu Blende 5,6.
8. Kurze Brennweitenangaben zwischen etwa 28 und 45 mm werden als Weitwinkel bezeichnet.

# Nach der Fotosession geht's weiter

1. Bei Grafikformaten unterscheidet man zwischen nicht komprimierend, verlustfrei komprimierend und verlustbehaftet komprimierend.
2. Die verlustbehaftete Komprimierung verändert den Bildinhalt. Die Aufnahme wird mit jedem Speichervorgang schlechter.
3. Verwende möglichst die niedrigste Komprimierung.
4. Es handelt sich dabei um den PictBridge-Standard.
5. Interessante Daten sind: Blende, Belichtungszeit, ISO-Einstellung, Brennweite, Datum und Blitzlicht-Aktivität.

# Anhang — Lösungen

## Bilder weitergeben

1. Für kleine Monitore ist die Auflösung 800 x 600 gut geeignet und bei größeren Geräten empfiehlt sich 1.024 x 768.
2. Achte darauf, dass sich das Seitenverhältnis nicht ändert und die Seiten proportional zueinander geändert werden.
3. Einen generellen Wert gibt es nicht. Du solltest für jede Aufnahme den besten Wert durch Ausprobieren ermitteln. 20 ist bei Paint Shop Pro aber meistens ein gutes Mittelmaß.
4. Bilder im WWW sollten maximal 100 KB und 800 x 600 Pixel groß sein.
5. Die optimale Pixelzahl ist abhängig vom Fotobelichter. 4 Megapixel sollten es aber in der Regel schon sein.
6. Weil die Papierabzüge im Kleinbildformat 3:2 geliefert wurden und du bei der Bestellung gewählt hast, dass du sie nicht auf dein Format 4:3 beschnitten haben möchtest.

## Bildprobleme am Computer lösen

1. Die Gammakorrektur wirkt sich mehr auf die hellen und dunklen Bereiche und weniger auf die mittleren aus, was zu gefälligeren Veränderungen führt.
2. Ein wenig mehr Kontrast führt oft schon zu erstaunlichen Ergebnissen.
3. Du kannst entweder die Funktion FARBABGLEICH oder ROT/GRÜN/BLAU benutzen.
4. Das Histogramm zeigt dir die Helligkeitsverteilung in einem Bild. Du kannst damit erkennen, ob der gesamte Helligkeitsbereich ausgenutzt wurde.
5. Für die Korrektur benötigst du ausreichend Platz zwischen Motiv und Bildrand, da das Bild anschließend beschnitten wird.
6. Es handelt sich dabei um die Kissenverzerrung.

## Bilder manipulieren

1. Mit [Entf] löschst du den markierten Bereich, der dann mit der gewählten Hintergrundfarbe gefüllt wird.
2. Das LASSOWERKZEUG wählt alle dem angeklickten Pixel ähnliche Farbpixel aus.
3. Im Menü AUSWAHL findest du im Untermenü ÄNDERN den Eintrag RANDSCHÄRFE.
4. Die Funktion KANÄLE MISCHEN aus dem Untermenü FARBE des Hauptmenüs ANPASSEN wirkt besser.

# Stichwortverzeichnis

2-5,6 189
1/125 s 121
1/90" 121
3:2 185, 275
4:3 185, 275
50 mm 182

## A

Abend 38
Abendstimmung 143
Abschattung 195, 321
Abtastrate 205
Adresse 249
AF 94
AF-Hilfslicht 95
AF-Punkt 96
AF-Speicherung 109
Akku 62
Album 283
Alterungsfunktion 349
Analoge Fotografie 50
Apogäum 145
Artefakt 126, 203
ASA 124
Aufhellblitz 132, 139
Auflösung 53, 60, 205, 228
Auflösungsvermögen 124
Aufnahmeverzögerung 60
Aufsicht 89
Auktion 87
Ausbelichten 273
Auslösegeschwindigkeit 61
Auslöser 61, 97, 143
Ausrichtung 223
Ausschnittsvergrößerung 190
*Außenaufnahme* 171
Autofokus 64, 85, 94
AWB 169

## B

B 150
Basekap 282
Bayer-Matrix 56
Belichtung 120
Belichtungskorrektur 130
Belichtungszeit 84, 111, 120
Beschneiden 233
Beschnittwerkzeug 233
Bewegung 114
Bildauflösung 36
Bildausschnitt 184, 233
Bildgestaltung 79
Bildgröße 231
Bildpunkt 54
Bildqualität 204
Bildrauschen 126, 309
Bildretusche 350
Bildschirm 229, 237
Bildtyp 200
Bildwinkel 185
Bitmap 201
Blau 56, 166, 173, 201
Blaustichig 169
Blende 76, 101, 121
Blendenautomatik 63
Blendenringe 29
Blendenzahl 122
Blickfeld 185
Blickrichtung 30, 79
Blitz 26, 40, 61, 132, 170
Blitz, Vorblitz 134
Blooming 300
BMP 201
Brennweite 63, 77, 182, 185
Brennweitenverlängerungsfaktor 184
Browserfenster 216
Buch 284
Bügeleisen 256

# Stichwortverzeichnis

Bulb 150
Buntstift 354
Byte 201

## C

Card-Reader 212
CCD 53, 183
CD 220, 260
CF 59
Charge coupled device 53
Chromatische Aberration 313
Closeups 79
Collage 338
Cuttermesser 252

## D

*Dämmerung* 171
Dateianhang 242
Dateiendung 200
Dateiformat 200
Dateigröße 237
Dateinamen 219
Deconvolution 296
Dia 258
Diafilm 50
Diaprojektor 50
Diarahmen 50
Digicam 51
Digitaler Zoom 63
Digitalkamera 51
DIN 124
Disco 72
Display 58
Drahtauslöser 143
drehen 224
Drucker 60, 213, 251
DSL 236
Dunst 176
DVD 259

## E

eBay 87
Ebene 337
Ecke 195
Effekt 290
Effektfilter 354
Einäugig 52
Einlinsig 52
Einschaltzeit 61
E-Mail 236, 240
Emaille 354
Exchangeable Image File Format 215
EXIF 215, 223
Explorer 16, 208

## F

f/22 122
Farbe 56, 166, 303
Farbinformation 201
Farbrauschen 23, 63, 126, 309
Farbsaum 314
Farbtemperatur 166
Fehlbelichtung 300
Feier 72
Fernseher 259
Feuerwerk 149
Film 124
Film mit Linse 173
Filmempfindlichkeit 24, 124, 309
Fischaugenobjektiv 186
Fish-eye 186
Flüssigkristallanzeige 58
Fokussieren 94
Fotoalbum 244
Fotobelichter 273
Fotodienst 274
Fotokarton 87
Fotolabor 274
Fotomontage 146, 337
Fotopapier 252
Fotostory 264
Fotostudio 177
Foveon X3 57

# Stichwortverzeichnis

Freemailer 241
Freihandauswahl 332
Freistellen 330

## G

Gammakorrektur 302
Gegenlicht 176
Gegenlichtaufnahme 30, 139
Geoposition 215
Geschenkartikel 282
Geschwindigkeit 114
Gesichtserkennung 99
Glanzlicht 357
Glas 40
Glossy 252
Glühbirnen 166
gmx.de 241
Goldener Schnitt 40
GPS 215
Gradationskurve 302
Grauschleier 303
Graustufen 346
Größe 228
Grün 56, 166, 201

## H

Handy 229
Haustier 39
HDR-Foto 151
Heimfotostudio 86
Helligkeit 58, 301
Helligkeitsumfang 303
Hintergrund 330
Histogramm 306
Hochformat 36, 223
Hochpass-Schärfen 299
Horizont 43

## I

Inch 183
Inkjet-Papier 252
Interpolation 57, 206
ISDN 236
ISO 23, 36, 63, 124, 309

## J

JPEG 203, 238
JPEG2000 202
JPEG-Artefakt 203, 310
JPG 203

## K

Kaffeetasse 282
Kalender 285
Kalibrierung 291
Kamerahaltung 22
Kelvin 166
Kissenverzerrung 196, 319
Kleinbild 50, 182
Kleinbildformat 184
Klonpinsel 351
Kodak-Format 260
Kompaktkamera 52
Kompression 204
Komprimierung 201
Komprimierungsstärke 238
Kontaktabzug 221
Kontrast 303
Koordinaten 215
Körnung 124
krisselig 126
Kunsteffekte 354
Kunstlicht 166
Kunstlichtfilm 167
Kunst-Urhebergesetz 245
KunstUrhG 245

# Stichwortverzeichnis

## L

Labor 50
Landschaft 27, 37, 71
Langzeitbelichtung 142
Lanyard 282
Lasso 335
LCD 58
Leitzahl 133
Leuchtstofflampe 171
Licht 122
hart/weich 176
Lichtempfindlichkeit 63, 124
Lichtspektrum 166
Lichtspur 144
Lichtstärke 189
Linsenverzerrung 319
liquid crystal display 58

## M

Make-up 76
Makroobjektiv 194
Maske 321
Mauspad 282
Media Player 264
Megapixel 53
Miniaturgrafik 222
Mittagssonne 177
Mitziehtechnik 85, 114
MMC 59
Mobiltelefon 236
Modem 236
Mond 142
Monitor 228, 291
Monochrom 348
Morgen 38
Motivprogramm 113, 123

## N

Nacht 142
Nebel 176
Negativfilm 50

Neonlampen 166
Nero 260
Normalobjektiv 182
NTSC 261

## O

Objektiv 181
Öl 354
Online-Auktionen 87
Optischer Zoom 63
Ordner 220
neu 208
Organizer 236
Orientierungssensor 36, 223
Outlook 243

## P

Paint 232
Paint Shop Pro 229, 233, 238, 253, 290, 296, 331, 338, 346, 349, 351
PAL 261
Papier 252
Papierabzug 272
Papierformat 185
Papierschneider 252
Party 73
PDA 229
Perigäum 145
Perspektive 316
Photo Story 264
PictBridge 60, 213
Picture-CD 260
Pixel 53, 201
PNG 202
Porträt 75, 190
Präsentation 259
Pupille 133
Puzzle 282

## Stichwortverzeichnis

## Q

Querformat 36, 223

## R

Rand
weiß 276
Raster 41
RAW 205
Recht 245
Reflektorfolie 38, 76
Retusche 350
RGB 201
Rot 56, 166, 201
Rote-Augen-Effekt 133, 293
Rotstichig 167

## S

Sachfotografie 88
Samplerate 205
Schärfe 94
Schärfekorrektur 296
Schärfennachführung 109
Schärfenspeicherung 98
Schärfentiefe 103
Scharfzeichnen 296
*Schatten* 171, 334
Schlitzverschluss 137
Schlüsselband 282
Schnappschuss 34
Schnee 138, 172
Schneekugel 282
Schnitt
goldener 40
Schreibschutz 219
Schutz der Persönlichkeit 245
Schwarz-Weiß 346
SD 59
Seitenverhältnis 185, 230, 275
Selbstauslöser 143
Selbstporträt 23
Sepia 349

Serienbildfunktion 78
Servo AF 109
Shiftobjektiv 316
Single lens reflex 52
SLR 52
Sonne 38, 143
Sonnenfinsternis 145
Sonnenuntergang 142
Speicherkarte 59, 207, 214
Speicherkartenlesegerät 211
Speicherplatz 236
Spiegelreflexkamera 52, 145
Spiegelverriegelung 145
Spiegelvorauslösung 145
Sport 83
Spritzwassergeschützt 173
Stativ 23, 142, 145
Stativgewinde 62
Stillleben 87
Stock-Image 46
Stoff 256
Studio 87
Styropor 76, 87
Sucher 22
Super Video CD 261
Synchronisationszeit 133

## T

Tageslicht 166
Tageslichtfilm 167
Teleobjektiv 187
Temperatur 127
Textilien 256
Tiefenschärfe 102, 186
Tier 39
TIFF 202
Tintenstrahldrucker 252
Tisch-Studio 87
Tonaufzeichnung 64
Tone Mapping 154
Tonnenverzerrung 196, 319
Transferfolie 256
Transparenz 330
Treppcheneffekt 54
T-Shirt 256, 282

# Stichwortverzeichnis

## U

Überbelichtet 128
Umblättern 355
Unschärfe 110, 295
Unscharfmaskieren 299
Unter Wasser 138, 172
Unterbelichtet 128
Unterwassergehäuse 173
Urheberrecht 245
URL 249
Urlaub 70
USB 207
UV-Strahlung 37

## V

Verdichtung 188
Verdunkelung 195
Vergilbt 348
Verschluss 136
Verschlusspriorität 106
Verschlussvorhang 137
Verwackeln 189
Verwackelt 110
Verwisch-Effekt 135
Verzeichnis
neu 208
Verzerrung 187, 196, 315
Video CD 261
Videoaufzeichnung 64
Vignettierung 195, 321
Violettrandkorrektur 314

Vollfarben-Sensor 57
Vollformatsensor 183
Vorblitz 134
Vorhang 137

## W

Wasser 115, 138
Wasserdicht 173
web.de 245
Webalbum 246
Wegwerfkamera 173
Weiß 166
Weißabgleich 64, 88, 168, 304
  manuell 173
Weitwinkelobjektiv 185
Windows-Explorer 208
*Wolke* 171

## X

X3 57

## Z

Zauberstab 336
Zeit 120
Zeitautomatik 106
Zentralverschluss 136
Zoll 183
Zoom 24, 63, 182
  digital 63, 190
  optisch 63

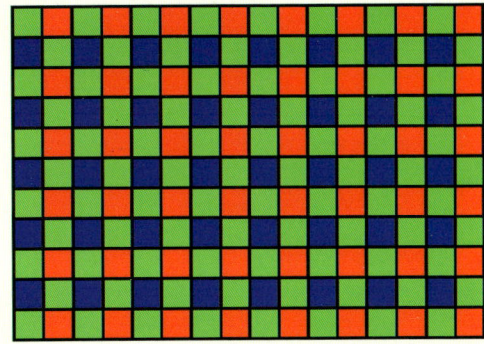

*Bayer-Farbmatrix.*

*Verwischte Wassertropfen bei langer Belichtungszeit.*

*Sonnenuntergänge im Gegenlicht erfordern Kompromisse bei der manuellen Belichtung.*

A

Abendstimmungen lassen sich mit der automatischen Belichtungsmessung fotografieren.

Lange Belichtungszeiten führen zum Effekt der Lichtbänder.

B

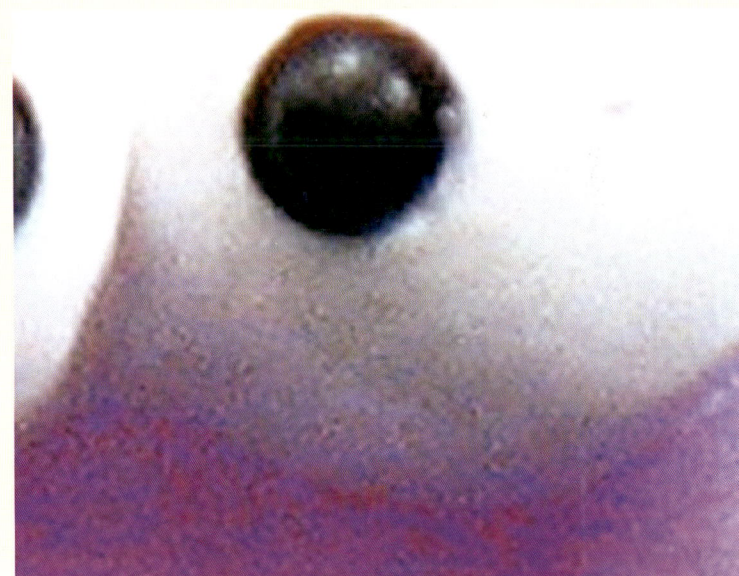

*So groß ist der Mond nur mit Hilfe einer Fotomontage darstellbar.*

*Starkes Bildrauschen bei hoher Filmempfindlichkeit (ISO-Wert).*

C

Ein mangelhafter Weißabgleich lässt weiße Flächen bei Kunstlicht gelb erscheinen.

Starker Gelbstich mit dem automatischen Weißabgleich.

D

*Rosaverfärbung bei Kunstlicht mit Aufhellblitz und automatischem Weißabgleich.*

*Farbgetreue Aufnahme mit manuellem Weißabgleich.*

E

*Schnee wird bei automatischem Weißabgleich blaustichig.*

*Warme Farben auch bei Winteraufnahmen sind mit dem manuellen Weißabgleich möglich.*

F

*HDR-Bild einer Tankstelle bei Nacht.*

*Per Software erzeugtes HDR-Bild.*

*Hyperrealismus bei HDR-Fotos kann zu beeindruckenden Ergebnissen führen.*

G

*Tiefe Schlagschatten bei direkter Beleuchtung mit einer Lichtquelle.*

*Weiches Licht hellt die Schatten auf.*

*Weiche Schatten und räumliche Wirkung bei Verwendung von zwei Lichtquellen.*

*Platt geleuchtetes Objekt ohne Tiefenwirkung bei Blitzlicht.*

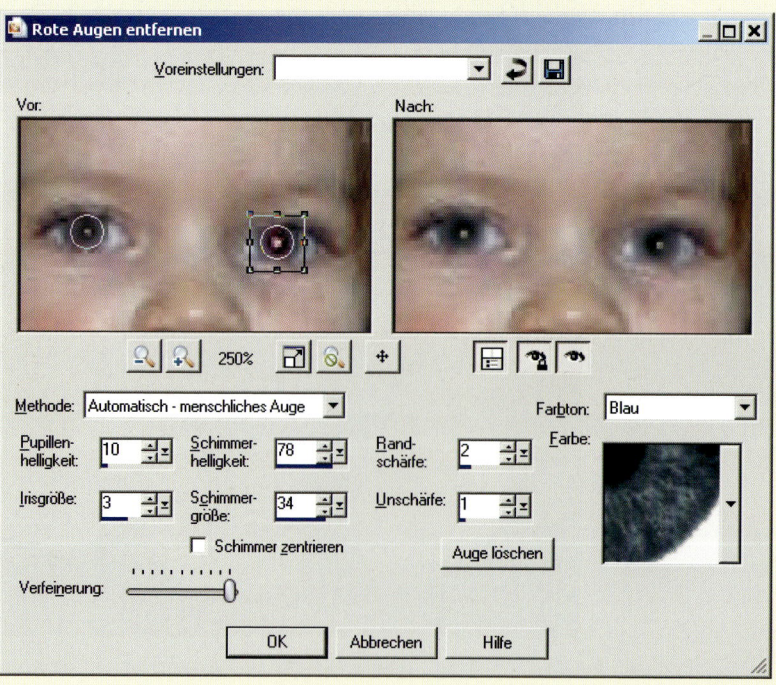

Ein Bild wird aus vielen Bildpunkten zusammengesetzt.

Rote Augen von Blitzlichtaufnahmen lassen sich entfernen.

*Mehr Kontrast für kräftigere Farben.*

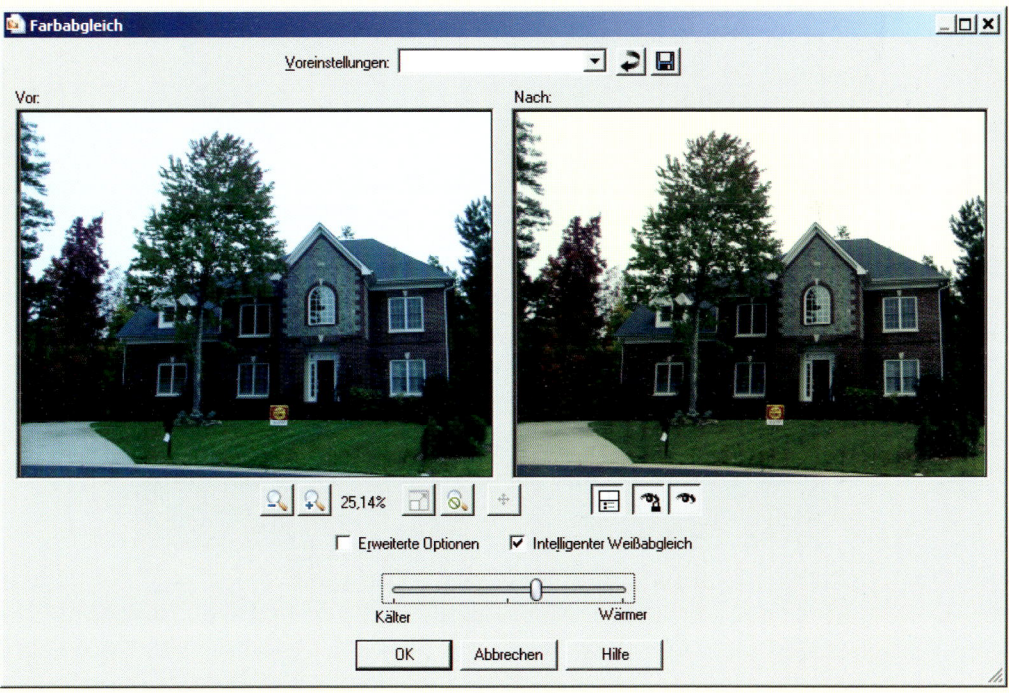
*Fehler beim Weißabgleich können teilweise am PC korrigiert werden.*

K

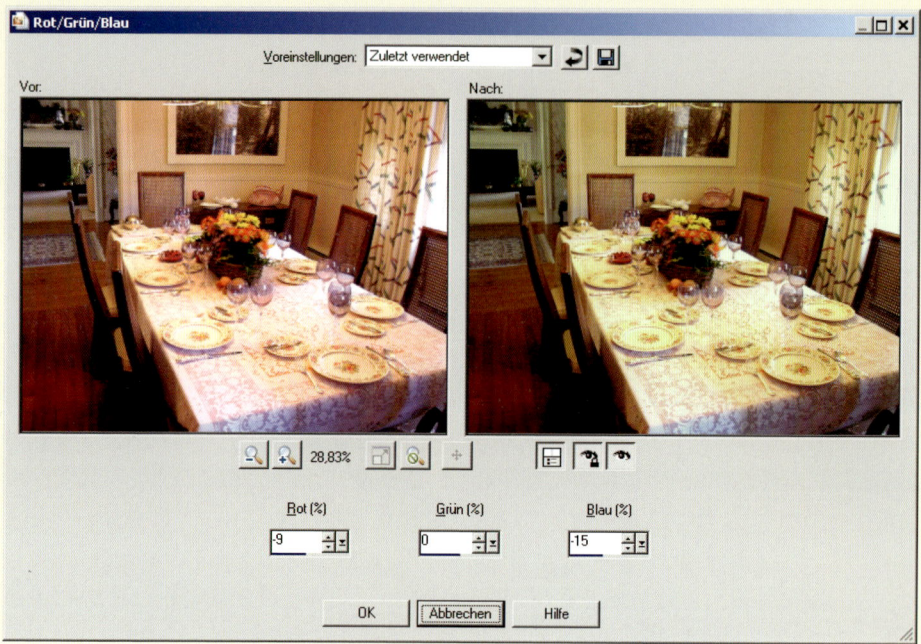

*Extreme Farbverfälschungen lassen sich nur in Grenzen korrigieren.*

*Für schönere Fotos: verblasste Farben korrigieren.*

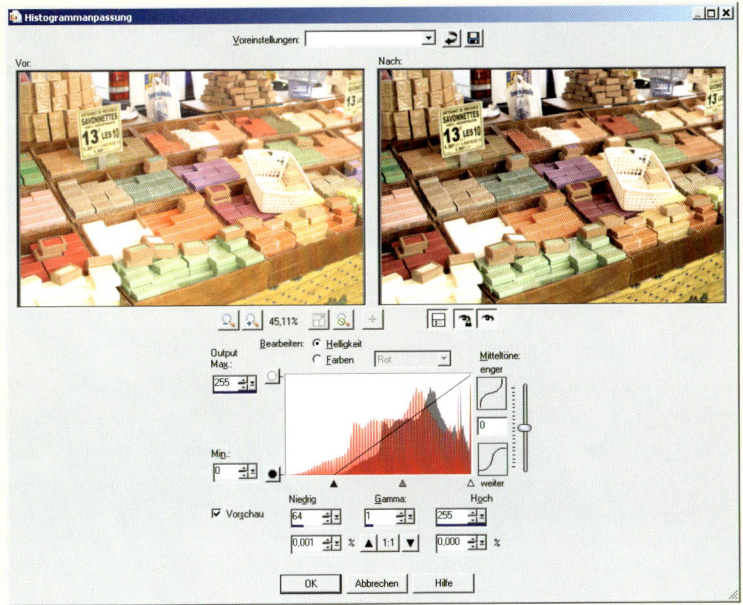

*Die Histogrammanpassung führt zu erstaunlichen Verbesserungen.*

*Mit der Fotomontage können neue Bilder geschaffen werden.*

M

Violette Ränder (chromatische Aberration) an reflektierenden Objekten.

Nachträglich korrigierte chromatische Aberration.

*Mit diesem Farbfoto wird dir gezeigt, wie du ein Bild in eine Schwarzweiß-Aufnahme wandeln kannst.*

Aus einen Farbfoto kannst du ein Bild erstellen, das aussieht wie zu Großmutters Zeiten.

Spezielle Kunsteffektfilter verfremden deine Aufnahmen und schaffen neue Bilder.

P